SAS/Enterprise Guide를 이용한

통계자료분석 제3판

송문섭 · 조신섭 지음

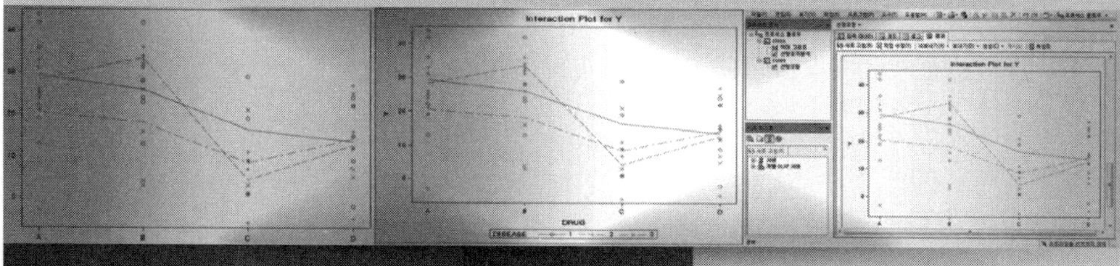

자유아카데미

머리말

이 책은 기초통계부터 다변량 자료의 분석까지 다양한 통계자료를 분석하는 방법을 소개하고 있다. 통계를 전공하는 학생뿐만 아니라 타 전공자가 다양한 통계기법을 쉽게 접근할 수 있도록 내용을 구성하려고 노력하였다.

2002년에 초판이 발행된 이후에 내용면에서도 많은 변화가 있었으며, SAS의 자료 분석 방법의 변화에 따라 책의 내용도 바뀌게 되었다. 특히, SAS 9.3 버전에서는 통계자료분석에 대한 메뉴가 대폭 바뀌었다. SAS의 데이터 분석 창에 있던 분석(Analyst) 메뉴가 없어지면서 SAS Enterprise Guide의 메뉴를 이용하게 된다. 따라서 이 책에서도 Enterprise Guide의 메뉴와 SAS의 절차(Procedure)를 이용한 프로그램 작성 방법을 병행하여 소개하기로 하였다.

SAS의 장점은 풍부한 절차(PROC)를 이용하여 매우 다양하고 강력한 분석을 할 수 있는 것이다. 따라서 Enterprise Guide의 메뉴와 함께 SAS의 절차를 이용한 프로그램 작성법을 익히도록 노력하였으며, 책의 제목도 'SAS를 이용한 통계자료분석'에서 'SAS/Enterprise Guide를 이용한 통계자료분석'으로 바꾸게 되었다.

이론적인 설명은 대부분 개정판의 내용을 그대로 따랐으나, 프로그램에 대한 설명은 필요에 따라 수정하였다. 특히 방대한 내용을 줄이기 위해 부록에 있던 'SAS 그래프 그리기'와 '데이터 마이닝'을 삭제하였다.

이 책에 수록된 모든 SAS 프로그램(pgm)과 데이터(dataset) 파일은 다음의 홈페이지 주소에서 다운받을 수 있다.

http://stat.snu.ac.kr/time/sas_main.html

또한, 출간 후에라도 책의 수정사항이 있을 경우에는 자유아카데미 홈페이지(www.freeaca.com) 자료실에 제공 예정이다.

이 책의 출간을 위해 많은 도움을 주신 동료 교수들에게 감사드리며, 특히 개정판에서 반복측정자료분석과 범주형 자료분석의 내용을 보완하고 GENMOD 절차에 대한 자료를 제공해 준 서울대학교 통계학과의 박태성 교수께 감사드린다. 또한 제3판을 위해 많은 수고를 해 주신 자유아카데미 직원 여러분께 감사드린다.

2015년 1월

저자

차례

4장 그래프와 기술통계

5장 추정과 검정

6장 분산분석

7장 회귀분석

8장 일반선형모형

9장 범주형 자료의 분석

10장 주성분분석

11장 인자분석

12장 판별분석

13장 군집분석

14장 다차원 척도법

15장 대응분석

16장 선형구조관계모형

17장 설문조사와 통계처리

제1장

SAS 사용법

1.1 SAS 시스템

SAS 버전(version) 6.08 이전의 SAS는 Statistical Analysis System의 약자로서, 자료를 처리하고 분석하는 것이 주요 목적인 범용 통계패키지로 인식되어 왔다. 그러나 컴퓨터 환경의 변화에 따라 윈도우(windows)용으로 개발되기 시작한 버전 6.08 이후부터 SAS는 Strategic Application System이라는 새로운 명칭의 약자로서 단순한 통계자료 분석용으로서가 아니라 데이터 베이스(data base), 데이터 웨어하우징(data warehousing), 데이터 마이닝(data mining) 등의 각종 응용 프로그램을 포함한 통합 패키지로 활용되고 있다. 또한 버전 8.1부터는 응용 프로그램이 훨씬 보강된 상태에서 솔루션의 개념으로 바뀌었으며, 특히 프로그램 형식에 메뉴 형식이 추가되어 사용자가 메뉴만 클릭하면서도 쉽게 통계분석을 시행할 수 있도록 혁신적인 변화가 있었다.

그러나 버전 9.3부터는 SAS를 이용한 통계자료분석에 큰 변화가 생겼다. 즉, 이전에는 SAS의 메뉴에서 **솔루션 → 분석 → 데이터 분석**을 선택하면 **분석(Analyst)** 창이 뜨고, 이곳에서 메뉴를 이용하여 통계자료분석을 하였으나, 이 **분석** 창이 없어지면서 메뉴를 이용한 통계자료분석은 SAS Enterprise Guide의 메뉴를 사용하게 되었다.

이 책에서는 SAS 9.3과 SAS Enterprise Guide 4.3을 기준으로 설명하였다. 따라서 이 책에서 대부분의 통계분석은 Enterprise Guide의 메뉴에 의한 방법과 SAS의 **절차**(Procedures, PROC)를 이용한 프로그램에 의한 방법을 병행하는 형식을 취하였다. SAS의 작동 및 출력결과의 설명은 PC용 SAS를 기준으로 설명하였다.

이 책에서 SAS Enterprise Guide에 대한 약자는 EG를 사용하기로 한다.

SAS 시스템은 많은 소프트웨어와 솔루션 도구들로 구성되어 있다. 다음은 통계분석에 많이 사용되는 소프트웨어의 일부이다.

- Base SAS : SAS의 가장 기본적인 소프트웨어
- SAS/STAT : 통계적 방법으로 자료의 분석을 지원하는 소프트웨어
- SAS Enterprise Miner : 각종 데이터 마이닝을 지원하는 소프트웨어
- SAS/ETS : 시계열 분석용 소프트웨어
- SAS/GRAPH : 각종 2차원 및 3차원 그래프 지원

1.2 SAS 시작하기

1.2.1 SAS와 EG의 초기 화면

SAS 아이콘(icon)을 클릭하여 SAS를 구동(start)하면 초기 화면으로 [그림 1-1] 또는 이와 비슷한 화면이 나타난다. 초기 화면은 흔히 '탐색기', '확장 편집기', '로그', '출력' 창(윈도우)으로 구성되어 있으며, 이 화면에서 메뉴 또는 도구를 이용하여 자료 파일을 열고 분석을 실시하게 된다. 그림에서는 확장 편집기에 HTWT1이란 SAS 프로그램이 열린 모양이다. 또한 [그림 1-1]은 수평바둑판식 배열을 선택한 것이다.

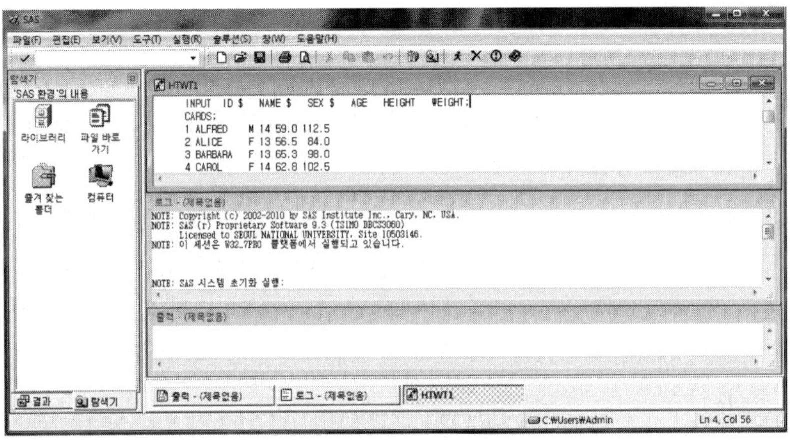

[그림 1-1] SAS의 초기화면

마찬가지로 바탕화면에서 EG의 아이콘을 클릭하여 [그림 1-2]와 같은 초기화면을 얻을 수 있다. 그림에서는 class란 SAS 자료가 열린 모양이다. EG의 아이콘은 EG가 저장된 폴더인 SAS Enterprise Guide의 4.3폴더에서 EG 아이콘 SEGuide을 바탕화면으로 끌어내면 된다.

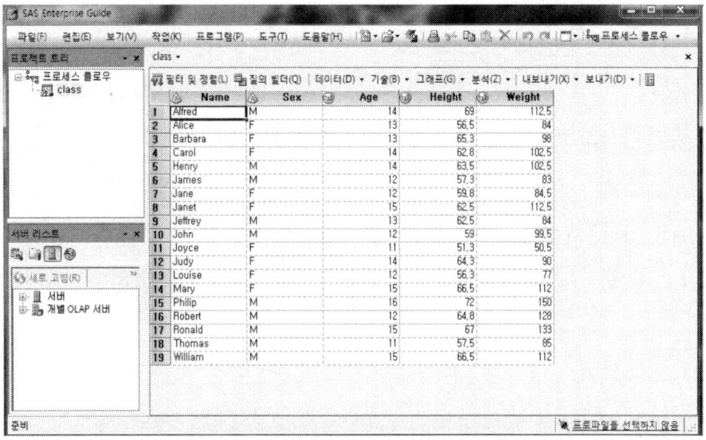

[그림 1-2] EG의 초기화면

1.2.2 SAS에서 창의 관리

SAS의 창과 메뉴의 사용은 많이 사용되는 소프트웨어인 Excel이나 Word 및 한글 등의 사용법과 매우 유사하다. 따라서 메뉴 바와 도구모음 등에 대한 설명은 생략하고, SAS의 기본이 되는 창의 관리에 대하여 알아보기로 한다.

SAS에서 기본이 되는 창(window)은 다음과 같다.

탐색기(Explorer), 편집기(Editor), 로그(Log), Results viewer

[그림 1-3]은 HTWT1을 실행(run)시킨 후에 결과 창과 Results Viewer 창이 보이도록 한 것이다. 이들에 대하여 간단히 살펴보기로 한다.

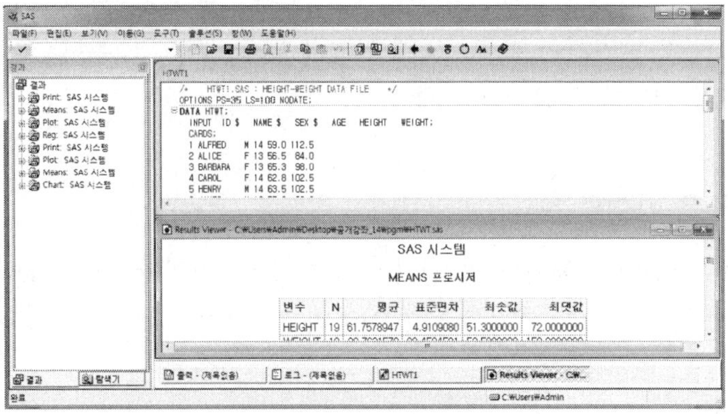

[그림 1-3] SAS의 기본 창들

(1) 탐색기 및 결과 창

탐색기 창과 결과 창은 아래쪽의 대응되는 윈도우 바(탭)를 클릭하면 교대로 나타난다. '**탐색기**'(Explorer) 창에서는 **라이브러리**(Library) 디렉토리를 이용하여 테이블(또는 data set), 카탈로그, 파일 등의 SAS 파일을 관리할 수 있다. 확장 편집기에 있는 SAS 프로그램을 실행시키면 각 절차에 의한 출력 결과의 목록이 '**결과**'(Results) 창에 나타난다. 결과 창에서 목록을 더블 클릭하면 해당되는 창으로 이동한다.

(2) 확장 편집기 창

확장 편집기(Enhanced Editor)는 칼라와 코드구역(code section)을 사용하여 프로그램의 이해를 돕는 편집기이다. 편집기 창에서는 기존의 프로그램을 불러오기도 하고, 편집도 하며, 새로운 프로그램을 만들어 실행시킨다. 편집기 창이 활성화된 상태에서 파일 열기를 시행하면 해당 파일이 편집기 창에 나타난다. 이 파일을 편집해서 다시 저장할 수도 있으며, 도구모음에서 실행(Submit) 버튼( )을 클릭하거나 메뉴 바에서 **실행**(Run) → **실행**(Submit)을 선택하여 SAS 프로그램을 실행시킬 수 있다. 편집기에는 확장 편집기 이외에도 **프로그램 편집기**(Program Editor)가 있으나 최근 버전의 SAS에서는 거의 사용하지 않는다.

(3) 로그(Log) 창

SAS 프로그램을 실행시키면 모든 프로그램 내용을 검토하며 오류가 있을 때는 원인을 찾는다. 이와 같은 검토 결과와 각 절차들의 실행에 소요된 시간 등이 이 '로그' 창에 출력된다. 따라서 프로그램에 오류가 있을 때는 이 '로그' 창에서 오류가 일어난 내용과 원인을 확인하게 된다.

(4) Results Viewer 창

SAS 프로그램이 실행되면 각 절차에 의한 결과들이 'Results Viewer' 창에 나타난다. 이 창에 나타나는 결과들은 경우에 따라 HTML 문서와 PNG 이미지 등의 형태로 출력된다.

1.2.3 EG에서 창의 관리

EG에서는 메뉴를 이용하여 분석을 실행하게 된다. 데이터를 가져오기 위해서는 열기 아이콘( )을 클릭하거나, **파일** → **열기** 메뉴에서 **데이터**를 선택하여 나오는 '데이터 열기' 창에서 원하는 데이터를 선택하면 된다. 다음 절에서 자료 파일을 여는 방법에 대하여 좀 더 자세히 알아보기로 한다.

EG에서 통계자료분석은 주로 **작업** 탭을 클릭하여 나오는 메뉴를 이용하게 된다. 예를 들어 [그림 1-4]는

작업 → 기술 → 요약통계량

을 선택한 모양이며, [그림 1-5]는 요약통계량을 구하기 위한 옵션 창이다. [그림 1-6]은 두 변수 Height와 Weight에 대하여 통계량의 값을 구한 결과가 EG의 **결과** 창에 출력된 모양이다.

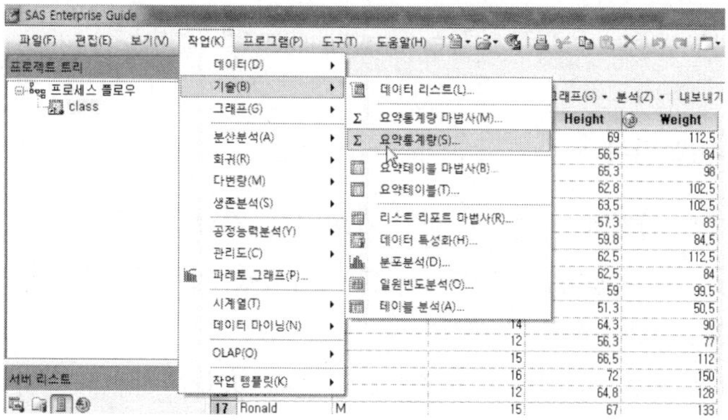

[그림 1-4] EG에서 작업 메뉴

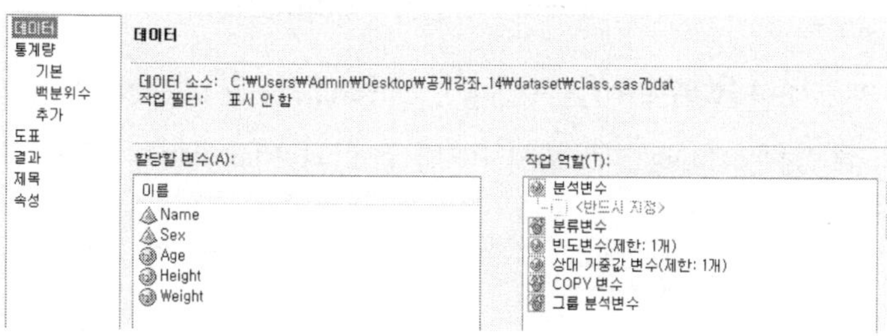

[그림 1-5] 요약통계량 옵션 선택 창

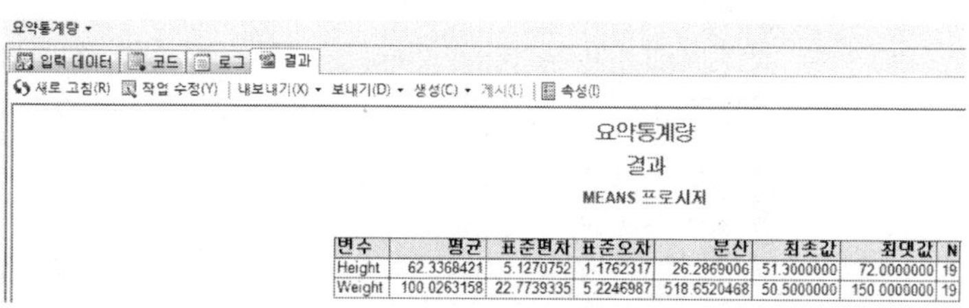

[그림 1-6] 요약통계량의 결과 창

1.3 자료 가져오기

통계분석을 실시하기 위하여 먼저 자료를 입력시키거나 기존의 자료 파일을 가져와야 할 것이다. EG와 SAS에서는 모든 데이터 파일을 SAS 자료로 바꾸어 실행한다. 따라서 자료들을 SAS 데이터 파일로 바꾸어 적당한 폴더 또는 SAS 라이브러리에 저장해 놓고 사용하면 편리하다. 이 절에서는 외부 자료를 가져와 SAS 자료로 만들어 저장하거나, SAS 자료를 여는 방법에 대하여 알아보기로 한다.

1.3.1 EG에서 자료 열기

EG에서 확장자가 **.sas7bdat**로 주어지는 SAS 자료를 여는 방법과, 다른 외부 자료 파일을 읽고 SAS 자료로 바꾸는 방법에 대하여 알아보자.

(1) SAS 자료 열기

앞 절의 창의 관리에서 설명한 바와 같이 SAS 자료를 여는 가장 간단한 방법은 **열기** 아이콘( )을 이용하는 것이다. 예를 들어 SAS 라이브러리의 **Sashelp** 폴더에 있는 **Class** 자료를 열어보자.

이를 위해 **열기** 아이콘을 클릭하고 이어서 **데이터** 메뉴를 클릭하면 '찾아보기' 창이 뜬다. 이곳에서 SAS 라이브러리를 찾기 위해서는

서버 → 로컬 → 라이브러리

를 차례로 선택한 후에 라이브러리에 있는 Sashelp 폴더를 열고 Class를 선택하면 된다. 그림 [1-7]은 Class 자료로서 [그림 1-2]와 비교하여 이름이 한글로 되어 있다.

	Name	Sex	Age	Height	Weight
1	로날드	남	15	67	133
2	로버트	남	12	64.8	128
3	루이스	여	12	56.3	77
4	메리	여	15	66.5	112
5	바바라	여	13	65.3	98
6	알프레드	남	14	69	112.5
7	앨리스	여	13	56.5	84
8	윌리엄	남	15	66.5	112
9	자넷	여	15	62.5	112.5
10	제인	여	12	59.8	84.5
11	제임스	남	12	57.3	83
12	제프리	남	13	62.5	84
13	조이스	여	11	51.3	50.5
14	존	남	12	59	99.5
15	주디	여	14	64.3	90
16	캐롤	여	14	62.8	102.5
17	토마스	남	11	57.5	85
18	필립	남	16	72	150
19	헨리	남	14	63.5	102.5

[그림 1-7] Sashelp에 있는 Class 자료

(2) 외부 자료 가져오기

이번에는 이 교재에서 사용하는 데이터가 저장된 dataset 폴더에 엑셀로 저장되어 있는 class.xlsx 자료를 가져와 보자.

1. '열기' 아이콘을 클릭하여 나오는 메뉴 리스트에서 **데이터**를 클릭한다.
2. 데이터 열기 창에서 dataset 폴더를 찾는다.
3. 엑셀 자료인 'class.xlsx'를 클릭하면 [그림 1-8](a)와 같은 '데이터 지정 창'이 나온다.
4. 파일 경로를 확인하고 밑에 있는 '다음' 버튼을 클릭하면 2단계의 '데이터 소스 선택' 창이 나온다.
5. 내용을 확인한 후에 '다음'을 클릭하면 3단계의 '필드 속성 정의' 창이 나온다.
6. 추가할 '고급 옵션'이 없으면 내용을 확인하고 '마침'을 클릭한다.
7. 최종적으로 [그림 1-8](b)와 같은 SAS 데이터를 얻게 된다. 이 경우에 앞의 [그림 1-2]와 다른 점은 첫 열에 관측값 번호인 'Obs'가 추가된 것이다.

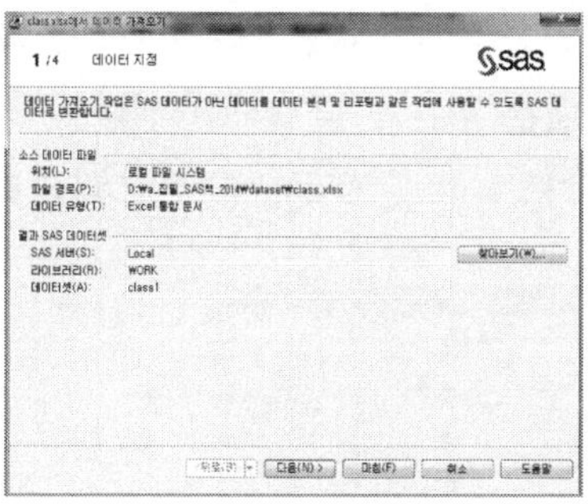

(a) 엑셀 자료를 가져오기 위한 창

	Obs	Name	Sex	Age	Height	Weight
1	1	Alfred	M	14	69	112.5
2	2	Alice	F	13	56.5	84
3	3	Barbara	F	13	65.3	98
4	4	Carol	F	14	62.8	102.5
5	5	Henry	M	14	63.5	102.5
6	6	James	M	12	57.3	83
7	7	Jane	F	12	59.8	84.5
8	8	Janet	F	15	62.5	112.5
9	9	Jeffrey	M	13	62.5	84
10	10	John	M	12	59	99.5
11	11	Joyce	F	11	51.3	50.5
12	12	Judy	F	14	64.3	90
13	13	Louise	F	12	56.3	77
14	14	Mary	F	15	66.5	112
15	15	Philip	M	16	72	150
16	16	Robert	M	12	64.8	128
17	17	Ronald	M	15	67	133
18	18	Thomas	M	11	57.5	85
19	19	William	M	15	66.5	112

(b) SAS 자료로 변환된 class.xlsx 자료

[그림 1-8] 엑셀 자료 가져오기

엑셀 이외에도 많은 데이터 파일을 SAS 자료 파일로 변환시켜 가져올 수 있다. [그림 1-9]는 '데이터 열기' 창의 하단에 있는 '파일 유형'을 나타낸 것이다.

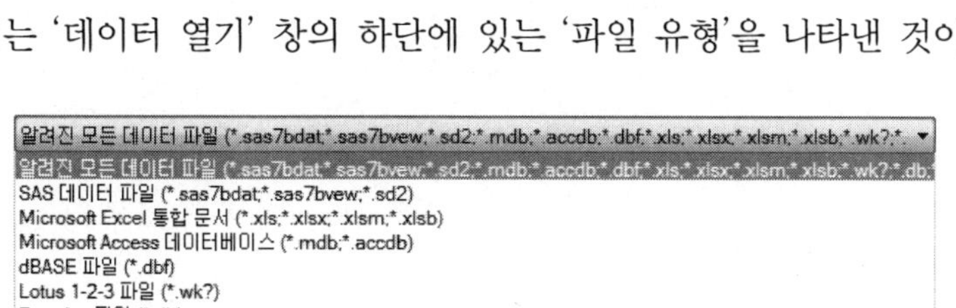

[그림 1-9] 입력 가능한 외부 자료

1.3.2 SAS에서 자료 열기

(1) SAS 자료 열기

메뉴 바에서

도구 → 테이블 편집기

를 선택하면 'VIEWTABLE' 창이 나타난다. 다시 메뉴 바에서 **파일 → 열기**를 선택하고 '열기' 대화상자에서 원하는 파일을 선택하거나, 탐색기 창의 '컴퓨터', '라이브러리' 등에서 원하는 파일을 찾아 더블 클릭하여 열 수 있다.

예를 들어 SAS 라이브러리의 Sashelp 폴더에서 Class를 선택하면 앞에서와 같은 데이터가 'VIEWTABLE' 창에 나타난다. 이 창에서는 테이블 편집이 주요 목적이다. 이를 위해 메뉴 바에서 편집 모드를

편집 → 편집 모드

로 바꾼 후에 데이터를 수정할 수도 있고, **편집** 메뉴에 있는 옵션을 이용하여 '행 추가' 등의 편집을 시행할 수도 있다. 편집된 파일을 저장하려면 메뉴 바에서 **파일 → 저장**을 이용하거나 도구모음에서 저장을 나타내는 버튼을 클릭하면 된다.

[그림 1-10]은 VIEWTABLE 창에서 편집 모드로 바뀐 Class 자료를 나타낸다.

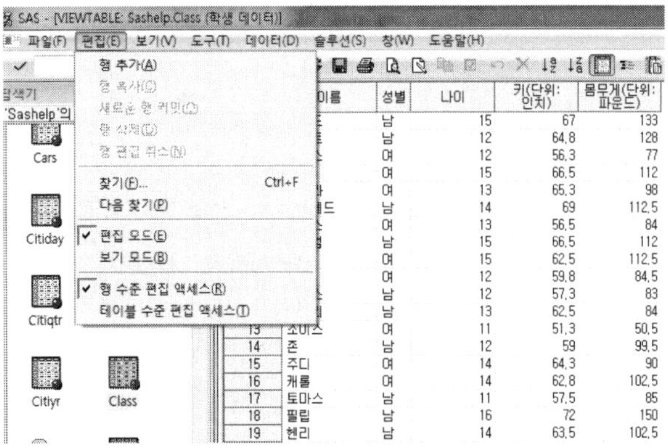

[그림 1-10] VIEWTABLE 창에서 편집 모드

(2) 외부 자료 가져오기

SAS와 EG의 메뉴를 이용한 분석에서는 텍스트 파일이나 다른 소프트웨어에서 생성된 데이터 파일은 SAS 파일로 바꾸어 사용하지만, 확장 편집기 창에서 SAS 프로그램을 작성할 경우에는 'INFILE' 문을 이용하여 외부의 text 파일을 읽고 사용할 수 있다.

탐색기에서 라이브러리 디렉토리로 들어가면 'Sashelp', 'Sasuser', 'Work' 등의 폴더가 있으며, 이들에 SAS 데이터 파일과 카타로그(Catalog) 등이 저장되어 있다. 이가운데 Sashelp, Sasuser 등은 영구 라이브러리이지만 Work 라이브러리는 임시 라이브러리이다.

영구 라이브러리에 보관된 자료는 SAS를 종료해도 해당되는 폴더 또는 디렉토리에 남아 있지만, 임시 라이브러리인 Work 라이브러리에 저장된 파일은 SAS의 종료와 함께 삭제된다. 예를 들어 프로그램 내에서 생성되었던 임시 data set들은 모두 Work 라이브러리에 저장되었다가 SAS의 종료와 함께 없어진다. 따라서 저장을 원하는 파일은 Sasuser와 같은 영구 라이브러리에 저장해두어야 한다.

예를 들어 Class 데이터가 Excel 파일인 'class.xlsx'로 저장되어 있을 때 이를 읽고 SAS 파일로 저장하는 방법을 알아보자.

1. 메뉴 바에서

   파일 → 데이터 가져오기

   를 선택한 후에 'Import Wizard' 입력창에서 원하는 파일을 가져온다.
2. 예를 들어 'Standard data source'에서 'Microsoft Excel Workbook'을 선택한 후에 Next를 클릭한다.
3. 'Connect to MS Excel' 창에서 'Browse…' 버튼을 이용하여 원하는 Excel 파일인 class.xlsx를 선택한다.
4. OK를 클릭하고, 입력창에서 SAS 데이터 파일로 기억시킬 장소와 데이터 파일 이름을 지정한다. 예를 들어 Library:에서 Work를 선택하고 Member: 이름으로 'htwt'를 지정하고 Finish를 클릭하면 새로운 SAS data set인 htwt가 Work 디렉토리에 생성된다.

이 데이터 파일을 확인하려면 화면 왼쪽의 '라이브러리 → Work → Htwt'를 각각 더블 클릭하면 VIEWTABLE 창에서 htwt의 내용을 볼 수 있다.

탐색기 창에서 상위 디렉토리로 이동하려면 메뉴 바에서 보기 → 한 단계 위로를 이용하거나, 도구모음에서 '한 단계 위로'(Up One Level)를 나타내는 버튼( )을 클릭하면 된다.

1.4 SAS 라이브러리의 사용

SAS 버전 8부터는 다양한 파일 확장자로 파일들을 구별할 수 있도록 했다. 중요한 확장자는 〈표 1.1〉과 같다.

〈표 1.1〉 파일 확장자

파일 확장자	설명
.log	log 파일
.lst	output 파일
.sas	SAS 프로그램
.sas7bacs	access descriptor
.sas7bcat	카탈로그
.sas7bdat	테이블(데이터 파일)
.sas7bmdb	다차원 데이터 베이스
.sas7bpgm	저장된 DATA step 프로그램

또한 새로운 라이브러리를 생성하고, 기존의 라이브러리에 있는 내용을 살펴보는 방법은 다음과 같다.

(1) SAS 라이브러리의 생성

'Explorer' 창에 있는 **라이브러리 폴더**를 활성화시킨 상태에서

파일 → 새로 만들기

를 선택하고, '새로운 라이브러리' 대화상자에서 이름 및 경로를 지정한 후에 '확인' 버튼을 누른다. SAS 9.3에서는 엔진으로 V9을 선택한다.

이와 같이 만들어진 라이브러리는 SAS의 종료와 함께 목록에서 없어지므로, 라이브러리 목록에 계속 남아있기 위해서는 '새로운 라이브러리' 대화상자에서

'시작할 때 자동 할당'

을 선택해야 한다. 예를 들어, '바탕화면 → 공개강좌_14 → dataset' 폴더를 'Temp' 라는 이름의 라이브러리로 지정하고 싶으면,

1. '**새로운 라이브러리**' 입력창에서 이 폴더를 경로로 지정하고,
2. 라이브러리 이름을 'Temp'로 지정한 후에,
3. '**시작할 때 자동 할당**'을 선택한다.

그러면 라이브러리 목록에 Temp가 자동으로 추가된다. 이때 '**시작할 때 자동 할당**'

을 선택하지 않으면 SAS 종료와 함께 Temp가 라이브러리 목록에서 없어진다. 그러나 임시 라이브러리인 Work와 다른 것은 SAS를 종료해도 공개강좌_14 아래의 dataset 폴더가 없어지는 것은 아니다. 다만 라이브러리 목록에서 Temp라는 이름이 없어지는 것이다([그림 1.11] 참조).

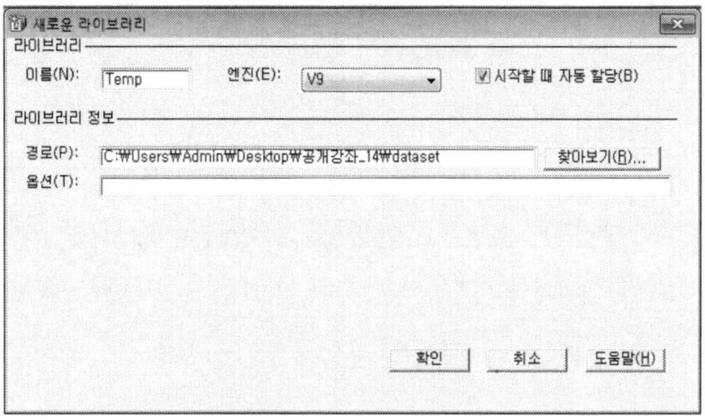

[그림 1-11] 라이브러리의 지정

위에서 파일 이름인 'dataset'은 내 컴퓨터에 있는 폴더 이름이고, 'Temp'는 SAS에 있는 라이브러리 이름이므로, 같은 이름을 사용할 수도 있고 다른 이름을 사용할 수도 있다. 다만, 라이브러리에서 'Temp'는 내 컴퓨터의 'dataset' 폴더를 뜻하게 된다.

이미 만들어진 라이브러리를 목록에서 **삭제**하려면 'Explorer' 창에서 해당 라이브러리를 선택하여 활성화시킨 후에 pop-up 메뉴를 이용하여 '**삭제**'를 시행하면 된다. 삭제의 결과 해당 폴더에 있는 자료 파일들이 삭제되는 것은 아니며, 다만 라이브러리 목록에서만 삭제되는 것이다.

(2) 라이브러리의 내용 보기와 멤버 추가

해당 라이브러리에 있는 데이터 파일을 활성화시킨 후에 pop-up 메뉴에서 '열기'를 선택하면 VIEWTABLE 창에 해당 자료가 나타난다.

'Explorer' 창에서 라이브러리에 있는 내용(contents)을 확인하려면 다음 단계를 시행한다.

1. '탐색기' 창에 있는 라이브러리 아이콘을 활성화시킨 후에 더블 클릭한다.
2. 라이브러리에 있는 폴더 목록에서 원하는 폴더를 다시 더블 클릭한다.
3. 폴더에 있는 파일 목록(멤버) 가운데 원하는 파일 이름을 선택하여 더블 클릭하면 해당 파일이 VIEWTABLE 창에 나타난다.

또 다른 방법으로는, 메뉴에서

보기 → 트리 표시

를 선택한 후에 트리 구조에서 해당 라이브러리를 활성화시키면 그 라이브러리에 있는 파일 목록이 나오고, 원하는 파일을 더블 클릭하면 VIEWTABLE 창에 해당 파일이 나타난다.

라이브러리에 테이블, 카탈로그 등의 새로운 멤버를 추가하려면 라이브러리 폴더를 활성화시킨 후에

파일 → 새로 만들기

에서 새 멤버 '카탈로그' 또는 '테이블'을 선택하여 만들고, 이를 원하는 라이브러리에 저장하면 된다. 카탈로그는 주로 그림 파일을 저장하는 데 사용하며, 테이블은 데이터 파일을 저장하는 데 사용한다.

제2장

SAS 맛보기

2.1 EG를 이용한 통계분석

예제 2.1

EG에서 새로운 프로젝트를 선택한 후에, dataset 폴더에 있는 'class' 자료를 열고 변수 Height와 Weight의 관계를 살펴보는 통계분석을 시행해 보자.

① Height를 가로축으로, Weight를 세로축으로 하는 산점도를 다음과 같이 그린다. 메뉴 바에서

작업 → 그래프 → 산점도 에서 2D 산점도

를 선택한 후에 '데이터' 창을 열어서 Height를 가로축으로, Weight를 세로축으로 선택한다. 필요하면 '도표' 창에서 기호의 색상 등을 선택할 수 있다. 나머지는 디폴트로 하여 '실행' 버튼을 클릭한다. 결과는 [그림 2-1]과 같다.

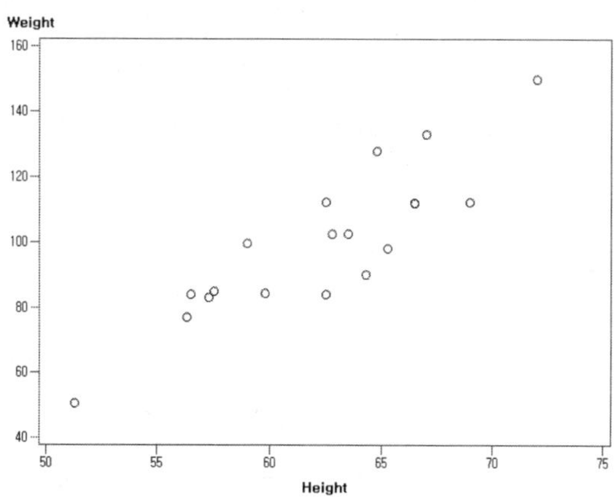

[그림 2-1] Height와 Weight의 산점도

② 산점도에서 Height와 Weight는 선형관계가 있는 것으로 보이므로 Weight를 반응변수(종속변수)로, Height를 설명변수(독립변수)로 하는 단순선형회귀모형으로 적합시키고 적합된 직선을 그림으로 나타내보자.
다시 '입력 데이터' 창을 열고, 메뉴 바에서

작업 → 회귀 → 선형회귀

를 선택한다. 이어 나오는 데이터 창에서 Height를 설명변수로, Weight를 종속변수로 선택하고 나머지는 디폴트로 하여 실행 버튼을 클릭한다. 결과 창에는 직선회귀로 적합시킨 결과로 분산분석표와 회귀계수 추정 및 잔차분석(회귀진단)을 위한 많은 정보들이 출력된다. [그림 2-2](a)와 (b)는 이들 가운데 일부이다.

Analysis of Variance					
Source	DF	Sum of Squares	Mean Square	F Value	Pr > F
Model	1	7193.24912	7193.24912	57.08	<.0001
Error	17	2142.48772	126.02869		
Corrected Total	18	9335.73684			

Root MSE	11.22625	R-Square	0.7705
Dependent Mean	100.02632	Adj R-Sq	0.7570
Coeff Var	11.22330		

Parameter Estimates					
Variable	DF	Parameter Estimate	Standard Error	t Value	Pr > |t|
Intercept	1	-143.02692	32.27459	-4.43	0.0004
Height	1	3.89903	0.51609	7.55	<.0001

(a) 회귀모형의 분산분석표와 추정된 회귀계수

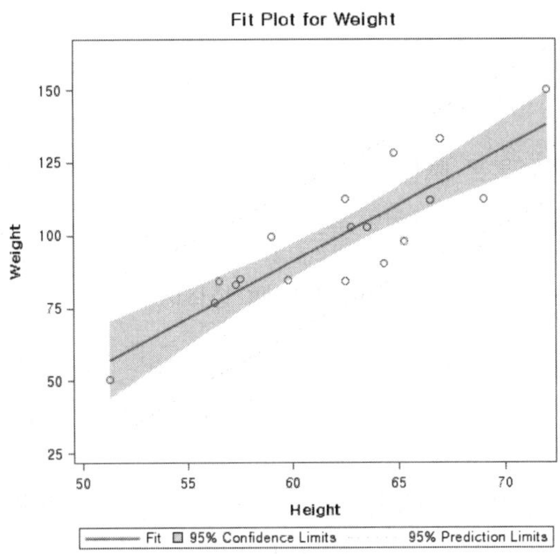

(b) 적합된 회귀직선

[그림 2-2] 선형회귀의 출력 결과

2.2 SAS 프로그램의 구성

EG에서 메뉴를 이용한 통계분석은 SAS의 이용을 쉽게 하므로 매우 유용한 도구가 된다. 한편 SAS의 장점은 풍부한 **절차**(procedures, **PROC**)들을 이용한 프로그램을 통하여 매우 다양하고 강력한 분석이 가능한 것이며, 이러한 장점을 이용할 수 있기 위해서는 프로그램의 작성법도 익혀두어야 한다. 따라서 이 책에서는 메뉴의 사용뿐만 아니라 프로그램의 작성법도 병행하여 다루게 된다.

예제 2.2

〈표 2.1〉의 HTWT(height-weight, 키와 몸무게) 자료는 1장의 [그림 1-2]에 있는 Class 자료를 표로 나타낸 것으로, 19명 학생들의 이름(NAME), 성별(SEX), 나이(AGE), 키(HEIGHT), 몸무게(WEIGHT)에 관한 자료이다. SAS 프로그램을 이용하여 여러 가지 정보를 알아보자.

〈표 2.1〉 HTWT(키와 몸무게) 자료

ID	NAME	SEX	AGE	HEIGHT	WEIGHT
1	ALFRED	M	14	69.0	112.5
2	ALICE	F	13	56.5	84.0
3	BARBARA	F	13	65.3	98.0
4	CAROL	F	14	62.8	102.5
5	HENRY	M	14	63.5	102.5
6	JAMES	M	12	57.3	83.0
7	JANE	F	12	59.8	84.5
8	JANET	F	15	62.5	112.5
9	JEFFERY	M	13	62.5	84.0
10	JOHN	M	12	59.0	99.5
11	JOYCE	F	11	51.3	50.5
12	JUDY	F	14	64.3	90.0
13	LOUISE	F	12	56.3	77.0
14	MARY	F	15	66.5	112.0
15	PHILIP	M	16	72.0	150.0
16	ROBERT	M	12	64.8	128.0
17	RONALD	M	15	67.0	133.0
18	THOMAS	M	11	57.5	85.0
19	WILLIAM	M	15	66.5	112.0

다음은 이 자료를 SAS 확장 편집기에서 읽고 여러 가지 통계처리를 실행하는 프로그램이다.(이 책에서 인용되는 모든 SAS 프로그램은 첫 줄의 comment line에 있는 파일 이름으로 **pgm** 폴더에 저장되어 있다. 예를 들어 다음 프로그램의 파일 이름

은 HTWT1이다.)

```
/*   HTWT1.SAS : HEIGHT-WEIGHT DATA FILE    */
OPTIONS PS=40 NODATE;  ①
DATA HTWT;             ②
  INPUT  ID $  NAME $  SEX $  AGE  HEIGHT  WEIGHT;   ③
  DATALINES;
  1 ALFRED     M 14 69.0 112.5
  2 ALICE      F 13 56.5  84.0
  3 BARBARA    F 13 65.3  98.0
  4 CAROL      F 14 62.8 102.5
  5 HENRY      M 14 63.5 102.5
  6 JAMES      M 12 57.3  83.0
  7 JANE       F 12 59.8  84.5
  8 JANET      F 15 62.5 112.5
  9 JEFFERY    M 13 62.5  84.0
 10 JOHN       M 12 59.0  99.5
 11 JOYCE      F 11 51.3  50.5
 12 JUDY       F 14 64.3  90.0
 13 LOUISE     F 12 56.3  77.0
 14 MARY       F 15 66.5 112.0
 15 PHILIP     M 16 72.0 150.0
 16 ROBERT     M 12 64.8 128.0
 17 RONALD     M 15 67.0 133.0
 18 THOMAS     M 11 57.5  85.0
 19 WILLIAM    M 15 66.5 112.0
;
PROC PRINT;            ④
PROC MEANS;            ⑤
  VAR HEIGHT WEIGHT;
PROC PLOT;             ⑥
  PLOT WEIGHT*HEIGHT;
PROC REG;              ⑦
  MODEL WEIGHT=HEIGHT;
  OUTPUT OUT=NEW P=PREDICT R=RESID;
PROC PRINT DATA=NEW;   ⑧
RUN;
PROC PLOT;             ⑨
  PLOT WEIGHT*HEIGHT PREDICT*HEIGHT='P'/OVERLAY;
  PLOT RESID*HEIGHT / VREF=0;
RUN;
PROC SORT;             ⑩
  BY SEX;
```

```
PROC MEANS MAXDEC=3;  ⑪
  BY SEX;
  VAR HEIGHT WEIGHT;   RUN;
PROC CHART;            ⑫
  VBAR AGE / SUBGROUP=SEX DISCRETE;
  VBAR AGE / GROUP=SEX DISCRETE;
RUN;
QUIT;
```

프로그램 및 출력결과 설명

① OPTIONS PS=**40** NODATE;

옵션 문으로 출력결과를 조정하는 문이다. 즉, 한 페이지의 사이즈(줄의 수)를 40으로 하고 시행일자는 출력시키지 말라는 옵션이다.

② **DATA** HTWT;

③ INPUT ID $ NAME $ SEX $ AGE HEIGHT WEIGHT;

```
DATALINES;
1 ALFRED     M 14 59.0 112.5
  ⋮
19 WILLIAM   M 15 66.5 112.0
;
```

HTWT라는 data set을 만들고, DATALINES 문 다음에 나오는 data line에서 차례로 변숫값을 읽는다. 세미콜론(;)이 나오면 data line의 끝이라는 뜻이다.

④ PROC PRINT;

지금 생성된 data set HTWT를 출력시킨다. 결과는 [그림 2-3]과 같다.

OBS	ID	NAME	SEX	AGE	HEIGHT	WEIGHT
1	1	ALFRED	M	14	69.0	112.5
2	2	ALICE	F	13	56.5	84.0
3	3	BARBARA	F	13	65.3	98.0
4	4	CAROL	F	14	62.8	102.5
5	5	HENRY	M	14	63.5	102.5
6	6	JAMES	M	12	57.3	83.0
7	7	JANE	F	12	59.8	84.5
8	8	JANET	F	15	62.5	112.5
9	9	JEFFERY	M	13	62.5	84.0
10	10	JOHN	M	12	59.0	99.5
11	11	JOYCE	F	11	51.3	50.5
12	12	JUDY	F	14	64.3	90.0
13	13	LOUISE	F	12	56.3	77.0
14	14	MARY	F	15	66.5	112.0
15	15	PHILIP	M	16	72.0	150.0
16	16	ROBERT	M	12	64.8	128.0
17	17	RONALD	M	15	67.0	133.0
18	18	THOMAS	M	11	57.5	85.0
19	19	WILLIAM	M	15	66.5	112.0

[그림 2-3] PROC PRINT의 결과

```
⑤ PROC MEANS;
   VAR HEIGHT WEIGHT;
```

MEANS 절차는 VAR에서 지정된 변수의 여러 가지 통계량의 값을 구하여 출력시킨다. 출력 결과는 [그림 2-4]와 같다.

MEANS 프로시저

변수	N	평균	표준편차	최솟값	최댓값
HEIGHT	19	62.3368421	5.1270752	51.3000000	72.0000000
WEIGHT	19	100.0263158	22.7739335	50.5000000	150.0000000

[그림 2-4] PROC MEANS의 결과

```
⑥ PROC PLOT;
   PLOT WEIGHT*HEIGHT;
```

PLOT 절차는 산점도를 그린다. 여기는 WEIGHT를 세로축으로, HEIGHT를 가로축으로 하는 산점도를 그리며, 결과는 [그림 2-5]와 같다.

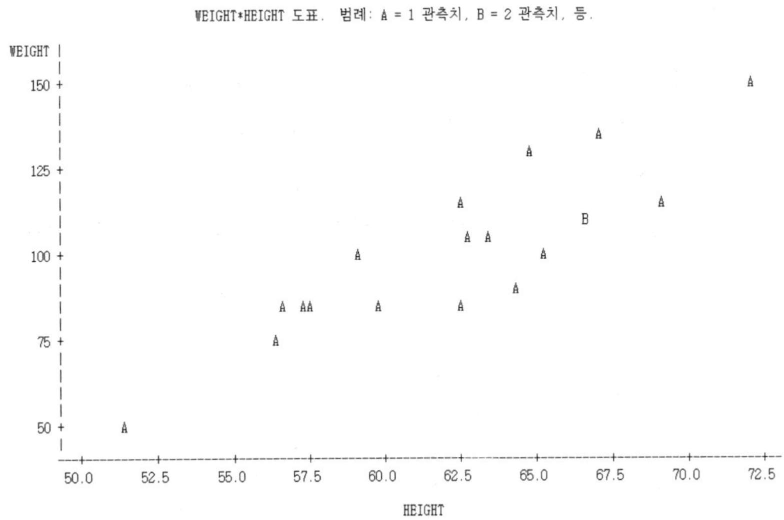

[그림 2-5] PLOT 절차에 의한 산점도

```
⑦ PROC REG;
   MODEL WEIGHT=HEIGHT;
   OUTPUT OUT=NEW P=PREDICT R=RESID;
```

WEIGHT를 반응변수, HEIGHT를 설명변수로 하는 단순회귀로 적합시키고, 결과를 NEW라는 data set에 기억시키되 예측값(P)은 변수 PREDICT에, 잔차(R)는 변수

RESID에 기억시킨다. 회귀분석 결과는 [그림 2-6]과 같다. 앞의 EG에서 얻은 [그림 2-2]와 같은 내용임을 확인할 수 있다.

Analysis of Variance					
Source	DF	Sum of Squares	Mean Square	F Value	Pr > F
Model	1	7193.24912	7193.24912	57.08	<.0001
Error	17	2142.48772	126.02869		
Corrected Total	18	9335.73684			

Root MSE	11.22625	R-Square	0.7705
Dependent Mean	100.02632	Adj R-Sq	0.7570
Coeff Var	11.22330		

Parameter Estimates					
Variable	DF	Parameter Estimate	Standard Error	t Value	Pr > |t|
Intercept	1	-143.02692	32.27459	-4.43	0.0004
HEIGHT	1	3.89903	0.51609	7.55	<.0001

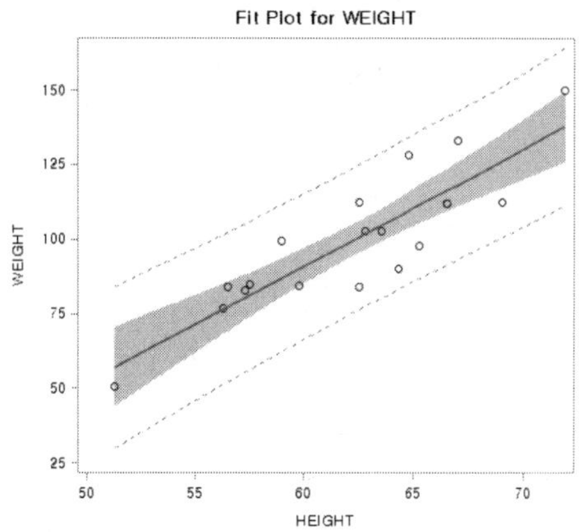

[그림 2-6] 회귀분석의 결과

⑧ PROC PRINT DATA=NEW;

NEW라는 data set을 출력시킨다. 결과는 [그림 2-7]과 같다. NEW data set에서 [그림 2-3]의 HTWT data set과 비교하면 PREDICT와 RESID의 두 변수가 추가되었음을 확인할 수 있다.

OBS	ID	NAME	SEX	AGE	HEIGHT	WEIGHT	PREDICT	RESID
1	1	ALFRED	M	14	69.0	112.5	126.006	-13.5062
2	2	ALICE	F	13	56.5	84.0	77.268	6.7317
3	3	BARBARA	F	13	65.3	98.0	111.580	-13.5798
4	4	CAROL	F	14	62.8	102.5	101.832	0.6678
5	5	HENRY	M	14	63.5	102.5	104.562	-2.0615
6	6	JAMES	M	12	57.3	83.0	80.388	2.6125
7	7	JANE	F	12	59.8	84.5	90.135	-5.6351
8	8	JANET	F	15	62.5	112.5	100.662	11.8375
9	9	JEFFERY	M	13	62.5	84.0	100.662	-16.6625
10	10	JOHN	M	12	59.0	99.5	87.016	12.4841
11	11	JOYCE	F	11	51.3	50.5	56.993	-6.4933
12	12	JUDY	F	14	64.3	90.0	107.681	-17.6807
13	13	LOUISE	F	12	56.3	77.0	76.488	0.5115
14	14	MARY	F	15	66.5	112.0	116.259	-4.2586
15	15	PHILIP	M	16	72.0	150.0	137.703	12.2967
16	16	ROBERT	M	12	64.8	128.0	109.630	18.3698
17	17	RONALD	M	15	67.0	133.0	118.208	14.7919
18	18	THOMAS	M	11	57.5	85.0	81.167	3.8327
19	19	WILLIAM	M	15	66.5	112.0	116.259	-4.2586

[그림 2-7] data set NEW의 내용

⑨ PROC PLOT;

```
PLOT WEIGHT*HEIGHT PREDICT*HEIGHT='P'/OVERLAY;
PLOT RESID*HEIGHT / VREF=0;
```

WEIGHT를 세로축으로, HEIGHT를 가로축으로 하는 산점도를 그리며, 예측값(PREDICT)을 세로축에 HEIGHT를 가로축으로 하는 산점도를 기호 'P'를 사용해서 겹쳐서 그린다. 또한 잔차(RESID)의 HEIGHT에 대한 산점도를 그리고 세로축의 좌표가 0인 점에서 준거선(reference line)을 긋는다. 결과는 [그림 2-8](a) 및 (b)와 같다.

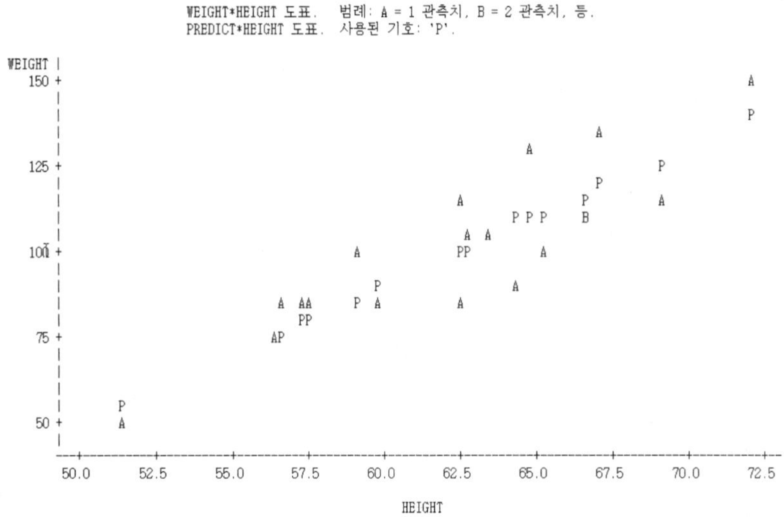

(a) 관측값 및 예측값의 산점도

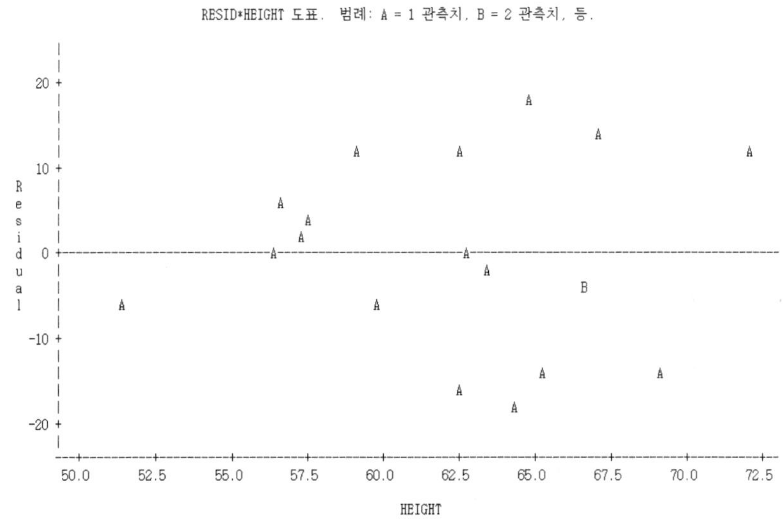

(b) 잔차의 산점도

[그림 2-8] 예측값의 산점도와 잔차 산점도

⑩ PROC SORT DATA=HTWT;
    BY SEX;

data set HTWT를 변수 SEX의 오름차순으로 정렬한다.

⑪ PROC MEANS MAXDEC=3;

BY SEX;

VAR HEIGHT WEIGHT;

'BY SEX'문에 의해 SEX의 값에 따라 남·녀(M·F)별로 HEIGHT와 WEIGHT의 MEANS에 의한 통계량의 값을 소수 이하 3자리까지 출력시킨다. BY 옵션을 사용하기 위해서는 SEX 변수에 의해 정렬되어 있어야 한다. 결과는 [그림 2-9]와 같다.

SEX=F

변수	N	평균	표준편차	최솟값	최댓값
HEIGHT	9	60.589	5.018	51.300	66.500
WEIGHT	9	90.111	19.384	50.500	112.500

SEX=M

변수	N	평균	표준편차	최솟값	최댓값
HEIGHT	10	63.910	4.938	57.300	72.000
WEIGHT	10	108.950	22.727	83.000	150.000

[그림 2-9] 남녀별 통계량의 값

⑫ PROC CHART;

VBAR AGE / SUBGROUP=SEX DISCRETE;

VBAR AGE / GROUP=SEX DISCRETE;

변수 AGE에 대하여 vertical bar chart인 세로 막대그래프를 그린다. 처음 그림은 성별을 다른 기호를 사용하여 막대로 나타내고, 두 번째 그림은 성별에 따라 따로(side by side) 막대그래프를 그린다. 결과는 [그림 2-10](a) 및 (b)와 같다.

```
빈도

5 +           MMMMM
  |           MMMMM
  |           MMMMM
  |           MMMMM
4 +           MMMMM           MMMMM   MMMMM
  |           MMMMM           MMMMM   MMMMM
  |           MMMMM           MMMMM   MMMMM
  |           MMMMM           MMMMM   MMMMM
3 +           MMMMM   MMMMM   MMMMM   MMMMM
  |           MMMMM   MMMMM   MMMMM   MMMMM
  |           MMMMM   MMMMM   MMMMM   MMMMM
  |           MMMMM   MMMMM   MMMMM   MMMMM
2 +   MMMMM   FFFFF   FFFFF   FFFFF   FFFFF
  |   MMMMM   FFFFF   FFFFF   FFFFF   FFFFF
  |   MMMMM   FFFFF   FFFFF   FFFFF   FFFFF
  |   MMMMM   FFFFF   FFFFF   FFFFF   FFFFF
1 +   FFFFF   FFFFF   FFFFF   FFFFF   FFFFF   MMMMM
  |   FFFFF   FFFFF   FFFFF   FFFFF   FFFFF   MMMMM
  |   FFFFF   FFFFF   FFFFF   FFFFF   FFFFF   MMMMM
  |   FFFFF   FFFFF   FFFFF   FFFFF   FFFFF   MMMMM
--------------------------------------------------------
       11      12      13      14      15      16

                          AGE
```

[그림 2-10] (a) SUBGROUP에 의한 막대그래프

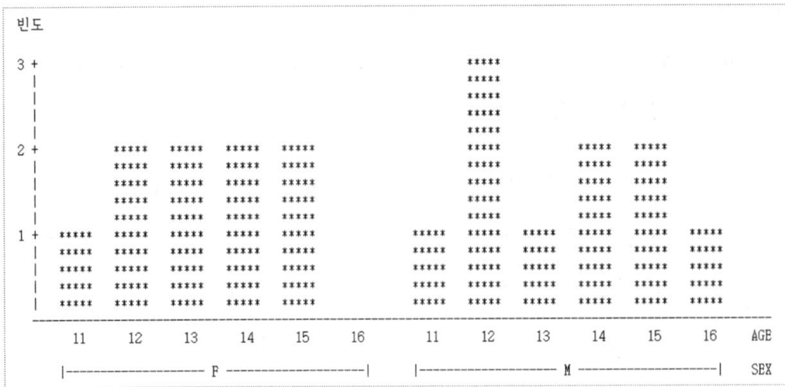

[그림 2-10] (b) GROUP에 의한 막대그래프

예제 2.3

다음은 곡면 그래프를 그리는 G3D 절차를 이용하여 상관계수가 0.9인 이변량 정규분포의 밀도함수 곡면을 그림으로 나타내는 프로그램이다.

```
/* G3D.SAS : BIVARIATE NORMAL DENSITY */      ①
GOPTIONS CBACK=BLACK COLORS=(WHITE CYAN MAGENTA GOLD YELLOW);
DATA BNORMAL;                    ②
  rho=0.9;                       ③
  rhosqr=1-rho**2;
  sqrrho=sqrt(rhosqr);
  FORMAT Z 5.1;                  ④
  DO X=-3 TO 3 BY 0.1;           ⑤
     DO Y=-3 TO 3 BY 0.1;
        Z= EXP(-(X**2 + Y**2 - 2*X*Y*rho)/(2*rhosqr))/(6.28*sqrrho);
        OUTPUT;
     END;
  END;
RUN;
PROC G3D DATA=BNORMAL;           ⑥
  PLOT X*Y=Z;
  TITLE 'BIVARIATE NORRMAL DENSITY (RHO=0.9)';
RUN;   QUIT;
```

프로그램 및 출력결과 설명

① /* G3D.SAS : BIVARIATE NORMAL DENSITY */

GOPTIONS CBACK=BLACK COLORS=(WHITE CYAN MAGENTA GOLD YELLOW);

/*와 */ 사이에 있는 문장은 코멘트 문으로서 프로그램 진행과는 관계없이 이해를 돕기 위한 문장들이다. 두 번째 줄은 배경색(CBACK)과 선의 칼라(COLORS)를 지정하는 옵션이다. 칼라는 디폴트에 의한 순서로 제목과 눈금, 좌표축, 곡면 등을 나타낸다.

② **DATA** BNORMAL;

다음 과정에서 생성되는 data set을 BNORMAL이라고 한다.

③ rho=0.9;

rhosqr=**1**-rho**__2__;

sqrrho=sqrt(rhosqr);

$\rho= 0.9$ 를 rho라는 변수로 정의하고 rhosqr=$1-\rho^2$, sqrrho=$\sqrt{1-\rho^2}$ 으로 정의한다.

④ FORMAT Z 5.1;

변수 Z는 5자리를 사용하되 소수 이하 1자리까지만 기억시킨다.

⑤
```
DO X=-3 TO 3 BY 0.1;
   DO Y=-3 TO 3 BY 0.1;
      Z= EXP(-(X**2 + Y**2 - 2*X*Y*rho)/(2*rhosqr))/(6.28*sqrrho);
      OUTPUT;
   END;
END;
```

X와 Y를 각각 -3에서 +3까지 0.1단위로 증가시키면서 각 점에서 이변량 정규분포의 밀도함수 값을 계산하고, 이를 변수 Z에 기억시킨다. OUTPUT 문에 의해 DO loop의 각각에서 X, Y, Z의 값을 data set BNORMAL에 기억시킨다.

⑥
```
PROC G3D DATA=BNORMAL;
  PLOT X*Y=Z;
  TITLE 'BIVARIATE NORRMAL DENSITY (RHO=0.9)';
```

G3D 절차를 이용하여 BNORMAL에 기억된 데이터로 그림을 그린다. 타이틀은 '결과' 창에 G3D 그림의 제목으로 출력된다.

이 SAS 프로그램에 의한 출력 결과는 [그림 2-11]과 같다.

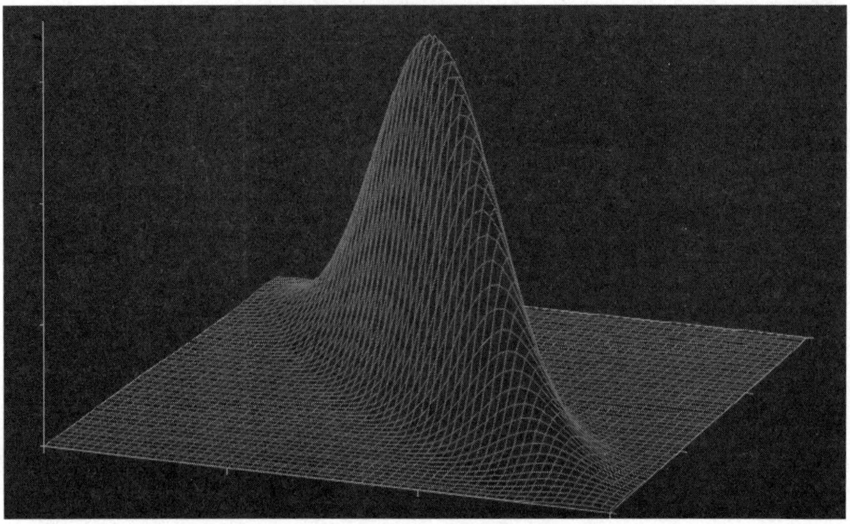

[그림 2-11] $\rho = 0.9$ 인 이변량 정규곡면

제3장

데이터의 관리

3.1 프로그램의 관리

SAS에서 프로그램 파일은 주로 **확장 편집기** 창에서 관리하며, 데이터 파일은 VIEWTABLE 창을 비롯한 여러 곳에서 관리할 수 있다.

EG(SEGuide)에서는 '열기' 메뉴를 이용하여 데이터를 열어놓고, **작업 → 데이터** 메뉴에서 필요한 편집을 할 수 있다.

SAS에서 **보기** 메뉴를 클릭하면 **확장 편집기**와 **프로그램 편집기**가 있음을 알 수 있다. 이 책에서는 확장 편집기만 사용할 예정이므로 프로그램 편집기에 대한 설명은 생략하기로 한다.

확장 편집기(Enhanced Editor Window)는 칼라 및 코드 구역의 사용, 자동 들여쓰기 등의 기능이 있어 편집하기 쉽도록 결과를 나타낸다. [그림 3-1]은 2장 [예제 2.4]에서 다룬 G3D 프로그램을 확장 편집기에 나타낸 것이다.

```
/* G3D.SAS : BIVARIATE NORMAL DENSITY */
GOPTIONS CBACK=BLACK COLORS=(WHITE CYAN MAGENTA GOLD YELLOW);
DATA BNORMAL;
   rho=0.9;
   rhosqr=1-rho**2;
   sqrrho=sqrt(rhosqr);
   FORMAT Z 5.1;
   DO X=-3 TO 3 BY 0.1;
      DO Y=-3 TO 3 BY 0.1;
         Z= EXP(-(X**2 + Y**2 - 2*X*Y*rho)/(2*rhosqr))/(6.28*sqrrho);
         OUTPUT;
      END;
   END;
RUN;

PROC G3D DATA=BNORMAL;
   PLOT X*Y=Z;
   TITLE 'BIVARIATE NORRMAL DENSITY (RHO=0.9)';
RUN;   QUIT;
```

[그림 3-1] 확장 편집기

SAS 프로그램 파일은 확장 편집기 창에서 연 다음 편집할 수도 있고, 프로그램의 전체 또는 일부를 실행할 수도 있다.

3.2 데이터의 관리

3.2.1 SAS VIEWTABLE 창에서 데이터 관리

VIEWTABLE 창에서 데이터 메뉴 바에 있는 주요 메뉴는

Where 조건절,　정렬

이며, 이들은 다음과 같은 역할을 한다.

(1) Where 조건절

예 3.1

Sashelp에 있는 Class 자료에서 키(Height)가 59인치 이상인 학생만으로 된 data set을 만들어 보자. 메뉴에서

도구 → 테이블 편집기

를 선택하여 VIEWTABLE 창을 띄우고, 라이브러리 Sashelp에서 Class를 연다. 메뉴에서

데이터 → Where 조건절

을 선택한 후에, WHERE EXPRESSION 창에서 Available Columns에 있는 Height를 선택하고 Operator로 GE를 선택한 후에 〈LOOKUP distinct values〉를 선택하면 Height의 모든 값들이 나타난다. 여기서 59를 선택하면 된다. 이제 where 문이 완성되었으므로 OK를 클릭하면 Height의 값이 59 이상만으로 된 새로운 data set으로 [그림 3-2]와 같이 변한다.

이 결과를 다른 이름으로 저장할 수도 있고, 원래의 이름으로 저장할 수도 있다.

VIEWTABLE: Sashelp.Class (학생 데이터)

	이름	성별	나이	키(단위: 인치)	몸무게(단위: 파운드)
1	로날드	남	15	67	133
2	로버트	남	12	64.8	128
4	메리	여	15	66.5	112
5	바바라	여	13	65.3	98
6	알프레드	남	14	69	112.5
8	윌리엄	남	15	66.5	112
9	자넷	여	15	62.5	112.5
10	제인	여	12	59.8	84.5
12	제프리	남	13	62.5	84
14	존	남	12	59	99.5
15	주디	여	14	64.3	90
16	캐롤	여	14	62.8	102.5
18	필립	남	16	72	150
19	헨리	남	14	63.5	102.5

[그림 3-2] where 문에 의한 subset

(2) 정렬

정렬(SORT) 절차는 data set을 지정된 변수의 크기순으로 다시 나열하는 절차이다.

예 3.2

'Class' data set을 Height의 크기순(오름차순)으로 정렬해 보자. 이를 위해 라이브러리에서 Sashelp 폴더에 있는 Class를 더블 클릭하여 **VIEWTABLE** 창에 연다. 자료의 편집을 위해 메뉴에서

편집 → 편집 모드

를 선택한 후에,

데이터 → 정렬

을 선택한다. 다음에는 Sort 창의 'Sort' 탭에서 Height 변수를 선택하고, 'Save As' 탭에서 Table Name으로 'Tall'을 입력한 후에 OK를 누르면 Tall이란 이름을 가진 테이블이 생성된다. 이 테이블은 [그림 3-3]과 같이 Height의 값이 작은 값부터 오름차순으로 정렬되어 있음을 확인할 수 있다.

내림차순으로 정렬하려면 Sort 대화상자에서 Selected: 변수로 선택된 Height를 활성화시킨 후에 Sort Order를 Descending으로 선택하면 된다.

VIEWTABLE: Tall (학생 데이터)

	이름	성별	나이	키(단위: 인치)	몸무게(단위: 파운드)
1	조이스	여	11	51,3	50,5
2	루이스	여	12	56,3	77
3	앨리스	여	13	56,5	84
4	제임스	남	12	57,3	83
5	토마스	남	11	57,5	85
6	존	남	12	59	99,5
7	제인	여	12	59,8	84,5
8	자넷	여	15	62,5	112,5
9	제프리	남	13	62,5	84
10	캐롤	여	14	62,8	102,5
11	헨리	남	14	63,5	102,5
12	주디	여	14	64,3	90
13	로버트	남	12	64,8	128
14	바바라	여	13	65,3	98
15	메리	여	15	66,5	112
16	윌리엄	남	15	66,5	112
17	로날드	남	15	67	133
18	알프레드	남	14	69	112,5
19	필립	남	16	72	150

[그림 3-3] Height의 오름차순으로 정렬한 결과

3.2.2 EG에서 데이터 관리

앞 절에서 다루었던 'Where 조건절'에 의한 필터와 데이터의 정렬은 EG에서도 메뉴에 의해 실행할 수 있다. EG에서 데이터의 관리는 **작업 → 데이터** 메뉴를 이용하게 된다.

(1) 필터

예 3.3

〈예 3.1〉에서와 같이 EG의 메뉴를 이용하여 Class 자료에서 키(Height)가 59인치 이상인 학생만으로 된 data set을 만들어 보자. 열기 메뉴를 이용하여 Sashelp에 있는 Class 자료를 열어놓고 **작업 → 데이터 → 필터 및 정렬**을 선택한 다음, 아래와 같은 단계를 시행한다.

1. 필터 및 정렬 창의 변수 탭에서 모든 변수를 '선택한 항목'으로 옮긴다.
2. 필터 탭을 클릭하고, [그림 3-4]와 같이 입력한다. 즉, 첫 번째 탭을 클릭하여 나오는 변수 가운데 Height 변수를 선택하고, 두 번째 탭에서 'Greater than or equal to'를 선택한다. 개별 값 선택 아이콘인 [...]을 클릭하여 나오는 개별 값에서 59를 선택하고 확인을 클릭하면 [그림 3-2]와 같은 내용이 출력된다.

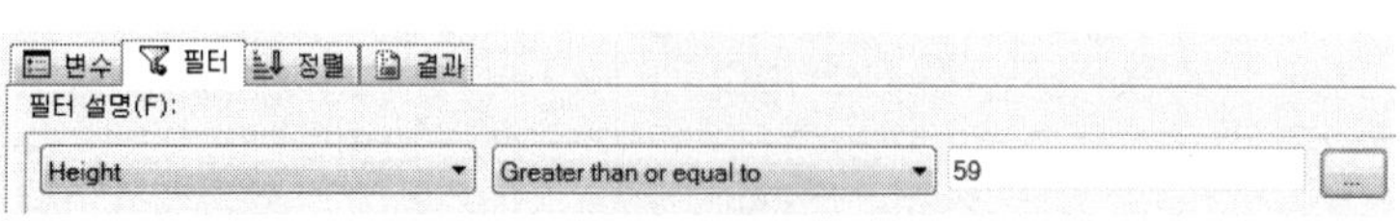

[그림 3-4] 필터 탭에서 입력 내용

(2) 정렬

예 3.4

〈예 3.2〉에서와 같이 Class data set을 Height의 크기순(내림차순)으로 정렬해 보자. Class 자료를 열어놓고 **작업** → **데이터** → **데이터 정렬**을 선택한 다음, 데이터 창에서 Height를 '정렬 기준' 변수로 선택하고, Height '정렬 순서'를 내림차순으로 바꾼다. 옵션 창에서 필요한 옵션을 확인한 후에 실행을 클릭하면 [그림 3-5]와 같은 결과를 얻게 된다.

	Name	Sex	Age	Height	Weight
1	필립	남	16	72	150
2	알프레드	남	14	69	112,5
3	로날드	남	15	67	133
4	메리	여	15	66,5	112
5	윌리엄	남	15	66,5	112
6	바바라	여	13	65,3	98
7	로버트	남	12	64,8	128
8	주디	여	14	64,3	90
9	헨리	남	14	63,5	102,5
10	캐롤	여	14	62,8	102,5
11	자넷	여	15	62,5	112,5
12	제프리	남	13	62,5	84
13	제인	여	12	59,8	84,5
14	존	남	12	59	99,5
15	토마스	남	11	57,5	85
16	제임스	남	12	57,3	83
17	앨리스	여	13	56,5	84
18	루이스	여	12	56,3	77
19	조이스	여	11	51,3	50,5

[그림 3-5] Height의 내림차순으로 정렬한 결과

3.3 SAS의 DATA STEP 문장들

SAS를 이용한 통계자료분석은 EG의 메뉴만 이용하는 것으로는 한계가 있다. 즉, SAS의 강력한 분석 기능을 충분히 활용하기 위해서는 EG의 메뉴뿐만 아니라 SAS의 프로그램을 통한 절차를 이용한 분석법도 이용할 수 있어야 한다. 특히 고급인 통계기법에서는 아직 메뉴가 마련되어 있지 않아서 프로그램을 직접 작성해야 하는 경우가 많다. 이를 위해 이 책에서는 메뉴의 활용뿐만 아니라 SAS의 프로그램 작성 방법을 기초 단계부터 소개하고 있다.

3.3.1 SAS 프로그램의 구성

모든 SAS 프로그램은 DATA 단계와 PROC 단계를 거치게 된다. DATA 단계에서는 하나 이상의 새로운 SAS data set을 만들거나 이미 존재하고 있는 data set을 가공, 처리하여 새로운 data set을 만드는 역할을 한다. 보고서 작성, 파일의 처리, 정보의

저장이나 회수 등이 이 단계에서 다루어진다.

PROC(절차, procedure) 단계는 만들어진 SAS data set의 자료를 분석하여 그 결과를 출력하는 등의 작업을 수행하는 단계로서 PROC 문으로 시작하여 지정된 이름을 가진 절차를 SAS 내에서 불러내어 이를 수행하는 역할을 한다.

DATA 단계의 일반적인 구조는 읽어야 할 자료가 어떤 형태로 있느냐에 따라 다음과 같은 3가지 형태를 갖는다.

① DATA 단계에서 직접 입력하는 방법

```
DATA statement;
  INPUT statement;
  Other SAS statements used in the DATA STEP;
  DATALINES;
data lines
;
RUN;
```

② 외부 파일로부터 읽기

```
DATA statement;
  INFILE statement;
  INPUT statement;
  Other SAS statements used in the DATA STEP;
RUN;
```

③ 이미 만들어진 자료로부터 읽기

```
DATA statement;
  SET | MERGE | UPDATE statement;
RUN;
```

SAS에서 통계처리에 사용되는 절차는 많이 있으며, 그 가운데 자주 사용되는 대표적인 절차들을 앞으로 다루게 된다. 이런 절차들은 PROC로 시작되며, 몇 가지 예를 들면 다음과 같다.

```
PRINT     MEANS     UNIVARIATE   CORR      TTEST      ANOVA
REG       GLM       FREQ         CATMOD    LOGISTIC   GENMOD
PRINCOM   FACTOR    DISCRIM      CANDISC   CLUSTER
```

3.3.2 SAS DATA 단계

DATA 단계에서 자주 사용되는 다음의 문장들에 대해 설명하기로 한다.

DATALINES, INFILE, INPUT, SET, OUTPUT, Subsetting IF, IF-THEN/ELSE

(1) DATALINES

자료를 DATA 단계에서 직접 입력하는 경우에 사용하며 일반형은 다음과 같다.

```
DATALINES;
  data lines
;
```

자료를 입력하는 방법 중에서 가장 기본적인 방법은 INPUT 문과 DATALINES 문을 이용하여, DATA 단계에서 직접 입력하는 방법이다. 다음의 예를 이용하여 이를 설명하기로 한다.

예 3.5 (DATA 단계에서 직접 자료를 입력)

```
DATA HTWT;
  INPUT ID $ NAME $ SEX $ AGE HEIGHT WEIGHT;
  DATALINES;
1 ALFRED   M 14 59.0 112.5
2 ALICE    F 13 56.5  84.0
 ...
18 THOMAS  M 11 57.5  85.0
19 WILLIAM M 15 66.5 112.0
;
RUN;
```

〈예 3.5〉의 결과 HTWT라는 이름의 SAS data set이 생성되며, 이 data set에는 ID, NAME, SEX, AGE, HEIGHT, WEIGHT라는 변수명 아래 데이터들이 저장되어 있다.

(2) INFILE

자료들이 이미 다른 파일의 형태로 저장되어 있는 경우 외부의 자료파일을 읽어서 SAS data set으로 만드는 경우에 사용하며 일반형은 다음과 같다.

```
INFILE 'external-file';
```

HTWT.DAT라는 이름을 가진 자료파일이 외부파일의 형태로 D 드라이브의 DATA 폴더에 저장되어 있는 경우에 이를 프로그램 내에서 읽으려면 〈예 3.6〉과 같이 INFILE 문을 사용한다.

예 3.6 (외부 파일 읽기)

```
DATA HTWT;
  INFILE 'D:\DATA\HTWT.DAT';
  INPUT ID $ NAME $ SEX $ AGE HEIGHT WEIGHT;
RUN;
```

(3) INPUT

원시자료를 입력시켜서 해당되는 각 변수에 기억시키는 기능을 한다. 변수명 뒤의 '$'기호는 그 변수가 문자값(character value)을 가짐을 의미한다. data line이나 파일에 저장된 데이터의 형식에 따라 List INPUT, Column INPUT, Fomattted INPUT 등이 사용된다.

① **List INPUT**

List INPUT의 일반형은 다음과 같다.

```
INPUT variables <$>;
```

자료를 입력시키는 가장 간단한 방법으로서, List INPUT은 free format이다. 각 자룟값은 서로 공백으로 구분된다. 문자값들은 최대 8바이트로 구성되며 중간에 공백(내재공백)을 포함할 수 없다. 〈예 3.5〉는 list input의 한 예이다.

② **Column INPUT**

Column INPUT의 일반형은 다음과 같다.

```
INPUT variable <$> startcolumn <- endcolumn> <.decimal>;
```

각 변수가 읽을 데이터의 열(column)을 지정하는 방법으로서, 모든 입력값들의 위치가 동일한 경우에 주로 사용한다. 입력값의 순서에 관계없이 읽을 수 있으며 몇 번이고 반복해서 읽을 수도 있다.

예 3.7 (DATA 단계에서 직접 자료를 입력)

```
DATA HTWT;
INPUT ID $1-2 NAME $4-10 SEX $12 AGE 14-15 HEIGHT 17-20
      WEIGHT 22-26;
DATALINES;
1  ALFRED  M 14 59.0 112.5
2  ALICE   F 13 56.5  84.0
 ...
18 THOMAS  M 11 57.5  85.0
19 WILLIAM M 15 66.5 112.0
;
RUN;
```

③ **Formatted INPUT**

Formatted INPUT의 일반형은 다음과 같다.

```
INPUT variable informat;
```

예 3.8

INPUT (SCORE1-SCORE5) (4. 4. 4. 4. 4.); 또는 (4.);

결과 : SCORE1-SCORE5의 각 변수는 차례대로 4개의 열을 차지하여 읽는다.

④ **Pointer Controls**

INPUT 문을 수행할 경우 자료를 읽을 Pointer의 위치를 지정해 준다.

@n : 현재 읽고 있는 열에서 n번째 열로 Pointer를 이동시켜 n번째 열의 값부터 읽는다.

예 3.9 (Column pointer 지정)

```
DATA ONE;
  INPUT @15 SALES;
RUN;
DATA TWO;
  A = 25;
  INPUT @A NAME $ 10.;
RUN;
```

첫 번째 INPUT 문에서는 Pointer 위치를 15번째 열로 이동시켜 15번째 열에 있는 값부터 읽기 시작하고, 두 번째 INPUT 문에서는 A=25에 의해 Pointer의 위치를 25번째 열로 이동시킨 후 25번째 열부터 10개의 열을 차지하여 NAME의 값을 읽는다.

예 3.10

```
INPUT @23 LENGTH 4. +5 WIDTH;
```

먼저 23번째 열로 Pointer를 이동시켜 4개의 열에서 LENGTH 변수의 값을 읽고 +5에 의해 Pointer의 위치가 오른쪽으로 5열만큼 이동한 다음에 WIDTH 변수의 값은 32번째 열부터 시작되는 값을 읽는다.

#n : n번째 줄로 Pointer를 이동시킨다.

예 3.11 (Line pointer 지정)

```
INPUT A 3-5 B 45-50 #2 X 10-11 #3;
```

〈예 3.11〉에서는 한 개체에 대한 관측값들이 3줄씩 차지하고 있으며, #2에 의해 Pointer의 위치를 2번째 줄로 이동하여 변수 X의 값을 읽은 후, #3에 의해 3번째 줄로 Pointer를 이동시켜 다음 관측값의 입력에 대비하도록 한다.

- **@, trailing(trailing at sign)** : INPUT 문의 마지막에 @가 있으면 DATA 단계의 수행 시 Pointer의 위치를 현재의 위치에 고정하고 다음 INPUT 문의 수행을 기다린다. trailing @가 없는 INPUT 문에 의해 해제(release)된다.

예 3.12 (Line hold specifier)

```
DATA SCHEDULE;
  INPUT TYPE $ 1 @;
  IF TYPE='C' THEN INPUT COURSE $ PROF $;
  ELSE IF TYPE='S' THEN INPUT NAME $ ID;
  …
```

첫 번째 INPUT 문에 의해 첫 번째 열에 있는 TYPE 변수의 값을 읽고, @에 의해 Pointer의 위치는 같은 줄에 있으면서 다음 SAS 문을 수행한다. TYPE의 값이 'C'이면 같은 줄에서 IF-THEN 문의 INPUT 문에 의해 COURSE 변수와 PROF 변수의 값을 읽고, TYPE 변수의 값이 'S'이면 같은 줄에서 ELSE 문의 INPUT 문에 의해 NAME 변수와 ID 변수의 값을 읽는다.

- **@@, trailing(double-trailing at sign)** : 현재 읽고 있는 모든 자료가 읽혀질 때

까지 DATA 단계를 수행한다.

예 3.13 (Line hold specifier)

(Line hold specifier)

```
DATA THREE;
  INPUT NAME $ AGE @@;
  DATALINES;
JOHN 13 MARY 12 SUE 15 TOM 10
;
RUN;
```

한 줄에 여러 개의 관측값들이 있는 경우 이 관측값들을 모두 읽을 때까지 현재의 줄을 고수하고 자료들이 더 이상 없으면 다음 줄로 Pointer를 이동한다.

(4) SET

이미 만들어진 하나 이상의 자료 전체 또는 일부분을 읽어 들이거나, 서로 연결하고 끼워 넣기 등을 통해 새로운 자료를 만드는 데 이용한다. SET 문의 일반형은 다음과 같다.

```
SET <SAS-data-set <options>>;
```

예 3.14

```
DATA B ;
  SET A ;
RUN ;
```

기존의 A data set에 속해 있는 모든 변수들의 자료를 그대로 B라는 새로운 data set에 복사하여 사용한다.

예 3.15

```
DATA YEARLY;
  SET MONTHLY;
  TOTAL=SUM(OF MONTH1-MONTH12);
  DROP MONTH1-MONTH12;
RUN;
```

MONTHLY data set을 그대로 YEARLY data set에 복사한 후에, MONTH1부터 MONTH12까지의 변수들의 합을 TOTAL이라는 새로운 변수에 저장하고, 다시 MONTH1부터 MONTH12

까지의 변수들이 필요 없으므로 DROP 문을 이용하여 이를 제거한 YEARLY data set을 만든다.

예 3.16

```
DATA BOTHYEAR;
  SET Y2014 Y2015;
RUN;
```

두 자료 Y2014와 Y2015를 순서대로 연결하여 BOTHYEAR 자료를 만든다.

예 3.17

```
PROC SORT DATA=DEP1;
  BY LASTNAME;    RUN;
PROC SORT DATA=DEP2;
  BY LASTNAME;    RUN;
DATA ALLEMPL;
  SET DEP1 DEP2;
  BY LASTNAME;    RUN;
```

DEP1과 DEP2 data set가 변수 LASTNAME에 의해 정렬된 상태에서 합쳐져서 새로운 ALLEMPL data set을 생성한다. ALLEMPL에 저장되어 있는 관측값들은 어느 자료에서 왔는지에 관계없이 LASTNAME에 의해 정렬된다.

예 3.18

```
DATA A;
  SET SASHELP.CLASS;
RUN;
```

라이브러리 Sashelp에 있는 class 자료를 읽고, 이를 data set A에 복사한다.

(5) Assignment 문

Assignment 문의 일반형은 다음과 같다.

```
variable=expression;
```

예 3.19

```
WTKILO=WEIGHT*0.45;
HEIGHT=HEIGHT*2.54;
```

첫 번째 문장에 의해서는 WTKILO라는 새로운 변수가 생성되고, 두 번째 문장은 단위가 인치(inch)인 자료를 단위가 cm인 자료로 바꾼 후 동일한 변수명 HEIGHT에 저장한다.

(6) OUTPUT

OUTPUT 문의 일반형은 다음과 같다.

```
OUTPUT <SAS-data-set> …;
```

예 3.20

```
DATA COLLEGE HISCHOOL;
  INPUT NAME $ 1-30 SEX YRS_EDUC;
  IF YRS_EDUC <= 12 THEN OUTPUT HISCHOOL;
  ELSE OUTPUT COLLEGE;
DATALINES;
data lines
;
RUN;
```

YRS_EDUC 변수의 값이 12 이하이면 현재 처리하고 있는 관측값을 HISCHOOL이라는 data set에 출력하고 아니면 COLLEGE라는 data set에 출력하여 HIGHSCHOOL과 COLLEGE라는 두 개의 data set이 생성된다.

(7) Subsetting IF

DATA 단계에서 입력되는 값들 중 주어진 expression이 참인 경우에 해당되는 관측값들만 처리하며 그 일반형은 다음과 같다.

```
IF expression;
```

예 3.21

```
DATA FEMALE;
  SET HTWT;
  IF SEX = 'F';
RUN;
```

data set HTWT에 저장된 자료 중에서 SEX 변수의 값이 'F'인 관측값들만 선택하여

FEMALE이란 data set에 저장한다.

(8) IF-THEN / ELSE

관측값의 일부만을 처리하고 싶은 경우에 조건을 만족하는 관측값만을 처리한다. 일반형은 다음과 같다.

```
IF expression THEN statement;
    또는
IF expression THEN statement;
ELSE statement;
```

예 3.22

```
IF YEAR=2014 THEN COLOR='BLUE';
ELSE COLOR='RED';
```

YEAR=2014이면 COLOR 변수에 BLUE라는 값을 주고 그렇지 않으면 RED라는 값을 준다.

제4장

그래프와 기술통계

4.1 EG를 이용한 그래프

자료 또는 데이터가 갖는 특징이나 특성을 나타내는 방법은 여러 가지 있다. 이들을 크게 두 종류로 분류하면 그래프에 의한 방법과 여러 종류의 통계량의 값으로 요약하여 나타내는 기술통계적 방법이다. 이 절에서는 EG의 메뉴를 이용하여 다음의 그래프를 작성하는 방법들을 살펴보기로 한다.

막대그래프, 원그래프, 상자도표, 산점도, 표면도

(1) 막대그래프(Bar Chart)

dataset에 있는 class 자료에서 연령별 분포를 막대그래프로 그려보자. 연령은 연속형 데이터이지만 class 자료에서는 이산형으로 취급하여 각 연령별 빈도(도수)를 구하는 것이 더 바람직하다. **열기 → 데이터**를 이용하여 class 자료를 열어놓고 메뉴 바에서

작업 → 그래프 → 막대그래프

를 선택하고 다음 단계를 시행한다.

1. '막대그래프' 갤러리에서 '컬러 수직막대'를 선택한다.
2. '데이터' 창에서 변수 Age를 '그래프 칼럼'으로 선택한다.
3. '모양'의 '막대'를 클릭하고, '막대 색상 지정' 옵션에서 '사용자 정의 색상'을 체크한 후에 원하는 컬러를 선택한다.
4. 이어서 '막대 개수 지정' 옵션에서 '고유 데이터 값마다 막대 하나'를 선택하고

실행을 클릭한다.

결과는 [그림 4-1](a)와 같다.

막대그래프 메뉴 대신에 **막대그래프 마법사** 메뉴를 이용할 수도 있다. 막대그래프 마법사를 이용하여 성별로 side by side 막대그래프를 그려보자.

1. 마법사의 두 번째 창에서 ‘막대’로 Age를 선택하고, ‘속성()’ 아이콘을 클릭하여 나오는 속성 창에서 ‘변수 유형’으로 ‘이산’을 선택한다. ‘그룹화’ 옵션을 체크하여 Sex를 그룹화 변수로 선택한다.
2. 세 번째 창으로 넘어가 색상에서 ‘막대 색상 분류’로 ‘막대 범주’를 선택한다. 이어서 마침을 클릭하면 [그림 4-1](b)의 결과를 얻는다.

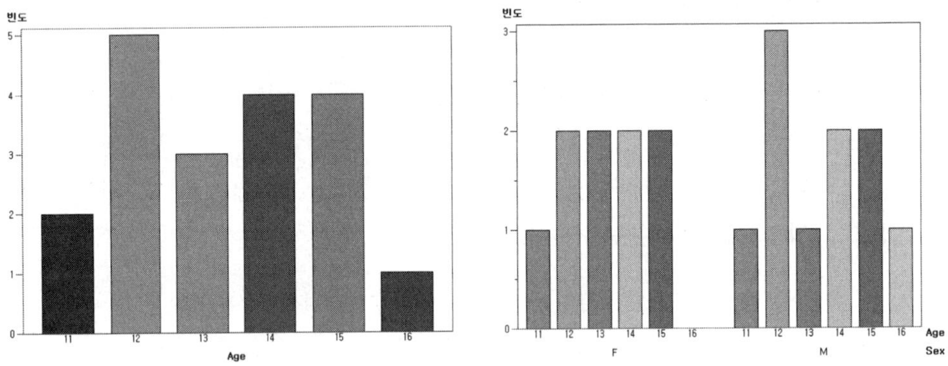

(a) 막대그래프 (b) 그룹별 막대그래프

[그림 4-1] 막대그래프

(2) 원그래프(Pie Chart)

열기 → 데이터를 이용하여 class 자료를 열어놓고 메뉴 바에서

작업 → 그래프 → 원그래프

를 선택한다. ‘원그래프’ 탭에서 ‘단순 원’을 선택하고 데이터 창에서 Age를 ‘그래프 칼럼’으로 선택한다. ‘원’ 탭에서 ‘조각 개수 지정’으로 ‘각 데이터 값마다 조각 하나’를 선택한다. 이어서 실행을 클릭하면 [그림 4-2](a)의 결과를 얻는다.

원 그래프에서 가운데가 비어있는 도넛형 그래프를 그리기 위해서는 메뉴 바에서

작업 → 그래프 → 도넛그래프

를 선택한다. 데이터 창에서 Age를 ‘그래프 칼럼’ 변수로 선택하고, ‘도넛’ 탭에서

'조각 개수 지정'으로 '각 데이터 값마다 조각 하나'를 선택한다. 이어서 실행을 클릭하면 [그림 4-2](b)의 결과를 얻는다.

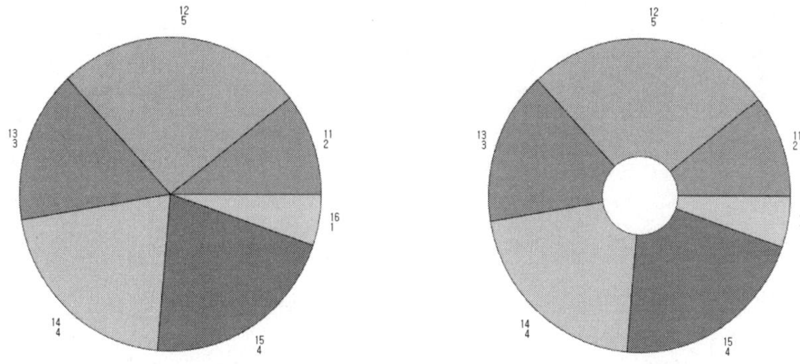

(a) 원그래프 (b) 도넛그래프

[그림 4-2] 원그래프와 도넛그래프

(3) 상자도표(Box Plot)

상자도표에서 직사각형 상자의 양끝은 제1사분위수(Q_1)와 제3사분위수(Q_3)에 의해 정해지며 중앙값은 수평선으로 나타낸다. 상자 양쪽에 그어진 중심선들을 수염(위스커, whisker)이라고 하며, SAS의 상자도표에서는 상자 끝에서 ±1.5배의 사분위범위($Q_3 - Q_1$) 이내의 데이터 값까지 연결한다. 이를 벗어난 데이터는 이상점으로 나타낸다.

상자도표는 특히 여러 data set의 분포를 비교하는 데 유용하게 사용될 수 있다.

예를 들어 class 자료에서 남녀별로 Height에 대한 상자도표를 그려보자. 메뉴 바에서

작업 → 그래프 → 상자도표

를 선택한다. 데이터 창에서 Height를 세로 변수로 Sex를 가로 변수로 선택한다. '모양'에 있는 '상자도표' 창을 열면 여러 가지 설명과 함께 그림에 대한 옵션을 선택할 수 있다. 예를 들어 상자 내부와 외곽선의 색상을 지정할 수 있다. 결과는 [그림 4-3](a)와 같다.

[그림 4-3](b)는 12장에 나오는 Admit 자료에서 그룹별 GPA 성적을 나타낸 상자그림이다. 가로축의 1, 2, 3은 각각 '합격', '불합격', '보류'를 나타낸다. 이상점은 작은 원(o)으로 표시됨을 확인할 수 있다.

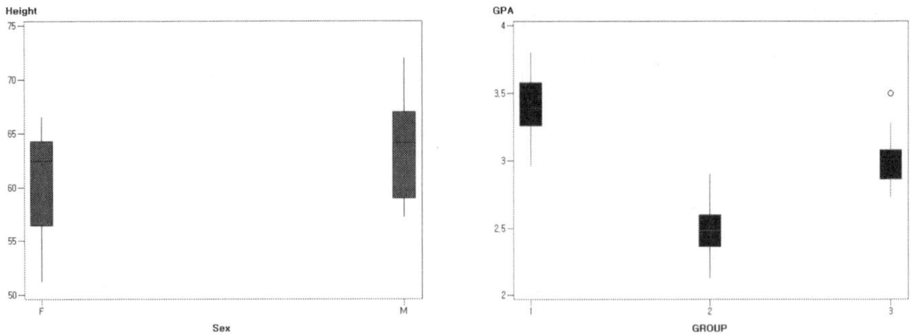

(a) 성별 키의 비교　　(b) 그룹별 GPA 점수의 비교

[그림 4-3] 상자도표

(4) 산점도(Scatter Plot)

두 변수 사이의 관계를 파악하는 데 가장 많이 사용되는 방법이 산점도에 의한 방법이다. 즉, 두 변수의 관측값에 대한 산점도를 그려서 경향과 연관성의 정도 등을 쉽게 판단할 수 있는 장점이 있다. 즉, 관측값 (x_1,y_1), $(x_2,y_2),\cdots,(x_n,y_n)$을 x, y 좌표평면에 점으로 나타낼 때 이들의 모양이 왼쪽에서 오른쪽으로 증가하는 모양이면 두 변수 사이에 양의 상관관계가 존재하며, 이들이 직선에 밀집해 있을수록 강한 상관관계가 있음을 나타낸다.

예를 들어 class 자료에서 Height와 Weight의 산점도를 그려보자([그림 2-1] 참조). 이를 위해 메뉴에서

작업 → 그래프 → 산점도

를 선택하고, 산점도 선택 창에서 2D 산점도를 선택한다. 데이터 창에서 Height를 가로 변수, Weight를 세로 변수로 선택하고, 도표 창에서 원하는 기호와 색상을 선택한 후에 실행을 클릭하면 [그림 4-4]의 결과를 얻는다. 그림에서 살펴보면 두 변수 Height와 Weight 사이에 비교적 강한 직선관계가 있음을 알 수 있다.

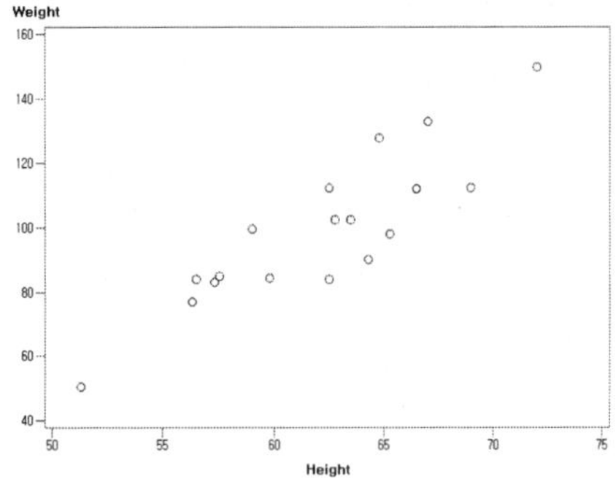

[그림 4-4] Height와 Weight의 산점도

(5) 3차원 산점도(3-D Scatter Plot)

공간에서 점들이 분포된 상태를 알고 싶을 때 3차원 산점도가 유용하게 사용될 수 있다. 앞의 산점도 같이 **작업 → 그래프 → 산점도**를 선택하고, '산점도' 갤러리 창에서 '바늘을 포함한 3D 산점도'를 선택한다.

데이터 탭에서 가로, 세로, 깊이 변수로 각각 Height, Weight, Age를 선택하고 실행을 클릭하면 [그림 4-5]의 결과를 얻는다. 그림에서 살펴보면 Age가 증가하면서 Height와 Weight가 같이 증가하는 모양을 확인할 수 있다.

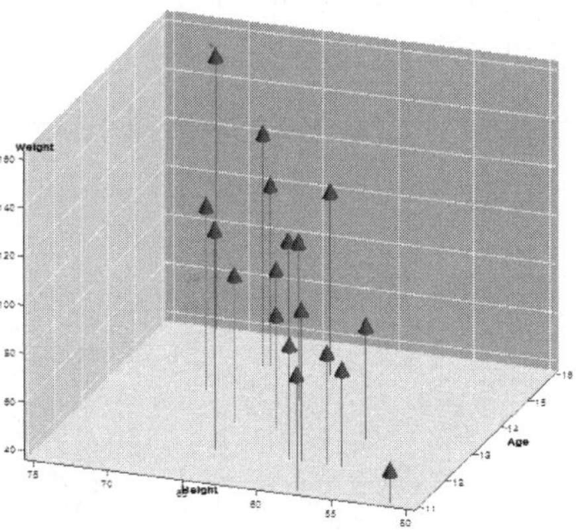

[그림 4-5] 바늘을 포함한 3D 산점도

(6) 표면도(Surface Plot)

2장의 [예제 2.4]에서는 G3D 절차를 이용하여 상관계수가 0.9인 이변량 정규분포의 밀도함수 곡면 그래프를 그려보았다. 여기서는 메뉴를 이용하여 3차원 곡면 그래프를 그려보자. 다음 SAS 프로그램은 상관계수 $\rho = 0$인 이변량 정규분포 밀도함수의 값을 x, y 각각의 좌푯값이 −2.5에서 +2.5까지 0.5간격으로 변하는 121개의 격자점에서 계산하고, x, y 값 및 함숫값 z를 Bnormal이라는 data set에 기억시키는 프로그램이다.

```
/* BNORMAL.SAS : BIVARIATE NORMAL DENSITY */
DATA BNORMAL;
  FORMAT Z 5.2;
  DO X=-2.5 TO 2.5 BY .5;
     DO Y=-2.5 TO 2.5 BY .5;
        Z= EXP(-(X**2 + y**2)/2)/6.28;
        OUTPUT;
     END;
  END;
```

```
RUN;
PROC PRINT DATA=BNORMAL;
RUN;   QUIT;
```

dataset에 있는 Bnormal을 열어놓고 이를 3차원 곡면도로 나타내보자. 이를 위해 메뉴 바에서

작업 → 그래프 → 표면도

를 선택하고, '표면도' 갤러리 창에서 '3D 와이어프레임 표면도'를 선택한 후에 '데이터' 탭에서 x, y, z를 각각 가로, 깊이, 세로 변수로 선택한다. 표면도 옵션 창에서는 표면도의 색상을 비롯한 회전각도를 지정할 수 있다. [그림 4-6]은 디폴트 옵션에 의한 표면도의 그림이다. 격자점의 간격을 줄일수록 실제 곡면에 가까운 더 정확한 그림을 얻을 수 있다.

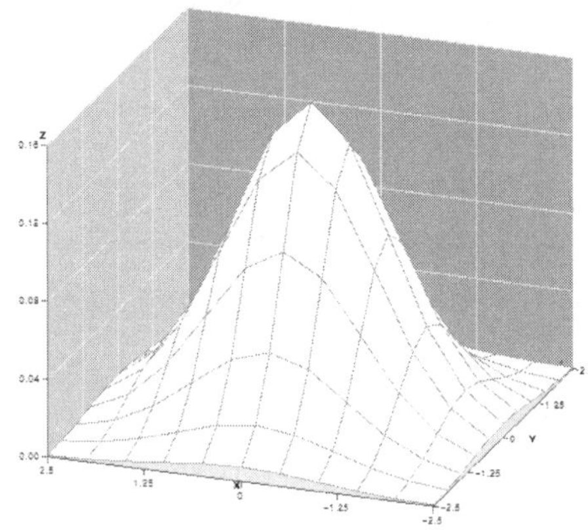

[그림 4-6] 이변량 정규곡면의 표면도

이 절차는 공간에서 곡면을 형성하는 자료를 시각적으로 나타내기를 원할 경우에 사용되므로, 데이터의 개수가 적으면 오히려 왜곡된 결과를 제공할 수도 있다. 또한 모든 격자점에서의 함숫값이 없으면 **내삽법**(interpolate)과 **외삽법**(extrapolate)으로 등간격 격자점에 대한 자료를 생성한 후에 곡면 그래프를 그린다.

예를 들어 class 자료에서 Age와 Height 및 Weight의 3차원 곡면도를 그려보자. 이를 위해 **표면도** 메뉴의 '데이터 그리드' 탭에서 '사용전 데이터 그리드'를 체크하고, '추가 계산 수행'으로 'Spline'을 선택하여 표면도를 그린 결과가 [그림 4-7]과 같다.

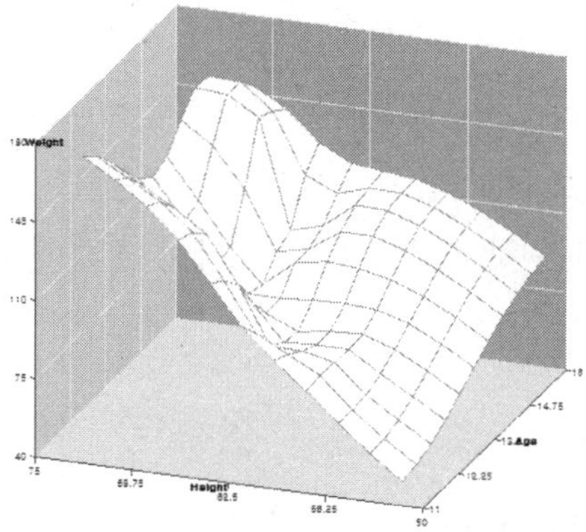

[그림 4-7] Age, Height, Weight의 곡면도

4.2 기술통계의 이론적 배경

자료를 정리하는 방법으로 그래프를 이용한 방법들은 매우 쉬우면서도 자료의 특성을 일목요연하게 표현하는 특징이 있으므로 널리 사용된다.

자료를 요약하는 다른 방법으로는 자료의 특성을 나타내는 여러 가지 통계량의 값을 구하는 것이다. 즉, 통계량으로 요약된 값을 구함으로써 자료의 특징을 몇 개의 숫자로 나타낼 수 있으며, 이런 분야를 **기술통계학**(descriptive statistics)이라 한다.

통계학의 다른 큰 분야는 자료에 내포되어 있는 정보를 분석하여 불확실한 사실에 대한 추론을 하는 **추론통계학**(inferential statistics, 추측통계학)이다. 이 추론통계학은 현대 통계학의 주류를 이루고 있으며, 이 책에서도 5장 이하의 내용들은 대부분 추론통계학의 내용들이다.

기술통계학이 주어진 자료를 요약하여 방대한 자료의 특징을 쉽게 알아 볼 수 있도록 여러 가지 정보를 제공해 준다면 추론통계학에서는 통계적 모형을 설정하고 추정하며 이들이 합리적인지를 평가하는 가설검정을 시행하고, 미지의 특성에 대한 결론을 내리고 예측을 하는 등의 통계적인 추론을 시행한다.

이 장에서는 EG의 **작업** → **기술**에 있는 여러 메뉴와 SAS의 MEANS를 비롯한 여러 절차에 있는 통계량들에 대하여 설명하기로 한다. 한 변수에 대한 관측값 또는 데이터를

$$x_1, x_2, \cdots, x_n$$

으로 나타내고, 이들을 크기순으로 나타낸 것을 **순서통계량**이라 하며 기호

$$x_{(1)} \leq x_{(2)} \leq \cdots \leq x_{(n)}$$

으로 나타내기로 한다. n은 데이터의 개수를 나타낸다. 이들 데이터에 대한 여러 가지 통계량들을 살펴보자. 다음에 소개되는 통계량들은 메뉴 또는 프로그램의 절차에서 디폴트로 출력되는 것도 있으며, 옵션에서 선택해야 출력되는 것도 있다.

(1) 요약통계량

① **표본평균**(sample mean): $\overline{x} = \frac{1}{n}\sum_{i=1}^{n} x_i$

참고: SAS에서는 **평균** 또는 **평균값**으로 출력된다.

② **중앙값**(sample median): 데이터를 크기순으로 나열할 때 중앙에 위치하는 값. 따라서 데이터의 개수가 짝수일 때와 홀수일 때 다음과 같이 정의된다.

$$\text{홀수일 때}: x_{((n+1)/2)}$$

$$\text{짝수일 때}: \frac{x_{(n/2)} + x_{(n/2+1)}}{2}$$

참고: SAS에서는 **중위수**로 출력된다.

③ **분산**(sample variance): $S^2 = \frac{1}{n-1}\sum_{i=1}^{n}(x_i - \overline{x})^2$

④ **표본표준편차**(sample standard deviation): $S = \sqrt{\frac{1}{n-1}\sum_{i=1}^{n}(x_i - \overline{x})^2}$

⑤ **표준오차**(standard error)

일반적으로 표준오차는 추정량의 표준편차를 의미하나 SAS에서는 표본평균의 표준편차를 뜻한다.

$$\text{모수}: \mathrm{SE}(\overline{x}) = \sigma / \sqrt{n}$$

$$\text{추정값}: \widehat{\mathrm{SE}}(\overline{x}) = S / \sqrt{n}$$

⑥ **변동계수**(coefficient of variation): $\mathrm{CV} = S / \overline{x}$

상대적인 산포도의 측도로서 관측값의 단위에 의존하지 않는다.

⑦ **최댓값**: $x_{(n)}$ **최솟값**: $x_{(1)}$

⑧ **범위**(range): 최댓값 − 최솟값

⑨ **왜도**(skewness)

자료의 비대칭도를 나타낸다.

$$\text{모수: } \beta_1 = \mu_3 / (\mu_2)^{3/2}$$

다만, $\mu_i = E[(X-\mu)^i]$: i 차 적률(i th moment about the mean)

$$\text{추정값: } \hat{\beta}_1 = m_3 / m_2^{3/2}$$

다만, $m_i = \dfrac{1}{n}\sum(x_i - \bar{x})^i$: i 차 표본 적률

참고: 대칭인 분포의 경우에는 $\beta_1 = 0$이고, 오른쪽으로 꼬리가 긴(skewed to the right) 분포의 경우에는 $\beta_1 > 0$, 왼쪽으로 꼬리가 긴 분포의 경우에는 $\beta_1 < 0$이 된다.

⑩ **첨도(kurtosis)**

$$\text{모수: } \beta_2 = \mu_4 / (\mu_2)^2 - 3$$

$$\text{추정값: } \hat{\beta}_2 = m_4 / (m_2)^2 - 3$$

참고: 일반적으로 첨도는 $\beta_2^* = \mu_4 / (\mu_2)^2$ 으로 정의되지만 편의상 SAS에서는 정규분포에서 β_2의 값이 0이 되도록 수정한 $\beta_2^* - 3$의 값이 출력된다. 따라서 정규분포의 경우에는 $\beta_2 = 0$이다. 흔히, $\beta_2 < 1$이면 정규분포보다 꼬리가 짧은(short tailed) 분포라고 판정하며, $\beta_2 > 5$이면 정규분포보다 심각하게 꼬리가 긴(long tailed) 분포라고 판정한다. 특히 긴 꼬리를 가질 때는 정규이론에 의한 추론법은 신뢰성이 떨어진다.

⑪ **합계(sum)**: $\sum x_i$

⑫ **비수정 제곱합(uncorrected sum of squares)**

$$\text{USS} = \sum x_i^2 \text{ : 수정되지 않은 제곱합}$$

⑬ **수정 제곱합(corrected sum of squares)**

$$\text{CSS} = \sum (x_i - \bar{x})^2 \text{ : 평균에 의해 수정된 제곱합}$$

⑭ **t –통계량**

$$T = \frac{\bar{x} - \mu}{S/\sqrt{n}} \text{ : } H_0: \mu = 0 \text{ 를 검정하기 위한 } t\text{–검정통계량의 값}$$

참고: SAS에서는 **t 값** 또는 **t Value**로 출력된다.

⑮ **유의확률(p –값)**

Pr 〉 |t|: $H_0: \mu = 0$ 를 검정할 때 양측검정 유의확률인 $2P[T > |t|]$ 값

참고: SAS에서는 '**Pr 〉 |t|**'로 출력된다.

(2) 분포통계량

① **백분위수(percentile)**

- **1%, 5%, 10%, 90%, 95%, 99%** : 1st, 5th, 10th, 90th, 95th, 99th 백분위수 (percentile)
- **중위수**: 중앙값(the 50th percentile)
- **Q1**: 제1사분위수(the 25th percentile)
- **Q3**: 제3사분위수(the 75th percentile)
- **사분위 범위**: **Q3–Q1**으로서 흔히 **IQR**(interquartile range)이라 부른다.

② **최빈값(mode)**: 빈도수가 가장 큰 값

③ **부호검정(sign test)**

H_0: $\mu = 0$ 를 검정하기 위한 비모수적 검정법으로서 검정통계량은 다음과 같다.

M = '0보다 큰 관측값의 개수'

부호검정의 유의확률은 'Pr>=|M|' 값으로 출력한다.

④ **윌콕슨 부호순위검정(Wilcoxon signed rank test)**

H_0: $\mu = 0$ 를 검정하기 위한 비모수적 검정법으로서 검정통계량은 다음과 같다.

$$S = \sum_{x_i > 0} r_i^+ - n(n+1)/4$$

다만, n은 0을 제외한 x_i 들의 개수이고, r_i^+는 $|x_i|$들의 순위(rank)로서 양의 값을 갖는 x_i에 대응되는 순위들만을 합하여 구한다. 윌콕슨 부호순위검정의 유의확률은 'Pr>=|S|' 값으로 출력한다.

⑤ **정규분포 Q–Q 도표(quantile–quantile plot)**

r_i를 관측값 x_i의 순위라 하고 Φ를 표준정규분포의 누적분포함수라고 할 때, 세로축은 관측값 x_i값을 나타내고 가로축은

$$\Phi^{-1}[(r_i - 3/8)/(n + 1/4)]$$

의 값을 나타내는 산점도 그림이다. 확률도표(probability plot)와 같은 개념이며, 가로축의 눈금이 다를 뿐이다. 산점도의 모양이 직선에 가까우면 정규성을 가정해도 좋으며, 직선에서 많이 벗어날 때는 정규성을 가정할 수 없는 자료임을 뜻한다.

(3) 상관관계 통계량

두 변수에 대해 (x_1,y_1), (x_2,y_2), $\cdots,(x_n,y_n)$이 관측되고 이들의 순위를 각각

r_i : $x_1\,x_2, \cdots, x_n$ 에서 x_i의 순위

s_i : $y_1, y_2, \cdots, y_n$ 에서 y_i의 순위

라고 할 때, 상관관계(연관성)을 나타내는 통계량들은 다음과 같다.

① **피어슨의 표본상관계수**(Pearson's correlation coefficient)

$$r = \frac{\sum(x_i-\bar{x})(y_i-\bar{y})}{\sqrt{\sum(x_i-\bar{x})^2\sum(y_i-\bar{y})^2}}, \quad -1 \le r \le 1$$

② **스피어만의 순위상관계수**(Spearman's rank correlation coefficient)
변숫값들의 순위를 이용한 비모수적 상관계수이다.

$$\theta = \frac{\sum(r_i-\bar{r})(s_i-\bar{s})}{\sqrt{\sum(r_i-\bar{r})^2\sum(s_i-\bar{s})^2}}, \quad -1 \le \theta \le 1$$

③ **켄달의 타우-비**(Kendall's Tau-b)

$$\tau_b = \frac{\sum_{i<j}\mathrm{sign}(x_i-x_j)\mathrm{sign}(y_i-y_j)}{\sqrt{(T_0-T_1)(T_0-T_2)}}, \quad -1 \le \tau \le 1$$

다만, $T_0 = n(n-1)/2$, $T_1 = \sum t_i(t_i-1)/2$, $T_2 = \sum u_i(u_i-1)/2$이며, 여기서 t_i와 u_i는 각각 x와 y에서 동점인 관측값들끼리 그룹을 만들 때 i번째 그룹에 속한 관측값의 개수이고, sign은 부호함수로서

$$\mathrm{sign}(z) = \begin{cases} 1, & z>0 \\ 0, & z=0 \\ -1, & z<0 \end{cases}$$

로 정의된다. **일치**(concordance)와 **불일치**(discordance)의 개념을 이용한 통계량으로 $(x_i > x_j, y_i > y_j)$이거나 $(x_i < x_j, y_i < y_j)$이면 두 쌍은 일치하고, 그렇지 않으면 불일치한다고 한다.

피어슨의 상관계수는 모수적 방법으로서 정규성의 가정하에 상관관계를 측정하는 좋은 척도가 된다. 이에 대하여 스피어만이나 켄달의 방법은 비모수적 방법으로서 모집단의 분포에 대하여 정규성의 가정이 없이도 좋은 성질을 갖는 장점이 있다.

스피어만의 표본상관계수와 켄달의 타우-비는 대부분의 경우에 비슷한 결과를 준다. 그러나 스피어만의 표본상관계수는 피어슨의 방법에서 관측값 대신에 관측값의 순위를 사용하여 이해하기 쉬운 장점이 있다.

4.3 EG의 기술통계

이 절에서는 class 자료를 이용하여 작업 메뉴에 있는 기술통계량들을 살펴보기로 한다.

4.3.1 요약통계량

요약통계량은 SAS의 MEANS 절차에 해당되는 메뉴이다. 예를 들어 Height 변수에 대한 통계량을 성별로 구해 보자.

이를 위해 EG의 메뉴에서 **작업 → 기술 → 요약통계량**을 선택하고 데이터 탭에서 Height를 분석변수로, Sex를 분류변수로 선택한다. 디폴트 통계량 이상을 선택하기 위해서는 기본 탭과 백분위수 탭 및 추가 탭에서 원하는 통계량들을 선택한다. [그림 4-8]은 선택된 요약통계량의 값들이다.

분석 변수 : Height								
Sex	관측치 수	평균	표준편차	표준오차	분산	최솟값	최댓값	N
F	9	60.5888889	5.0183275	1.6727758	25.1836111	51.3000000	66.5000000	9
M	10	63.9100000	4.9379370	1.5615128	24.3832222	57.3000000	72.0000000	10

(a) '기본' 탭에서 선택된 통계량들

분석 변수 : Height					
Sex	제1 백분위수	제1 사분위수	중위수	제3 사분위수	제99 백분위수
F	51.3000000	56.5000000	62.5000000	64.3000000	66.5000000
M	57.3000000	59.0000000	64.1500000	67.0000000	72.0000000

(b) '백분위수' 탭에서 선택된 통계량들

분석 변수 : Height							
Sex	평균에 대한95% 신뢰하한	평균에 대한95% 신뢰상한	t 값	Pr > |t|	변동계수	수정 제곱합	제곱합
F	56.7314609	64.4463169	36.22	<.0001	8.2825871	201.4688889	33240.59
M	60.3776126	67.4423874	40.93	<.0001	7.7263919	219.4490000	41064.33

(c) '추가' 탭에서 선택된 결과들

[그림 4-8] Height에 대한 성별 요약통계량의 값

4.3.2 분포분석

분포분석은 SAS의 UNIVARIATE 절차에 해당되는 메뉴이다. Height 변수에 대한 분포분석을 시행해보자.

EG의 메뉴 바에서 **작업** → **기술** → **분포분석**을 선택하고 데이터 창에서 Height를 분석변수로 선택한다. 요약 창에서 '정규'를 체크하고, 모양 탭을 클릭하여 나오는 도표의 모양 창에서 'Q-Q 도표'를 체크한다. 이어서 원하는 축색상과 배경색상을 선택한다. 이어서 실행을 클릭하면 [그림 4-9]와 같은 기본 통계량과 신뢰구간 및 검정 결과가 디폴트로 출력된다.

Q-Q 도표는 [그림 4-10]과 같다. 점들이 직선에 거의 가까우며, 따라서 정규성을 가정해도 좋은 자료임을 뜻한다.

기본 통계 측도			
위치측도		변이측도	
평균	62.33684	표준 편차	5.12708
중위수	62.80000	분산	26.28690
최빈값	62.50000	범위	20.70000
		사분위 범위	9.00000

(a) 기본 통계량

정규성 가정하 기본 신뢰 한계			
모수	추정값	95% 신뢰한계	
평균	62.33684	59.86567	64.80801
표준 편차	5.12708	3.87408	7.58204
분산	26.28690	15.00852	57.48740

(b) 신뢰구간

위치모수 검정: Mu0=0				
검정	통계량		p 값	
스튜던트의 t	t	52.99708	Pr > |t|	<.0001
부호	M	9.5	Pr >= |M|	<.0001
부호 순위	S	95	Pr >= |S|	<.0001

(c) $H_0 : \mu = 0$의 검정 결과

[그림 4-9] 분포분석에서 디폴트로 출력되는 통계량

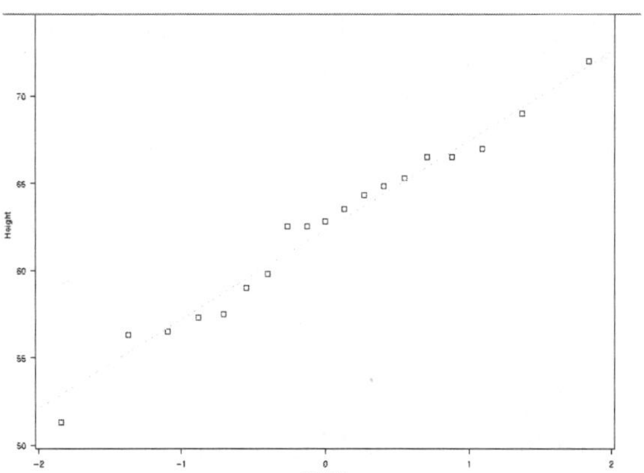

[그림 4-10] Height의 Q-Q 도표

4.3.3 일원빈도분석

일원빈도분석은 SAS의 FREQ 절차에 해당되는 메뉴로서 빈도표(도수표)를 작성한다. Age 변수의 빈도표를 작성해 보자.

EG의 메뉴 바에서 **작업 → 기술 → 일원빈도분석**을 선택하고 데이터 창에서 Age를 분석변수로 선택한다. 나머지는 디폴트로 실행할 때 [그림 4-11]의 결과를 얻는다.

Age	빈도	백분율	누적 빈도	누적 백분율
11	2	10.53	2	10.53
12	5	26.32	7	36.84
13	3	15.79	10	52.63
14	4	21.05	14	73.68
15	4	21.05	18	94.74
16	1	5.26	19	100.00

[그림 4-11] Age의 빈도표

4.3.4 상관분석

상관분석은 SAS의 CORR 절차에 해당되는 메뉴이다. 변수 Height와 Weight 사이의 상관관계를 알아보자.

EG의 메뉴 바에서 **작업 → 다변량 → 상관분석**을 선택하고 데이터 창에서 Height를 분석변수로 Weight를 상관분석변수로 선택한다. 옵션 창에서 Pearson과 Spearman을 선택하고 실행을 클릭한다. 결과는 [그림 4-11]과 같다. Height와 Weight 각각의 단순 통계량은 그림에서 생략했다. 두 결과는 비슷하며, 상관계수가 모두 0.85 이상으로 강한 상관관계가 있음을 나타낸다.

피어슨 상관 계수, N = 19 H0: Rho=0 가정하에서 Prob > |r|	
	Height
Weight	0.87779 <.0001

(a) 피어슨의 상관계수

스피어만 상관 계수, N = 19 H0: Rho=0 가정하에서 Prob > |r|	
	Height
Weight	0.85576 <.0001

(b) 스피어만의 상관계수

[그림 4-12] Height와 Weight의 상관분석 결과

4.4 SAS의 MEANS 절차를 이용한 예제

이 절에서는 MEANS 절차를 이용한 간단한 프로그램을 작성해 보자.

MEANS 절차의 일반형은 다음과 같다.

```
PROC MEANS <options>;
  VAR variables;
  BY variables;
  CLASS variable;
  FREQ variable;
  OUTPUT <OUT=SAS-data-set> statistics <options>;
```

① PROC MEANS 〈options〉;

DATA=**SAS-data-set** : 분석에 사용될 자료명을 지정한다.

이외에도 다음과 같은 특정 통계량들을 지정하여 출력할 수 있다.

N, MISS, STD, MIN, MAX, MEAN, RANGE, SUM, VAR,
STDERR, CV, SKEWNESS, KURTOSIS, T, PRT

② VAR **variables;**

지정된 변수들에 대하여 각종 통계량을 출력한다.

③ CLASS **variable;**

자료들을 지정된 변수의 값에 따라 여러 개의 부분집합으로 나눈다.

④ FREQ **variable;**

각 관측값들이 지정된 변수의 값에 해당되는 개수만큼 관측된 것으로 간주한다.

⑤ OUTPUT 〈OUT=SAS-data-set〉 **statistics 〈options〉;**

출력될 SAS data set을 생성하여 지정된 통계량들을 출력한다.

예제 4.1

어느 학교에서 랜덤하게 선택된 30명의 남학생의 키가 다음과 같다고 한다. 이들의 평균, 표준편차, 표준오차, 변동계수, 첨도를 출력시키되 소수 이하 3자리까지 출력시키는 SAS 프로그램을 작성하고, 결과를 출력시켜 보자.

```
177 173 173 171 176 183 173 182 174 176
180 170 174 182 164 161 175 169 177 178
182 162 161 175 169 173 179 165 167 174
```

MEANS 절차를 이용한 프로그램은 다음과 같다.

```
/* MEANS1.SAS : MENAS PROCEDURE */
DATA A;
  INPUT HEIGHT @@;
  DATALINES;
```

```
177 173 173 171 176 183 173 182 174 176
180 170 174 182 164 161 175 169 177 178
182 162 161 175 169 173 179 165 167 174
;
RUN;
PROC MEANS MEAN STD STDERR CV KURTOSIS MAXDEC=3;
  VAR HEIGHT ;
RUN; QUIT;
```

출력된 결과는 [그림 4-13]과 같다.

분석 변수 : HEIGHT				
평균	표준편차	표준오차	변동계수	첨도
173.167	6.292	1.149	3.634	-0.492

[그림 4-13] MEANS 절차의 출력 결과

예제 4.2

다음은 장소(S,N)와 날짜(1,2) 별로 얻은 등급(RATING)과 초과량(EXCESS)에 대한 자료를 이용하여 여러 가지 기술통계량을 MEANS를 이용하여 구한 예이다.

```
/* MEANS2.SAS : MEANS PROCEDURE */
OPTIONS PAGESIZE=50 NODATE;
DATA A;
  INPUT RATING EXCESS PLACE $ DAY @@;
  DATALINES;
04 54 S 1   07 70 N 1   10 69 N 2   04 52 S 1
07 70 S 2   08 74 N 1   04 60 S 1   07 62 S 2
07 80 N 1   06 61 S 2   06 77 N 2   08 75 N 2
;
RUN;
PROC SORT DATA=A;
  BY PLACE DAY;
RUN;
PROC MEANS DATA=A MAXDEC=3;
  TITLE3 'OUTPUT FROM MEANS PROCEDURES';
  BY PLACE DAY;
  VAR RATING EXCESS;
  OUTPUT OUT=NEW MEAN=RMEAN EMEAN STDERR=RSE ESE;
  TITLE3 'STATISTICS BY PLACE AND DAY';
RUN;
```

```
PROC PRINT DATA=NEW ROUND;
  TITLE3 'NEW DATA SET';
RUN;    QUIT;
```

PLACE와 DAY의 각 조합에 대하여 두 변수 RATING과 EXCESS의 디폴트 통계량의 값을 출력시키고, 'NEW'라는 data set에는 두 변수의 평균, 표준편차를 각각 RMEAN과 EMEAN, RSE와 ESE에 기억시킨다. MEANS에서 BY option을 사용하려면, BY 변수로 미리 정렬되어 있어야 한다.

PLACE=N DAY=1

변수	N	평균	표준편차	최솟값	최댓값
RATING	3	7.333	0.577	7.000	8.000
EXCESS	3	74.667	5.033	70.000	80.000

PLACE=S DAY=1

변수	N	평균	표준편차	최솟값	최댓값
RATING	3	4.000	0.000	4.000	4.000
EXCESS	3	55.333	4.163	52.000	60.000

PLACE=N DAY=2

변수	N	평균	표준편차	최솟값	최댓값
RATING	3	8.000	2.000	6.000	10.000
EXCESS	3	73.667	4.163	69.000	77.000

PLACE=S DAY=2

변수	N	평균	표준편차	최솟값	최댓값
RATING	3	6.667	0.577	6.000	7.000
EXCESS	3	64.333	4.933	61.000	70.000

[그림 4-14] MEANS에서 BY PLACE DAY에 의한 출력 결과

NEW DATA SET

OBS	PLACE	DAY	_TYPE_	_FREQ_	RMEAN	EMEAN	RSE	ESE
1	N	1	0	3	7.33	74.67	0.33	2.91
2	N	2	0	3	8.00	73.67	1.15	2.40
3	S	1	0	3	4.00	55.33	0.00	2.40
4	S	2	0	3	6.67	64.33	0.33	2.85

[그림 4-15] ROUND 옵션에 의한 출력 결과

제5장

추정과 검정

5.1 추정과 검정의 원리

5.1.1. 추정의 원리

모수를 추정하는 방법에는 두 가지가 있다. 하나는 모수를 한 개의 값으로 추정하는 **점추정**(point estimation)이며, 다른 하나는 모수가 포함되리라 기대되는 구간으로 추정하는 **구간추정**(interval estimation)이다.

예 5.1 대표적인 모수의 추정량

1. 평균 μ 의 추정량: **표본평균** $\overline{X}$
2. 분산 σ^2 의 추정량: **표본분산** S^2
3. 표준편차 σ 의 추정량: **표본표준편차** S
4. 비율 p 의 추정량: **표본비율** $\hat{p}$

구간추정은 점추정에 오차의 개념을 추가한 추정법으로 이해할 수 있다. 예를 들어 전구의 수명을 추정하기 위하여 $n=10$ 개의 표본을 임의로 뽑아 조사한 결과 $\overline{x}=1500$ (시간)을 얻었다면, 평균수명은 1500 시간으로 추정될 것이다. 그러나 이와 같은 점추정에서는 오차의 개념이 없기 때문에 1500 시간이 얼마나 정확한 추정값인지 판단할 수가 없다. 따라서 $\overline{x}$ 의 값과 σ 의 값을 같이 사용한 개념이 필요하다. 이와 같은 개념을 나타낸 것이 구간추정이다.

일반적으로 모수 θ 에 대하여 통계량 L 과 U 가 있어서

$$P(L< \theta < U)= 1- \alpha$$

일 때, 구간(L, U)의 관측값 (l, u)를 θ의 $100(1-\alpha)\%$ **신뢰구간**(confidence interval)이라 하며, l과 u를 각각 **신뢰구간의 하한**과 **상한**이라 하고, $1-\alpha$를 **신뢰수준**(confidence level)이라 한다.

예를 들어 σ를 알 때 모평균 μ의 신뢰구간을 구해 보자. 정규성을 가정할 때

$$Z= \frac{\overline{X}- \mu}{\sigma/ \sqrt{n}} \sim N(0,1)$$

임을 이용하면 다음이 성립한다(다만, z_α는 표준정규분포의 $100(1-\alpha)\%$ 점이다).

$$\begin{aligned} 1-\alpha &= P\left(-z_{\alpha/2}< \frac{\overline{X}-\mu}{\sigma/\sqrt{n}} < z_{\alpha/2}\right) \\ &= P\left(\overline{X}- z_{\alpha/2}\frac{\sigma}{\sqrt{n}} < \mu < \overline{X}+ z_{\alpha/2}\frac{\sigma}{\sqrt{n}}\right) \end{aligned}$$

따라서 모평균 μ의 $100(1-\alpha)\%$ 신뢰구간은 다음과 같다.

$$\overline{x} \pm z_{\alpha/2}\frac{\sigma}{\sqrt{n}} = \left(\overline{x} - z_{\alpha/2}\frac{\sigma}{\sqrt{n}},\ \overline{x} + z_{\alpha/2}\frac{\sigma}{\sqrt{n}}\right)$$

예를 들어 $\alpha = 0.05\ (5\%)$ 일 때, μ의 95% 신뢰구간은 다음과 같다.

$$\overline{x} \pm 1.96\frac{\sigma}{\sqrt{n}} = \left(\overline{x} - 1.96\frac{\sigma}{\sqrt{n}},\ \overline{x} + 1.96\frac{\sigma}{\sqrt{n}}\right)$$

여기서 신뢰구간의 범위를 나타내는 값인 $1.96\sigma/\sqrt{n}$을 95% 신뢰수준에서 $\overline{X}$의 **오차한계**라고 한다.

5.1.2. 검정의 원리

다음과 같은 예를 통하여 가설검정의 원리를 살펴보자.

예 5.2

어느 전구 제조공정에서는 평균수명 $\mu= 1500$ (시간), 표준편차 $\sigma= 100$으로 품질관리를 하고 있다. 품질을 개선하기 위하여 새로운 공법을 개발하였으며, 새 공법에 의하면 평균수명이 증가한다고 주장한다. 이를 확인하기 위하여 $n=25$개의 전구를 생산하여 시험한 결과 $\overline{x}= 1550$(시간)을 얻었다. 이들 자료로부터 새 공법에 의한 평균수명이 기존의 공법에 의한 평균수명보다 길어졌다고 확신할 수 있는가? (다만,

새 공법의 특성은 기존의 공법과 같아서 $\sigma = 100$ 으로 가정할 수 있으며, 생산비용도 같다고 가정한다.)

이와 같은 문제를 통계적 방법으로 해결하기 위하여 다음과 같은 가설검정의 방법을 사용한다. 먼저 새 공법에 의한 평균이 기존의 공법에 의한 평균보다 큰가를 확인하기 위한 가설을 다음과 같이 세운다.

$$H_0: \ \mu = 1500 \qquad \text{(귀무가설)}$$

$$H_1: \ \mu > 1500 \qquad \text{(대립가설)}$$

여기서 H_0 를 **귀무가설**(null hypothesis)이라 하며, H_1 을 **대립가설**(alternative hypothesis)이라 한다. 이제 자료로부터 H_0 와 H_1 가운데 하나를 채택하는 과정을 살펴보자.

σ 를 알 때 μ 에 관한 추론은 Z-통계량을 이용한다. 즉, 귀무가설 H_0 하에서

$$Z = \frac{\overline{X} - \mu}{\sigma / \sqrt{n}} = \frac{\overline{X} - 1500}{100 / \sqrt{25}} = \frac{\overline{X} - 1500}{20}$$

은 근사적으로 표준정규분포를 따르므로, Z-통계량의 값이 $z_{0.05} = 1.645$ 보다 클 확률은 0.05 이다. 즉, H_0 하에서 $\overline{X}$ 의 값이 1500 보다 훨씬 커져서 Z-통계량의 값이 1.645 보다 커질 확률이 0.05 (5%) 이며, 이 경우에는 H_0 보다는 H_1 이 참이라고 주장할 근거가 있는 셈이다. 이를 가설검정의 용어로 나타내면, **유의수준**(significance level) 5% 에서 **기각역**(critical region)이 '$Z \geq 1.645$ '로 주어진다고 한다.

앞의 예에서 $\overline{x} = 1550$ 일 때 Z-통계량의 값은

$$z = \frac{\overline{x} - 1500}{20} = \frac{1550 - 1500}{20} = 2.5 > 1.645$$

이므로 기각역 속에 들어간다. 따라서 H_0 를 기각하고 H_1 을 채택하여 새 공법에서 평균수명이 증가했다고 확신하게 된다.

흔히 사용하는 유의수준은 5%($\alpha = 0.05$), 1%($\alpha = 0.01$) 등으로 10%를 넘는 경우는 드물다. 따라서 기각역은 좁고 채택역은 넓게 되며, 검정결과에서 귀무가설 H_0 가 기각되어야 대립가설 H_1 이 참이라는 확실한 근거가 있다는 뜻이다.

귀무가설을 기각시키지 못하면 아무런 확신을 할 수 없다는 것이 검정결과의 올바른 해석법이다.

참고: 많은 학자들은 검정에서 '채택'이란 용어를 사용하지 않으며, 귀무가설 H_0를 '기각한다' 아니면 '기각하지 못한다'로 표현한다. 그러나 이 책에서는 편의상 '채택'이란 용어를 사용하기로 한다.

앞의 예에서 H_0가 참일 때 Z-통계량의 값이 1.645 보다 커져서 기각역 속에 들어가면 H_1을 채택하여 오류를 범하게 된다. 이와 같은 오류를 **제1종의 오류**(type I error)라고 한다. 이에 대하여 H_1이 참일 때 H_0를 채택하는 오류를 **제2종의 오류**(type II error)라고 한다.

검정결과 \ 실제현상	H_0 참	H_1 참
H_0 채택	옳은 결정	**제2종의 오류**
H_1 채택	**제1종의 오류**	옳은 결정

제1종의 오류는 H_0가 참일 때 H_1을 채택하는 오류이므로 **유의수준**은 제1종의 오류를 범할 확률로 정의할 수도 있다.

그러나 대부분의 통계 패키지에서는 유의수준보다는 p-값 또는 유의확률을 출력시킨다. **유의확률**(significance probability) 또는 **p-값**(p-value)은 주어진 관측값에서 H_0를 기각시키는 최소의 유의수준으로서, 유의수준보다는 더 많은 정보를 제공하는 개념이다. 앞의 예에서 $Z = 2.5$이므로 p-값(유의확률)은 다음과 같다.

$$P(Z \geq 2.5) = 0.0062$$

p-값이 주어진 유의수준보다 작으면 귀무가설을 기각시키고, 유의수준보다 크면 귀무가설을 기각시키지 못한다. 또한 p-값이 작으면 작을수록 대립가설이 참이라는 확실한 근거가 있다는 뜻이다.

5.2 한 평균에 대한 추론

5.2.1 이론적 배경

모평균 μ의 추정량은 $\overline{X}$이며, 따라서 μ에 관한 추론은 $\overline{X}$의 분포를 이용한다. 즉,

$$\overline{X} \sim N\left(\mu, \frac{\sigma^2}{n}\right)$$

임을 이용한다. 이제 $\overline{X}$를 표준화시키는 과정에서 σ를 알 때와 모를 때로 나누어 생각해 보자.

(1) 한 평균에 대한 추론: σ를 알 때

σ를 알 때는 $\overline{X}$를 표준화시킨 Z-통계량이 표준정규분포를 따름을 이용하여 μ에 관한 추론문제를 다룬다. 즉,

$$Z = \frac{\overline{X} - \mu}{\sigma / \sqrt{n}} \sim N(0,1)$$

임을 이용하여 모평균 μ의 신뢰구간과 검정문제를 다룬다. 앞 절에서 설명한 바와 같이 모평균 μ의 $100(1-\alpha)\%$ 신뢰구간은 다음과 같다.

$$\overline{x} \pm z_{\alpha/2} \frac{\sigma}{\sqrt{n}} = \left(\overline{x} - z_{\alpha/2} \frac{\sigma}{\sqrt{n}},\ \overline{x} + z_{\alpha/2} \frac{\sigma}{\sqrt{n}} \right)$$

σ를 알 때 모평균 μ에 관한 검정은 Z-**검정**을 시행한다. 즉, 귀무가설 $H_0:\ \mu = \mu_0$ 하에서 검정통계량

$$Z = \frac{\overline{X} - \mu_0}{\sigma / \sqrt{n}}$$

은 표준정규분포 $N(0,1)$을 따름을 이용한다. 검정통계량의 관측값이 z일 때 유의확률(p-값)은 다음과 같다.

1. $H_1:\ \mu > \mu_0$ 일 때 $\quad P(Z \ge z)$의 값
2. $H_1:\ \mu < \mu_0$ 일 때 $\quad P(Z \le z)$의 값
3. $H_1:\ \mu \ne \mu_0$ 일 때 $\quad 2P(Z \ge |z|)$의 값

(2) 한 평균에 대한 추론: σ를 모를 때

실제 현장에서는 평균에 대한 추론 문제에서 σ를 아는 경우보다는 모르는 경우가 대부분일 것이다.

σ를 모를 때는 $\overline{X}$를 스튜던트화한 T-통계량이 t-분포를 따름을 이용하여 μ에 관한 추론문제를 다룬다. 즉,

$$T = \frac{\overline{X} - \mu}{S / \sqrt{n}} \sim t(n-1)$$

임을 이용한다. 먼저 모평균 μ의 $100(1-\alpha)\%$ 신뢰구간은 다음과 같다.(다만, t_α는 t-분포의 $100(1-\alpha)\%$ 점이다.)

$$\bar{x} \pm t_{\alpha/2}(n-1)\frac{S}{\sqrt{n}} = (\,\bar{x} - t_{\alpha/2}(n-1)\frac{S}{\sqrt{n}},\ \bar{x} + t_{\alpha/2}(n-1)\frac{S}{\sqrt{n}}\,)$$

σ를 모를 때 귀무가설 $H_0:\ \mu = \mu_0$를 검정하기 위한 검정통계량은

$$T = \frac{\bar{X} - \mu_0}{S/\sqrt{n}}$$

이며, 이 T-통계량을 이용한 검정을 t-**검정**이라 한다. 검정통계량의 관측값이 t일 때, EG와 SAS 절차에서 출력되는 유의확률(p-값)은 다음과 같다.

1. $H_1:\ \mu > \mu_0$일 때 $P(T \geq t)$의 값
2. $H_1:\ \mu < \mu_0$일 때 $P(T \leq t)$의 값
3. $H_1:\ \mu \neq \mu_0$일 때 $2P(T \geq |t|)$의 값

5.2.2 SAS의 이용

(1) EG의 이용

EG에서 Z-검정에 대한 메뉴는 없으며, σ를 모를 때 사용하는 t-검정에 대한 메뉴만 있다. EG에서 t-검정은 SAS의 TTEST 절차에 해당되는 메뉴이다.

예제 5.1

dataset 폴더에 있는 class 자료에서 Height의 평균에 대한 95% 신뢰구간을 구하고, 가설

$$H_0:\ \mu = 60 \ \text{ vs. } H_1:\ \mu > 60$$

을 검정해 보자.

class 자료를 열어놓고 메뉴에서

작업 → 분산분석 → t-검정

을 선택한다. 't-검정 유형' 창에서 '일표본'을 선택하고, 데이터 창에서 Height를 '분석변수'로 선택한다. 이어서 분석 창에서 '귀무가설의 검정값 지정'을 60으로 지정한다. 신뢰수준은 디폴트인 95%를 그대로 사용하기로 하고 실행을 클릭한다. 결과는 [그림 5-1]과 같다. EG에서는 양측검정의 유의확률이 출력된다.

N	Mean	Std Dev	Std Err	Minimum	Maximum
19	62.3368	5.1271	1.1762	51.3000	72.0000

Mean	95% CL Mean		Std Dev	95% CL Std Dev	
62.3368	59.8657	64.8080	5.1271	3.8741	7.5820

DF	t Value	Pr > |t|
18	1.99	0.0624

[그림 5-1] 일표본 t-검정의 출력 결과

[그림 5-1]의 출력 결과에 의하면 가설 $H_0:\ \mu = 60$ vs. $H_1:\ \mu > 60$을 검정할 때 양측검정의 유의확률(p-값)이 0.0624이므로 단측검정의 유의확률은 0.0312이다. 따라서 유의성이 강하며, 키의 평균은 60인치 이상이라고 확신할 수 있다. 평균키에 대한 95% 신뢰구간은 (59.9, 64.8)이다.

---

(2) SAS 절차의 이용

SAS의 TTEST 절차에서 H0 옵션을 사용하면, 한 모평균에 관한 가설 $H_0: \mu = \mu_0$의 검정을 시행할 수 있다. 다음 예제에서 TTEST의 사용법을 알아보자.

예제 5.2

다음은 [예제 4.1]의 남학생의 키 자료에서, 이 학교 학생들의 키가 전국 평균인 170cm보다 크다고 할 수 있는지 TTEST 절차를 이용해 검정하는 SAS 프로그램이다. 결과는 [그림 5-2]와 같다.

```
/* TTEST1.SAS : TTEST PROCEDURE */
DATA A;
  INPUT HEIGHT @@;
  DATALINES;
177  173  173  171  176  183  173  182  174  176
180  170  174  182  164  161  175  169  177  178
182  162  161  175  169  173  179  165  167  174
;
RUN;
PROC TTEST H0=170;
  VAR HEIGHT;
RUN;   QUIT;
```

N	Mean	Std Dev	Std Err	Minimum	Maximum
30	173.2	6.2922	1.1488	161.0	183.0

Mean	90% CL Mean		Std Dev	90% CL Std Dev	
173.2	171.2	175.1	6.2922	5.1942	8.0522

DF	t Value	Pr > |t|
29	2.76	0.0100

[그림 5-2] 일표본 t-검정의 출력 결과

[그림 5-2]의 결과에 의하면, 양측검정의 유의확률인 'Pr>|t|'의 값이 0.01이다. 따라서 단측검정의 p-값은 0.005이며, 이 학교 학생들의 평균키는 전국 평균보다 크다고 할 수 있다.

5.3 두 평균의 차에 대한 추론

두 모평균의 차에 관한 추론은 두 모집단에서 서로 독립인 표본을 추출하는 '**독립비교**'와 쌍으로 된 표본을 추출하는 '**대응비교**'(또는 **쌍체비교**)로 나누어 알아보자.

5.3.1 독립비교

두 모집단에서 추출된 표본이 서로 독립인 경우를 생각해 보자.

두 모평균의 차인 $\mu_1 - \mu_2$ 의 추정량은 두 표본평균의 차인 $\overline{X} - \overline{Y}$ 가 된다. 따라서 $\mu_1 - \mu_2$ 에 관한 추론은 $\overline{X} - \overline{Y}$ 의 분포를 이용하게 된다. 즉,

$$\overline{X} - \overline{Y} \sim N\left(\mu_1 - \mu_2, \frac{\sigma_1^2}{n_1} + \frac{\sigma_2^2}{n_2}\right)$$

임을 이용한다. 그러나 $\overline{X} - \overline{Y}$ 를 스튜던트화 시킬 때 두 분산이 같을 때와 다를 때의 결과가 다르므로, 두 경우로 나누어서 추론을 하게 된다.

(1) 등분산을 가정할 수 있을 때

두 정규모집단에서의 표본들이 서로 독립이라는 가정과 공통분산을 갖는다는 가정 하에 T-통계량

$$T = \frac{(\overline{X} - \overline{Y}) - (\mu_1 - \mu_2)}{S_p\sqrt{\frac{1}{n_1} + \frac{1}{n_2}}}$$

은 자유도 $n_1 + n_2 - 2$ 인 t -분포에 따름을 이용하여 두 모평균의 차인 $\mu_1 - \mu_2$ 에 관한 추론 문제를 다룰 수 있다. 다만, S_p^2 은 공통분산 σ^2 의 추정량인 **합동표본분산**(pooled sample variance)으로 다음과 같이 정의된다.

$$S_p^2 = \frac{\sum_{i=1}^{n_1}(X_i - \overline{X})^2 + \sum_{i=1}^{n_2}(Y_i - \overline{Y})^2}{n_1 + n_2 - 2}$$

$\mu_1 - \mu_2$ 의 $100(1-\alpha)\%$ 신뢰구간은 다음과 같다.

$$(\overline{x} - \overline{y}) \pm t_{\alpha/2}(n_1 + n_2 - 2)S_p\sqrt{\frac{1}{n_1} + \frac{1}{n_2}}$$

귀무가설 $H_0:\ \mu_1 = \mu_2$ 를 검정하기 위한 검정통계량은

$$T = \frac{\overline{X} - \overline{Y}}{S_p\sqrt{\frac{1}{n_1} + \frac{1}{n_2}}}$$

이며, 검정통계량의 관측값이 t 일 때 EG와 SAS 절차에서 출력되는 유의확률(p - 값)은 다음과 같다.

1. $H_1:\ \mu_1 > \mu_2$ 일 때 $P(T \geq t)$의 값
2. $H_1:\ \mu_1 < \mu_2$ 일 때 $P(T \leq t)$의 값
3. $H_1:\ \mu_1 \neq \mu_2$ 일 때 $2P(T \geq |t|)$의 값

(2) 등분산을 가정할 수 없을 때

등분산을 가정할 수 없을 때는 σ_1^2 과 σ_2^2 을 각각 S_1^2 과 S_2^2 으로 추정해서 스튜던트화 시켜야 한다. 즉, 정규성과 독립성의 가정하에

$$T = \frac{(\overline{X} - \overline{Y}) - (\mu_1 - \mu_2)}{\sqrt{\frac{S_1^2}{n_1} + \frac{S_2^2}{n_2}}}$$

은 근사적으로 t -분포를 따름을 이용하여 $\mu_1 - \mu_2$ 에 관한 추론문제를 다룬다. 다

만 이 경우의 자유도는 **새터스웨이트**(Satterthwaite)의 근사식으로 다음과 같이 주어진다.

$$\phi = \frac{\left(\frac{S_1^2}{n_1} + \frac{S_2^2}{n_2}\right)^2}{\frac{1}{n_1 - 1}\left(\frac{S_1^2}{n_1}\right)^2 + \frac{1}{n_2 - 1}\left(\frac{S_2^2}{n_2}\right)^2}$$

(3) 등분산성의 검정

독립비교에서 두 평균의 차에 대한 추론문제는 등분산의 조건이 만족되느냐의 여부에 따라 정확한 t-검정 또는 새터스웨이트의 근사 t-검정으로 나뉜다. 따라서 두 모평균의 비교에서는 두 분산이 같다고 할 수 있는지를 결정하는 '등분산성 검정'이 선행되어야 한다.

등분산성의 검정은 귀무가설 $H_0 : \sigma_1^2 = \sigma_2^2$ (즉, $\sigma_1^2 / \sigma_2^2 = 1$)의 검정으로 두 분산의 비 σ_1^2 / σ_2^2 과 관련된 검정이다. 이와 관련된 통계량으로

$$F = \frac{S_1^2 / \sigma_1^2}{S_2^2 / \sigma_2^2}$$

은 자유도 $(n_1 - 1, n_2 - 1)$인 F-분포를 따름을 이용하여 두 분산의 비에 대한 추론문제를 다루며, 이를 F-**검정**이라 한다.

5.3.2 대응비교

예를 들어 새로 개발한 수면제를 기존의 수면제와 비교하는 문제를 생각해 보자. 두 수면제를 임상실험하기 위하여 20명의 불면증 환자를 임의로 두 그룹으로 나누어 A그룹에는 새로운 수면제를, B그룹에는 기존의 수면제를 적용시킨다고 하자. 이 경우에 불면증 환자들의 조건이 많이 다르면 S_p^2 이 커져서 약효에 차이가 있을 때에도 그 차이를 감지하지 못하게 된다. 이와 같은 경우에는 한 환자에게 두 수면제를 교대로 복용시키거나, 모든 조건이 비슷한 환자끼리 쌍으로 묶어서, 각 쌍에 두 수면제를 임의로 선택하여 적용시키는 것이 더 효과적인 실험이 된다. 즉, 각 쌍은 모든 조건이 비슷하므로 $X - Y$의 값은 약효의 차이를 나타낸다. 이와 같은 실험에서 각 쌍은 조건이 비슷하므로 X와 Y는 독립이 아니며, 각 쌍들 사이에서는 독립성이 유지된다.

이와 같이 쌍으로 주어진 자료를 이용하여 두 모평균을 비교하는 방법을 **대응비교**

(paired comparison) 또는 **쌍체비교**라고 한다.

대응비교에서는 두 관측값의 차에 일표본 방법을 적용시킨다. 즉, 자료가 (x_1, y_1), $\cdots, (x_n, y_n)$ 으로 주어질 때

$$d_i = x_i - y_i, \quad i = 1, \cdots, n$$

으로 정의하고, $d_1, d_2, \cdots, d_n$ 에 일표본 방법을 적용시킨다. 즉,

$$\bar{d} = \frac{1}{n}\sum_{i=1}^{n} d_i, \qquad S_d^2 = \frac{1}{n-1}\sum_{i=1}^{n}(d_i - \bar{d})^2$$

으로 정의할 때, 신뢰구간과 검정통계량은 다음과 같다.

1. $\mu_1 - \mu_2$ 의 $100(1-\alpha)\%$ 신뢰구간 : $\bar{d} \pm t_{\alpha/2}(n-1)\frac{S_d}{\sqrt{n}}$
2. $H_0 :\ \mu_1 = \mu_2$의 검정통계량 : $T = \frac{\overline{D}}{S_d / \sqrt{n}}$

대응비교에서 $H_0 :\ \mu_1 = \mu_2$에 대한 검정법은 일표본 t-검정을 시행한다.

5.3.3 SAS의 이용

(1) EG의 이용

EG에서 두 평균의 차에 대한 추론은 메뉴 t-검정에서 '이표본'을 이용한다.

예제 5.3

class 자료에서 여성(F)과 남성(M)의 키가 같다고 할 수 있는지 검정해 보자. 이를 위해 class 자료를 열어놓고 메뉴에서

작업 → 분산분석 → t-검정

을 선택한다. 't-검정 유형' 창에서 '이표본'을 선택하고, 데이터 창에서 Sex를 분류변수로, Height를 분석변수로 선택한다. 이어서 분석 창에서 '귀무가설의 검정값 지정'을 디폴트인 0으로 지정한다. 신뢰수준은 디폴트인 95%를 그대로 사용하기로 하고 실행을 클릭한다. 결과는 [그림 5-3]과 같다.

Sex	N	Mean	Std Dev	Std Err	Minimum	Maximum
F	9	60.5889	5.0183	1.6728	51.3000	66.5000
M	10	63.9100	4.9379	1.5615	57.3000	72.0000
Diff (1-2)		-3.3211	4.9759	2.2863		

Sex	Method	Mean	95% CL Mean		Std Dev	95% CL Std Dev	
F		60.5889	56.7315	64.4463	5.0183	3.3897	9.6140
M		63.9100	60.3776	67.4424	4.9379	3.3965	9.0147
Diff (1-2)	Pooled	-3.3211	-8.1447	1.5025	4.9759	3.7339	7.4596
Diff (1-2)	Satterthwaite	-3.3211	-8.1551	1.5129			

Method	Variances	DF	t Value	Pr > |t|
Pooled	Equal	17	-1.45	0.1645
Satterthwaite	Unequal	16.727	-1.45	0.1652

Equality of Variances				
Method	Num DF	Den DF	F Value	Pr > F
Folded F	8	9	1.03	0.9527

[그림 5-3] 이표본 t-검정 결과

[그림 5-3]에서 등분산성 검정결과 유의확률이 0.9527로서 전혀 유의성이 없으므로 등분산의 가정하에 얻어진 결과를 이용한다. t-검정 결과 유의확률이 0.1645로서 유의성이 없다. 즉 성별에 따라 키에 차이가 있다고 할 수는 없다.

예제 5.4

A, B 두 종류의 사료가 젖소의 우유 생산량에 미치는 영향을 조사하기 위하여, 16마리의 젖소를 영양상태와 나이가 비슷한 젖소끼리 묶어서 8쌍으로 나누고, 각 쌍에서 임의로 선택하여 A, B의 사료를 주었다. 2주 동안 우유 생산량을 조사한 결과 다음의 자료를 얻었다. 우유 생산량에 차이가 있는지를 검정해 보자.(dataset 폴더의 ex5_4 자료)

쌍 번호	1	2	3	4	5	6	7	8
사료A(x)	38	42	36	40	35	38	38	35
사료B(y)	36	41	32	35	35	40	30	33

dataset에서 ex5_4 자료를 열고 메뉴에서 **작업** → **분산분석** → **t-검정**을 선택한다. t-검정 유형 창에서 쌍체를 선택하고, 데이터 창에서 두 변수 x와 y를 쌍체변수로 선택한다. 이어서 분석 창에서 '귀무가설의 검정값 지정'을 디폴트인 0으로 지정한다. 신뢰수준은 디폴트인 95%를 그대로 사용하기로 하고 실행을 클릭한다. 결과는 [그림 5-4]와 같다.

N	Mean	Std Dev	Std Err	Minimum	Maximum
8	2.5000	3.1168	1.1019	-2.0000	8.0000

Mean	95% CL Mean		Std Dev	95% CL Std Dev	
2.5000	-0.1057	5.1057	3.1168	2.0607	6.3435

DF	t Value	Pr > |t|
7	2.27	0.0576

[그림 5-4] 쌍체비교(대응비교)의 결과

[그림 5-4]에서 t-검정 결과 유의확률이 0.0576이다. 따라서 약한 유의성이 있다고 결론을 내린다.

예제 5.5

A, B 두 처리의 효과를 비교하기 위하여 각각 6개의 실험단위에 처리를 시행하였으나, B에서는 2개의 결측치가 발생하여 다음과 같은 자료를 얻었다. 두 처리효과(즉, 평균)가 같다고 할 수 있는지 알아보자.(dataset 폴더의 ex5_5 자료)

A	45	33	42	28	30	38
B	30	27	27	29		

[예제 5.3]과 같이 자료 파일 ex5_5를 열어놓고, 메뉴에서 **작업 → 분산분석 → t-검정**을 선택한다. t-검정 유형 창에서 이표본을 선택하고, 데이터 창에서 처리를 분류변수로, 반응값을 분석변수로 선택한다. 나머지는 디폴트로 하여 실행을 클릭하면 [그림 5-5]와 같은 결과를 얻는다.

Method	Variances	DF	t Value	Pr > |t|
Pooled	Equal	8	2.21	0.0584
Satterthwaite	Unequal	5.7094	2.70	0.0373

Equality of Variances				
Method	Num DF	Den DF	F Value	Pr > F
Folded F	5	3	20.44	0.0319

[그림 5-5] 이표본 t-검정 결과

[그림 5-5]에서 등분산성의 검정 결과 유의확률이 0.0319로서 유의성이 있다. 따라서 t-검정 결과에서는 이분산의 경우인 Satterthwaite의 근사식에 의한 검정결과를 이용한다. 이분산의 경우 유의확률이 0.0373으로 매우 유의성이 강하다. 즉, 두 처리효과는 다르다고 결론을 내린다.

---

(2) SAS 절차의 이용

이표본 문제에서도 SAS의 TTEST 절차를 이용하여 두 평균의 차에 대한 추론문제를 다룰 수 있다. 다음은 TTEST 절차의 일반형이다.

```
PROC TTEST <options>;
  CLASS variable;
  VAR variable;
  BY variable;
```

① PROC TTEST 〈options〉;

DATA=SAS-data-set : 분석에 사용될 자료명을 지정한다.

H0= : 일표본 문제에서 귀무가설의 평균값을 지정한다.

② CLASS **variable**; 이표본 문제에서 분류변수를 지정한다.

③ VAR **variable**; t-검정을 적용시킬 변수명을 지정한다.

④ BY **variable**; 변수의 값에 따라 그룹별로 따로 분석한다.

(사전에 sort되어 있어야 한다.)

예제 5.6

다음은 남녀 각각 7명에 대한 골프 점수이다. 남녀별 평균 점수가 같다고 할 수 있는가?

남	82	80	85	85	78	87	82
여	75	76	80	77	80	77	73

이를 분석하기 위한 SAS 프로그램은 다음과 같다.

```
/* TTEST2.SAS : ANALYSIS OF GOLF DATA */
DATA SCORES;
  INPUT SEX $ SCORE @@;
  DATALINES;
    F 75 F 76 F 80 F 77 F 80 F 77 F 73
    M 82 M 80 M 85 M 85 M 78 M 87 M 82
;
RUN;
PROC TTEST;
  CLASS SEX;
  VAR SCORE;
  TITLE 'GOLF SCORES';
RUN;   QUIT;
```

프로그램 및 출력결과 설명

[그림 5-6]은 출력 결과의 일부이다. 등분산성 검정에서 유의확률이 0.6189이므로 등분산을 가정할 수 있으며, 등분산성의 가정하에서 t-검정의 유의확률은 0.0024이다. 따라서 남녀별 평균 점수는 다르다고 할 수 있다.

Method	Variances	DF	t Value	Pr > |t|
Pooled	Equal	12	-3.83	0.0024
Satterthwaite	Unequal	11.496	-3.83	0.0026

Equality of Variances				
Method	Num DF	Den DF	F Value	Pr > F
Folded F	6	6	1.53	0.6189

[그림 5-6] TTEST 절차의 출력 결과

제6장

분산분석

6.1 개념 및 목적

한 모평균이나 두 모평균의 비교에 관한 검정문제를 위해 t -검정을 시행할 수 있었다. 이제 3개 이상의 모평균을 비교하는 문제를 생각해 보자. 모평균의 비교문제는 실험을 계획하고 실험을 실시한 후에 얻은 자료를 기초로 처리효과를 비교하는 문제로 일반화될 수 있다.

처리효과를 비교하는 대표적인 방법이 **분산분석**(Analysis of Variance, ANOVA)으로서, 분산분석에서는 총변동을 **처리간 변동**(Between Variation)과 **처리내 변동**(Within Variation)으로 분해하여 두 변동의 상대적 크기를 비교함으로써 처리효과의 유의성을 검정하는 것이 기본개념이다.

k 개의 모평균 또는 처리효과를 비교하는 분산분석에서는 'k 개의 모평균이 모두 같다고 할 수 있는가?'를 검정한다. 이와 같은 가설이 기각되어 모평균들이 모두 같지는 않다고 할 때 다음 단계의 질문으로서 '어느 모평균들이 차이가 있는가?'를 생각할 수 있다. 이와 같이 어떤 모평균 또는 처리들 사이에 차이가 있는지를 결정하는 절차를 **다중비교**(multiple comparison)라고 한다.

6.2 일원배치법

예제 6.1

A, B, C 세 종류의 식이요법의 효과를 비교하기 위하여 다음과 같은 실험을 하였다. 12명의 건강상태가 비슷한 회복기의 환자를 랜덤하게 3그룹으로 나누고, 일정한 기

간 동안 각각에 A, B, C 세 식이요법을 시행하여 〈표 6.1〉과 같은 체중증가 자료를 얻었다. 식이요법의 방법에 따라 체중증가에 차이가 있다고 할 수 있는가?

〈표 6.1〉 체중증가 자료

A	B	C
5.6	4.8	5.2
6.0	6.1	5.0
5.7	4.9	4.4
6.4	5.3	4.6

6.2.1 이론적 배경

일원배치법(one-way layout)은 수리적인 모형으로 나타낼 경우에 k 개의 모평균이 모두 같다고 할 수 있는가를 검정하는 문제가 된다.

그러나 실험에서는 다음과 같이 표현될 수 있다. 즉, 범주형 분류변수인 **요인(인자,** factor)이 1개 있고, 요인은 k 개의 수준을 갖는데 각 수준에 따른 반응변수(종속변수)의 평균에 차이가 있다고 할 수 있는지를 검정하는 문제가 된다. 또한 반응변수의 평균과 총평균과의 차이를 **처리효과**(treatment effect)라고 하며, 따라서 일원배치법에서는 k 개의 처리효과에 차이가 있는지를 검정하는 문제로 표현할 수 있다.

[예제 6.1]은 세 식이요법의 효과를 비교하는 문제로 요약될 수 있으며, 이와 같은 실험에서는 확률화의 원리에 의해 12명이 랜덤하게 배정되어야 한다. 일반적으로 N 개의 실험단위가 확률화의 원리에 따라 랜덤하게 각 처리에 배정되는 실험을 **완전확률화계획법**(completely randomized design)이라 하며, 따라서 일원배치법을 완전확률화계획법이라고도 한다.

(1) 모형과 자료구조

반복수가 같은 일원배치법의 모형은 다음과 같다.

$$y_{ij} = \mu + \alpha_i + \varepsilon_{ij},\ \ i = 1, \cdots, k,\ \ j = 1, \cdots, n$$

μ: 전체평균

α_i: i 번째 처리효과($\sum \alpha_i = 0$을 가정)

ε_{ij}: 오차항으로 서로 독립인 $N(0, \sigma^2)$ 확률변수

일원배치법의 자료구조는 〈표 6.2〉와 같다.

〈표 6.2〉 일원배치모형의 자료구조

	처리				
	1	2	…	k	
	y_{11}	y_{21}	…	y_{k1}	
	y_{12}	y_{22}	…	y_{k2}	
	⋮	⋮	…	⋮	
	y_{1n}	y_{2n}	…	y_{kn}	
평균	$\bar{y}_{1\cdot}$	$\bar{y}_{2\cdot}$	…	$\bar{y}_{k\cdot}$	총평균 $\bar{y}_{\cdot\cdot}$

(2) 검정법

i 번째 처리의 평균은 $\mu_i = \mu + \alpha_i$이며, 일원배치법에서 검정하고자 하는 귀무가설은 다음과 같다.

$$H_0:\ \alpha_1 = \alpha_2 = \cdots = \alpha_k = 0 \quad \text{또는} \quad H_0:\ \mu_1 = \mu_2 = \cdots = \mu_k$$

제곱합(sum of squares)은 다음과 같이 분해된다.

$$\sum_i \sum_j (y_{ij} - \bar{y}_{\cdot\cdot})^2 = \sum_i \sum_j (y_{ij} - \bar{y}_{i\cdot})^2 + n\sum_i (\bar{y}_{i\cdot} - \bar{y}_{\cdot\cdot})^2$$

$$\text{SST} \qquad = \qquad \text{SSE} \qquad + \qquad \text{SS}_\text{T}$$

각 제곱합을 자유도로 나누어 **평균제곱**(mean square)을 정의하며, 평균제곱의 비로 F-통계량을 만들어 F-검정을 시행한다. 이 과정을 요약한 것을 **일원배치 분산분석표(ANOVA table)**라고 하며, 결과는 〈표 6.3〉과 같다.

〈표 6.3〉 일원배치 분산분석표(ANOVA table)

요인	자유도	제곱합	평균제곱	F값	유의확률
처리	$k-1$	SS_T	$\text{MS}_\text{T} = \text{SS}_\text{T}/(k-1)$	$f = \text{MS}_\text{T}/\text{MSE}$	$P(F \geq f)$
오차	$k(n-1)$	SSE	$\text{MSE} = \text{SSE}/k(n-1)$		
계	$kn-1$	SST			

참고

① $E(\text{MSE}) = \sigma^2$, $E(\text{MS}_\text{T}) = \sigma^2 + \frac{n}{k-1}\sum \alpha_i^2$

② SAS에서는 ANOVA표에서의 요인을 MODEL, ERROR, CORRECTED TOTAL이라고 한다.

검정법 :

$F = MS_T/MSE > F_\alpha(k-1, k(n-1))$ 이면 유의수준 α 에서 귀무가설 H_0 를 기각한다. 즉, MS_T 와 MSE 는 각각 처리간 변동과 처리내 변동의 측정값으로 F -통계량은 이들의 비이다. 그러므로 이 값이 크면 처리효과가 유의함을 뜻한다.

(3) 주요 통계량

① **결정계수**: $R^2 = SS_T/SST$

전체 변동 가운데 일원배치모형으로 설명되는 변동의 비율

② **변동계수**: $C.V. = \hat{\sigma} / \bar{y}$

관측값의 평균에 대한 표본표준편차의 상대적 크기

③ **Root MSE**: $\sqrt{MSE}$

$\hat{\sigma} = \sqrt{MSE}$ 는 σ 의 추정값

6.2.2 SAS의 이용

(1) EG의 이용

EG에서 일원분산분석에 대한 추론은 메뉴에서 **작업 → 분산분석 → 일원분산분석**을 이용한다.

예제 6.1 계속

EG의 메뉴를 이용하여 〈표 6.1〉의 자료를 분석해 보자.(dataset 폴더의 weight_gain 자료)

dataset에서 weight_gain 자료를 열고 메뉴에서 **작업 → 분산분석 → 일원분산분석**을 선택한다.

선택영역의 데이터 창에서 DIET를 독립변수로 GAIN을 종속변수로 선택한다. 이어서 도표 메뉴에서 상자수염도를 선택해 보자. 실행을 클릭하면 [그림 6-1]과 같은 결과를 얻는다.

표에서 유의확률이 0.0198이므로 유의성이 매우 강하다. 즉, 식이요법에 따라 체중증가량이 다르다고 결론을 내린다.

Source	DF	Sum of Squares	Mean Square	F Value	Pr > F
Model	2	2.55166667	1.27583333	6.26	0.0198
Error	9	1.83500000	0.20388889		
Corrected Total	11	4.38666667			

R-Square	Coeff Var	Root MSE	GAIN Mean
0.581687	8.466386	0.451541	5.333333

Source	DF	Anova SS	Mean Square	F Value	Pr > F
DIET	2	2.55166667	1.27583333	6.26	0.0198

(a) 일원배치 분산분석표

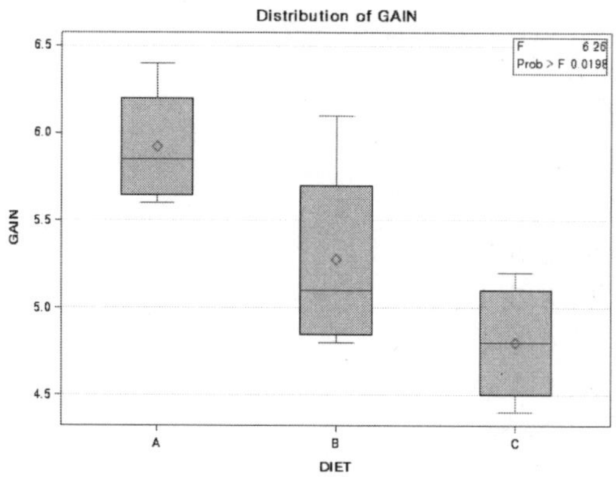

(b) 상자그림(상자수염도)

[그림 6-1] Weight_gain 자료에 대한 분산분석 결과

(2) SAS 절차의 이용

일원배치모형에서 ANOVA 절차의 일반형은 다음과 같다.

```
PROC ANOVA <option>;
  CLASS variables;
  MODEL dependents=effects </options>;
  MEANS effects/</options>;
```

① PROC ANOVA **⟨option⟩**;

DATA=**SAS-data-set**: 분석에 사용될 자료명을 지정한다.

② CLASS **variables**;

분류변수(classification variable)로 사용될 변수를 지정한다.

③ MODEL **dependents=effects ⟨/options⟩**;

dependent는 종속변수 또는 반응변수를 의미하며, effects는 독립변수 또는 설명변수를 의미한다.

④ MEANS **effects** **</options>**;

effects에서 지정된 변수들에 대하여 각 수준별 평균, 표준편차를 출력한다. /뒤의 옵션은 다중비교에 사용되므로 다음 절에서 설명하기로 한다.

예제 6.1 계속

ANOVA 절차를 이용하여 세 식이요법의 효과를 비교하는 SAS 프로그램은 다음과 같다.

```
/* ANOVA1.SAS : ONE-WAY LAYOUT */
OPTIONS PS=60;
DATA WEIGHT;
  INPUT DIET $  GAIN @@;
  DATALINES;
A 5.6  B 4.8  C 5.2
A 6.0  B 6.1  C 5.0
A 5.7  B 4.9  C 4.4
A 6.4  B 5.3  C 4.6
;
RUN;
PROC ANOVA;
  CLASS DIET;
  MODEL GAIN=DIET;
  MEANS DIET;
RUN;  QUIT;
```

프로그램 및 출력결과 설명

프로그램에서 식이요법을 나타내는 DIET를 분류변수로 선언하고, MEANS 문을 이용하여 DIET의 각 수준에서 평균, 표준편차를 출력시키기를 원했다. ANOVA 절차에서 MODEL 문에 의한 결과는 EG에서 얻은 [그림 6-1]과 같다. MEANS 문에 의한 추가 출력 결과는 [그림 6-2]와 같다.

Level of DIET	N	GAIN	
		Mean	Std Dev
A	4	5.92500000	0.35939764
B	4	5.27500000	0.59090326
C	4	4.80000000	0.36514837

[그림 6-2] MEANS 문에 의해 출력된 평균과 표준편차

6.3 다중비교

6.3.1 이론적 배경

k개의 모평균이 모두 같다는 귀무가설 $H_0:\ \mu_1 = \cdots = \mu_k$가 기각되었을 때, 어느 평균들이 서로 심각하게 다른지를 알고 싶은 경우가 있다. 예를 들어 [예제 6.2]에서 H_0가 기각될 때 A, B, C가 모두 서로 심각하게 다른지, 또는 A와 B가, 또는 A와 C가, 또는 B와 C가 서로 심각하게 다른지를 알고 싶다고 하자. 이와 같이 여러 처리효과를 동시에 다루는 방법을 연구하는 분야가 **다중비교**(multiple comparison)이다. 다중비교의 이론은 일반 검정법보다 복잡하며, 여러 가지 다른 조건하에서 많은 방법들이 개발되었다.

다중비교에서는 관리하고자 하는 오류가 무엇이냐에 따라 비교방법이 다르며, 따라서 각 다중비교법에서 관리하는 오류가 무엇인가에 대한 사전 지식을 갖고 방법을 선택해야 한다.

(1) 오류율

검정문제에서는 참인 귀무가설 H_0를 기각시키는 오류를 제1종의 오류라고 하며, 유의수준 α에서 검정한다는 것은 제1종의 오류를 범할 확률을 α 이내로 관리한다는 뜻이다.

다중비교에서 관리하는 오류율은 여러 가지 있으며, 그 중에서 **실험별 오류율**과 **비교별 오류율**을 많이 사용한다.

① **실험별 오류율**(experiment-wise error rate)

다중비교에서 실험별 오류율은 검정문제에서 유의수준과 같은 개념이다. 즉, 귀무가설 $H_0:\ \mu_1 = \cdots = \mu_k$가 참일 때 어느 처리효과도 심각하게 다른 것은 없다는 옳은 결정을 내릴 확률이 $1-\alpha$ 이상이 되도록 오류율을 관리하는 것을 실험별 오류율 α에서 다중비교를 실시한다고 한다.

다중비교에서 k개의 처리를 비교할 때, 예를 들어 $k(k-1)/2$개의 모든 쌍에 대하여 $H_0:\ \mu_i = \mu_j (i \neq j)$를 검정하고 각 검정에서 모두 H_0를 채택하면 어느 처리효과도 심각하게 다른 것은 없다는 뜻이다. 따라서 실험별 오류율 α에서 다중비교를 실시할 때 각 쌍에 대한 비교에서의 유의수준은 α보다 훨씬 작게 된다.

② **비교별 오류율**(comparison-wise error rate)

비교별 오류율 α 에서 다중비교를 실시한다는 것은 비교를 단계 또는 쌍으로 나누어 실시할 때 각 비교에서의 오류율을 α 로 관리한다는 뜻이다.

비교별 오류율을 사용할 경우에 제1종의 오류를 범할 확률은 α 보다 훨씬 크게 된다. 예를 들어 $k=5$ 개의 처리를 비교하는 경우에, $k(k-1)/2=10$ 개의 각 쌍에 대해서 $H_0:\ \mu_i=\mu_j$ 를 유의수준 5%에서 검정한다면, 이 다중비교의 비교별 오류율은 5%이다. 그러나 이 경우에 제1종의 오류를 범할 확률의 최댓값은 다음과 같다.

$$1-(1-0.05)^{10}\ \approx 0.40$$

즉, 비교별 오류율은 5%이나 실험별 오류율은 40%까지 될 수 있다는 뜻이다. 이와 같이 실험별 오류율과 비교별 오류율은 그 의미가 다르므로 각 다중비교법에서 관리하는 오류율이 무엇인지를 알고 사용해야 한다.

(2) 다중비교의 여러 가지 방법

SAS의 EG에서는 사용할 수 있는 다중비교법만 10가지가 되므로 이 가운데서 흔히 사용하는 **튜키의 방법**(TUKEY), **던칸의 방법**(DUNCAN), **피셔의 최소유의차방법**(LSD)만 간단히 소개하기로 한다.

① **튜키(Tukey)의 정직유의차(HSD) 방법**

튜키의 방법은 흔히 **정직유의차**(Honestly Significant Difference; HSD) **방법**이라 부르며, 실험별 오류율을 관리하는 다중비교법이다. 튜키 방법의 특징은 스튜던트화 범위(Studentized range)의 분포를 구하고, 이를 이용하여 처리의 차이에 대한 유의성을 검정하는 것이다. 각 표본평균의 차이를 정직유의차 HSD와 비교하기 위하여, 정직유의차를

$$\text{HSD}=q(\alpha,k,\nu)\sqrt{\text{MSE}/n}$$

로 정의한다. 여기서 $\nu=k(n-1)$ 이며, q값은 표로 마련되어 있다. HSD를 이용한 다중비교법은 다음과 같다.

$$|\bar{y}_{i}.-\bar{y}_{j}.|\geq \text{HSD}\quad \text{이면 } \mu_i\neq\mu_j\ (\text{즉, } \alpha_i\neq\alpha_j)\text{라고 판정}$$

튜키의 방법은 실험별 오류율을 관리하므로 검정력이 떨어지는 특징이 있다. 따라서 오류율 α를 10% 이상으로 사용할 것을 추천한다.

② **던칸(Duncan)의 방법**

던칸의 방법은 **다중범위검정**(multiple-range test)이라고도 부르는 방법으로서 비교별 오류율을 관리한다. 던칸의 방법에서는 k개의 처리에 대한 표본평균을 구하고, k개의 처리, $k-1$개의 처리, …, 2개의 처리로 이루어진 부분집합들에서 범위(즉, 최대평균–최소평균)의 크기에 유의성이 있는지를 검정한다. 예를 들어 p개의 처리로 된 부분집합에서는 유의수준을 $\alpha_p = 1-(1-\alpha)^{p-1}$로 사용하며, 이 부분집합의 범위가 유의성이 없으면 이들 p개의 처리들은 모두 유의차가 없다고 판정을 내리게 된다.

던칸의 방법은 부분집합의 개수에 따라 다른 유의수준을 사용하면서 비교별 오류율을 관리하지만 실험별 오류율은 관리하지 못한다. 그러나 처리효과의 차이를 다른 방법보다 좀 더 쉽게 검출해 낼 수 있기 때문에 많은 응용분야에서 던칸의 방법을 선호하는 경향이 있다. 그러나 던칸의 방법은 제1종의 오류를 범할 확률을 알 수 없고, α보다는 커지기 때문에 이러한 사실을 알고 사용해야 한다.

③ **피셔(Fisher)의 최소유의차(LSD) 방법**

피셔의 **최소유의차**(Least Significant Difference; LSD) **방법**은 각 쌍별(pairwise) 비교에서 t–검정을 이용하여 비교별 오류율을 관리하는 방법이다. 즉, 최소유의차를

$$\text{LSD} = t_{\alpha/2}(k(n-1))\sqrt{2\,\text{MSE}/n}$$

로 정의하고, 다음과 같이 다중비교를 시행한다.

$$|\bar{y}_{i\cdot} - \bar{y}_{j\cdot}| \ge \text{LSD}\text{이면 } \mu_i \ne \mu_j \text{ (즉, } \alpha_i \ne \alpha_j\text{)라고 판정}$$

최소유의차 방법은 각 쌍별비교에서 같은 유의수준 α를 사용하므로, 예를 들어 실험별 오류율을 10%로 관리하려면

$$1-(1-\alpha)^{k(k-1)/2} = 0.10$$

이 되도록 α를 구하여 t–검정을 실시할 수 있다. SAS에서는 t Grouping이란 제목하에 출력된다.

(3) 다중비교 결과의 표현법

다중비교의 결과를 그림으로 나타내면 결과가 일목요연하게 정리될 수 있다. 예를 들어 네 개의 처리를 비교할 때, 처리평균의 크기순으로 A, B, C, D라고 하자. 이들

을 그림으로 나타낼 때는 처리효과의 차이가 유의하지 않은 처리들을 밑줄로 연결하여 나타낸다. 예를 들어 다음과 같은 그림의 의미를 생각해 보자.

A　B　C　D

그림에서 밑줄로 연결된 A와 B, B와 C는 차이가 없다는 뜻이다. 따라서 A와 C, A와 D, B와 D, C와 D는 모두 처리효과에 차이가 있음을 의미한다.

이와 같은 표현을 SAS의 절차 또는 EG에서는 가로로 된 직선 대신에 세로로 AAA, BBB 등의 기호를 사용하여 나타낸다.

6.3.2 SAS의 이용

(1) EG의 이용

예제 6.1 계속

A, B, C 세 식이요법에 대한 F-검정 결과 처리효과가 모두 같지는 않다는 결론을 얻었다. 그러면 어느 방법들이 심각하게 다른가 알아보자.(dataset 폴더의 weight_gain 자료)

dataset에서 weight_gain 자료를 열고 메뉴에서 **작업 → 분산분석 → 일원분산분석**을 선택한다.

선택영역의 '데이터' 창에서 DIET를 독립변수로 GAIN을 종속변수로 선택한다. 이어서 '평균 비교' 메뉴에서 Tukey, Duncan, Fisher의 방법들을 선택한다. 디폴트 신뢰수준인 95%를 90%(즉, $\alpha = 0.1$)로 바꾼 후에 실행을 클릭하면 [그림 6-1](a)와 같은 분산분석표와 함께 [그림 6-3]과 같은 다중비교 결과를 얻는다.

Means with the same letter are not significantly different.				
Tukey Grouping		Mean	N	DIET
	A	5.9250	4	A
	A			
B	A	5.2750	4	B
B				
B		4.8000	4	C

(a) Tukey의 HSD 방법

Means with the same letter are not significantly different.			
Duncan Grouping	Mean	N	DIET
A	5.9250	4	A
B	5.2750	4	B
B			
B	4.8000	4	C

(b) Duncan의 다중범위검정

Means with the same letter are not significantly different.			
t Grouping	Mean	N	DIET
A	5.9250	4	A
B	5.2750	4	B
B			
B	4.8000	4	C

(c) Fisher의 LSD 방법

[그림 6-3] 다중비교 결과

세 비교법의 결과를 요약하면 다음과 같다. 실험별 오류율을 관리하는 Tukey 방법에서는 A와 B의 차이에 유의성이 없다고 했으나, 비교별 오류율을 관리하는 다른 두 방법은 차이가 있다고 판정하였다.

TUKEY :	A	B	C
DUNCAN :	A	B	C
LSD :	A	B	C

참고로 신뢰수준을 99%(즉, $\alpha = 0.01$)로 실행하면 Tukey 방법에서는 A, B, C 모두에 차이가 없다고 판정하고, 다른 두 방법은 A와 C에 차이가 있다고 판정한다.

---

(2) SAS 절차의 이용

일원배치의 ANOVA 절차에서 MEANS의 옵션(option)으로 여러 가지 다중비교법을 지정한다. 즉,

```
MEANS effects </options>;
```

에서 옵션의 내용으로 다음과 같이 다중비교를 지정한다.

- TUKEY: 튜키의 정직유의차 방법
- DUNCAN: 던칸의 방법
- LSD: 피셔의 최소유의차 방법

이외에도 SCHEFFE, BON(Bonferroni의 t-검정), DUNNETT 등의 여러 가지 방법을 제공한다.

다중비교에서 오류율의 디폴트값은 5%이다. 따라서 다른 값을 지정하려면 옵션에 다음을 추가한다.

```
ALPHA=n
```

예를 들어 ALPHA=0.10을 사용하면 5% 대신 10%의 오류율로 다중비교를 실시한다.

예제 6.1 계속

A, B, C 세 식이요법에 대한 다중비교의 SAS 프로그램은 다음과 같다.

```
/* ANOVA3.SAS : ONE-WAY LAYOUT : MULTIPLE COMPARISON */
OPTIONS PS=60;
DATA WEIGHT;
  INPUT DIET $  GAIN @@;
```

```
  DATALINES;
A 5.6  B 4.8  C 5.2
A 6.0  B 6.1  C 5.0
A 5.7  B 4.9  C 4.4
A 6.4  B 5.3  C 4.6
;
RUN;
PROC ANOVA;
  CLASS DIET;
  MODEL GAIN=DIET;
  MEANS DIET / TUKEY DUNCAN LSD ALPHA=.1;
RUN;   QUIT;
```

프로그램 및 출력결과 설명

다중비교는 MEANS 문에서 TUKEY, DUNCAN, LSD를 모두 요구했으며, 오류율은 $\alpha = 10\%$를 옵션으로 사용했다. 출력된 결과에서 분산분석표와 다중비교의 결과는 앞의 [그림 6-1](a) 및 [그림 6-3]과 같다.

6.4 반복이 없는 이원배치법

예제 6.2

토마토 재배에서 A, B, C 세 종류의 비료의 효과를 비교하고자 한다. 이때 토양이 다른 세 밭을 3등분하여 토마토 묘목을 20그루씩 심고, 비료 A, B, C를 아래 그림과 같이 랜덤하게 적용했다.

밭1 : | B | A | C |　　밭2 : | A | C | B |　　밭3 : | B | C | A |

이들로부터 얻은 토마토 수확량의 자료는 〈표 6.4〉와 같다. 비료의 종류에 따라 수확량에 차이가 있는가? 차이가 있다면 어떤 비료들이 차이가 있는가? 밭의 종류에 따라서는?

〈표 6.4〉 수확량(yield) 자료

block \ trtment	A	B	C
1	32.6	36.4	29.5
2	42.7	47.1	32.9
3	35.3	40.1	33.6

6.4.1 이론적 배경

이원배치법(two-way layout)은 범주형 분류변수인 요인(인자, factor)이 2개 있고 각 요인에서 p개와 q개의 수준이 있는 모형에서, 수준에 따라 종속변수(반응변수)들의 평균에 차이가 있는가를 검정하는 문제가 된다. [예제 6.2]에서는 block(밭)과 trtment(비료)가 요인으로서 분류변수가 되며, yield(수확량)가 종속변수가 된다.

이원배치법은 각 셀(cell)에서 관측값의 개수가 1개인 **반복이 없는 이원배치법**(two-way layout without replication)과 관측값의 개수가 2개 이상인 **반복이 있는 이원배치법**(two-way layout with replication)으로 나뉜다.

반복이 있는 경우에 각 셀에서 반복수(관측값의 개수)가 모두 같은 경우를 **균형설계**(balanced)라고 하며, 반복수가 다른 경우를 **불균형설계**(unbalanced design)라고 한다.

[예제 6.2]에서 A, B, C 세 종류의 비료효과를 비교하기 위하여 각 밭에서 세 종류의 비료를 랜덤하게 적용한다. 이때에 토양(밭)을 **블록**(block)이라고 하며 비료를 **처리**(treatment)라고도 한다. 또한, 각 블록 내에서 처리의 수준이 랜덤하게 적용되므로 이러한 실험계획을 **확률화블록계획법**(randomized block design)이라고도 한다.

이론적으로 확률화블록계획법은 처리 수준들을 비교할 때 정밀도(precision)를 높이기 위해 관측값에 포함된 블록의 효과를 제거하는 것이 주요 목적이다. 이에 대하여 이원배치법은 두 요인이 대등한 관계로 관측값에 영향을 주는 모형이다. [예제 6.2]에서는 비료의 효과를 비교하기 위해 토양이 다른 세 밭에서 실험한 모형이므로 밭이 블록이 되며 비료가 처리가 된다.

그러나 반복이 없는 이원배치법의 모형과 확률화블록계획법 모형에서 처리효과에 대한 분석 결과는 같으므로 이 책에서는 반복이 없는 이원배치법 모형으로 설명할 예정이다.

(1) 모형과 자료구조

이원배치법에서 관측값을 나타내는 모형은 다음과 같다.

$$y_{ij} = \mu + \alpha_i + \beta_j + \varepsilon_{ij}, \quad i = 1, \cdots, p, \ j = 1, \cdots, q$$

μ 와 ε_{ij} 는 일원배치와 같이 정의되며

α_i : 인자 A의 i 번째 수준의 효과($\sum \alpha_i = 0$을 가정)

β_j : 인자 B의 j 번째 수준의 효과($\sum \beta_j = 0$ 을 가정)

두 요인 A와 B에서 각각 p, q개의 수준이 있는 반복이 없는 이원배치법의 자료구조는 〈표 6.5〉와 같다.

〈표 6.5〉 반복이 없는 이원배치의 자료구조

인자 A \ 인자 B	B_1	B_2	$\cdots$	B_q	평균
A_1	y_{11}	y_{12}	$\cdots$	y_{1q}	$\bar{y}_{1\cdot}$
A_2	y_{21}	y_{22}	$\cdots$	y_{2q}	$\bar{y}_{2\cdot}$
$\vdots$	$\vdots$	$\vdots$	$\cdots$	$\vdots$	$\vdots$
A_p	y_{p1}	y_{p2}	$\cdots$	y_{pq}	$\bar{y}_{p\cdot}$
평균	$\bar{y}_{\cdot 1}$	$\bar{y}_{\cdot 2}$	$\cdots$	$\bar{y}_{\cdot q}$	$\bar{y}_{\cdot\cdot}$

〈표 6.4〉에서 $\bar{y}_{i\cdot}$ 및 $\bar{y}_{\cdot j}$는 각각 행 및 열의 평균이며, $\bar{y}_{\cdot\cdot}$는 총평균이다.

(2) 검정법

인자 A와 B의 처리효과를 검증하기 위한 귀무가설은 각각 다음과 같다.

$$H_0: \ \alpha_1 = \alpha_2 = \cdots = \alpha_p = 0$$

$$H_0: \ \beta_1 = \beta_2 = \cdots = \beta_q = 0$$

〈표 6.4〉에서 정의된 행 평균과 열 평균을 이용하면 각 모수의 추정값은 다음과 같이 주어진다.

$$\alpha_i \text{ 의 추정: } \ \bar{y}_{i\cdot} - \bar{y}_{\cdot\cdot}$$

$$\beta_j \text{ 의 추정: } \ \bar{y}_{\cdot j} - \bar{y}_{\cdot\cdot}$$

이를 이용하여 총제곱합을 다음과 같이 분해한다.

$$\sum_i\sum_j (y_{ij}-\bar{y}_{..})^2 = q\sum_i(\bar{y}_{i.}-\bar{y}_{..})^2 + p\sum_j(\bar{y}_{.j}-\bar{y}_{..})^2 + \sum_i\sum_j(y_{ij}-\bar{y}_{i.}-\bar{y}_{.j}+\bar{y}_{..})^2$$

$$\text{SST} = \text{SS}_\text{A} + \text{SS}_\text{B} + \text{SSE}$$

총제곱합 = 인자 A 제곱합 + 인자 B 제곱합 + 잔차제곱합

각 제곱합을 자유도로 나누어 평균제곱을 정의하며, 이를 표로 나타낸 것이 **이원배치 분산분석표**로서 〈표 6.6〉과 같다.

〈표 6.6〉 반복이 없는 이원배치 분산분석표

요인	자유도	제곱합	평균제곱	F값	유의확률
인자 A	$p-1$	SS_A	MS_A	$f_1=\text{MS}_\text{A}/\text{MSE}$	$P(F\ge f_1)$
인자 B	$q-1$	SS_B	MS_B	$f_2=\text{MS}_\text{B}/\text{MSE}$	$P(F\ge f_2)$
잔차	$(p-1)(q-1)$	SSE	MSE		
계	$pq-1$	SST			

참고: $E(\text{MSE})=\sigma^2$, $E(\text{MS}_\text{A})=\sigma^2+\frac{q}{p-1}\sum\alpha_i^2$, $E(\text{MS}_B)=\sigma^2+\frac{p}{q-1}\sum\beta_j^2$

검정법 :

① $F=\text{MS}_\text{A}/\text{MSE} > F_\alpha(p-1,\ (p-1)(q-1))$이면 유의수준 α에서 인자 A (처리) 효과에 대한 가설 $H_0:\ \alpha_1=\cdots=\alpha_k=0$을 기각한다.

② $F=\text{MS}_\text{B}/\text{MSE} > F_\alpha(q-1,\ (p-1)(q-1))$이면 유의수준 α에서 인자 B (블록) 효과에 대한 가설 $H_0:\ \beta_1=\cdots=\beta_n=0$을 기각한다.

6.4.2 SAS의 이용

(1) EG의 이용

EG에서 이원배치 분산분석은 **선형모형** 메뉴를 이용한다. **일원분산분석**은 SAS의 **ANOVA** 절차에 대응되며, **선형모형**은 SAS의 **GLM** 절차에 대응된다. GLM 절차는 이 책의 8장에서 다룰 예정인 **일반선형모형**을 다루는 절차로서 ANOVA보다는 훨씬 많은 내용을 처리할 수 있는 절차이다. 각 셀에서 반복수가 같은 경우에 반복이 있는 이원배치까지는 GLM과 ANOVA의 결과가 같다. 반복수가 다른 경우에는 ANOVA를 사용할 수 없으며 GLM을 사용해야 한다.

예제 6.2 계속

메뉴를 이용하여 [예제 6.2]의 자료에 대한 이원배치 분산분석을 시행해 보자. (dataset 폴더에서 yield 자료)

dataset 폴더에서 yield 자료를 열고 메뉴에서 **작업 → 분산분석 → 선형모형**을 선택한다.

선택영역의 '데이터' 창에서 BLOCK(밭)과 TRTMENT(비료)를 분류변수로 YIELD(수확량)를 종속변수로 선택한다. 모형 창에서 BLOCK과 TRTMENT의 주효과를 선택하고 모형 옵션 창에서는 Type I의 제곱합은 체크를 해제하고 Type Ⅲ의 제곱합만 선택한다.(균형모형에서는 Type I 제곱합과 Type Ⅲ 제곱합의 결과는 같다.) 이어서 실행을 클릭하면 [그림 6-4]와 같은 결과를 얻는다.

Source	DF	Sum of Squares	Mean Square	F Value	Pr > F
Model	4	225.2777778	56.3194444	8.94	0.0283
Error	4	25.1911111	6.2977778		
Corrected Total	8	250.4688889			

R-Square	Coeff Var	Root MSE	YIELD Mean
0.899424	6.840047	2.509537	36.68889

Source	DF	Type III SS	Mean Square	F Value	Pr > F
BLOCK	2	98.1755556	49.0877778	7.79	0.0417
TRTMENT	2	127.1022222	63.5511111	10.09	0.0274

[그림 6-4] 이원배치 분산분석표

표에서 모형의 유의확률은 0.0283이며, 밭 요인과 비료 요인의 유의확률은 각각 0.0417, 0.0274로서 밭에 따라서 또한 비료의 종류에 따라 수확량이 다르다고 결론을 내린다.

---

(2) SAS 절차의 이용

이원배치모형에서 ANOVA 절차의 일반형이 일원배치와 다른 점은 다음과 같다.

```
PROC AVOVA <options>;
  CLASS variable1 variable2;
  MODEL dependents=variable1 variable2 </ options>;
```

① CLASS **variable1 variable2;**

처리효과와 블록효과(또는 2개의 요인 변수)를 분류변수로 지정한다.

② MODEL dependents=variable1 variable2 ⟨/ options⟩;
종속변수를 지정하고 처리효과와 블록효과를 독립변수로 지정한다.
⟨/options⟩에서 다중비교의 방법들을 지정한다.

이원배치 모형에서도 다중비교를 시행할 수 있다. EG에서는 선형모형의 'Post Hoc 검정' 옵션을 이용하여 이원배치 모형에서 다중비교를 시행하며, SAS의 ANOVA 절차에서는 MODEL option을 이용한다. 여기서는 ANOVA 절차를 이용하는 방법만 살펴보기로 한다.

예를 들어 [예제 6.2]와 같은 문제에서는 블록효과를 제거한 후에 처리효과에 대한 다중비교를 시행하면 처리효과의 차이가 더욱 선명하게 들어날 수 있다. 다음 예에서 이를 살펴보자.

예제 6.2 계속

[예제 6.2]에서 세 비료의 효과를 비교하고, 어느 비료들이 심각하게 다른지 다중비교를 시행해보자. 이를 위한 다중비교 SAS 프로그램은 다음과 같다.

```
/* ANOVA4.SAS : TWO-WAY LAYOUT - MULTIPLE COMPARISON */
OPTIONS PS=60 PAGENO=1;
DATA FERTIL;
  INPUT BLOCK $ TRTMENT $ YIELD @@;
  DATALINES;
1 A 32.6    1 B 36.4    1 C 29.5
2 A 42.7    2 B 47.1    2 C 32.9
3 A 35.3    3 B 40.1    3 C 33.6
;
RUN;
PROC ANOVA;
  CLASS BLOCK TRTMENT;
  MODEL YIELD = BLOCK TRTMENT;
  MEANS TRTMENT / LSD DUNCAN TUKEY ALPHA=.1;
RUN;   QUIT;
```

프로그램 및 출력결과 설명

밭효과(BLOCK)와 비료효과(TRTMENT)를 분류변수로 선언하고, 수확량(YIELD)을 종속변수로 하는 이원배치 모형에 의한 분산분석을 시행한다. 분산분석의 결과는 EG에서 출력된 분산분석표인 [그림 6-4]와 같다.
한편 다중비교를 위해 MEANS 옵션에서 LSD, DUNCAN 및 TUKEY 옵션을 사용하였다. 결과는 [그림 6-5]와 같다.

Means with the same letter are not significantly different.			
t Grouping	Mean	N	TRTMENT
A	41.200	3	B
A			
A	36.867	3	A
B	32.000	3	C

(a) Fisher의 LSD 방법

Means with the same letter are not significantly different.			
Duncan Grouping	Mean	N	TRTMENT
A	41.200	3	B
A			
A	36.867	3	A
B	32.000	3	C

(b) Duncan의 다중범위검정

Means with the same letter are not significantly different.				
Tukey Grouping		Mean	N	TRTMENT
	A	41.200	3	B
	A			
B	A	36.867	3	A
B				
B		32.000	3	C

(c) Tukey의 HSD 방법

[그림 6-5] 이원배치모형에서 다중비교 결과

실험별 오류율을 관리하는 Tukey 방법에서는 B와 C의 차이만 유의성이 있다고 했으나, 비교별 오류율을 관리하는 다른 두 방법에서는 B와 C, A와 C의 차이에 유의성이 있다고 판정하였다. 참고로 같은 자료에 대하여 블록 요인을 제외하고 일원배치모형에서 다중비교를 시행하면 블록 효과가 중첩(교락)되어 있어 처리들 사이의 차이를 감지하지 못할 수 있다.

6.5 반복이 있는 이원배치법(요인계획법)

관측값에 영향을 주는 요인(factor)이 2개 있는 이원배치 모형에서 각 요인의 수준들의 조합(즉, 셀)에서 종속변수의 관측값 개수가 2개 이상인 경우, 즉 **반복이 있는 이원배치법**(two-way layout with replication)을 생각해 보자. 다만 각 수준조합(처리조합)에서 관측값의 개수(즉, 반복수)가 같은 경우(즉, 균형설계)만 고려하기로 한다. 반복수가 다른 불균형설계의 경우는 8장의 선형모형에서 다룰 예정이다.

반복이 있는 이원배치법은 흔히 요인계획법의 특수한 경우로 이해할 수 있다. 즉, 일반적으로 2개 이상의 요인이 있는 실험에서 각 요인의 수준조합에서 r 개의 관측값을 관측하고 이들을 기초로 각 요인의 **주효과**(main effect)와 **교호작용**(interaction) 효과에 대한 유의성을 검정하는 방법을 **요인계획법**(factorial design)이라 한다. 특히 요인의 개수가 2개일 때는 **이요인계획법**, 3개일 때는 **삼요인계획법**, 3개 이상일 때는 **다요인계획법**이라 한다.

예제 6.3

리탈린(ritalin)이 정상(normal)아동과 과잉운동(hyperactive)아동에 미치는 영향을 조사하기 위하여 정상아동 8명과 과잉운동아동 8명에게 리탈린과 위약(placebo)을 각각 4명씩 투여한 후에 활동지수를 측정한 결과 〈표 6.7〉의 자료를 얻었다. 리탈린의 효과와 아동그룹 효과 및 교호작용에 대하여 어떤 결론을 내릴 수 있는가? (Chatfield and Collins, 1980)

〈표 6.7〉 투여약과 아동그룹에 따른 활동지수

아동그룹(B) \ 투여약(A)	위약		리탈린	
정상아	50	45	67	60
	55	52	58	65
과잉운동아	70	68	51	57
	72	75	48	55

6.5.1 이론적 배경

[예제 6.3]에서는 관측값인 활동지수를 결정하는 요인(인자, factor)은 투여약(A)과 아동그룹(B)으로 2개가 있다. 따라서 [예제 6.3]의 문제는 반복이 있는 이원배치법의 예이다. 반복이 있는 이원배치법은 이요인계획법이라고도 한다.

(1) 모형과 자료구조

반복이 있는 이원배치법 모형은 다음과 같다.

$$y_{ijk} = \mu + \alpha_i + \beta_j + \gamma_{ij} + \varepsilon_{ijk}, \quad i = 1, \cdots, p, \ j = 1, \cdots, q, \ k = 1, \cdots, r$$

μ, α_i, β_j, ε_{ijk}는 반복이 없는 이원배치법과 같이 정의

γ_{ij} : A_i와 B_j의 교호작용 효과 $(\sum_i \gamma_{ij} = \sum_j \gamma_{ij} = 0)$

자료구조는 다음과 같다.

〈표 6.8〉 반복이 있는 이원배치의 자료구조

인자 B / 인자 A	B_1	B_2	$\cdots$	B_q	평균
A_1	y_{111}	y_{121}	$\cdots$	y_{1q1}	$\bar{y}_{1\cdot\cdot}$
	$\vdots$	$\vdots$		$\vdots$	
	y_{11r}	y_{12r}	$\cdots$	y_{1qr}	
	$\bar{y}_{11\cdot}$	$\bar{y}_{12\cdot}$	$\cdots$	$\bar{y}_{1q\cdot}$	
$\vdots$	$\vdots$	$\vdots$		$\vdots$	$\vdots$
A_p	y_{p11}	y_{p21}	$\cdots$	y_{pq1}	$\bar{y}_{p\cdot\cdot}$
	$\vdots$	$\vdots$		$\vdots$	
	y_{p1r}	y_{p2r}	$\cdots$	y_{pqr}	
	$\bar{y}_{p1\cdot}$	$\bar{y}_{p2\cdot}$	$\cdots$	$\bar{y}_{pq\cdot}$	
	$\bar{y}_{\cdot1\cdot}$	$\bar{y}_{\cdot2\cdot}$	$\cdots$	$\bar{y}_{\cdot q\cdot}$	$\bar{y}_{\cdots}$

(2) 검정법

이원배치법에서 검정하고자 하는 가설은 다음과 같다.

H_0: $\alpha_1 = \alpha_2 = \cdots = \alpha_p = 0$: 인자 A의 유의성 검정

H_0: $\beta_1 = \beta_2 = \cdots = \beta_q = 0$: 인자 B의 유의성 검정

H_0: $\gamma_{ij} = 0,\ i = 1, \cdots, p,\ j = 1, \cdots, q$: 교호작용의 유의성 검정

가설에서 주효과는 인자 수준의 차이에 따라 전체적인 변화가 있는가를 나타내며 A, B의 교호작용은 인자 A(또는 B)의 수준이 변함에 따라 인자 B(또는 A)의 효과의 양상이 변하는가를 나타낸다. 예를 들어 [그림 6-6]은 주효과와 교호작용을 그림으로 나타낸 것이다.

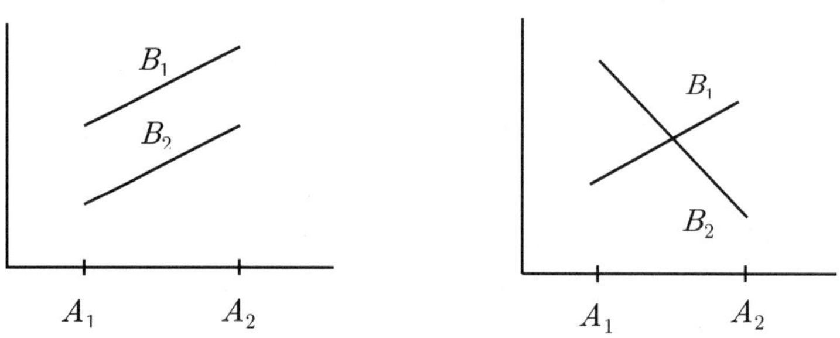

(a) A, B의 주효과 있음
AB의 교호작용 없음

(b) A, B의 주효과 없음
AB의 교호작용 있음

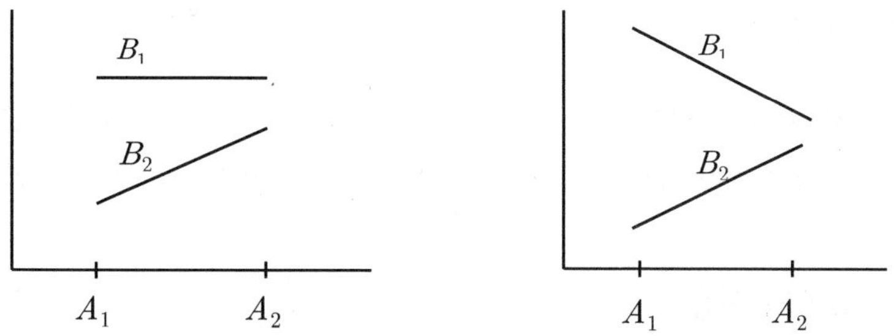

(c) A, B의 주효과 있음
AB의 교호작용 있음

(d) A의 주효과 없음; B의 주효과 있음
AB의 교호작용 있음

[그림 6-6] 주효과와 교호작용

제곱합은 다음과 같이 분해된다.

$$\sum_i\sum_j\sum_k(y_{ijk}-\bar{y}_{\cdots})^2 = qr\sum_i(\bar{y}_{i\cdot\cdot}-\bar{y}_{\cdots})^2 + pr\sum_j(\bar{y}_{\cdot j\cdot}-\bar{y}_{\cdots})^2$$

$$\text{SST} \quad = \quad \text{SS}_\text{A} \quad + \quad \text{SS}_\text{B}$$

$$+\, r\sum_i\sum_j(\bar{y}_{ij\cdot}-\bar{y}_{i\cdot\cdot}-\bar{y}_{\cdot j\cdot}+\bar{y}_{\cdots})^2 + \sum_i\sum_j\sum_k(y_{ijk}-\bar{y}_{ij\cdot})^2$$

$$\text{SS}_{\text{A}\times\text{B}} \quad + \quad \text{SSE}$$

앞에서와 마찬가지로 제곱합을 자유도로 나누어 평균제곱이 정의되며, 반복이 있는 이원배치법의 분산분석표는 〈표 6.9〉와 같다.

〈표 6.9〉 반복이 있는 이원배치 분산분석표

요인	자유도	제곱합	평균제곱	F값	유의확률
인자 A	$p-1$	SS_A	MS_A	$f_1=\text{MS}_\text{A}/\text{MSE}$	$P(F\geq f_1)$
인자 B	$q-1$	SS_B	MS_B	$f_2=\text{MS}_\text{B}/\text{MSE}$	$P(F\geq f_2)$
교호작용	$(p-1)(q-1)$	$\text{SS}_{\text{A}\times\text{B}}$	$\text{MS}_{\text{A}\times\text{B}}$	$f_3=\text{MS}_{\text{A}\times\text{B}}/\text{MSE}$	$P(F\geq f_3)$
잔차	$pq(r-1)$	SSE	MSE		
계	$pqr-1$	SST			

참고

① $E(\text{MSE})=\sigma^2$, $E(\text{MS}_\text{A})=\sigma^2+\frac{qr}{p-1}\sum\alpha_i^2$, $E(\text{MS}_B)=\sigma^2+\frac{pr}{q-1}\sum\beta_j^2$

$E(\text{MS}_{\text{A}\times\text{B}})=\sigma^2+\frac{r}{(p-1)(q-1)}\sum_i\sum_j\gamma_{ij}^2$

② 반복이 없는 경우, 즉 $r=1$인 경우에는 반복이 없는 이원배치법과 같은 모형이 된다.

③ 교호작용이 없는 모형은 이를 모두 오차항에 포함시켜 분석하는 것이다.

검정법: 가설검정에는 모두 F-검정을 시행하며, 교호작용 효과에 대한 검정법은

다음과 같다.

$F = \mathrm{MS}_{\mathrm{A}\times\mathrm{B}} / \mathrm{MSE} > F_\alpha((p-1)(q-1), pq(r-1))$이면 유의수준 α에서 교호작용효과에 대한 가설 '$H_0: \ \gamma_{ij}=0$, 모든 i, j에 대하여'를 기각한다.

6.5.2 SAS의 이용

(1) EG의 이용

EG에서 반복이 있는 이원배치는 **선형모형** 메뉴를 이용한다.

예제 6.3 계속

[예제 6.3]에서 투여약(DRUG)과 아동그룹(GROUP)의 주효과 및 교호작용 효과를 검정해 보자.(dataset 폴더에서 drug 자료)

dataset 폴더에서 drug 자료를 열고 메뉴에서 **작업** → **분산분석** → **선형모형**을 선택한다.

선택영역의 데이터 창에서 GROUP과 DRUG을 분류변수로 SCORE를 종속변수로 선택한다. 모형 창에서 GROUP과 DRUG의 주효과를 선택하고, GROUP과 DRUG의 교호작용 효과(또는 요인효과)를 선택한다. '모형 옵션'에서는 Type I의 제곱합은 체크를 해제하고 Type Ⅲ의 제곱합만 선택한다.(균형모형에서는 Type I 제곱합과 Type Ⅲ 제곱합의 결과는 같다.) Post Hoc 검정>최소제곱 창의 추정할 효과(사용할 분류변수 효과)로 GROUP*DRUG을 '아니요'에서 '예'로 바꾼다. '도표' 창에서는 사용자 정의 도표 리스트를 체크한 후에 상호작용도표를 선택한다. 이어서 실행을 클릭하면 [그림 6-7]과 같은 분산분석표와 [그림 6-8](a)와 같은 교호작용 효과에 대한 도표를 얻는다. [그림 6-8](b)는 추정할 효과로 GROUP*DRUG을 선택한 결과로서 각 처리조합에서 평균을 나타낸다.

Source	DF	Sum of Squares	Mean Square	F Value	Pr > F
Model	3	1093.500000	364.500000	24.10	<.0001
Error	12	181.500000	15.125000		
Corrected Total	15	1275.000000			

R-Square	Coeff Var	Root MSE	SCORE Mean
0.857647	6.563860	3.889087	59.25000

Source	DF	Type III SS	Mean Square	F Value	Pr > F
GROUP	1	121.0000000	121.0000000	8.00	0.0152
DRUG	1	42.2500000	42.2500000	2.79	0.1205
GROUP*DRUG	1	930.2500000	930.2500000	61.50	<.0001

[그림 6-7] 반복이 있는 이원배치 분산분석표

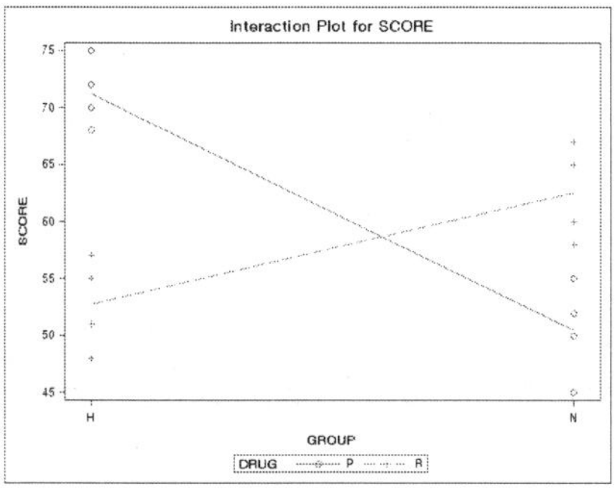

(a) 교호작용 도표

GROUP	DRUG	SCORE LSMEAN
H	P	71.2500000
H	R	52.7500000
N	P	50.5000000
N	R	62.5000000

(b) 각 처리조합의 평균

[그림 6-8] 교호작용 도표

모형의 R-square는 0.86으로 총변동의 86%가 이 모형으로 설명되며, 유의확률의 값이 0.0001 이하이므로 매우 유의하다. 각 효과들의 유의성은 다음과 같다. GROUP의 주효과는 유의확률 0.0152로서 유의수준 5%에서 유의하다고 할 수 있다. 즉, 정상적인 아동인지 과잉운동 아동인지에 따라 어느 정도는 활동지수에 유의한 차이를 보인다고 할 수 있겠다. 이때 DRUG의 주효과는 0.1205이므로 별로 유의하지 않으나, GROUP과 DRUG의 교호작용에 대한 유의확률이 0.0001 이하로서 매우 유의하므로 모형에서 제외해서는 안 된다. 즉, 교호작용효과가 유의할 때는 대응되는 주효과가 유의하지 않아도 주효과를 모형에서 제거하지 않는다.

[그림 6-8]의 교호작용(상호작용) 도표는 DRUG과 GROUP의 각 수준에서 활동지수의 평균의 변화를 그린 그림이다. 이 그림을 보면 리탈린을 투여하면 과잉운동아의 경우에는 활동지수가 크게 감소하는 반면에, 정상아의 경우에는 오히려 약간 증가하는 것으로 나타났다. 따라서 교호작용효과는 매우 유의함을 뜻한다.

참고: 일원배치 모형과 이원배치 모형에서 처리효과와 교호작용효과를 나타내는 모수 α_i, β_j 및 γ_{ij}에 대하여 추정가능한 모수로 정의하기 위하여 $\sum \alpha_i = 0$, $\sum \beta_j = 0$ 및 $\sum_i \gamma_{ij} = \sum_j \gamma_{ij} = 0$와 같은 가정을 하였다.

그러나 EG의 선형모형에서는 GLM 절차를 사용하며, GLM에서는 합이 0이 되는 조건 대신에 마지막 모수의 값이 0이 되도록 하는 조건을 사용한다. 예를 들어 [예제 6.3]에서는 자료가 2×2 표이므로 [그림 6-9]에서와 같이 $\alpha_2 = 0$, $\beta_2 = 0$, $\gamma_{12} = \gamma_{21} = \gamma_{22} = 0$이 된다.

Parameter	Estimate		Standard Error	t Value	Pr > |t|
Intercept	62.50000000	B	1.94454365	32.14	<.0001
GROUP H	-9.75000000	B	2.75000000	-3.55	0.0040
GROUP N	0.00000000	B	.	.	.
DRUG P	-12.00000000	B	2.75000000	-4.36	0.0009
DRUG R	0.00000000	B	.	.	.
GROUP*DRUG H P	30.50000000	B	3.88908730	7.84	<.0001
GROUP*DRUG H R	0.00000000	B	.	.	.
GROUP*DRUG N P	0.00000000	B	.	.	.
GROUP*DRUG N R	0.00000000	B	.	.	.

[그림 6-9] 선형모형에서 모수의 추정값

(2) SAS 절차의 이용

반복이 있는 이원배치법에서 ANOVA 절차의 일반형이 반복이 없는 경우와 다른 점은 다음과 같다.

```
PROC ANOVA <options>;
MODEL dependents=variable1 variable2 variable1*variable2 </ options>;
```

예제 6.3 계속

[예제 6.3]에서 투여약(DRUG)과 아동그룹(GROUP)의 주효과 및 교호작용을 검정하기 위한 SAS 프로그램은 다음과 같다.

```
/* ANOVA5.SAS : TWO-WAY LAYOUT */
OPTIONS PS=55 NODATE;
TITLE1 'ANOVA : TWO-WAY LAYOUT WITH MEANS COMPARISONS';
DATA ;
  INPUT GROUP $ DRUG $ SCORE @@;
  DATALINES;
 N P 50 N R 67
 N P 45 N R 60
 N P 55 N R 58
 N P 52 N R 65
 H P 70 H R 51
 H P 72 H R 57
 H P 68 H R 48
 H P 75 H R 55
;
RUN;
PROC ANOVA;
  CLASS GROUP DRUG;
  MODEL SCORE=GROUP DRUG GROUP*DRUG;
  MEANS GROUP DRUG GROUP*DRUG;
RUN;  QUIT;
```

프로그램 및 출력결과 설명

MODEL 문에서 아동그룹(GROUP)과 투여약(DRUG)을 주효과로 하며, 교호작용이 있는 모형으로 선언한다. 출력 결과는 [그림 6-7]과 같은 내용이다. MEANS 문에서는 GROUP, DRUG 및 교호작용 GROUP*DRUG의 각 수준에서 평균과 표준편차를 구한다. 출력된 결과는 [그림 6-10]과 같다. [그림 6-10](c)를 그림으로 나타낸 것이 [그림 6-8]의 교호작용 도표이다.

Level of GROUP	N	SCORE Mean	Std Dev
H	8	62.0000000	10.4197614
N	8	56.5000000	7.5023806

(a) MEANS GROUP에 의한 결과

Level of DRUG	N	SCORE Mean	Std Dev
P	8	60.8750000	11.5935635
R	8	57.6250000	6.4572772

(b) MEANS DRUG에 의한 결과

Level of GROUP	Level of DRUG	N	SCORE Mean	Std Dev
H	P	4	71.2500000	2.98607881
H	R	4	52.7500000	4.03112887
N	P	4	50.5000000	4.20317340
N	R	4	62.5000000	4.20317340

(c) MEANS GROUP*DRUG에 의한 결과

[그림 6-10] MEANS effects 문에 의한 결과

6.6 삼요인계획법

이 절에서는 균형설계에서 요인(인자)이 3개 있는 삼요인계획법을 간단히 살펴보기로 한다.

예제 6.4

[예제 6.3]에서 성별(SEX)을 또 다른 요인으로 생각할 때 〈표 6.10〉과 같은 자료를 얻었다. EG를 이용하여 주효과와 각 교호작용효과의 유의성을 검정해 보자. (dataset 폴더에서 drug_sex 자료)

〈표 6.10〉 성별 요인이 추가된 활동지수 자료

	위약		리탈린	
	M	F	M	F
정상아	50	45	67	60
	55	52	58	65
과잉운동아	70	68	51	57
	72	75	48	55

dataset 폴더에서 drug_sex 자료를 열면 [그림 6-11]과 같다.

	GROUP	DRUG	SEX	SCORE
1	N	P	M	50
2	N	P	F	45
3	N	P	M	55
4	N	P	F	52
5	N	R	M	67
6	N	R	F	60
7	N	R	M	58
8	N	R	F	65
9	H	P	M	70
10	H	P	F	72
11	H	P	M	68
12	H	P	F	75
13	H	R	M	51
14	H	R	F	57
15	H	R	M	48
16	H	R	F	55

[그림 6-11] 성별이 추가된 활동지수 자료

메뉴에서 작업 → 분산분석 → 선형모형을 선택한 후에, 데이터 창에서 GROUP, DRUG, SEX를 분류변수로 SCORE를 종속변수로 선택한다. 모형 창에서 GROUP, DRUG, SEX의 요인효과를 선택한다. 다만, 3요인교호작용인 GROUP*DRUG*SEX는 '효과제거'를 이용하여 효과에서 제거한다.

'모형 옵션'에서는 Type I의 제곱합은 체크를 해제하고 Type III의 제곱합만 선택한다. 도표를 원치 않을 경우에는 도표 창에서 체크를 해제하고 실행을 클릭하면 [그림 6-12]와 같은 결과를 얻는다.

[그림 6-12]에서 DRUG*SEX는 유의하지 않으므로 모형에서 제거하고 실행하면 [그림 6-13]의 결과를 얻는다. 모형의 유의성과 GROUP*SEX을 비롯한 모든 효과들의 유의성이 증가했다.

Source	DF	Sum of Squares	Mean Square	F Value	Pr > F
Model	6	1171.000000	195.166667	16.89	0.0002
Error	9	104.000000	11.555556		
Corrected Total	15	1275.000000			

R-Square	Coeff Var	Root MSE	SCORE Mean
0.918431	5.737293	3.399346	59.25000

Source	DF	Type III SS	Mean Square	F Value	Pr > F
GROUP	1	121.0000000	121.0000000	10.47	0.0102
DRUG	1	42.2500000	42.2500000	3.66	0.0882
SEX	1	12.2500000	12.2500000	1.06	0.3301
GROUP*DRUG	1	930.2500000	930.2500000	80.50	<.0001
GROUP*SEX	1	56.2500000	56.2500000	4.87	0.0548
DRUG*SEX	1	9.0000000	9.0000000	0.78	0.4005

[그림 6-12] 이요인 교호작용 효과가 모두 포함된 모형의 분산분석표

Source	DF	Sum of Squares	Mean Square	F Value	Pr > F
Model	5	1162.000000	232.400000	20.57	<.0001
Error	10	113.000000	11.300000		
Corrected Total	15	1275.000000			

R-Square	Coeff Var	Root MSE	SCORE Mean
0.911373	5.673497	3.361547	59.25000

Source	DF	Type III SS	Mean Square	F Value	Pr > F
GROUP	1	121.0000000	121.0000000	10.71	0.0084
DRUG	1	42.2500000	42.2500000	3.74	0.0819
SEX	1	12.2500000	12.2500000	1.08	0.3223
GROUP*DRUG	1	930.2500000	930.2500000	82.32	<.0001
GROUP*SEX	1	56.2500000	56.2500000	4.98	0.0497

[그림 6-13] 교호작용 DRUG*SEX를 제거한 모형의 분산분석표

6.7 다변량 분산분석

예제 6.5

실험용 쥐에게 피하주사로 주입된 종양(tumour)의 성장에 환경온도가 미치는 영향을 조사하고자 한다. 암컷과 수컷을 각각 9마리씩 택하여 세 수준의 온도(A: 4℃, B: 20℃, C: 34℃)에 각각 3마리씩 배정하고, (x_1=초기무게, x_2=최종무게, x_3=종양무게)를 측정하였다. 관측된 자료는 〈표 6.11〉과 같다. 종양의 성장이 온도(TEMP)와 성별(SEX)에 따라 다르다고 할 수 있겠는가? (Chatfield and Collins, 1980)

〈표 6.11〉 환경온도와 성별에 따른 종양무게 자료

SEX \ TEMP(℃)	A	B	C
Male	(18.15 16.51 0.24)	(21.27 23.30 0.33)	(20.74 16.69 0.31)
	(18.68 19.50 0.32)	(19.57 22.30 0.45)	(20.02 19.26 0.41)
	(19.54 19.84 0.20)	(20.15 18.95 0.35)	(17.20 15.90 0.28)
Female	(19.15 19.49 0.16)	(18.87 22.00 0.25)	(20.22 19.00 0.18)
	(18.35 19.81 0.17)	(20.66 21.08 0.20)	(18.38 17.92 0.30)
	(20.68 19.44 0.22)	(21.56 20.34 0.20)	(20.85 19.90 0.17)

6.7.1 이론적 배경

[예제 6.5]에서는 각 처리수준에서의 관측값이 벡터의 형태로 주어지며, 특히 벡터 내의 값들은 반복하여 측정된 값이 아니라는 점이 6.3절에서 설명한 이원배치법과 다르다고 할 수 있다. 또한 〈표 6.11〉에서 MALE 만을 따로 분석한다면 자료의 형태는 일원배치법과 동일하며, 역시 관측값이 벡터의 형태로 주어진다는 점이 차이점이다. 이처럼 분산분석의 모형에서 관측값이 벡터로 주어질 때 **다변량 분산분석**(multivariate ANOVA)의 방법을 적용한다.

(1) 다변량 일원배치법(one-way MANOVA)

k개의 p변량 모집단의 평균벡터 또는 처리효과들이 동일한지 여부를 검정하고자 하는 경우 다음과 같은 모형을 이용한다.

$$y_{ij} = \mu + \alpha_i + \varepsilon_{ij},\ \ i = 1, \cdots, k,\ \ j = 1, \cdots, n$$

μ: 전체평균벡터

α_i: i번째 처리효과벡터 ($\sum \alpha_i = 0$을 가정)

ε_{ij}: 오차항으로서 서로 독립인 $N_p(0, \Sigma)$

참고: ANOVA 절차에서는 각 처리수준에서의 반복의 회수 n이 동일한 경우에만 사용할 수 있으며 반복의 회수가 다른 경우에는 8장의 GLM 절차를 이용한다.

i번째 처리의 평균은 $\mu_i = \mu + \alpha_i$ 이며, 다변량 일원배치법에서 검정하고자 하는 귀무가설은 다음과 같다.

$$H_0:\ \alpha_1 = \cdots = \alpha_k = 0$$

일변량 분산분석에서 제곱합에 해당되는 다변량의 개념은 **제곱 및 교차곱의 합**(sum of squares and crossproducts, SSCP)이라 하며, 행렬을 이용하여 나타낸다. 다변량 일원배치모형에서의 SSCP의 분해는 다음과 같다.

$$\sum_{i=1}^{k}\sum_{j=1}^{n}(y_{ij} - \bar{y}_{\cdot\cdot})(y_{ij} - \bar{y}_{\cdot\cdot})' = \sum_{i=1}^{k} n(\bar{y}_{i\cdot} - \bar{y}_{\cdot\cdot})(\bar{y}_{i\cdot} - \bar{y}_{\cdot\cdot})' + \sum_{i=1}^{k}\sum_{j=1}^{n}(y_{ij} - \bar{y}_{i\cdot})(y_{ij} - \bar{y}_{i\cdot})'$$

$$\mathrm{SSCP}_{\mathrm{total}} = \mathrm{SSCP}_{\mathrm{trt}} + \mathrm{SSCP}_{\mathrm{error}}$$

$$\mathrm{T} = \mathrm{H} + \mathrm{E}$$

다변량 일원배치모형의 분산분석표는 <표 6.12>와 같다.

〈표 6.12〉 다변량 일원배치모형의 분산분석표

요인	자유도	SSCP
처리(trt)	$k-1$	SSCP_{trt}
오차(error)	$k(n-1)$	SSCP_{error}
전체(total)	$nk-1$	SSCP_{tot}

일변량 분산분석에서의 검정통계량 $F=\mathrm{MS_T}/\mathrm{MSE}$ 에 대응되는 개념은 행렬 $\mathrm{E}^{-1}\mathrm{H}$ 이며, 행렬 $\mathrm{E}^{-1}\mathrm{H}$ 의 크기를 나타내는 통계량에는 다음과 같은 것들이 있다. 다만, $\lambda_1,\cdots,\lambda_k$ 를 $\mathrm{E}^{-1}\mathrm{H}$ 의 고윳값이라 하자.

① **Wilks의 Lambda:** $\Lambda=\prod_{i=1}^{k}(1+\lambda_i)^{-1}$

② **Pillai의 Trace:** $\sum_{i=1}^{k}\lambda_i/(1+\lambda_i)$

③ **Hotelling-Lawley의 trace:** $\sum_{i=1}^{k}\lambda_i$

④ **Roy의 최대근:** $\max_i \lambda_i$

H_0 하에서 위의 네 통계량은 모두 근사적으로 F-분포를 따르며, 이를 이용하여 주효과에 대한 유의성 검정을 할 수 있다.

(2) 다변량 이원배치법(two-way MANOVA)

범주형 요인이 2개가 있고 각 요인의 수준조합에서 n번의 반복이 있는 경우의 분석모형을 다변량 이원배치모형이라고 하며 그 형태는 다음과 같다.

$$y_{ijk}=\mu+\alpha_i+\beta_j+\gamma_{ij}+\varepsilon_{ijk},\qquad i=1,\cdots,a,\ j=1,\cdots,b,\ k=1,\cdots,n$$

μ: 전체평균

α_i: 첫 인자의 i번째 처리효과 ($\sum_i\alpha_i=0$을 가정)

β_j: 둘째 인자의 j번째 처리효과($\sum_j\beta_j=0$을 가정)

γ_{ij}: 두 인자의 교호작용효과 ($\sum_i\gamma_{ij}=\sum_j\gamma_{ij}=0$을 가정)

ε_{ijk}: 오차항으로 서로 독립인 $N_p(0,\Sigma)$ 확률벡터

다변량 이원배치법에서 검정하고자 하는 가설들은

$$H_0:\ \alpha_1=\cdots=\alpha_a=0$$
$$H_0:\ \beta_1=\cdots=\beta_b=0$$
$$H_0:\ \gamma_{ij}=0\ ,i=1,\cdots,a,\ j=1,\cdots,b$$

이 되고 관측값의 총편차는 다음과 같이 분해된다.

$$\begin{aligned} y_{ijk}-\overline{y}_{\cdots} &= (\overline{y}_{i\cdot\cdot}-\overline{y}_{\cdots})+(\overline{y}_{\cdot j\cdot}-\overline{y}_{\cdots}) \\ &\quad +(\overline{y}_{ij\cdot}-\overline{y}_{i\cdot\cdot}-\overline{y}_{\cdot j\cdot}+\overline{y}_{\cdots})+(y_{ijk}-\overline{y}_{ij\cdot}) \end{aligned}$$

위의 분해를 이용하여 다변량 이원배치법에서는 교호작용 γ_{ij} 에 대한 제곱 및 교차곱의 합에 의해 H 행렬을 정의하고 $E^{-1}H$ 행렬을 이용하여 유의성검정을 시행한다. 만일 교호작용 효과가 존재한다면 각각의 주효과는 정확히 분석하기 어렵다. 이러한 경우에는 개별적인 ANOVA를 행하여 일변량 이원배치법에서 교호작용이 존재하는지 여부를 확인한다. 교호작용효과가 존재하지 않는 경우에는 α 와 β 의 각 처리효과별로 검정을 시행한다. 다만, 이때의 H 행렬은 어떠한 효과를 검정하느냐에 따라 달라짐에 유의해야 한다.

6.7.2 ANOVA 절차의 이용

(1) ANOVA 절차

다변량 분산분석모형에서 ANOVA 절차의 일반형이 일변량 분산분석모형과 다른 점은 다음과 같다.

```
PROC ANOVA <options>;
  CLASS variables;
  MODEL dependents=effects </ options>;
  MANOVA <H=effects ¦ INTERCEPT ¦ _ALL_ > <E=effect>
        <MNAMES=names><PREFIX=name> </ options>;
```

① MANOVA

결측값 처리를 다변량 모드(mode)로 행한다. 즉, 종속변수나 독립변수들의 값이 하나라도 결측이면 해당 관측값들은 제외하고 분석한다.

• H=effects ¦ INTERCEPT ¦ _ALL_: 검정하고자 하는 처리효과를 지정한다.
행렬 H는 effects로 지정된 처리효과들의 SSCP 행렬을 의미하며 $E^{-1}H$ 의 고유값, 고유벡터들과 4개의 F-검정결과를 출력한다. _ALL_이 사용되면 MODEL 문에서 열거된 모든 처리효과에 대한 검정결과를 출력한다.

- E=effect: 잔차항으로 처리할 효과를 지정한다. 디폴트는 잔차행렬의 SSCP를 사용한다.

② **/뒤의 options**

- PRINTH: H=effects에서 열거된 effect의 H 행렬을 출력한다.
- PRINTE: E=effect에서 지정된 effect의 E 행렬을 출력한다.
- SUMMARY: 종속변수 각각의 일변량 분산분석표를 출력한다.

예제 6.5 계속

[예제 6.5]에서 최종무게(x_2)와 종양무게(x_3)는 초기무게(x_1)의 영향을 받으므로, x_1을 공변량(covariate)으로 하고 (x_2, x_3)를 반응변수로 하는 공분산분석을 시행하는 것이 바람직하지만(8.3절 참조), 여기서는 (x_1, x_2, x_3)를 반응변수로 하는 다변량 분산분석을 시행하기로 한다. 이를 위한 SAS 프로그램은 다음과 같다.

```
/* MANOVA1.SAS : 쥐의 종양무게 자료의 분석  */
DATA TUMOUR;
  INPUT SEX $ TEMP $ W1 W2 W3 @@;
  DATALINES;
M 4 18.15 16.51 0.24 M 20 21.27 23.30 0.33 M 34 20.74 16.69 0.31
M 4 18.68 19.50 0.32 M 20 19.57 22.30 0.45 M 34 20.02 19.26 0.41
M 4 19.54 19.84 0.20 M 20 20.15 18.95 0.35 M 34 17.20 15.90 0.28
F 4 19.15 19.49 0.16 F 20 18.87 22.00 0.25 F 34 20.22 19.00 0.18
F 4 18.35 19.81 0.17 F 20 20.66 21.08 0.20 F 34 18.38 17.92 0.30
F 4 20.68 19.44 0.22 F 20 21.56 20.34 0.20 F 34 20.85 19.90 0.17
;
RUN;
PROC ANOVA;
  CLASS SEX TEMP;
  MODEL W1 W2 W3= SEX TEMP SEX*TEMP;
  MANOVA H=_ALL_;
  MEANS SEX*TEMP;
RUN;  QUIT;
```

프로그램 및 출력결과 설명

반응변수 측정값인 W_1, W_2, W_3에 대한 일변량 분산분석표가 [그림 6-14]와 같이 출력된다. 실험초기의 무게인 W_1에 대하여는 모형 자체가 유의하지 않은 것으로 나타났다. 실험이 종료된 시점에서의 무게인 W_2에 대하여는 성별은 유의하지 않으나 환경온도는 유의한 것으로 나타났다. 또한 종양의 무게인 W_3에 대하여는 성별이 매우 유의한 것으로 나타났다.

Source	DF	Sum of Squares	Mean Square	F Value	Pr > F
Model	5	5.73377778	1.14675556	0.71	0.6261
Error	12	19.32640000	1.61053333		
Corrected Total	17	25.06017778			

R-Square	Coeff Var	Root MSE	W1 Mean
0.228800	6.452159	1.269068	19.66889

Source	DF	Anova SS	Mean Square	F Value	Pr > F
SEX	1	0.64222222	0.64222222	0.40	0.5396
TEMP	2	4.81607778	2.40803889	1.50	0.2632
SEX*TEMP	2	0.27547778	0.13773889	0.09	0.9186

(a) W1의 분산분석표

Source	DF	Sum of Squares	Mean Square	F Value	Pr > F
Model	5	38.30836111	7.66167222	3.44	0.0368
Error	12	26.69880000	2.22490000		
Corrected Total	17	65.00716111			

R-Square	Coeff Var	Root MSE	W2 Mean
0.589294	7.644272	1.491610	19.51278

Source	DF	Anova SS	Mean Square	F Value	Pr > F
SEX	1	2.51627222	2.51627222	1.13	0.3085
TEMP	2	32.58671111	16.29335556	7.32	0.0083
SEX*TEMP	2	3.20537778	1.60268889	0.72	0.5065

(b) W2의 분산분석표

Source	DF	Sum of Squares	Mean Square	F Value	Pr > F
Model	5	0.08580000	0.01716000	5.25	0.0087
Error	12	0.03920000	0.00326667		
Corrected Total	17	0.12500000			

R-Square	Coeff Var	Root MSE	W3 Mean
0.686400	21.70434	0.057155	0.263333

Source	DF	Anova SS	Mean Square	F Value	Pr > F
SEX	1	0.06008889	0.06008889	18.39	0.0011
TEMP	2	0.01963333	0.00981667	3.01	0.0875
SEX*TEMP	2	0.00607778	0.00303889	0.93	0.4211

(c) W3의 분산분석표

[그림 6-14] 반응변수 각각에 대한 일변량 분산분석표

MODEL 문에서 열거한 처리효과들인 SEX, TEMP와 교호작용인 SEX*TEMP에 대해 다변량 분산분석을 시행한다. [그림 6-15]~[그림 6-16]은 _ALL_에 의해 MODEL 문에서 지정된 처리효과들의 유의성을 검정한 결과를 출력한 것이다. 주효과인 SEX와 TEMP는 모두 유의하며, SEX*DRUG은 유의하지 않은 것으로 나타났다.

특히 [그림 6-15](a)에 의하면 성별에 따라 무게들이 심각하게 다름을 알 수 있다. 또한 [그림 6-16]에서 각 수준별 평균을 살펴보면, 종양이 빨리 자라는 경우는 환경온도 20℃에서 수컷임을 알 수 있다. 이와 같은 분석결과는 다음 단계의 의학 실험에서 매우 유용한 정보로 활용될 수 있다.

MANOVA Test Criteria and Exact F Statistics for the Hypothesis of No Overall SEX Effect
H = Anova SSCP Matrix for SEX
E = Error SSCP Matrix

S=1 M=0.5 N=4

Statistic	Value	F Value	Num DF	Den DF	Pr > F
Wilks' Lambda	0.33725663	6.55	3	10	0.0100
Pillai's Trace	0.66274337	6.55	3	10	0.0100
Hotelling-Lawley Trace	1.96510105	6.55	3	10	0.0100
Roy's Greatest Root	1.96510105	6.55	3	10	0.0100

(a) SEX의 다변량 분산분석

MANOVA Test Criteria and F Approximations for the Hypothesis of No Overall TEMP Effect
H = Anova SSCP Matrix for TEMP
E = Error SSCP Matrix

S=2 M=0 N=4

Statistic	Value	F Value	Num DF	Den DF	Pr > F
Wilks' Lambda	0.26168840	3.18	6	20	0.0233
Pillai's Trace	0.96580191	3.42	6	22	0.0153
Hotelling-Lawley Trace	1.95202111	3.14	6	11.714	0.0447
Roy's Greatest Root	1.26459171	4.64	3	11	0.0249

NOTE: F Statistic for Roy's Greatest Root is an upper bound.
NOTE: F Statistic for Wilks' Lambda is exact.

(b) TEMP의 다변량 분산분석

MANOVA Test Criteria and F Approximations for the Hypothesis of No Overall SEX*TEMP Effect
H = Anova SSCP Matrix for SEX*TEMP
E = Error SSCP Matrix

S=2 M=0 N=4

Statistic	Value	F Value	Num DF	Den DF	Pr > F
Wilks' Lambda	0.77196368	0.46	6	20	0.8291
Pillai's Trace	0.23967831	0.50	6	22	0.8021
Hotelling-Lawley Trace	0.28031672	0.45	6	11.714	0.8310
Roy's Greatest Root	0.20771099	0.76	3	11	0.5388

NOTE: F Statistic for Roy's Greatest Root is an upper bound.
NOTE: F Statistic for Wilks' Lambda is exact.

(c) SEX*TEMP의 다변량 분산분석

[그림 6-15] 다변량 분산분석 결과

Level of SEX	Level of TEMP	N	W1		W2		W3	
			Mean	Std Dev	Mean	Std Dev	Mean	Std Dev
F	20	3	20.3633333	1.36931857	21.1400000	0.83162492	0.21666667	0.02886751
F	34	3	19.8166667	1.28344588	18.9400000	0.99136270	0.21666667	0.07234178
F	4	3	19.3933333	1.18390596	19.5800000	0.20074860	0.18333333	0.03214550
M	20	3	20.3300000	0.86417591	21.5166667	2.27834004	0.37666667	0.06429101
M	34	3	19.3200000	1.87093559	17.2833333	1.75682479	0.33333333	0.06806859
M	4	3	18.7900000	0.70149840	18.6166667	1.83233003	0.25333333	0.06110101

[그림 6-16] SEX*TEMP에 대한 MEANS 실행결과

제7장

회귀분석

7.1 개념 및 목적

회귀분석은 여러 변수들 사이의 함수관계를 알아보고자 하는 경우에 많이 사용되는 분석법이다. 흔히 두 변수 사이의 관계를 알아보기 위해서 가장 먼저 하는 일은 산점도를 그려보거나 두 변수 사이의 관련의 정도를 나타내는 상관계수를 구해 보는 것이다. 그러나 상관분석은 두 변수 사이에 연관성이 있는지의 여부만을 알아보는 것이 목적이며 두 변수 사이에 구체적으로 어떤 함수 관계가 있는지를 말해주지는 않는다. 따라서 변수들 사이의 관계를 규명하고 이를 이용하여 한 변수의 값으로부터 다른 변수의 값을 예측하고자 하는 경우에는 그 관계를 함수식으로 나타내는 것이 필요하다.

회귀분석은 영국의 수학자이며 생물학자인 갈톤(Francis Galton: 1822-1911)이 아버지와 아들의 키의 관계를 알아보기 위한 연구에서 처음으로 제안한 분석 방법이다. 아버지와 아들의 키를 각각 x_i, y_i라 하고 $(x_1, y_1), (x_2, y_2), \cdots, (x_n, y_n)$과 같이 n명의 부자에 대한 자료가 관측되었다고 하자. 갈톤은 아버지와 아들의 키 사이에 다음과 같은 관계가 성립한다고 생각하였다.

$$y_i = M + \beta(x_i - M) + \varepsilon_i, \quad i = 1, 2, \cdots, n$$

위의 식에서 M은 아버지의 키의 중앙값이며 ε_i는 오차항이다. 갈톤은 위의 식에서 β를 최소제곱법을 이용하여 추정하였으며, β의 값이 0과 1 사이에 있는 것을 보고 다음과 같이 해석하였다. β의 값이 0 보다 크므로 아버지의 키가 크면 아들의 키도 커지는 경향이 있으나 β의 값이 1 보다 작으므로 아버지의 키가 아버지의 중앙값 M보다 아주 크더라도 아들의 키와 M과의 차이는 아버지의 키와 M과의 차이보다 작아지는 경향이 있다. 따라서 인간의 키는 중앙값으로 '회귀(regress)'한다고 결론지었다. 이후로 이러한 종류의 분석을 **회귀분석**(regression analysis)이라고 부르게 되었다.

위의 예에서 보는 것과 같이 회귀분석에서는 **반응변수**(또는 **종속변수**)라고 하는 한 변수의 변화를 **설명변수**(또는 **독립변수**)라고 하는 다른 변수들로 설명하고 또한 예측하는 문제를 다루며, 일반적으로 반응변수와 설명변수가 모두 연속형이다. 물론 **가변수**(dummy variable)를 설명변수로 이용하는 경우처럼 연속형이 아닌 범주형 변수를 설명변수로 이용하기도 한다.

다음과 같은 예를 생각해 보자.

예제 7.1

진통제의 투여량(DOSE)에 따라 진통지속시간(HR)이 어떻게 변하는지를 알아보기 위하여 DOSE의 여러 수준에서 실험한 결과가 〈표 7.1〉과 같다고 하자. DOSE를 설명변수로, HR을 종속변수로 하는 적당한 함수관계를 찾아보자.(dataset 폴더에서 dose_hr 자료)

〈표 7.1〉 진통제 투여량과 진통 지속시간

DOSE	2	2	4	4	8	8	16	16	32	32
HR	60	58	63	62	67	65	70	70	74	73

DOSE의 변화에 따라 HR의 값이 변화하는 모양을 알아보기 위해 산점도를 그린 결과는 [그림 7-1](a)와 같다. 만약 DOSE와 HR 사이에 직선관계가 있다면 다음과 같이 **직선회귀모형**(linear regression model)을 적합시킬 수 있겠다.

$$\mathrm{HR} = \beta_0 + \beta_1\,\mathrm{DOSE}$$

그러나 그림의 모양은 직선보다는 곡선적이며, 전체 모양은 로그함수의 모양에 가깝다. 따라서 DOSE에 밑(base)이 10인 로그변환을 적용하여 LDOSE=log(DOSE)라고 놓고, LDOSE와 HR의 산점도를 그려보면 [그림 7-1](b)와 같이 직선에 가까운 모양이 됨을 볼 수 있다. 따라서 LDOSE와 HR 사이에 직선관계가 있다고 보아 다음과 같은 모형으로 적합시킬 수도 있다.

$$\mathrm{HR} = \beta_0 + \beta_1\,\mathrm{LDOSE}$$

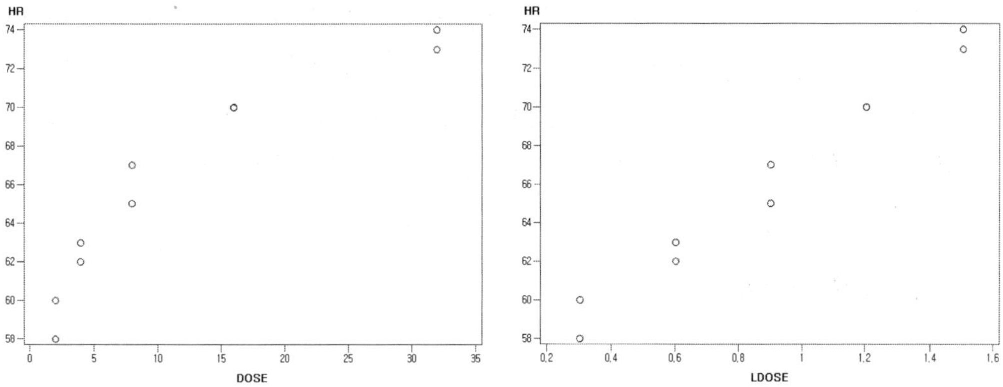

(a) DOSE와 HR의 산점도 (b) LDOSE와 HR의 산점도

[그림 7-1] 진통제 투여량과 진통지속시간의 관계

이와 같은 모형에서 주어진 자료를 이용하여 β_0와 β_1을 추정하면 진통지속시간(HR)을 진통제의 투여량(DOSE)으로 설명할 수 있고, 이를 이용하면 어떤 특정한 DOSE 수준에서의 진통지속시간을 예측할 수 있다.

7.2 단순선형회귀모형

7.2.1 이론적 배경 및 모형

[예제 7.1]에서 보는 바와 같이 한 변수(설명변수)의 값의 변화에 따라 다른 변수(종속변수)의 값이 어떻게 변하는지를 알아보고자 하는 경우 먼저 이들 사이의 관계를 구체적인 함수의 형태로 표현하고 이를 이용하여 설명변수의 값에 대응되는 종속변수의 값을 예측하게 된다. 이러한 형태의 분석을 **회귀분석**이라고 하며, 설명변수가 한 개일 때의 회귀모형을 **단순회귀**(simple regression) 또는 **직선회귀**모형이라 하고, 설명변수가 두 개 이상인 모형을 **중회귀**(multiple regression)모형이라 한다.

(1) 단순회귀모형(simple regression model)

종속변수 y와 한 개의 설명변수 x에 대해 $(x_1,y_1), (x_2,y_2), \cdots, (x_n,y_n)$이 관측되었다고 하자. 두 변수 사이의 관계를 가장 잘 설명할 수 있는 식을 찾기 위해서는 먼저 산점도를 그려보고, 필요하면 x 또는 y에 적당한 변환을 하여 직선에 가까운 형태로 만든 후에 직선회귀식을 적합시킨다. 만약 이러한 변환에 의해서도 직선관계가 성립하지 않는다면 2차 이상의 고차항을 포함하는 다항식을 적합시킬 수도 있으며 이때의 모형을 **다항회귀**(polynomial regression)모형이라고 한다. 이 절에서는 두 변수 사이의 관계가 직선관계로 주어지는 **단순선형회귀모형**(simple linear regression model) 또는 **직선회귀모형**에 대해서만 설명하기로 한다. 단순선형회귀모형의 일반형은 다음과 같다.

단순선형회귀모형:

$$y_i = \beta_0 + \beta_1 x_i + \varepsilon_i,\ i = 1, 2, \cdots, n$$

β_0, β_1: 회귀계수

ε_i: 오차항으로서 서로 독립인 $N(0, \sigma^2)$ 확률변수

단순선형회귀모형에서 회귀계수인 β_0와 β_1의 추정량은 잔차의 제곱합을 최소화하는 **최소제곱법**(method of least squares)에 의해 구할 수 있으며, 이에 의해 구해지는 $\hat{\beta}_0$과 $\hat{\beta}_1$을 **최소제곱추정량**(least squares estimator)이라 한다. **최소제곱추정량**인 $\hat{\beta}_0$, $\hat{\beta}_1$은 각각 다음과 같다.

$$\hat{\beta}_1 = \frac{\sum(x_i - \overline{x})(y_i - \overline{y})}{\sum(x_i - \overline{x})^2}$$

$$\hat{\beta}_0 = \overline{y} - \hat{\beta}_1 \overline{x}$$

이들을 이용하여 적합된 **추정회귀직선**(estimated regression line)은 다음과 같다.

$$\hat{y} = \hat{\beta}_0 + \hat{\beta}_1 x$$

관측값 y_i와 예측값 $\hat{y}_i = \hat{\beta}_0 + \hat{\beta}_1 x_i$의 차인 $r_i = y_i - \hat{y}_i$를 **잔차**(residual)라고 하며 이들의 값이 작을수록 적합된 모형이 자료를 잘 설명한다고 할 수 있다.

(2) 모형의 분산분석

모형의 적합여부를 판단하기 위해서 반응변수의 관측값 $y_1, y_2, \cdots, y_n$과 평균 $\overline{y}$의 차이를 다음과 같이 분해한 다음

$$y_i - \overline{y} = (\hat{y}_i - \overline{y}) + (y_i - \hat{y}_i)$$

양변을 제곱하여 더하여 다음과 같은 제곱합의 분해를 얻는다.

$$\sum(y_i - \bar{y})^2 = \sum(\hat{y}_i - \bar{y})^2 + \sum(y_i - \hat{y}_i)^2$$
$$\text{SST} \quad = \quad \text{SSR} \quad + \quad \text{SSE}$$

위에서 정의된 제곱합을 정리하면 다음과 같다.

총제곱합(total sum of squares): $\text{SST} = \sum(y_i - \bar{y})^2$

회귀제곱합(regression sum of squares): $\text{SSR} = \sum(\hat{y}_i - \bar{y})^2$

잔차제곱합(residual sum of squares): $\text{SSE} = \sum(y_i - \hat{y}_i)^2$

총제곱합인 $\sum(y_i - \bar{y})^2$은 관측값 y_i와 평균 $\bar{y}$ 의 차의 제곱합이며, 회귀제곱합인 $\sum(\hat{y}_i - \bar{y})^2$은 적합값 $\hat{y}_i$와 평균 $\bar{y}$ 의 차의 제곱합이다. 제곱합의 분해는 총제곱합인 SST를 오차항에 의해 설명되는 부분인 SSE와 회귀모형에 의해 설명되는 부분인 SSR로 분해하는 것이다. 따라서 총제곱합 SST에 비해 잔차제곱합 SSE가 작으면 SST 중에서 회귀모형에 의해 설명되는 부분인 SSR이 차지하는 부분이 크므로 회귀모형이 잘 적합되었음을 의미한다.

또한 제곱합을 자유도로 나누어 준 것을 **평균제곱**(mean square)이라 하며, 회귀와 잔차의 평균제곱은 각각 다음과 같다.

$$\text{MSR} = \frac{\text{SSR}}{1}, \qquad \text{MSE} = \frac{\text{SSE}}{n-2}$$

한편 잔차인 $y_i - \hat{y}_i$는 오차항의 분산 σ^2으로 인한 관측값으로서, **잔차평균제곱**인 MSE는 오차항의 분산 σ^2의 추정량으로 사용된다. 즉, σ^2의 추정량은 다음과 같다.

$$\hat{\sigma}^2 = \text{MSE} = \frac{1}{n-2}\sum_{i=1}^{n}(y_i - \hat{y}_i)^2$$

직선회귀에서 $\beta_1 = 0$일 때는 x와 y 사이에 직선관계가 없다는 뜻이므로 직선회귀모형의 유의성에 대한 귀무가설을 $H_0 : \beta_1 = 0$로 나타낼 수 있다. 이제 MSR의 MSE에 대한 비율인

$$F = \frac{\text{MSR}}{\text{MSE}}$$

은 귀무가설 $H_0 : \beta_1 = 0$ 하에서 자유도 $(1, n-2)$인 F-분포를 따름을 이용하여 모형의 유의성을 검정하게 된다. 이와 같은 결과를 요약한 것을 **분산분석표**(ANOVA table)라고 하며, 직선회귀의 분산분석표는 〈표 7.2〉와 같다.

〈표 7.2〉 직선회귀의 분산분석표

요인	자유도	제곱합(SS)	평균제곱(MS)	F 값	Pr > F
회귀	1	SSR	MSR = SSR	$F=\dfrac{\text{MSR}}{\text{MSE}}$	유의확률
잔차	$n-2$	SSE	MSE = SSE/(n − 2)		
계	$n-1$	SST			

참고: 평균제곱에 대하여 $E(\text{MSE})=\sigma^2$, $E(\text{MSR})=\sigma^2+\beta_1^2 S(xx)$가 성립한다. 따라서 β_1이 0이 아니면 검정통계량 F의 값은 커질 것을 기대한다.

위의 분산분석표에서 F는 회귀직선에 의해 설명되는 부분을 오차에 의해 설명되는 부분과 비교하는 값으로, 이 값이 크면 회귀모형이 유의함(significant)을 의미한다. 즉, 단순회귀모형에서 β_1이 0이 아님을 뜻한다. 이를 이용하여 직선회귀모형의 유의성을 검정하기 위한 가설은

$$H_0: \beta_1 = 0\,, \quad H_1:\ \beta_1 \neq 0$$

로 나타낼 수 있으며, 유의수준 α에서 기각역은 다음과 같다.

$$F=\frac{\text{MSR}}{\text{MSE}} > F_\alpha(1, n-2)$$

모형의 적합 정도를 설명하는 또 다른 측도로 결정계수가 있다. 즉, 총제곱합 SST 중에서 회귀모형에 의해 설명되는 부분인 회귀제곱합 SSR이 차지하는 비율인

$$R^2=\frac{\text{SSR}}{\text{SST}}=1-\frac{\text{SSE}}{\text{SST}}$$

를 **결정계수**(coefficient of determination)라고 하며, 이 값이 1에 가까울수록 회귀모형의 설명력이 높으므로 회귀직선의 기여율이라고 부르기도 한다. 이 결정계수 R^2의 값은 항상 0과 1 사이에 있으며, 직선회귀에서는 x와 y 사이의 표본상관계수의 제곱과 같음을 보일 수 있다. 결정계수는 흔히 %로 나타내기도 한다.

(3) 회귀계수의 추론

단순회귀모형의 모수 가운데 가장 관심이 있는 것은 직선의 기울기 β_1에 대한 추론이다. 즉, β_1에 대한 추정과 검정 문제를 많이 다루게 된다. β_1의 추정량인 $\hat{\beta}_1$은 실제로 정규확률변수인 y_i들의 선형함수이므로 다시 정규분포를 따르며, $\hat{\beta}_1$을 표준화한 통계량이 t −분포를 따름을 이용하여 β_1에 대한 추론문제를 다룬다.

ε_i 들이 서로 독립이고 평균이 0, 분산이 σ^2 인 정규분포를 따른다는 가정하에 $\hat{\beta}_1$ 를 표준화시킨 T-통계량은 자유도가 $n-2$ 인 t-분포를 따름을 이용한다. 즉,

$$T = \frac{\hat{\beta}_1 - \beta_1}{\widehat{\mathrm{SE}}(\hat{\beta}_1)} \sim t(n-2) \ : \text{자유도가 } (n-2)\text{인 } t\text{-분포}$$

$$\text{다만,} \quad \widehat{\mathrm{SE}}(\hat{\beta}_1) = \sqrt{\frac{\hat{\sigma}^2}{\sum(x_i - \bar{x})^2}} \ \text{이며, } \hat{\sigma}^2 = \mathrm{MSE}\text{이다.}$$

이를 이용하여 회귀계수 β_1에 대한 추론은 다음과 같이 시행할 수 있다.

① 귀무가설 $H_0 : \beta_1 = \beta_{10}$의 검정

검정통계량: $T = \dfrac{\hat{\beta}_1 - \beta_{10}}{\widehat{\mathrm{SE}}(\hat{\beta}_1)}$

기각역: $H_1 : \beta_1 > \beta_{10}$ 일 때 $T \geq t_\alpha(n-2)$

$H_1 : \beta_1 < \beta_{10}$ 일 때 $T \leq -t_\alpha(n-2)$

$H_1 : \beta_1 \neq \beta_{10}$ 일 때 $|T| \geq t_{\alpha/2}(n-2)$

② β_1의 $100(1-\alpha)\%$ 신뢰구간: $\hat{\beta}_1 \pm t_{\alpha/2}(n-2)\widehat{\mathrm{SE}}(\hat{\beta}_1)$

EG의 '선형회귀' 또는 SAS의 REG 절차에서는 분산분석표에서 모형의 유의성 검정 결과가 출력된다. 또한 'Parameter Estimates' 표에는 절편(Intercept) β_0와 기울기 β_1에 대한 추론결과도 출력된다. 각 회귀모수에 대한 t-검정 결과는 모수의 유의성 검정으로 귀무가설 H_0: $\beta_0 = 0$ 와 H_0: $\beta_1 = 0$에 대한 양측검정의 결과가 출력된다.

단순회귀에서는 가설 H_0: $\beta_1 = 0$ vs. H_1: $\beta_1 \neq 0$ 의 검정 결과는 모형의 유의성 검정에서 F-검정 결과와 일치한다. 실제로 T-통계량의 제곱은 F-통계량의 값과 같음을 보일 수 있다.

(4) 잔차분석

분산분석표에서 F값과 유의확률 및 결정계수 R^2 를 검토하여 적합된 모형이 유의하며 추정된 회귀계수들 또한 0이 아니라고 결론이 나면, 다음에는 잔차분석을 통하여 모형설정에 문제점이 없는지를 확인해 보아야 한다. 단순회귀모형에서의 기본적인 가정은 다음과 같다.

직선관계: $y_i = \beta_0 + \beta_1 x_i + \varepsilon_i$

정규성: $\varepsilon_i \sim N(0, \sigma^2)$

등분산성: $\mathrm{Var}(\varepsilon_i) = \sigma^2$(상수), $i = 1, 2, \cdots, n$

독립성: 오차항 $\varepsilon_1, \varepsilon_2, \cdots, \varepsilon_n$ 들은 서로 독립

위의 여러 가지 가정 중에서 직선관계에 대한 검토는 산점도를 그려보아 결정할 수 있으나 그 외의 가정은 주로 오차항의 분포에 대한 가정이므로 잔차를 이용하여 검토하게 된다. 일반적으로 잔차분석을 시행할 때는 예측값 $\hat{y}_i$와 관측값 y_i의 차인 **잔차** $r_i = y_i - \hat{y}_i$ 보다는 다음과 같이 정의되는 **표준화잔차**(standardized residual) 또는 **스튜던트화잔차**(Studentized residual)가 유용하다.

$$t_i = \frac{r_i}{\hat{\sigma}\sqrt{1-h_{ii}}}, \quad \text{다만, } h_{ii} = \frac{1}{n} + \frac{(x_i - \bar{x})^2}{\sum (x_i - \bar{x})^2} \text{이고 } \hat{\sigma} = \sqrt{\mathrm{MSE}}$$

표준화잔차 t_i는 잔차 r_i를 표준화시킨 것으로 근사적으로 t-분포를 따른다. 이 외에도 다음과 같이 정의되는 **표준화제외잔차** 또는 **스튜던트화제외잔차**(Studentized deleted residual)를 사용한다.

$$t_{(-i)} = \frac{r_i}{\hat{\sigma}_{(i)}\sqrt{1-h_{ii}}}, \quad \text{다만, } \hat{\sigma}_{(i)}\text{는 } (x_i, y_i)\text{를 제외하고 계산된 } \sigma \text{의 추정값}$$

데이터에 **이상점**(outlier)이 있는 경우에는 표준화잔차보다 표준화제외잔차가 더 유용하다. (x_i, y_i)가 이상점일 때는 $\hat{\sigma}$가 지나치게 커져서 t_i값이 작아지고, 따라서 이상점을 감지하지 못할 수 있기 때문이다. 위의 식에서 h_{ii}는 7.4절의 회귀진단과 관련된 부분에서 자세히 설명하기로 한다. 흔히 표준화제외잔차의 절댓값이 3보다 큰 경우에는 대응되는 관측값을 **이상점**이라고 판단한다.

단순선형회귀모형에 대한 가정 가운데 직선관계에 대한 검토는 관측값의 산점도와 결정계수 등을 이용하여 할 수 있으며, 오차항의 분포에 대한 가정의 타당성 검토는 표준화잔차 또는 표준화제외잔차의 산점도를 이용한다.

1) 독립성의 검토

① 세로축에는 표준화된 잔차들을, 가로축에는 관측번호를 나타내는 산점도를 그려서 특별한 경향이 나타나지 않으면 독립성의 가정이 만족된다고 본다.

② (t_{i-1}, t_i)의 산점도를 그려서 잔차들 사이에 어떤 특정한 관계가 있는지를 알아보거나, **Durbin-Watson(DW) 검정**을 통해 자기상관의 존재 여부를 검정

한다. DW 검정통계량은 잔차 r_i를 이용하여 다음과 같이 계산한다.

$$d = \frac{\sum_{i=1}^{n}(r_i - r_{i-1})^2}{\sum_{i=1}^{n} r_i^2}$$

만약 잔차들이 양의 자기상관을 가지면 DW 통계량은 0에 가까운 값을 갖고 음의 자기상관을 가지면 4에 가까운 값을 갖게 된다. 잔차들 사이에 자기상관이 없다는 가설이 기각되지 않으면 독립이라고 판단한다(Durbin and Watson, 1951).

독립성의 가정이 만족되지 않을 경우에는 **일반화 최소제곱법**(generalized least squares method)을 사용하거나 오차가 자기상관을 갖는 회귀모형을 고려할 수 있다. 이에 대해서는 SAS/ETS에서 도움말을 참조할 수 있다.

2) 등분산성의 검토

표준화된 잔차들을 이용하여 (x_i, t_i)의 산점도를 그려보고 이들이 대략 0을 중심으로 대칭적으로 나타나면서 모두 $\pm 2 \sim 3$ 범위 내에 있으면 등분산성의 가정이 만족된다고 본다. SAS에서는 SPEC 옵션에 의해 등분산검정을 시행한다(White, 1980). 등분산성이 만족되지 않는 경우에는 등분산성의 조건이 만족되도록 변환을 시행한 후에 분석하거나, **가중최소제곱법**(weighted least squares method)을 사용한다.

3) 정규성의 검토

표준화된 잔차들을 이용하여 정규확률그림을 그렸을 때 점들이 직선에 가까이 있으면 정규성을 만족한다고 본다. 정규성 검정을 시행할 수도 있다. 정규성이 만족되지 않으면 Box-Cox변환 등의 **정규화변환**(normalizing transformation)을 적용할 수도 있으며, 다른 로버스트한 회귀분석 기법을 적용할 수도 있다.

7.2.2 SAS의 이용

EG에서는 작업 → 회귀 → 선형회귀를 이용하며, SAS에서는 REG 절차를 이용하여 회귀분석을 시행할 수 있다.

SAS의 REG 절차에서는 MODEL 문을 여러 번 사용하여 선택된 설명변수에 따라 여러 개의 모형을 적합시킬 수 있다. 따라서 REG 절차의 수행을 마치려면 다른 DATA 단계 또는 다른 절차를 수행하거나 QUIT 문을 사용해야 한다.

(1) EG의 이용

[예제 7.1]의 자료를 이용하여 EG를 이용한 회귀분석을 시행해 보자.

예제 7.2

[예제 7.1]에서 투여량(DOSE)과 진통지속시간(HR) 사이의 관계를 파악하기 위하여 (DOSE, HR)의 산점도와 LDOSE=log(DOSE)일 때 (LDOSE, HR)의 산점도를 그려보았다. 이제 다음과 같은 두 모형으로 직선회귀로 적합시키고, 결과를 비교해 보자.(dataset 폴더에서 dose_hr_log 자료)

모형1 : HR = β_0 + β_1 DOSE

모형2 : HR = β_0 + β_1 LDOSE

EG에서 dose_hr_log 자료를 열면 [그림 7-2]와 같다.

	DOSE	HR	LDOSE
1	2	60	0.301
2	2	58	0.301
3	4	63	0.602
4	4	62	0.602
5	8	67	0.903
6	8	65	0.903
7	16	70	1.204
8	16	70	1.204
9	32	74	1.505
10	32	73	1.505

[그림 7-2] LDOSE가 포함된 자료

메뉴에서 **작업** → **회귀** → **선형회귀**를 선택하고, 데이터 창에서 DOSE를 설명변수로, HR을 종속변수로 선택한다. 나머지는 디폴트를 그대로 놔두고 실행을 클릭하면 회귀분석 결과와 함께 많은 도표들이 출력된다. 마찬 가지로 LDOSE를 설명변수로, HR을 종속변수로 선택하고 실행을 클릭한다. 결과의 일부는 [그림 7-3]~[그림 7-5]와 같다.

Analysis of Variance

Source	DF	Sum of Squares	Mean Square	F Value	Pr > F
Model	1	233.48441	233.48441	49.01	0.0001
Error	8	38.11559	4.76445		
Corrected Total	9	271.60000			

Root MSE	2.18276	R-Square	0.8597
Dependent Mean	66.20000	Adj R-Sq	0.8421
Coeff Var	3.29722		

Parameter Estimates

Variable	DF	Parameter Estimate	Standard Error	t Value	Pr > |t|
Intercept	1	60.70833	1.04492	58.10	<.0001
DOSE	1	0.44288	0.06326	7.00	0.0001

(a) 모형1의 분석 결과

Analysis of Variance

Source	DF	Sum of Squares	Mean Square	F Value	Pr > F
Model	1	266.45000	266.45000	413.90	<.0001
Error	8	5.15000	0.64375		
Corrected Total	9	271.60000			

Root MSE	0.80234	R-Square	0.9810
Dependent Mean	66.20000	Adj R-Sq	0.9787
Coeff Var	1.21199		

Parameter Estimates

Variable	DF	Parameter Estimate	Standard Error	t Value	Pr > |t|
Intercept	1	55.25000	0.59503	92.85	<.0001
LDOSE	1	12.12504	0.59598	20.34	<.0001

(b) 모형2의 분석 결과

[그림 7-3] 선형회귀에서 분산분석표와 모수 추정 결과

DOSE와 LDOSE를 설명변수로 하는 각 모형에서 모형과 모수들의 유의확률은 모두 충분히 작지만, 결정계수 **R-Square**의 값은 86%에서 98%로 증가하였다. 두 경우의 추정된 모형은 각각 다음과 같다.

HR = 60.71 + 0.44 DOSE

HR = 55.25 + 12.13 LDOSE

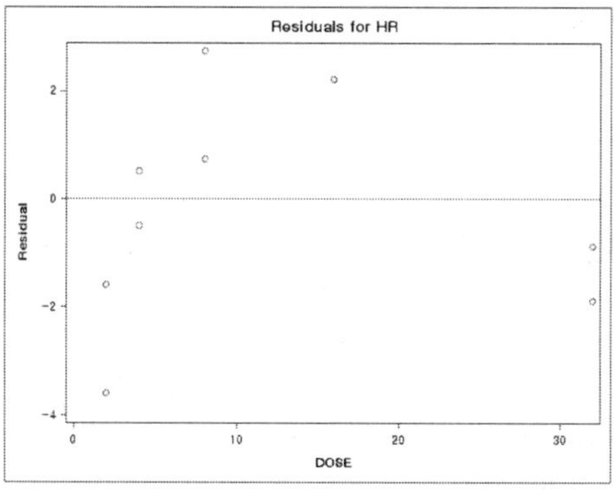

(a) 모형1의 잔차 산점도

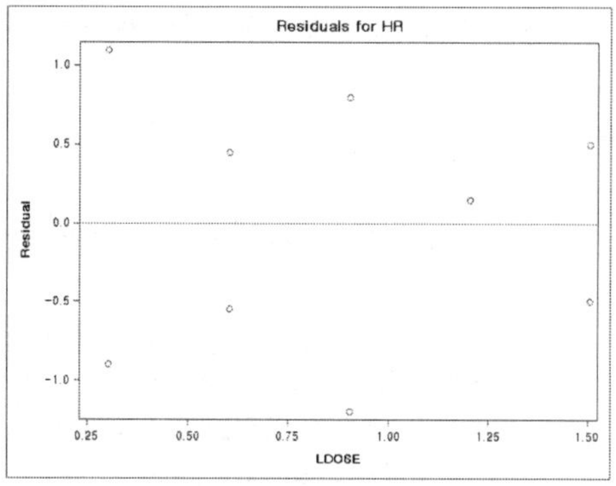

(b) 모형2의 잔차 산점도

[그림 7-4] 두 모형에서 잔차의 산점도

모형1의 잔차 산점도는 볼록한 곡선 형태이지만 모형2의 잔차 산점도는 0을 중심으로 랜덤한 모양을 보이고 있다.

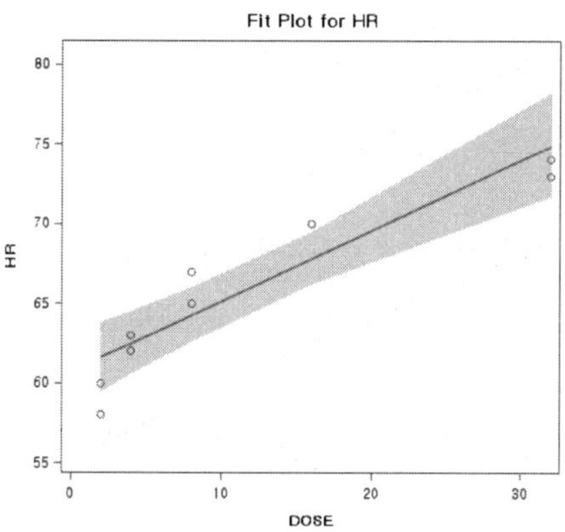

(a) 모형1의 적합된 회귀직선

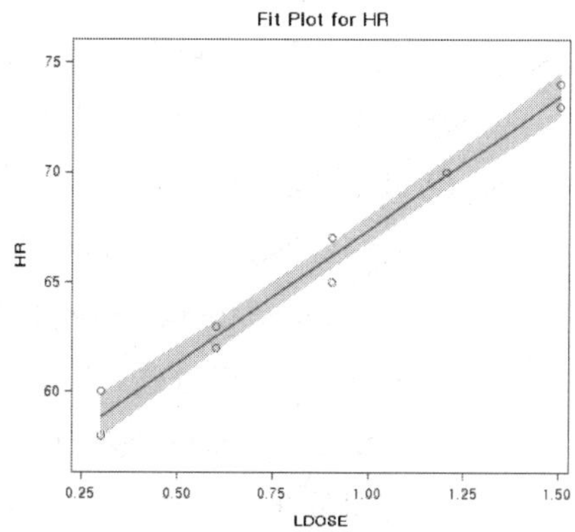

(b) 모형2의 적합된 회귀직선

[그림 7-5] 적합된 회귀직선과 신뢰대 도표

[그림 7-5]의 적합된 회귀직선에서도 모형1보다는 모형2가 훨씬 잘 적합시키고 있음을 볼 수 있다.

[예제 7.2]에서 모형1의 결정계수는 $R^2 = 0.86$ 로서 매우 높은 편이며, 회귀직선의 유의성도 매우 강한 것으로 나타났다. 그러나 적합된 결과와 잔차의 산점도에 의하면 직선 적합이 적절하지 않음을 알 수 있다. 모형2에서는 $R^2 = 0.98$ 로 증가하였고, 적합된 결과와 잔차의 산점도에서 회귀직선의 적합이 성공적임을 알 수 있다.

이와 같이 회귀분석에서는 분산분석표의 결과나 R^2 값만으로는 모형이 얼마나 잘 적합되었는지를 판단하기 어려운 경우가 많으며, 따라서 여러 가지 도표와 잔차분석을 이용하여 최선의 모형을 찾도록 노력해야 한다.

(2) SAS 절차의 이용

SAS에서 회귀분석은 REG 절차를 이용하며, REG 절차의 일반형은 다음과 같다.

```
PROC REG <options>;
  <label>: MODEL dependents=<regressors> </ options>;
  OUTPUT <OUT=SAS-data-set> keyword=names;
  PLOT <yvariable*xvariable><=symbol> </ options>;
```

옵션에 관한 설명은 흔히 사용되는 옵션만 설명하기로 한다.

① PROC REG <options>;

이 문은 반드시 사용되어야 하며, 모형을 적합시키려면 MODEL 문을 사용해야 한다. 만약 옵션만을 사용하고 싶으면 MODEL 문은 사용하지 않아도 되나 대신에 VAR 문을 사용해야 한다.

㉠ Data Set options

- DATA=SAS-data-set : 분석에 사용될 자료명을 지정한다.
- OUTEST=SAS-data-set : 회귀모수들의 추정값이 기억될 자료명을 지정한다.

㉡ **출력 및 기타 옵션**

- **SIMPLE:** MODEL 문이나 VAR 문에서 사용된 각 변수들의 단순통계량을 출력한다.
- ALL: 위의 모든 통계량을 출력한다.
- NOPRINT: 모든 것을 출력하지 않는다.

② <label>: MODEL dependents=<regressors></ options>;

label은 옵션이며 여러 개의 MODEL 문이 한 REG 절차 내에서 열거될 경우에 사용된다. MODEL 문 뒤의 </ options>에는 다음과 같은 옵션들이 올 수 있다.

- NOINT: 절편이 없는 모형을 적합한다.
- CLI: 반응변수 y의 개별예측값의 95% 신뢰구간을 출력한다.
- CLM: 반응변수의 조건부 기댓값인 $E(y|x)$의 95% 신뢰구간을 출력한다.
- DW: Durbin-Watson 검정통계량을 계산한다.
- P: 예측값을 계산한다.
- R: 표준화된 잔차 등의 여러 가지 잔차와 Cook 통계량을 출력한다.

③ OUTPUT 〈**OUT=SAS-data-set**〉 **keyword=names**;

keyword=names에 의해 지정된 변수값의 결과가 OUT= 문에 의해 지정된 자료명에 저장된다.

- L95=**names**(U95=**names**): y의 예측값의 95% 신뢰하한(상한)을 저장한다.
- L95M=**names**(U95M=**names**): $E(y|x)$의 95% 신뢰하한(상한)을 저장한다.
- PREDICTED 또는 P=**names**: 예측값이 기억될 변수를 지정한다.
- RESIDUAL 또는 R=**names**: 잔차가 기억될 변수를 지정한다.
- RSTUDENT=**names**: 표준화제외잔차를 구하여 저장한다.
- STUDENT=**names**: 표준화잔차를 구하여 저장한다.

④ PLOT 〈**yvariable*xvariable**〉〈**=symbol**〉 〈**/ options**〉;

yvariable을 세로축으로 xvariable을 가로축으로 하여 symbol에 의해 지정된 기호로 산점도를 그린다. PLOT 문 뒤의 옵션은 다음과 같은 것이 있다.

- OVERLAY: 산점도를 겹쳐 그린다.
- SYMBOL='**character**': 디폴트 기호는 한 개의 관측값의 경우에는 'A', 두 개의 관측값이 겹쳐 있는 경우에는 'B' 등이 사용되나, 이들 대신에 지정한 기호로 표시할 수 있다.

예제 7.2 계속

진통제 투여량(DOSE)과 진통지속시간(HR)의 관계를 SAS의 REG 절차를 이용하여 분석하기로 한다. 먼저 자료를 읽고, DOSE와 LDOSE를 설명변수로 하는 단순회귀분석을 실시하고, 잔차의 산점도를 이용하여 잔차분석을 시행하기 위한 SAS 프로그램은 다음과 같다.

```
/* REG1.SAS : ANALYSIS OF SIMPLE LIENAR REGRESSION */
DATA SIMPLE;
  INPUT DOSE HR @@;
     LDOSE=LOG10(DOSE);     ①
```

```
  DATALINES;
2 60  2 58  4 63  4 62  8 67  8 65 16 70 16 70 32 74 32 73
;
RUN;
PROC PLOT DATA=SIMPLE;        ②
  PLOT HR*DOSE='x' /vpos=20;
  PLOT HR*LDOSE='x'/vpos=20;
RUN;
PROC REG;                     ③
  MODEL HR=DOSE  ; OUTPUT OUT=NEW  P=PRED  R=RESID;
  MODEL HR=LDOSE ; OUTPUT OUT=NEW1 P=PRED1 R=RESID1;
RUN;
PROC PLOT DATA=NEW;           ④
  PLOT HR*DOSE='x'  PRED*DOSE='p'   / OVERLAY vpos=20;
  PLOT RESID*DOSE='r' / VREF=0 vpos=20;
RUN;
PROC PLOT DATA=NEW1;          ⑤
  PLOT HR*LDOSE='x' PRED1*LDOSE='p' / OVERLAY vpos=20;
  PLOT RESID1*LDOSE='r' / VREF=0 vpos=20;
RUN;    QUIT;
```

프로그램 및 출력결과 설명

① LDOSE=log(DOSE) 로그 변환을 시행한다.

② 산점도를 그린다.

③ DOSE와 LDOSE를 각각 설명변수로 하는 두 회귀모형을 적합시킨다.
출력 결과는 [그림 7-3]과 같은 내용이다.

④⑤ DOSE와 LDOSE에 의한 회귀적합 결과와 잔차의 산점도로 나타낸다. 결과는 EG의 출력 결과인 [그림 7-4] 및 [그림 7-5]와 같은 내용이다.

[그림 7-4](a)의 잔차 산점도에 의하면 잔차들이 이차 곡선 모양을 보여 준다. 실제로 DOSE의 로그 변환 대신에 DOSE의 제곱항을 포함하는 이차 다항회귀에 의한 적합도 가능하다. 참고로 다음 절에서 다룰 다항회귀에 의한 적합에서 R^2값은 0.9680으로 로그 변환에 의한 결과와 비슷하지만 로그 변환보다 좋은 점은 보이지 않아서 포함시키지 않았다.

7.3 중회귀모형

7.3.1 이론적 배경 및 모형

(1) 중회귀

단순회귀모형에서는 반응변수를 설명하기 위해 한 개의 설명변수만 고려하였으나, 설명변수가 두 개 이상으로 확장된 경우의 회귀모형을 **중선형회귀모형**(multiple linear regression model) 또는 간단히 **중회귀모형**이라고 한다. 중회귀모형의 일반 형태는 다음과 같다.

중회귀모형 :

$$y_i = \beta_0 + \beta_1 x_{1i} + \beta_2 x_{2i} + \cdots + \beta_p x_{pi} + \varepsilon_i \, , i = 1, 2, \cdots, n$$

$\beta_0, \beta_1, \cdots, \beta_p$: 회귀계수

ε_i: 오차항으로서 서로 독립인 $N(0, \sigma^2)$ 확률변수

중회귀모형을 이용한 분석을 소개하기 위해서는 표현의 간결 등의 여러 가지 이유로 행렬을 사용하는 것이 편리하다. 이를 위해 다음과 같은 행렬들을 정의하기로 한다.

$$\boldsymbol{y} = \begin{bmatrix} y_1 \\ y_2 \\ \vdots \\ y_n \end{bmatrix} \quad \boldsymbol{X} = \begin{bmatrix} 1 & x_{11} & x_{21} & \cdots & x_{p1} \\ 1 & x_{12} & x_{22} & \cdots & x_{p2} \\ \vdots & \vdots & \vdots & \vdots & \vdots \\ 1 & x_{1n} & x_{2n} & \cdots & x_{pn} \end{bmatrix} \quad \boldsymbol{\beta} = \begin{bmatrix} \beta_0 \\ \beta_1 \\ \vdots \\ \beta_p \end{bmatrix} \quad \boldsymbol{\varepsilon} = \begin{bmatrix} \varepsilon_1 \\ \varepsilon_2 \\ \vdots \\ \varepsilon_n \end{bmatrix}$$

위에서 정의된 행렬을 이용하면 중회귀모형은 다음과 같이 나타낼 수 있다.

$$\boldsymbol{y} = \boldsymbol{X\beta} + \boldsymbol{\varepsilon} \, , \quad \text{다만, } \boldsymbol{\varepsilon} \sim N(0, \sigma^2 I) \, , \ I\text{는 단위행렬}$$

위의 모형을 이용하여 회귀계수 $\boldsymbol{\beta}$ 의 최소제곱추정량을 나타내면 다음과 같다.

$$\hat{\boldsymbol{\beta}} = (\boldsymbol{X}'\boldsymbol{X})^{-1}\boldsymbol{X}'\boldsymbol{y}$$

여기서 $\boldsymbol{X}'$ 은 $\boldsymbol{X}$의 전치행렬이다. $\hat{\boldsymbol{\beta}}$ 을 이용하여 오차항의 분산은 다음과 같이 추정된다.

$$\hat{\sigma}^2 = \frac{1}{n-p-1}(\boldsymbol{y} - \boldsymbol{X}\hat{\boldsymbol{\beta}})'(\boldsymbol{y} - \boldsymbol{X}\hat{\boldsymbol{\beta}})$$

단순회귀모형의 경우와 마찬가지로 $\boldsymbol{\beta}$ 의 최소곱추정량 $\hat{\boldsymbol{\beta}}$ 을 이용하여 예측값 $\hat{\boldsymbol{y}} = \boldsymbol{X}\hat{\boldsymbol{\beta}}$ 을 구할 수 있고, 이를 이용하면 중회귀모형의 제곱합은 다음과 같이 분해된다.

$$\sum(y_i-\overline{y})^2=\sum(y_i-\hat{y}_i)^2+\sum(\hat{y}_i-\overline{y})^2$$
$$\text{SST} \quad = \quad \text{SSE} \quad + \quad \text{SSR}$$

다만, $\hat{y}_i=\hat{\beta}_0+\hat{\beta}_1x_{1i}+\cdots+\hat{\beta}_px_{pi},\ i=1,2,\cdots,n$

위의 제곱합의 분해를 이용하여 중회귀모형의 분산분석표를 만들면 다음과 같다.

〈표 7.3〉 중회귀모형의 분산분석표

요인	자유도	제곱합	평균제곱	F 값	Pr > F
회귀	p	SSR	MSR = SSR/p	$F=\dfrac{\text{MSR}}{\text{MSE}}$	유의확률
잔차	$n-p-1$	SSE	MSE = SSE/$(n-p-1)$		
계	$n-1$	SST			

중회귀모형의 유의성검정을 위한 가설은

$$H_0:\ \beta_1=\beta_2=\cdots=\beta_p=0$$
$$H_1:\text{적어도 하나의 } \beta_i\neq 0,\quad i=1,2,\cdots,p$$

이 되고, 유의수준 α에서 기각역은 다음과 같다.

$$F=\frac{\text{MSR}}{\text{MSE}}>F_\alpha(p,n-p-1)$$

회귀모형에 의해 종속변수가 설명되는 정도를 나타내는 값인 **결정계수**는 단순회귀모형의 경우와 마찬가지로 다음과 같이 정의된다.

$$R^2=\frac{\text{SSR}}{\text{SST}}$$

단순회귀모형의 경우와는 달리 회귀계수의 추론을 위해서는 각 β_i의 추정량 $\hat{\beta}_i$가 다음과 같은 분포를 따름을 이용한다.

$$\frac{\hat{\beta}_i-\beta_i}{\widehat{\text{SE}}(\hat{\beta}_i)}\sim t\,(n-p-1)\ :\ \text{자유도가 } (n-p-1)\text{인 } t\text{ -분포}$$

다만, $\widehat{\text{SE}}(\hat{\beta}_i)=\sqrt{\hat{\sigma}^2\ i\text{th diag}((\boldsymbol{X}'\boldsymbol{X})^{-1})}$ 이다.

(2) 다항회귀

설명변수 x와 반응변수 y 사이의 관계가 직선관계가 아닌 경우에 k차 다항식

$$y_i = \beta_0 + \beta_1 x_i + \beta_2 x_i^2 + \cdots + \beta_k x_i^k + \varepsilon_i, i = 1,2,\cdots,n$$

을 이용하여 모형을 적합시키는 경우가 있다. 이와 같은 형태의 회귀모형을 **다항회귀**(polynomial regression)모형이라 한다. 다항회귀의 경우에는 $x_1 = x, x_2 = x^2$, $\cdots$, $x_k = x^k$으로 놓고 중회귀모형을 적합시키면 된다.

7.3.2 SAS의 이용

SAS를 이용한 중회귀모형의 분석도 단순회귀와 마찬가지로 EG의 **선형회귀**와 SAS의 REG 절차를 이용한다.

(1) EG의 이용

예제 7.3

〈표 7.4〉는 Brownlee(1965)의 stackloss 데이터라고 불리는 실제자료로서, 이상점이 포함되어 있어서 많은 논문에서 인용된 유명한 자료이다. 이 자료는 암모니아를 산화하여 질산을 생성하는 과정에서 21일 동안에 걸쳐 수집된 자료로서, x_1은 공기의 흡입량(air flow to the plant), x_2는 공정에 투입되는 냉각수의 온도(the cooling water inlet temperature), x_3는 질산의 농도(acid concentration)이며, y 는 공정에서 발생하는 손실(stack loss)이다. 적당한 회귀모형을 찾고, 잔차분석을 시행해 보자.(dataset 폴더에서 stackloss 자료)

〈표 7.4〉 Brownlee의 Stackloss 데이터

OBS	AIR	TEMP	ACID	LOSS	OBS	AIR	TEMP	ACID	LOSS
1	80	27	89	42	12	58	17	88	13
2	80	27	88	37	13	58	18	82	11
3	75	25	90	37	14	58	19	93	12
4	62	24	87	28	15	50	18	89	8
5	62	22	87	18	16	50	18	86	7
6	62	23	87	18	17	50	19	72	8
7	62	24	93	19	18	50	19	79	8
8	62	24	93	20	19	50	20	80	9
9	58	23	87	15	20	56	20	82	15
10	58	18	80	14	21	70	20	91	15
11	58	18	89	14					

EG에서 stackloss 데이터를 열고, 메뉴에서 작업 → 회귀 → 선형회귀를 선택한다. 데이터 창에서 AIR, TEMP, ACID를 설명변수로, LOSS를 종속변수로 선택한

후에, 도표의 출력은 체크를 해제하고 실행을 클릭한다. 결과는 [그림 7-6]과 같다.

Analysis of Variance					
Source	DF	Sum of Squares	Mean Square	F Value	Pr > F
Model	3	1890.40813	630.13604	59.90	<.0001
Error	17	178.82996	10.51941		
Corrected Total	20	2069.23810			

Root MSE	3.24336	R-Square	0.9136
Dependent Mean	17.52381	Adj R-Sq	0.8983
Coeff Var	18.50833		

Parameter Estimates					
Variable	DF	Parameter Estimate	Standard Error	t Value	Pr > |t|
Intercept	1	-39.91967	11.89600	-3.36	0.0038
AIR	1	0.71564	0.13486	5.31	<.0001
TEMP	1	1.29529	0.36802	3.52	0.0026
ACID	1	-0.15212	0.15629	-0.97	0.3440

[그림 7-6] 3개의 설명변수가 모두 포함된 회귀모형

[그림 7-6]에서 ACID의 유의확률이 0.3440으로 매우 높다. 따라서 이 변수를 제외하고 다시 분석하기로 한다. 회귀진단에 관한 내용은 다음 7.4절에서 다룰 예정이므로 여기서는 잔차분석에 관한 내용만 다루기로 한다.

이번에는 AIR, TEMP만 설명변수로 선택해 보자. 데이터 창에서 AIR, TEMP를 설명변수로, LOSS를 종속변수로 선택하고, 통계량 창에서 Durbin-Watson 통계량을 선택한다. 도표 창에서 '사용자 정의 도표 리스트'를 체크하고, '잔차도표'를 선택한다. 예측값 창에서는 예측할 데이터로 원데이터를 선택하고, '추가적인 통계량'으로 잔차를 선택한다. '출력 및 도표 표시'에서는 예측값 표시를 체크한다. 이어서 실행을 클릭하면 [그림 7-7]~[그림 7-9]가 출력된다.

Analysis of Variance					
Source	DF	Sum of Squares	Mean Square	F Value	Pr > F
Model	2	1880.44276	940.22138	89.64	<.0001
Error	18	188.79533	10.48863		
Corrected Total	20	2069.23810			

Root MSE	3.23862	R-Square	0.9088
Dependent Mean	17.52381	Adj R-Sq	0.8986
Coeff Var	18.48123		

Parameter Estimates					
Variable	DF	Parameter Estimate	Standard Error	t Value	Pr > |t|
Intercept	1	-50.35884	5.13833	-9.80	<.0001
AIR	1	0.67115	0.12669	5.30	<.0001
TEMP	1	1.29535	0.36749	3.52	0.0024

[그림 7-7] 회귀모형의 분산분석과 모수추정 결과

[그림 7-7]의 분산분석 결과에서 모형의 유의성은 ACID가 포함된 경우보다 향상되었으며, 모수의 추정도 모두 강한 유의성을 보이고 있다.

Durbin-Watson D	1.386
Number of Observations	21
1st Order Autocorrelation	0.121

[그림 7-8] Durbin-Watson 통계량의 값

[그림 7-8]에서 독립성의 검정을 위한 Dubin-Watson 통계량은 d=1.386으로서 자기상관의 문제는 없다고 본다. 참고로 Draper와 Smith(1981)에 의하면 이 경우 $d_L = 1.13$이고 $d_U = 1.54$로서 $d_L \le d \le d_U$ 인 경우에는 자기상관의 존재여부를 파악하기 어렵다.

LOSS	predicted_LOSS	residual_LOSS	student_LOSS	rstudent_LOSS
42	38.3080	3.69200	1.34402	1.37708
37	38.3080	-1.30800	-0.47616	-0.46569
37	32.3615	4.63847	1.57582	1.64941
28	22.3412	5.65883	1.87153	2.02664
18	19.7505	-1.75047	-0.55514	-0.54418
18	21.0458	-3.04582	-0.97909	-0.97790
19	22.3412	-3.34117	-1.10502	-1.11227
20	22.3412	-2.34117	-0.77429	-0.76533
15	18.3612	-3.36120	-1.11620	-1.12437
14	11.8844	2.11556	0.69946	0.68918
14	11.8844	2.11556	0.69946	0.68918
13	10.5891	2.41091	0.83414	0.82678
11	11.8844	-0.88444	-0.29242	-0.28486
12	13.1798	-1.17979	-0.37935	-0.37015
8	6.5152	1.48479	0.48689	0.47632
7	6.5152	0.48479	0.15897	0.15460
8	7.8106	0.18944	0.06232	0.06057
8	7.8106	0.18944	0.06232	0.06057
9	9.1059	-0.10591	-0.03547	-0.03448
15	13.1328	1.86716	0.59446	0.58347
15	22.5290	-7.52900	-2.73221	-3.47073

[그림 7-9] '잔차'와 '예측값 표시' 선택의 결과

잔차분석을 위해 '추가적인 통계량'으로 전차를 선택하고 '출력 및 도표 표시'에서는 예측값 표시를 선택하였다. 그 결과 출력된 [그림 7-9]에 의하면 21번째 관측값의 스튜던트화제외잔차인 rstudent의 값이 -3.47로서 이상점임을 나타내고 있다.

---

(2) SAS 절차의 이용

중회귀분석을 위한 REG 절차는 단순회귀와 매우 유사하며, 자주 사용되는 일반형의 옵션은 다음과 같다.

```
PROC REG <options>;
  <label>: MODEL dependents=<regressors> </ options>;
  ID variable;
```

단순회귀모형에서 설명되지 않은 부분만 추가로 설명하기로 한다.

① ID **variable;** CLI, CLM, P, R, INFLUENCE와 같은 MODEL 문의 옵션이 사용될 경우, 결과가 출력될 때 ID 변수의 값이 같이 출력된다.

② **<label>**: MODEL **dependents=<regressors> </ options>;**

label은 옵션으로서 여러 개의 MODEL 문이 한 REG 절차 내에서 열거될 경우에 사용된다. </ options>에서 회귀식 계산과 관련된 옵션의 예 :

- **I** : $(X'X)^{-1}$를 출력한다.
- XPX : $X'X$를 출력한다.

예제 7.3 계속

Brownlee의 stackloss 데이터에 대한 분석을 REG 절차를 이용하여 시행하는 SAS 프로그램은 다음과 같다.

```
/* REG2.SAS : ANALYSIS OF MULTIPLE REGRESSION */
DATA STACKLOSS;
  INPUT OBS AIR TEMP ACID LOSS @@;
  DATALINES;
 1 80 27 89 42   2 80 27 88 37    3 75 25 90 37
 4 62 24 87 28   5 62 22 87 18    6 62 23 87 18
 7 62 24 93 19   8 62 24 93 20    9 58 23 87 15
10 58 18 80 14  11 58 18 89 14   12 58 17 88 13
13 58 18 82 11  14 58 19 93 12   15 50 18 89  8
16 50 18 86  7  17 50 19 72  8   18 50 19 79  8
19 50 20 80  9  20 56 20 82 15   21 70 20 91 15
;
RUN;
PROC REG;
  MODEL LOSS=AIR TEMP ACID / R DW;                              ①
RUN;
  MODEL LOSS=AIR TEMP / R DW OUTPUT OUT=RESIDUAL R=RES P=PRE;   ②
RUN;
PROC PLOT DATA=RESIDUAL;
  PLOT RES*OBS / VREF=0 VPOS=25;                                ③
  PLOT RES*PRE $ OBS / VREF=0 VPOS=25;
RUN;  QUIT;
```

프로그램 및 출력결과 설명

① 먼저 'R' 옵션에 의해 표준화된 잔차 및 Cook 통계량이 출력되며 'DW' 옵션에 의해 Durbin-Watson 검정통계량이 출력된다. 그러나 [그림 7.6]에서 본 바와 같이 ACID의 유의확률이 0.3440으로 유의하지 않으므로 이 변수를 제외하고 다시 모형을 적합시키기로 한다.

② ACID 변수를 제외하고 모형을 적합한다. 결과는 EG의 결과인 [그림 7-7] 및 [그림 7-8]과 같다.
참고로 옵션 R에 의해 출력된 잔차분석 결과는 〈표 7.5〉와 같아서 EG의 결과인 [그림 7-9]와는 약간 다르다. 마지막 두 열에는 다음 절에서 설명될 Cook 통계량의 값과 함께 크기가 그림으로 표현되었다. 21번 관측값의 Cook's D 통

〈표 7.5〉 R 옵션에 의한 잔차분석 결과

Output Statistics								
Obs	Dependent Variable	Predicted Value	Std Error Mean Predict	Residual	Std Error Residual	Student Residual	-2-1 0 1 2	Cook's D
1	42.0000	38.3080	1.7154	3.6920	2.747	1.344	| |** |	0.235
2	37.0000	38.3080	1.7154	-1.3080	2.747	-0.476	| | |	0.029
3	37.0000	32.3615	1.3506	4.6385	2.944	1.576	| |*** |	0.174
4	28.0000	22.3412	1.1603	5.6588	3.024	1.872	| |*** |	0.172
5	18.0000	19.7505	0.7390	-1.7505	3.153	-0.555	| *| |	0.006
6	18.0000	21.0458	0.9006	-3.0458	3.111	-0.979	| *| |	0.027
7	19.0000	22.3412	1.1603	-3.3412	3.024	-1.105	| **| |	0.060
8	20.0000	22.3412	1.1603	-2.3412	3.024	-0.774	| *| |	0.029
9	15.0000	18.3612	1.1920	-3.3612	3.011	-1.116	| **| |	0.065
10	14.0000	11.8844	1.1579	2.1156	3.025	0.699	| |* |	0.024
11	14.0000	11.8844	1.1579	2.1156	3.025	0.699	| |* |	0.024
12	13.0000	10.5891	1.4611	2.4109	2.890	0.834	| |* |	0.059
13	11.0000	11.8844	1.1579	-0.8844	3.025	-0.292	| | |	0.004
14	12.0000	13.1798	0.9036	-1.1798	3.110	-0.379	| | |	0.004
15	8.0000	6.5152	1.0904	1.4848	3.050	0.487	| | |	0.010
16	7.0000	6.5152	1.0904	0.4848	3.050	0.159	| | |	0.001
17	8.0000	7.8106	1.1168	0.1894	3.040	0.0623	| | |	0.000
18	8.0000	7.8106	1.1168	0.1894	3.040	0.0623	| | |	0.000
19	9.0000	9.1059	1.2552	-0.1059	2.985	-0.0355	| | |	0.000
20	15.0000	13.1328	0.7894	1.8672	3.141	0.594	| |* |	0.007
21	15.0000	22.5290	1.7015	-7.5290	2.756	-2.732	| *****| |	0.949

계량의 값은 1에 가까운 큰 값으로 나와서 이 관측값은 이상점일 가능성이 있음을 나타낸다.

③ 등분산성의 검정을 위해서는 잔차와 관측번호 및 예측값과의 산점도를 그려본다. [그림 7-10](a)와 (b)를 보면 21번째 관측값이 가장 큰 영향을 미치고 있음을 볼 수 있다. 이 문제의 경우에는 시간에 따라 관측이 되었으므로 아마도 이 시점부터 공정상에 변화가 있을 가능성도 있다. 따라서 이 관측값을 제외하고 다시 모형을 적합시켜보는 것이 좋다. 이러한 분석은 회귀진단과도 관련이 있는 문제이므로 7.4절의 예제에서 계속 분석하기로 한다.

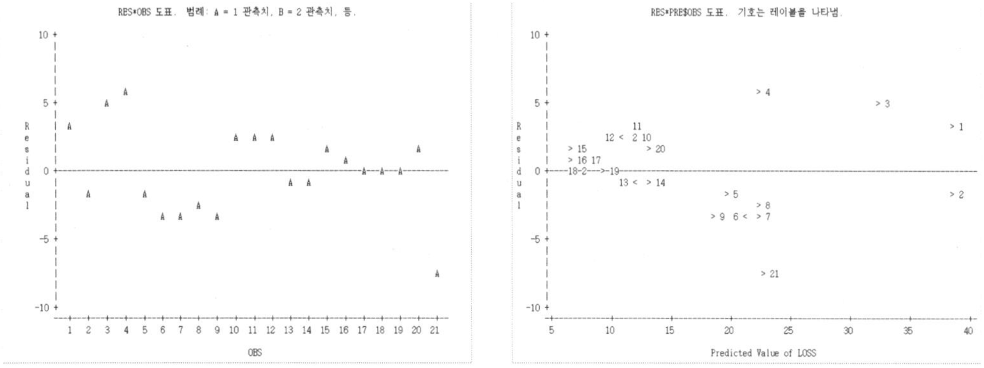

(a) 잔차와 관측순서 산점도 (b) 잔차와 예측값 산점도

[그림 7-10] 잔차 산점도

7.4 회귀진단

7.4.1 개념 및 목적

중회귀모형에서 회귀계수의 유의성을 검토하고, **이상점**(outlier), **영향관측점**(influential observation), **다중공선성**(multicollinearity) 등의 존재 여부를 검토하여 회귀모형의 적합성과 적합결과의 타당성 등을 종합적으로 검토하는 과정을 **회귀진단**(regression diagnostic)이라 한다. 회귀진단은 7.2절에서 설명하였던 잔차분석을 포함하여 회귀분석을 실시할 때 수행하는 여러 가지 진단 방법을 말하며, 다음과 같은 내용들이 포함된다.

(1) 잔차분석

중회귀에서의 잔차분석은 단순회귀에서의 잔차분석과 거의 같으나, 유의할 점은 잔차의 분포가 다음과 같으며 분산이 단순회귀와 다르다는 점이다.

$$r \sim N(0, \sigma^2 (I - H)), \quad r = (r_1, \cdots, r_n)'$$

위에서 H는 **해트행렬**(hat matrix)이라고 하며, r의 분산은 다음과 같이 구할 수 있다. 회귀모수 β의 추정량은 $\hat{\beta} = (X'X)^{-1}X'y$ 이므로, 예측값 $\hat{y}$를

$$\hat{y} = X\hat{\beta} = X(X'X)^{-1}X'y = Hy, \quad H = X(X'X)^{-1}X'$$

로 나타낼 수 있다. 따라서 잔차는

$$r = y - \hat{y} = y - X\hat{\beta} = (I - H)y$$

로 표현할 수 있으므로, $\mathrm{Var}(r) = \sigma^2(I - H)$가 된다. 이 행렬의 대각선원소는 중요한 정보를 제공한다. 즉, H의 (i,j)원소를 h_{ij} 라고 하고, X의 i 번째 행(row)을 x_i 라고 하면, 잔차 $r_i = y_i - \hat{y}_i$에 대하여

$$h_{ii} = x_i (X'X)^{-1} x_i'$$
$$\mathrm{Var}(r_i) = \sigma^2(1 - h_{ii})$$
$$\mathrm{Cov}(r_i, r_j) = -\sigma^2 h_{ij} \, (i \neq j)$$

가 성립하므로 7.2절에서 설명하였던 것처럼 스튜던트화잔차 t_i 와 스트던트화제외잔차 $t_{(-i)}$의 분포를 구할 수 있다. 이와 같은 잔차의 분포를 이용하여 이상점 등을 파악할 수 있다.

흔히 **지렛대값**(leverage)이라고 하는 h_{ii}에 대하여 $h_{ii} \geq (2p/n)$이면 대응되는 (x_i, y_i)는 영향관측점으로 분류한다.

(2) 회귀모수의 유의성

각 독립변수 x_i의 기여도를 검정하는 한 방법으로 $H_0: \beta_i = 0$ 일 때

$$T = \frac{\hat{\beta}_i}{\widehat{\mathrm{SE}}(\hat{\beta}_i)} \sim t(n-p-1)$$

임을 이용하여, $|T| > t_{\alpha/2}(n-p-1)$ 이면 x_i의 기여도가 유의하다고 판단한다.

(3) 다중공선성(multicollinearity)

회귀모형의 기본적인 가정 중의 하나는 설명변수들을 확률변수가 아닌 상수변수라

고 가정하므로 설명변수들은 서로 독립이라는 점이다. 그러나 설명변수들 사이에 선형관계 또는 거의 선형관계에 가까운 관계가 존재할 경우에 $(\boldsymbol{X}'\boldsymbol{X})^{-1}$를 구하는 데 어려움이 있으며, 추정량 $\hat{\beta}_i$ 의 분산이 급격히 커지는 문제점이 있다. 이러한 현상을 다중공선성의 문제라고 부르며 다음과 같은 해결책을 찾는 것이 보통이다.

- 선형관계가 강한 변수 제거
- 설명변수의 더 많은 범위에서 자료를 관측
- 능형회귀(ridge regression) 등의 다른 회귀분석법 이용

다중공선성의 문제가 있음을 나타내는 측도로는 다음과 같은 것들이 있다.

① 분산팽창인자(variance inflation factor: VIF)
x_k 를 반응변수로 하고 나머지 설명변수에 대하여 회귀모형을 적합시킬 때의 결정계수를 R_k^2 이라 하면, x_k 와 다른 설명변수들과의 선형관계가 강할수록 R_k^2 의 값은 1에 가깝게 된다. 이를 이용하여 **분산팽창인자** VIF는

$$\mathrm{VIF} = (1 - R_k^2)^{-1}$$

로 정의되며 흔히 VIF>10이면 다중공선성에 심각한 문제가 있다고 판정한다.

② 고윳값(eigenvalue)과 상태지수(condition index)
절편인 β_0를 0으로 놓고, 설명변수 x_i 들을 모두 표준화하여 만든 설계행렬(design matrix)을 $\boldsymbol{X}^*$라고 할 때 $\boldsymbol{X}^{*'}\boldsymbol{X}^*$의 고유값의 합은 p가 된다. 따라서 어떤 고윳값이 평균 크기인 1에 비해 심각하게 작을 경우에는 다중공선성의 문제가 있다고 판정한다. 최대고윳값을 각 고윳값으로 나눈 값의 제곱근을 **상태지수**라고 정의하며 상태지수의 값이 클수록 다중공선성의 문제가 있음을 뜻한다. 예를 들어, 상태지수의 값이 10이면 그 고유값에 대응되는 고유벡터의 방향으로는 전체관측점이 $1/10^2 = 0.01$의 비율만큼만 활용된다는 뜻이다. 상태지수의 값이 10과 30 사이의 값을 가지면 다중공선성이 있다고 판단하고, 30이 넘으면 심각한 다중공선성이 존재한다고 판정한다.

③ 분산비율(variance proportion)
각 설명변수에 대응되는 회귀계수의 분산에 대하여 각 고유벡터 방향으로 할당된 비율로서, 큰 분산비율이 존재할 때에는 다중공선성에 심각한 문제가 있다고 판정한다. 분산비율이 80-90% 이상으로 나타나는 설명변수의 개수가 둘 이상인 경우에는 다중공선성의 문제가 있다고 판정한다.

(4) 영향관측점(influencial observation)

영향관측점이란 회귀계수를 포함한 모수의 추정에 큰 영향을 미치는 관측점을 의미한다. 예를 들어, 직선회귀모형에서 $\bar{x}$ 로부터 멀리 떨어진 점은 영향관측점이 될 수 있으며, 영향관측점에서 이상점이 발생할 때는 모수의 추정이 심각하게 왜곡될 수 있으므로 주의해야 한다. 일반적으로 어느 점이 영향관측점인지를 판단하는 기준으로는 해당되는 점이 분석에 포함된 경우와 포함되지 않은 경우에 분석결과에 얼마만큼의 차이가 있는가를 고려한다. 두 결과 사이에 심각한 차이가 있다면 해당되는 점은 영향력이 큰 점이라고 할 수 있다. 이와 관련된 주요 측도들은 다음과 같다.

① 공분산비율(covariance ratio: COVRATIO)

$$\text{COVRATIO} = \frac{\det\{\hat{\sigma}^2_{(i)}(\boldsymbol{X}_{(i)}'\boldsymbol{X}_{(i)})^{-1}\}}{\det\{\hat{\sigma}^2(\boldsymbol{X}'\boldsymbol{X})^{-1}\}}$$

COVRATIO는 i 번째 관측값을 제외하고 계산한 공분산 행렬의 행렬식을 모든 관측값을 이용하여 계산한 공분산 행렬의 행렬식으로 나눈 값으로 이 비율이 1에서 멀어질수록 i 번째 관측값이 영향력이 있다고 판단한다. Belsley, Kuh, Welsch(1980)에 의하면

$$|\ \text{COVRATIO} - 1\ | \geq 3(p+1)/n$$

인 관측값은 영향관측점의 가능성이 있다.

② 적합값 변화(differences in fits: DFFITS)

$$\text{DFFITS} = \frac{\hat{y}_i - \hat{y}_{(i)}}{\hat{\sigma}_{(i)}\sqrt{h_{ii}}}$$

DFFITS는 i 번째 관측값을 제외하고 계산한 예측값과 모든 관측값을 이용하여 계산한 예측값 사이의 차를 표준화 시킨 값으로 예측값 사이의 변화가 클수록 i 번째 관측값의 영향력이 있다고 판단한다. Belsley, Kuh, Welsch(1980)는 2 또는 $2\sqrt{(p+1)/n}$ 을 기준으로 제안하고 있다.

③ 모수값 변화(differences in $\beta's$: DFBETAS)

$$\text{DFBETAS} = \frac{\hat{\beta}_k - \hat{\beta}_{k(i)}}{\hat{\sigma}_{(i)}\sqrt{c_{kk}}}, \quad k = 1,2,\cdots,p, \quad \text{다만, } (c_{ij}) = (\boldsymbol{X}'\boldsymbol{X})^{-1}$$

DFBETAS는 i번째 관측값을 제외하고 계산한 추정값 $\hat{\beta}_{k(i)}$와 모든 관측값을 이용하여 계산한 추정값 $\hat{\beta}_k$ 의 차이를 표준화시킨 값으로 모수값의 변화가 클수록 i번째 관측값의 영향력이 있다고 판단한다. Belsley, Kuh, Welsch(1980)는 $2/\sqrt{n}$을 기준으로 제안하고 있다.

④ Cook's D 통계량(Cook's distance: COOKD)

$$\text{COOKD} = \frac{(\hat{\beta}-\hat{\beta}_{(i)})'\boldsymbol{X}'\boldsymbol{X}(\hat{\beta}-\hat{\beta}_{(i)})}{(p+1)\hat{\sigma}^2}$$

COOKD는 i번째 관측값을 제외하고 계산한 추정값 $\hat{\beta}_{(i)}$와 모든 관측값을 이용하여 계산한 추정값 $\hat{\beta}$ 의 차이를 표준화시킨 값으로 모수값의 변화가 클수록 i번째 관측값의 영향력이 있다고 판단한다. 흔히는 COOKD의 값이 1.0 이상이면 심각하게 큰 것으로 간주한다.

(5) 부분회귀산점도(partial regression plot)

p개의 설명변수가 있는 회귀모형에서 k번째 설명변수를 뺀 $x_1,\cdots,x_{k-1},x_{k+1},\cdots x_p$를 이용하여 y를 회귀시킨 후의 y_i의 예측값을 $\hat{y}_{i(k)}$, x_{ki} 를 회귀시킨 예측값을 $\hat{x}_{ki}$ 라고 할 때

$$y_i - \hat{y}_{i(k)} \ : \ x_1,x_2,\cdots,x_{k-1},x_{k+1},\cdots x_p \text{의 영향을 제거한 } y_i \text{ 값}$$
$$x_{ki} - \hat{x}_{ki} \ : \ x_1,x_2,\cdots,x_{k-1},x_{k+1},\cdots x_p \text{의 영향을 제거한 } x_{ki} \text{ 값}$$

으로 해석할 수 있다. 따라서

$$(x_{ki}-\hat{x}_{ki},\ y_i-\hat{y}_{i(k)}),\ i=1,2,\cdots,n$$

의 산점도는 k번째 변수 x_k와 y의 순수한 관계를 나타내는 산점도이다. 따라서 이 산점도를 **부분회귀산점도**라고 하며 이 산점도의 기울기가 $\hat{\beta}_k$가 된다.

7.4.2 SAS의 이용

(1) EG의 이용

EG에서 회귀진단을 위한 메뉴에는 단순회귀에서 다룬 잔차분석을 포함하여 많은 방법들이 있다. 다음 예제에서 회귀진단의 메뉴를 살펴보기로 한다.

예제 7.3 계속

Brownlee의 stackloss 데이터에 대하여 [예제 7.3]에서 선형회귀 적합을 비롯한 여러 가지 잔차분석을 실시하였다. 같은 자료에 대하여 회귀진단의 추가 메뉴를 알아보자.

AIR와 TEMP를 설명변수로 하는 선형회귀에서 회귀진단 결과를 저장 및 출력하려면 '예측값' 창에서 원 데이터와 잔차를 선택하고, '출력 데이터 저장'에서 진단 통계량을 선택한다. 선택된 옵션을 실행하면 프로세스 플로우 창에 '출력 데이터' 탭이 뜨며, 이를 클릭하면 [그림 7-11]과 같은 잔차분석과 회귀진단 통계량들이 출력된다.

	predicted_LOSS	stdp_LOSS	residual_LOSS	stdr_LOSS	student_LOSS	cookd_LOSS	h_LOSS	rstudent_LOSS	dffits_LOSS	stdi_LOSS
1	38,308002136	1,715442047	3,6919978643	2,74697802	1,3440216257	0,2348188688	0,2805649081	1,3770792519	0,85996630698	3,664883501
2	38,308002136	1,715442047	-1,308002136	2,74697802	-0,476160394	0,0294731813	0,2805649081	-0,465686925	-0,290813733	3,664883501
3	32,361527195	1,3506412969	4,6384728049	2,9435349066	1,575817156	0,1742737844	0,1739247139	1,6494121894	0,7568329541	3,5089687334
4	22,341168095	1,1602791802	5,6588319047	3,0236371943	1,8715313846	0,1719248345	0,1283530661	2,02664163	0,7776958471	3,4401856687
5	19,750465359	0,7390089639	-1,750465359	3,1531722773	-0,555144218	0,0056427967	0,0520691708	-0,544181895	-0,127539907	3,3218615124
6	21,045816727	0,9006361422	-3,045816727	3,1108655063	-0,979089813	0,026783053	0,0773356947	-0,977900284	-0,283114888	3,3615138137
7	22,341168095	1,1602791802	-3,341168095	3,0236371943	-1,105016204	0,0599351614	0,1283530661	-1,112271623	-0,426818935	3,4401856687
8	22,341168095	1,1602791802	-2,341168095	3,0236371943	-0,774288694	0,0294272868	0,1283530661	-0,765326589	-0,293683551	3,4401856687
9	18,361198964	1,1919961655	-3,361198964	3,0112746139	-1,116204729	0,0650751911	0,1354662053	-1,124366598	-0,445074211	3,4510121005
10	11,884442123	1,1578766154	2,1155578767	3,0245580508	0,6994601661	0,0239004147	0,1278220607	0,6891837132	0,2638367959	3,4393760939
11	11,884442123	1,1578766154	2,1155578767	3,0245580508	0,6994601661	0,0239004147	0,1278220607	0,6891837132	0,2638367959	3,4393760939
12	10,589090755	1,4611352595	2,4109092447	2,8902791236	0,8341440884	0,0592737178	0,2035457744	0,8267795543	0,4179654307	3,5529629755
13	11,884442123	1,1578766154	-0,884442123	3,0245580508	-0,292420284	0,0041772883	0,1278220607	-0,284858856	-0,109051108	3,4393760939
14	13,179793491	0,9036212535	-1,179793491	3,109999725	-0,379354854	0,004049694	0,0778491944	-0,370149293	-0,107548166	3,3623148319
15	6,5152065961	1,0903639502	1,4847934039	3,0495468705	0,4868898453	0,01010212	0,1133507029	0,4763188559	0,1703075674	3,4172391199
16	6,5152065961	1,0903639502	0,4847934039	3,0495468705	0,158972275	0,0010769459	0,1133507029	0,1546018508	0,055277814	3,4172391199
17	7,8105579642	1,1167628613	0,1894420358	3,0399786793	0,0623168962	0,0001746913	0,118905837	0,0605676712	0,0222500659	3,425753778
18	7,8105579642	1,1167628613	0,1894420358	3,0399786793	0,0623168962	0,0001746913	0,118905837	0,0605676712	0,0222500659	3,425753778
19	9,1059093323	1,2551956566	-0,105909332	2,9854838004	-0,035474764	0,00007415	0,1502118187	-0,034476479	-0,014495046	3,4733479232
20	13,132835978	0,7893847403	1,8671640223	3,1409395713	0,5944603454	0,0074401693	0,0594098837	0,5834674345	0,1466377429	3,3334303543
21	22,52899815	1,7014887246	-7,52899815	2,7556425347	-2,732211474	0,9486800294	0,2760192679	-3,470731997	-2,143025188	3,6583730727

[그림 7-11] 출력 데이터에 저장된 잔차분석 결과

[그림 7-11]에서 통계량의 이름은 다음과 같다.

- **stdp**: standard error of mean predicted value
- **stdr**: standard error of residual
- **student**: studentized residual
- **cookd**: Cook's D influence statistic
- **h**: leverage(diagonal of hat matrix)
- **rstudent**: studentized residual without current obs
- **dffits**: standard influence on predicted value (differences in fits)
- **stdi**: standard error of individual prediction

[예제 7.3]에서 살펴본 바와 같이 21번째 관측값의 진단 결과가 대부분의 통계량에서 위험신호를 보이고 있다.

다음은 선택 영역의 통계량에 있는 메뉴를 살펴보자. 진단 통계량으로 '공선성분석'과 '분산팽창값'을 체크하고 실행시키면 [그림 7-12](a)와 (b)의 결과를 얻는다.

Parameter Estimates						
Variable	DF	Parameter Estimate	Standard Error	t Value	Pr > |t|	Variance Inflation
Intercept	1	-50.35884	5.13833	-9.80	<.0001	0
AIR	1	0.67115	0.12669	5.30	<.0001	2.57263
TEMP	1	1.29535	0.36749	3.52	0.0024	2.57263

(a) 모수추정 결과와 분산팽창인자 값

Collinearity Diagnostics					
			Proportion of Variation		
Number	Eigenvalue	Condition Index	Intercept	AIR	TEMP
1	2.98272	1.00000	0.00211	0.00093308	0.00091066
2	0.01266	15.34748	0.99692	0.11669	0.09990
3	0.00462	25.40435	0.00097446	0.88237	0.89919

(b) 공선성 관련 통계량들의 값

[그림 7-12] 회귀진단 관련 통계량의 값

분산팽창인자의 값은 2.57로서 별로 크지 않아 다중공선성의 문제는 없는 것 같으나 상태지수의 값이 크고 분산비율의 경우도 3번째 고유벡터의 방향으로 각각 88%와 90%의 분산이 할당되어 다중공선성의 가능성을 보여 주고 있다.

다음은 선택 영역의 도표에 있는 메뉴를 살펴보자. '사용자 정의 도표 리스트'를 선택하면 많은 도표들이 옵션으로 나와 있다. 이 가운데 회귀진단과 관련된 도표의 일부는 [그림 7-13]과 같다.

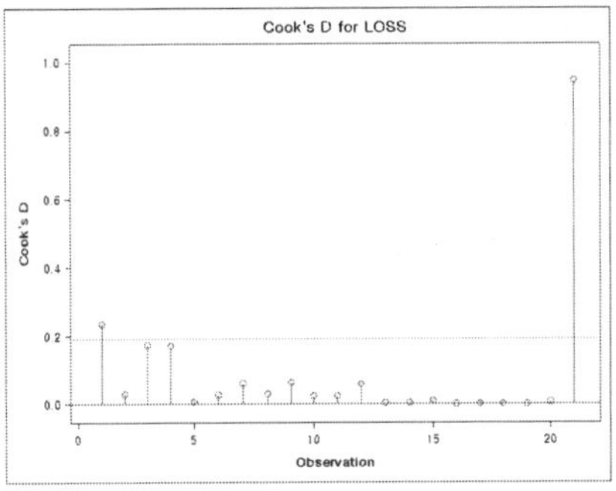

(a) Cook's D 통계량 도표

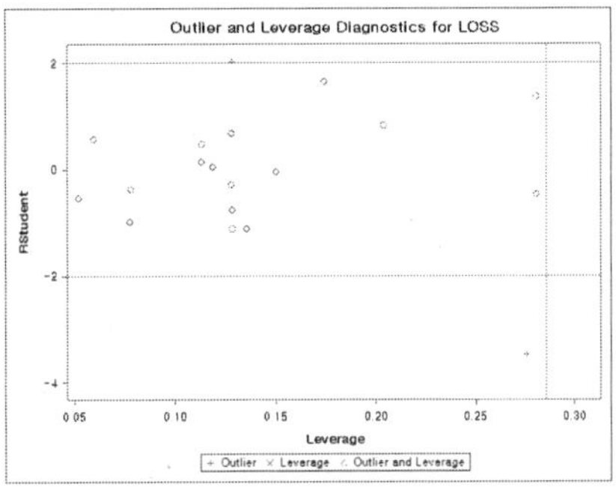

(b) 이상점과 지렛대점 도표

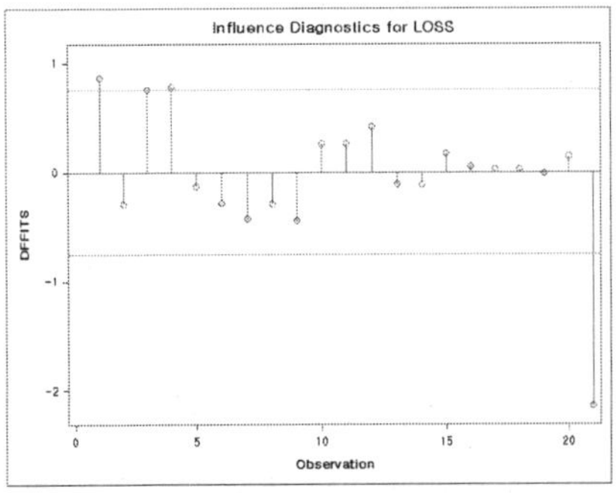

(c) DFFITS 도표

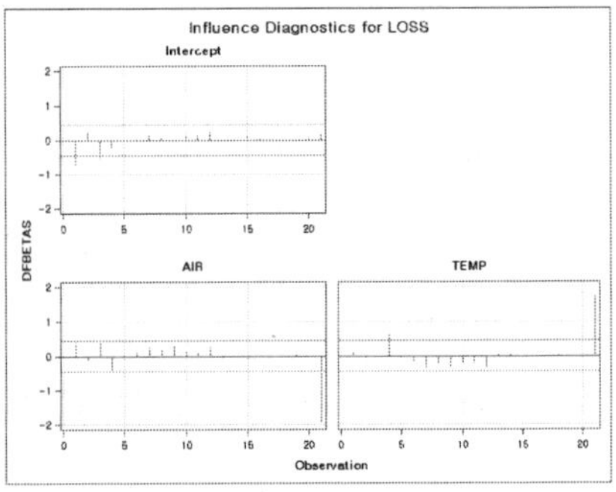

(d) DFBETAS 도표

[그림 7-13] 회귀진단 관련 도표들

[그림 7-13]에서 (a)의 Cook's D 도표에서는 21번째 관측값이 영향관측점임을 나타내고 있으며, (b)에서도 하나의 큰 이상점이 보이고, (c)의 적합값 변화와 (d)의 모수값 변화에서도 21번째 관측값이 영향관측점임을 나타내고 있다.

---

(2) SAS 절차의 이용

SAS 절차 가운데 REG 절차가 회귀분석을 시행하는 절차임을 앞에서 다루었다. 여기서는 REG 절차에서 회귀진단에 관한 옵션들을 살펴보기로 한다. 회귀진단을 위한 REG 절차의 일반형은 다음과 같다.

```
PROC REG <options>;
  <label>: MODEL dependents=<regressors> </ options>;
   OUTPUT <OUT=SAS-data-set> keyword=names;
   REFIT;
   REWEIGHT<condition¦ALLOBS> </ options>¦<STATUS¦UNDO>;
```

① **<label>**: MODEL **dependents=<regressors></ options>**;

</ options>에 사용되는 주요 옵션으로는 다음과 같은 것들이 있다.

- PARTIAL: 반응변수와 각 설명변수에서 다른 설명변수들의 영향을 제거한 후의 잔차들의 산점도인 부분회귀산점도를 출력한다.
- COLLIN: 설명변수들 사이의 다중공선성진단과 관련된 각종 계산결과를 출력한다.
- INFLUENCE: 영향관측점에 대한 분석과 이에 필요한 여러 가지 통계량을 계산한다.
- R: Cook의 통계량을 포함한 여러 가지 잔차분석을 시행한다.
- VIF: 분산팽창인자를 출력한다.

② OUTPUT **<OUT=SAS-data-set> keyword=names**;

keyword=names에 의해 지정된 변수값의 결과가 OUT= 문에 의해 지정된 자료명에 저장된다.

- COOKD=**names**: Cook의 통계량
- COVRATIO=**names**: 공분산비율
- DFFITS=**names**: 적합값 변화
- H=**names**: 지렛대점(leverage point), $h_{ii}=\boldsymbol{x}_i(\boldsymbol{X}'\boldsymbol{X})^{-1}\boldsymbol{x}_i'$

예제 7.3 계속

Brownlee의 stackloss 데이터에 대하여 21번째 관측값이 모형적합에 영향을 미칠 수 있는 영향관측점임을 보았다. 이와 같은 작업을 시행하는 SAS 프로그램은 다음과 같다.

```
/* REG3.SAS : REGRESION DIAGNOSTIC */
DATA LOSS;
  INPUT OBS AIR TEMP ACID LOSS @@;
  DATALINES;
 1 80 27 89 42    2 80 27 88 37     3 75 25 90 37
 4 62 24 87 28    5 62 22 87 18     6 62 23 87 18
 7 62 24 93 19    8 62 24 93 20     9 58 23 87 15
10 58 18 80 14   11 58 18 89 14    12 58 17 88 13
13 58 18 82 11   14 58 19 93 12    15 50 18 89  8
16 50 18 86  7   17 50 19 72  8    18 50 19 79  8
19 50 20 80  9   20 56 20 82 15    21 70 20 91 15
;
RUN;
PROC REG;
  MODEL LOSS=AIR TEMP / VIF COLLIN INFLUENCE PARTIAL; ① ② ③
RUN;
QUIT;
```

프로그램 및 출력결과 설명

① VIF와 COLLIN에 의한 출력결과는 [그림 7-12]와 같은 내용이다.

② INFLUENCE 옵션에 의한 출력결과는 〈표 7.6〉과 같다. 앞에서 살펴본 바와 같이 21번째 관측값에 대한 Rstudent 값과 h_{ii}의 값이 크며, 공분산비율(Cov Ratio), 적합값변화(Dffits)와 모수값변화(Dfbetas)의 값이 다른 관측값들에 비해 뚜렷이 차이가 나므로 이상점 또는 영향관측점일 가능성이 있어 이 관측값에 대해 좀 더 자세한 관찰이 필요하다.

③ PARTIAL 옵션에 의해 [그림 7-14]와 같은 각 설명변수와 종속변수의 부분회귀 산점도가 출력된다. 절편의 경우는 음의 기울기를 갖고 다른 두 설명변수들과는 양의 기울기를 갖고 있어 이에 해당되는 회귀계수들이 유의하다고 판단한다.

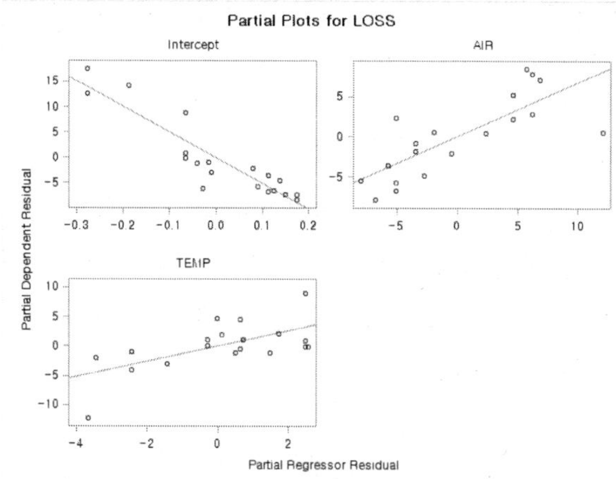

[그림 7-14] 각 설명변수의 종속변수에 대한 부분회귀 산점도

〈표 7.6〉 INFLUENCE 옵션에 의한 출력 결과

Output Statistics								
Obs	Residual	RStudent	Hat Diag H	Cov Ratio	DFFITS	DFBETAS		
						Intercept	AIR	TEMP
1	3.6920	1.3771	0.2806	1.2014	0.8600	−0.7110	0.3925	0.1159
2	−1.3080	−0.4657	0.2806	1.5884	−0.2908	0.2404	−0.1327	−0.0392
3	4.6385	1.6494	0.1739	0.9205	0.7568	−0.5430	0.4058	−0.0047
4	5.6588	2.0266	0.1284	0.7115	0.7777	−0.2222	−0.4260	0.6111
5	−1.7505	−0.5442	0.0521	1.1890	−0.1275	0.0136	0.0105	−0.0305
6	−3.0458	−0.9779	0.0773	1.0918	−0.2831	0.0645	0.1095	−0.1711
7	−3.3412	−1.1123	0.1284	1.1031	−0.4268	0.1220	0.2338	−0.3354
8	−2.3412	−0.7653	0.1284	1.2303	−0.2937	0.0839	0.1609	−0.2308
9	−3.3612	−1.1244	0.1355	1.1072	−0.4451	0.0179	0.3192	−0.3512
10	2.1156	0.6892	0.1278	1.2530	0.2638	0.1330	0.1325	−0.2044
11	2.1156	0.6892	0.1278	1.2530	0.2638	0.1330	0.1325	−0.2044
12	2.4109	0.8268	0.2035	1.3242	0.4180	0.2031	0.2486	−0.3617
13	−0.8844	−0.2849	0.1278	1.3417	−0.1091	−0.0550	−0.0548	0.0845
14	−1.1798	−0.3701	0.0778	1.2566	−0.1075	−0.0544	−0.0350	0.0630
15	1.4848	0.4763	0.1134	1.2866	0.1703	0.1403	−0.0675	−0.0163
16	0.4848	0.1546	0.1134	1.3332	0.0553	0.0455	−0.0219	−0.0053
17	0.1894	0.0606	0.1189	1.3464	0.0223	0.0154	−0.0143	0.0052
18	0.1894	0.0606	0.1189	1.3464	0.0223	0.0154	−0.0143	0.0052
19	−0.1059	−0.0345	0.1502	1.3966	−0.0145	−0.0075	0.0116	−0.0073
20	1.8672	0.5835	0.0594	1.1892	0.1466	0.0761	−0.0458	0.0067
21	−7.5290	−3.4707	0.2760	0.3287	−2.1430	0.1773	−1.9236	1.7010

지금까지의 여러 단계의 분석을 통하여 21번째 관측값은 이상점으로 판명되므로 이를 제외하고 분석한 결과는 [그림 7-15]와 같다. 즉, 적합된 모형은

$$LOSS = -51.08 + 0.86\ AIR + 0.80\ TEMP$$

와 같다. 그러나 21번째 관측값을 제외하고 다시 분석을 하여 적합 결과가 얼마나 영향을 받는지를 확인해볼 필요가 있으며, 이 문제와 관련하여 Daniel and Wood(1981) 등은 반응변수를 로그변환한 후에 AIR와 TEMP를 포함하는 모형을 적합시킬 것을 제안하기도 했다.

Analysis of Variance					
Source	DF	Sum of Squares	Mean Square	F Value	Pr > F
Model	2	1952.05207	976.02604	150.16	<.0001
Error	17	110.49793	6.49988		
Corrected Total	19	2062.55000			

Root MSE	2.54949	R-Square	0.9464
Dependent Mean	17.65000	Adj R-Sq	0.9401
Coeff Var	14.44468		

Parameter Estimates						
Variable	DF	Parameter Estimate	Standard Error	t Value	Pr > |t|	Variance Inflation
Intercept	1	-51.07598	4.05024	-12.61	<.0001	0
AIR	1	0.86300	0.11403	7.57	<.0001	3.17049
TEMP	1	0.80326	0.32217	2.49	0.0233	3.17049

[그림 7-15] 21번째 관측값을 제외한 모수 추정 결과

7.5 변수선택법

7.5.1 이론적 배경

어떤 변수(반응변수)의 변화를 다른 여러 변수(설명변수)들을 통하여 설명하고자 할 때 설명변수들의 개수가 많으면 설명변수들 간에 다중공선성 문제가 발생할 수 있고, 어떤 설명변수들은 반응변수와 관계가 없을 수도 있다. 또한 설명변수의 개수가 너무 많으면 해석이 어려워지기도 하므로 모형을 선택할 때에는 가능한 한 적은 개수의 설명변수를 이용한 모형을 선택하는 것이 좋다. 이를 통계학에서는 변수의 절약(parsimony)이라고 한다. 따라서 사용 가능한 설명변수들을 모두 모형에 포함시

키지 않고 일부만을 선택하여 모형을 적합시키고자 할 경우 모형에 포함시킬 설명변수들을 선택하는 문제인 **변수선택**(selection of variables)의 문제가 등장하게 된다. 편의상 모든 설명변수를 포함하는 모형을 **완전모형**(full model)이라고 하고 설명변수 중 일부만을 포함하는 모형을 **축소모형**(reduced model)이라 부르기로 한다.

반응변수 y를 설명하는데 필요한 설명변수 중에서 일부만을 선택하는 변수선택의 방법으로는 다음과 같은 것들이 있다.

(1) 모든 가능한 회귀(all possible regression)

이 방법은 가능한 모든 변수 조합을 이용하여 모형을 적합시킨 후 미리 정하여진 '최적'모형을 선택하는 기준에 의해 변수를 선택하는 방법으로 일반적으로 결정계수 R^2 또는 MSE를 판정기준으로 사용한다. 그러나 예를 들어 변수의 개수가 $k=10$인 경우라면 $2^{10}=1024$개의 모형을 적합시켜야 하므로 바람직한 방법이 아니다. 따라서 미리 k개의 변수 중에서 p개를 선택하겠다고 정한 후 가능한 변수선택의 방법의 개수인 $\binom{k}{p}=\dfrac{k!}{(k-p)!p!}$개의 모형 중에서 최적의 모형을 선택하기도 한다.

REG 절차에서는 'SELECTION = RSQUARE, ADJRSQ, CP' 옵션에 의해 모든 가능한 회귀를 시행할 수 있다. 다만, RSQUARE와 ADJRSQ 방법의 경우에는 부분모형에 포함될 설명변수의 개수가 'START=s'와 'STOP=s'에 의해 지정된 범위 내에서 최적의 모형을 선택할 수 있다.

(2) 변수추가법 또는 전진선택법(forward selection)

절편만 있는 상수모형부터 시작하여 가장 중요하다고 생각되는 설명변수를 차례로 모형에 추가 시켜나가다가 더 이상 추가할 설명변수가 없으면 선택된 설명변수들만을 이용하여 모형을 적합시키는 방법이다. 중요하다고 생각되는 설명변수를 선택하는 기준으로는 **부분-F검정**(partial F-test)을 이용한다. 즉, 선택되지 않은 설명변수 중에서 모형에 추가되었을 경우 부분-F값을 가장 크게 하는 설명변수를 선택하되 이때의 부분-F검정이 유의하면 모형에 추가하고 유의하지 않으면 더 이상 설명변수를 추가하지 않고 이때까지 선택된 설명변수들만을 이용하여 모형을 적합시킨다. 만약 설명변수가 추가되면 모형에 포함되어 있지 않은 나머지 설명변수들을 이용하여 위의 과정을 반복한다. 이 방법에 의하면 한 번 선택된 설명변수는 추후에 다른 설명변수의 추가로 인하여 그 변수가 중요하지 않게 되어도 그 변수를 제거할 수 없다는 단점이 있다. REG 절차에서는 'SELECTION=FORWARD' 옵션에 의해 변수추가법을 시행할 수 있다.

(3) 변수제거법 또는 후진제거법(backward elimination)

모든 설명변수를 포함하는 모형으로 적합시킨 후 가장 중요하지 않다고 판단되는 설명변수부터 모형에서 제거시키는 방법이다. 제거될 설명변수를 선택하는 기준으로는 부분-F검정을 이용한다. 즉, 모형에 포함되어 있는 설명변수를 모형에서 제거하였을 경우 감소하는 부분-F의 값이 가장 작은 설명변수를 선택하여 이때의 부분-F검정이 유의하지 않으면 해당되는 설명변수를 모형에서 제거하고 유의하면 해당되는 설명변수가 포함된 모형을 최적의 모형으로 선택한다. 만약 설명변수가 제외되면 다음 단계에서는 모형에 남아 있는 변수들을 이용하여 위의 과정을 반복한다. 이 방법의 문제점은 한번 제거된 설명변수는 추후에 다른 설명변수의 제거로 인하여 그 변수가 필요하게 되어도 다시 모형에 포함시킬 수 없는 것이다. REG 절차에서는 'SELECTION=BACKWARD' 옵션에 의해 변수제거법을 시행할 수 있다.

(4) 변수증감법 또는 단계별 선택법(stepwise selection)

변수추가법과 변수제거법의 문제점을 동시에 고려하여, 모형에 설명변수를 하나씩 추가시키면서 남아 있는 설명변수들 중에서 추가되는 설명변수로 인하여 필요 없게 되는 설명변수를 제거시키는 방법을 반복하되 더 이상 추가되거나 제거되는 설명변수가 없을 때까지 추가와 제거의 과정을 반복적으로 시행하는 방법이다. 즉, 변수추가법과 변수제거법을 교대로 수행하면서 가장 최적의 모형을 선택하는 방법이다. 추가하거나 제거할 변수를 선택하는 기준으로는 변수추가법과 변수제거법에서와 마찬가지로 부분-F검정을 이용한다. 실제 응용분야에서는 가장 많이 사용되는 방법이며, REG 절차에서는 'SELECTION=STEPWISE' 옵션에 의해 변수증감법을 시행할 수 있다.

참고: 위의 방법들 외에도 EG와 SAS 절차에서는 최대 R-제곱 향상(MAXR, maximum R^2 improvement)과 최소 R-제곱 향상(MINR, minimum R^2 improvement)을 추가로 제공하고 있다. MAXR 방법과 MINR 방법은 각 설명변수의 개수별로 부분-F검정 대신에 R^2의 값을 이용하여 최적의 모형을 선택해 준다. 예를 들어 MAXR 방법은 설명변수의 개수가 2개인 모형이 선택되면, 이 모형에 포함되어 있는 변수와 포함되어 있지 않은 변수를 교체하였을 때 R^2의 증가가 있으면 해당되는 변수들을 교체한 모형을 최적의 모형으로 선택한다.

7.5.2 변수선택의 기준

앞에서 설명한 것처럼 변수선택의 판정기준으로는 일반적으로 R^2 또는 MSE를 사용하나 이외에도 다음과 같은 판정기준들이 사용되기도 한다. 어떤 기준을 사용하느냐 하는 것은 사용자에게 달려 있다.

이 기준들을 사용하는 데 있어서 유의할 점은 SAS에서는 절편을 포함하여 p개의 회귀계수를 추정하는 것으로 정의하고 있어 모형에 포함될 설명변수의 개수는 $p-1$개이나 대부분의 교재에서는 모형에 포함시킬 설명변수의 개수를 p개로 하여 절편을 포함한 $p+1$개의 회귀계수를 추정하고 있다. 이 책에서도 절편을 포함하지 않은 설명변수의 개수를 p로 하여 설명하기로 한다.

(1) 수정결정계수(adjusted R^2)

$$\text{ADJRSQ} = 1 - \frac{n-1}{n-p-1}\frac{\text{SSE}_p}{\text{SST}}$$

다만, SSE_p : 설명변수가 p개인 축소모형의 SSE

설명변수가 추가되면 R^2는 언제나 증가한다. 따라서 설명변수의 개수가 다른 두 개의 모형을 R^2만을 이용하여 비교하는 것은 불충분하다. 이러한 R^2의 결점을 보완한 것이 수정결정계수이다. 이는 SS 대신에 MS를 이용한 것으로 MSE_k가 가장 작은 모형을 최적의 모형으로 판정하는 기준이다.

(2) Mallows의 CP

$$\text{CP} = \frac{\text{SSE}}{\hat{\sigma}^2} + 2(p+1) - n$$

CP $\simeq p+1$이 되는 p 가운데 가장 작은 p를 선택하여 이에 해당되는 모형을 최적의 모형으로 판정한다. 즉, CP를 세로축에 $p+1$을 가로축으로 하는 산점도를 그렸을 때 기울기가 1인 직선에 가까운 p 중에서 가장 작은 p를 선택하면 된다. 다만, 여기서 p는 축소모형에서 절편은 제외하고 모형에 포함된 설명변수의 개수임에 유의해야 한다. 따라서 SAS의 기준에 의하면 CP $\simeq p$가 되는 p 중에서 가장 작은 p를 선택하면 된다.

(3) Akaike Information Criterion(AIC)

$$\text{AIC} = n\log\frac{\text{SSE}}{n} + 2(p+1)$$

Bayesian Information Criterion(BIC)

$$\text{BIC}= n\log\frac{\text{SSE}}{n}+2(p+3)q-2q^2$$

$$\text{다만, } q=\frac{\hat{\sigma}^2}{\text{SSE}/n}$$

가장 작은 AIC 또는 BIC를 갖는 모형을 최적모형으로 판정하는 기준이다.(n이 클 때에는 CP와 동치가 된다.)

7.5.3 SAS의 이용

EG에서는 **선형회귀** 메뉴를 이용하여, SAS에서는 REG 절차를 이용하여 변수선택법을 시행할 수 있다. 다음 예제를 통하여 메뉴와 절차의 사용법을 알아보자.

예제 7.4

다음의 〈표 7.7〉 자료는 Hald(1952) 자료로서 변수선택에서 자주 인용되는 자료이다(Draper and Smith(1981)의 6장 참조). x_1부터 x_4까지 4개의 설명변수를 사용하여 종속변수 y를 예측하는 문제로서, 앞에서 설명한 여러 가지 변수선택법을 사용하여 종속변수를 가장 잘 설명해 주는 중회귀모형을 만들어 보자.(dataset 폴더에서 hald 자료)

〈표 7.7〉 Hald 자료

번호	x_1	x_2	x_3	x_4	y
1	7	26	6	60	78.5
2	1	29	15	52	74.3
3	11	56	8	20	104.3
4	11	31	8	47	87.6
5	7	52	6	33	95.9
6	11	55	9	22	109.2
7	3	71	17	6	102.7
8	1	31	22	44	72.5
9	2	54	18	22	93.1
10	21	47	4	26	115.9
11	1	40	23	34	83.8
12	11	66	9	12	113.3
13	10	68	8	12	109.4

(1) EG의 이용

예제 7.4 계속

EG의 **작업** → **회귀** → **선형회귀** 메뉴에서 여러 가지 변수선택법을 알아보기로 한다.

먼저 dataset에서 hald 자료를 열고 **선형회귀** 메뉴를 선택한다. 선택영역의 데이터 창에서 $x_1 \sim x_4$를 설명변수로, y를 종속변수로 선택한다. 모형 창에서 '모형 선택 방법'의 메뉴 단추를 클릭하면 전체모형 이외에 전진선택, 후진제거, 단계별 선택 등의 메뉴가 있다. 여기서는 전진선택, 후진제거, 단계별 선택, RSQUARE 및 CP에 의한 선택의 결과를 비교하기로 한다.

① **전진선택(변수추가법):** 변수추가법의 결과는 [그림 7-16]과 같으며, 결과에 의하면 x_4, x_1, x_2의 순서로 변수가 선택된다(유의수준 0.5사용). 따라서 최종적으로 적합된 모형은 다음과 같다.

$$\hat{y} = 71.85 + 1.45x_1 + 0.42x_2 - 0.24x_4$$

변수추가의 3단계에서 x_2가 추가됨에 따라 x_4의 기여도가 낮아진 것을 확인할 수 있다. 즉, x_4의 부분-F 검정의 유의확률이 0.2054로서 x_2의 부분-F 검정의 유의확률 0.0517보다 크다. 이와 같은 현상은 x_4가 먼저 선택된 상태에서 x_2가 추가됨에 따라 나타나는 현상으로, x_1과 x_2에 의해 x_4가 설명하는 부분을 대부분 설명하고 있음을 뜻한다. 실제로 x_2와 x_4의 상관계수는 −0.973으로서 매우 높음을 확인할 수 있다.

Variable	Parameter Estimate	Standard Error	Type II SS	F Value	Pr > F
Intercept	117.56793	5.26221	40108	499.16	<.0001
x4	-0.73816	0.15460	1831.89616	22.80	0.0006

(a) 1단계: x4 선택

Variable	Parameter Estimate	Standard Error	Type II SS	F Value	Pr > F
Intercept	103.09738	2.12398	17615	2356.10	<.0001
x1	1.43996	0.13842	809.10480	108.22	<.0001
x4	-0.61395	0.04864	1190.92464	159.30	<.0001

(b) 2단계: x1 선택

Variable	Parameter Estimate	Standard Error	Type II SS	F Value	Pr > F
Intercept	71.64831	14.14239	136.81003	25.67	0.0007
x1	1.45194	0.11700	820.90740	154.01	<.0001
x2	0.41611	0.18561	26.78938	5.03	0.0517
x4	-0.23654	0.17329	9.93175	1.86	0.2054

(c) 3단계: x2 선택

Summary of Forward Selection							
Step	Variable Entered	Number Vars In	Partial R-Square	Model R-Square	C(p)	F Value	Pr > F
1	x4	1	0.6745	0.6745	138.731	22.80	0.0006
2	x1	2	0.2979	0.9725	5.4959	108.22	<.0001
3	x2	3	0.0099	0.9823	3.0182	5.03	0.0517

(d) 선택 과정의 요약

[그림 7-16] 변수추가법에 의한 변수 선택 과정

② **후진제거(변수제거법):** 변수제거법에 의한 결과는 [그림 7-17]과 같다. 2단계와 3단계에서 x_3와 x_4가 제거되어 다음과 같은 모형이 선택된다(유의수준 0.1 사용).

$$\hat{y} = 52.58 + 1.47x_1 + 0.66x_2$$

앞의 변수추가법에서 본 바와 같이 x_2가 모형에 포함되어 있으면 x_4는 두 변수 사이의 높은 상관관계로 인해 모형에 포함되지 않음을 확인할 수 있다. 또한 변수 추가와 제거에서 사용하는 유의수준이 다르기 때문에 결과가 달라지기도 한다.

Variable	Parameter Estimate	Standard Error	Type II SS	F Value	Pr > F
Intercept	62.40537	70.07096	4.74552	0.79	0.3991
x1	1.55110	0.74477	25.95091	4.34	0.0708
x2	0.51017	0.72379	2.97248	0.50	0.5009
x3	0.10191	0.75471	0.10909	0.02	0.8959
x4	-0.14406	0.70905	0.24697	0.04	0.8441

(a) 1단계: 전체 선택

Variable	Parameter Estimate	Standard Error	Type II SS	F Value	Pr > F
Intercept	71.64831	14.14239	136.81003	25.67	0.0007
x1	1.45194	0.11700	820.90740	154.01	<.0001
x2	0.41611	0.18561	26.78938	5.03	0.0517
x4	-0.23654	0.17329	9.93175	1.86	0.2054

(b) 2단계: x3 제거

Variable	Parameter Estimate	Standard Error	Type II SS	F Value	Pr > F
Intercept	52.57735	2.28617	3062.60416	528.91	<.0001
x1	1.46831	0.12130	848.43186	146.52	<.0001
x2	0.66225	0.04585	1207.78227	208.58	<.0001

(c) 3단계: x4 제거

Summary of Backward Elimination							
Step	Variable Removed	Number Vars In	Partial R-Square	Model R-Square	C(p)	F Value	Pr > F
1	x3	3	0.0000	0.9823	3.0182	0.02	0.8959
2	x4	2	0.0037	0.9787	2.6782	1.86	0.2054

(d) 제거 과정의 요약

[그림 7-17] 변수제거법에 의한 변수선택 과정

③ **단계별 선택(변수증감법)**: 변수증감법에 의한 모형의 선택결과는 [그림 7-18]과 같으며, 최종 모형은 변수제거법의 결과와 같다(추가와 제거의 유의수준은 모두 0.15 사용).

$$\hat{y} = 52.58 + 1.47x_1 + 0.66x_2$$

표의 마지막의 Summary 부분에 변수가 추가되고 제거되는 과정이 잘 요약되어 있다. 위의 변수추가법과 변수제거법에서 이미 확인한 바와 같이, 비록 x_4가 모형에 먼저 포함은 되었지만 x_1이 있는 모형에 x_2가 추가되면 x_4의 기여도가 낮으므로 모형에서 제거됨을 확인할 수 있다.

Variable	Parameter Estimate	Standard Error	Type II SS	F Value	Pr > F
Intercept	117.56793	5.26221	40108	499.16	<.0001
x4	-0.73816	0.15460	1831.89616	22.80	0.0006

(a) 1단계: x4 선택

Variable	Parameter Estimate	Standard Error	Type II SS	F Value	Pr > F
Intercept	103.09738	2.12398	17615	2356.10	<.0001
x1	1.43996	0.13842	809.10480	108.22	<.0001
x4	-0.61395	0.04864	1190.92464	159.30	<.0001

(b) 2단계: x1 선택

Variable	Parameter Estimate	Standard Error	Type II SS	F Value	Pr > F
Intercept	71.64831	14.14239	136.81003	25.67	0.0007
x1	1.45194	0.11700	820.90740	154.01	<.0001
x2	0.41611	0.18561	26.78938	5.03	0.0517
x4	-0.23654	0.17329	9.93175	1.86	0.2054

(c) 3단계: x2 선택

Variable	Parameter Estimate	Standard Error	Type II SS	F Value	Pr > F
Intercept	52.57735	2.28617	3062.60416	528.91	<.0001
x1	1.46831	0.12130	848.43186	146.52	<.0001
x2	0.66225	0.04585	1207.78227	208.58	<.0001

(d) 4단계: x4 제거

Summary of Stepwise Selection								
Step	Variable Entered	Variable Removed	Number Vars In	Partial R-Square	Model R-Square	C(p)	F Value	Pr > F
1	x4		1	0.6745	0.6745	138.731	22.80	0.0006
2	x1		2	0.2979	0.9725	5.4959	108.22	<.0001
3	x2		3	0.0099	0.9823	3.0182	5.03	0.0517
4		x4	2	0.0037	0.9787	2.6782	1.86	0.2054

(e) 변수추가 및 제거 과정의 요약

[그림 7-18] 변수증감법에 의한 변수선택 과정

④ RSQUARE와 CP를 이용한 선택: [그림 7-19](a)와 (b)는 각각 'R-제곱 선택'과 'Mallows의 Cp 선택'에 의한 결과이다. RSQUARE와 CP 방법에 의해 모형을 선택하는 과정은 앞에서 설명된 다른 방법들과는 달리 사용자가 모형을 선택하여야 한다. RSQUARE를 이용한 방법에서는 x_1과 x_2가 포함된 모형에 x_4가 추가될 때 R^2는 0.9787에서 0.9823으로 증가되어 증가량이 미미함을 알 수 있다. CP를 이용한 선택에서도 x_1과 x_2로 이루어진 모형에서 C(p)=2.6782로 최소임을 확인할 수 있다.

Number in Model	R-Square	Variables in Model
1	0.6745	x4
1	0.6663	x2
1	0.5339	x1
1	0.2859	x3
2	0.9787	x1 x2
2	0.9725	x1 x4
2	0.9353	x3 x4
2	0.8470	x2 x3
2	0.6801	x2 x4
2	0.5482	x1 x3
3	0.9823	x1 x2 x4
3	0.9823	x1 x2 x3
3	0.9813	x1 x3 x4
3	0.9728	x2 x3 x4
4	0.9824	x1 x2 x3 x4

(a) R-제곱 선택

Number in Model	C(p)	R-Square	Variables in Model
2	2.6782	0.9787	x1 x2
3	3.0182	0.9823	x1 x2 x4
3	3.0413	0.9823	x1 x2 x3
3	3.4968	0.9813	x1 x3 x4
4	5.0000	0.9824	x1 x2 x3 x4
2	5.4959	0.9725	x1 x4
3	7.3375	0.9728	x2 x3 x4
2	22.3731	0.9353	x3 x4
2	62.4377	0.8470	x2 x3
2	138.2259	0.6801	x2 x4
1	138.7308	0.6745	x4
1	142.4864	0.6663	x2
2	198.0947	0.5482	x1 x3
1	202.5488	0.5339	x1
1	315.1543	0.2859	x3

(b) Mallows의 Cp 선택

[그림 7-19] RSQUARE와 CP를 이용한 변수 선택

(2) SAS 절차의 이용

SAS에서는 REG 절차에서 옵션으로 변수선택을 시행할 수 있다.

변수선택을 위한 REG 절차의 일반형은 다음과 같다.

```
PROC REG <options>;
  <label>: MODEL dependents=<regressors> </ options>;
```

① <label>: MODEL dependents=<regressors> </ options>;

MODEL 문 끝에 있는 </ options>에서 모형의 선택과 관련된 옵션:

- SELECTION=**name** : 최적모형을 선택하는데 사용될 방법들을 지정한다.
  FORWARD(F), BACKWARD(B), STEPWISE, MAXR, MINR, RSQUARE, ADJRSQ, CP 등
- SLENTRY 또는 SLE=**value** : FORWARD 또는 STEPWISE 방법에서 변수를 모형에 추가시킬 때 기준이 되는 유의수준을 지정한다.

디폴트 값: FORWARD에서는 0.50, STEPWISE에서는 0.15

- SLSTAY 또는 SLS=**value** : BACKWARD 또는 STEPWISE 방법에서 변수를 모형에서 제거할 때 기준이 되는 유의수준을 지정한다.

디폴트 값: BACKWARD에서는 0.10, STEPWISE에서는 0.15

참고: STEPWISE에서 SLS와 SLE를 지정할 경우 SLE가 SLS 보다 작으면 무한히 변수의 추가와 제거가 반복될 수 있음에 유의해야 한다.

예제 7.4 계속

Hald 자료에서 변수선택을 수행하기 위한 SAS 프로그램은 다음과 같다.

```
 /* REG4.SAS  VARIABLE SELECTION */
DATA HALD;
  INPUT OBS X1 X2 X3 X4 Y @@;
  DATALINES;
 1  7 26  6 60  78.5    2  1 29 15 52  74.3
 3 11 56  8 20 104.3    4 11 31  8 47  87.6
 5  7 52  6 33  95.9    6 11 55  9 22 109.2
 7  3 71 17  6 102.7    8  1 31 22 44  72.5
 9  2 54 18 22  93.1   10 21 47  4 26 115.9
11  1 40 23 34  83.8   12 11 66  9 12 113.3
13 10 68  8 12 109.4
;
RUN;
PROC REG CORR;                                         ①
  MODEL Y=X1 X2 X3 X4 /SELECTION=FORWARD;              ②
  MODEL Y=X1 X2 X3 X4 /SELECTION=BACKWARD;             ③
  MODEL Y=X1 X2 X3 X4 /SELECTION=STEPWISE;             ④
  MODEL Y=X1 X2 X3 X4 /SELECTION=RSQUARE CP;           ⑤
RUN;
QUIT;
```

프로그램 및 출력결과 설명

① 먼저 CORR 옵션에 의한 상관계수 행렬이 [그림 7-20]과 같이 출력된다. 변수 x_1과 x_3 사이의 상관계수가 −0.8241이므로 두 변수 중 하나가 모형에 포함된다면 다른 변수는 추가적인 설명력은 없을 것이다. x_2와 x_4 사이의 상관계수도 −0.9730이므로 마찬가지 해석이 가능하다.

Correlation					
Variable	X1	X2	X3	X4	Y
X1	1.0000	0.2286	-0.8241	-0.2454	0.7307
X2	0.2286	1.0000	-0.1392	-0.9730	0.8163
X3	-0.8241	-0.1392	1.0000	0.0295	-0.5347
X4	-0.2454	-0.9730	0.0295	1.0000	-0.8213
Y	0.7307	0.8163	-0.5347	-0.8213	1.0000

[그림 7-20] CORR 옵션에 의한 변수들의 상관계수행렬

② 변수추가법, ③ 변수제거법, ④ 변수증감법, ⑤ RSQUARE와 CP 방법에 의한 결과는 출력 형식만 다르며, 내용은 앞의 EG에서 얻은 결과와 같다.

제8장

일반선형모형

8.1 개념 및 목적

일반선형모형(General Linear Model)은 앞에서 다룬 분산분석, 회귀분석과 함께 공분산분석, 다변량분산분석, 반복측정자료분석 등을 포함하는 모형으로 이해할 수 있다.

일반선형모형을 실행하는 EG의 메뉴는 **분산분석** 메뉴에 있는 **선형모형**이며, SAS에서는 GLM 절차를 이용한다. SAS의 ANOVA 절차는 반복수가 동일한 경우에 한하여 분산분석이 가능하고, 자료의 분실 등에 의해 결측값이 생겨 반복수가 동일하지 않은 경우에는 GLM 절차를 이용해야 한다. GLM 절차는 하나의 절차 내에서 여러 가지 분석을 할 수 있다는 장점이 있는 반면에 많은 옵션과 출력 결과에 대한 이해가 필요하다. 따라서 간단한 분산분석이나 회귀분석은 ANOVA 또는 REG 절차를 이용하는 것이 편리할 것이다.

GLM 절차는 다음 장의 9.6절에서 다루는 **일반화선형모형**(generalized linear model)을 적합시키는 GENMOD 절차와는 다르다.

8.1.1 GLM 절차로 처리 가능한 모형들

GLM 절차에서는 다음과 같은 모형들을 처리할 수 있다.

A, B, C는 **분류변수**(class variable) 또는 **범주형 변수**이고, x, y 는 **연속형 변수**일 때 각 분석법의 모형을 요약하면 다음과 같다.

- 단순회귀 MODEL $y = x_1$;
- 중회귀 MODEL $y = x_1 \ \ x_2$;

- 다항회귀　MODEL　$y = x_1\ \ x_1{}^*x_1$;
- 다변량회귀　MODEL　$y_1\ y_2 = x_1\ x_2$;
- 일원배치법　MODEL　$y = A$;
- 주효과모형　MODEL　$y = A\ \ B\ \ C$;
- 요인계획법　MODEL　$y = A\ \ B\ \ A^*B$;
- 다변량분산분석　MODEL　$y_1\ y_2 = A\ \ B\ \ A^*B$;
- 공분산분석　MODEL　$y = A\ \ x_1$;

위에서 열거한 대부분의 모형들은 ANOVA 절차 또는 REG 절차를 이용하여 분석이 가능하나 여기서는 GLM 절차를 이용해서만 분석이 가능한 경우로서 반복수가 다른 분산분석법과 공분산분석법에 대한 예제만 다루기로 한다.

8.1.2 제곱합의 종류

다음과 같은 선형모형을 생각해 보자.

$$y = \boldsymbol{X}\beta + \varepsilon$$

이와 같은 모형을 적합시키기 위해서는 모수 β 또는 β의 선형결합인 $\boldsymbol{L}\beta$를 추정하거나 검정해야 한다. 이를 위해서는 관측값 $\boldsymbol{y}$의 선형결합이 존재하고 이의 기댓값이 $\boldsymbol{L}\beta$가 되어야 한다. 이러한 문제를 **추정가능**(estimable)이라 하며, 어떤 선형결합이 추정가능인지 여부는 적합시키는 모형에 따라 달라진다. 앞 절에서 열거한 각 모형에서 관심이 있는 요인 또는 효과들의 존재여부를 알기 위해서는 먼저 이들이 추정가능해야 하며, 또한 아래에서 설명하는 여러 종류의 제곱합(sum of squares: SS)들을 이용하여 검정해야 한다.

선형모형 또는 GLM 절차를 수행하면 여러 가지 제곱합들이 제공되므로 이에 대한 정확한 이해가 필요하다. 이 절에서는 분산분석모형과 회귀모형에서 사용되는 제곱합에 대해서만 설명하기로 한다.

(1) 이원배치모형에서의 제곱합

다음과 같은 반복이 있는 불균형 이원배치모형에서 여러 가지 제곱합의 정의에 대해 생각해 보기로 한다.

- **모형:** $y_{ijk} = \mu + \alpha_i + \beta_j + \gamma_{ij} + \varepsilon_{ijk}$, $i = 1, \cdots, p,\ j = 1, \cdots, q,\ k = 1, \cdots, n_{ij}$

  다만, γ_{ij}는 α_i와 β_j의 교호작용이다.

- **기호**: $SS(\mu, \alpha, \beta, \gamma)$: 완전모형(full model)에서의 제곱합
  $SS(\alpha|\mu)$: μ가 있는 모형에 α가 추가될 때, 제곱합의 증가량
  $SS(\beta|\mu, \alpha)$: μ, α가 있는 모형에 β가 추가될 때, 제곱합의 증가량
  $SS(\gamma|\mu, \alpha, \beta)$: μ, α, β가 있는 모형에 γ가 추가될 때, 제곱합의 증가량

위의 기호를 이용한 이원배치모형에서 여러 가지 제곱합의 정의는 〈표 8.1〉과 같다.

〈표 8.1〉 이원배치모형에서의 여러 가지 제곱합의 종류

	Type Ⅰ	Type Ⅱ	Type Ⅲ	ANOVA
A	$SS(\alpha\|\mu)$	$SS(\alpha\|\mu,\beta)$	$SS(\alpha\|\mu,\beta,\gamma)$	$SS(\alpha\|\mu)$
B	$SS(\beta\|\mu,\alpha)$	$SS(\beta\|\mu,\alpha)$	$SS(\beta\|\mu,\alpha,\gamma)$	$SS(\beta\|\mu)$
$A\times B$	$SS(\gamma\|\mu,\alpha,\beta)$	$SS(\gamma\|\mu,\alpha,\beta)$	$SS(\gamma\|\mu,\alpha,\beta)$	$SS(\alpha,\beta,\gamma\|\mu)$ $-SS(\alpha\|\mu)-SS(\beta\|\mu)$

① **Type Ⅰ SS**

인자 A, 인자 B, 교호작용 $A\times B$가 순서대로 모형에 추가될 때 발생하는 제곱합의 증가량으로서 **순차제곱합**(sequential SS)이라고도 한다. 따라서 인자들이 모형에 포함되는 순서가 중요하며, 전체모형의 제곱합 $SS(\mu,\alpha,\beta,\gamma)$는 다음과 같은 분해가 가능하다.

$$SS(\mu, \alpha, \beta, \gamma) = SS(\mu) + SS(\alpha|\mu) + SS(\beta|\mu, \alpha) + SS(\gamma|\mu, \alpha, \beta)$$

② **Type Ⅱ SS**

주인자의 Type Ⅱ SS는 모든 주인자가 포함된 모형에서 인자 A 또는 인자 B를 제거할 때 발생하는 제곱합의 감소량으로서 인자가 모형에 추가되는 순서와는 무관하다. 교호작용에 대한 Type Ⅱ SS는 Type Ⅰ SS와 같으나, Type Ⅰ SS와는 달리 Type Ⅱ SS를 합하여도 모형의 제곱합 $SS(\mu,\alpha,\beta,\gamma)$와 같을 필요는 없다.

③ **Type Ⅲ SS**

모든 주인자와 교호작용이 포함된 **완전모형**(full model)에서 인자 A, 인자 B, 교호작용 $A\times B$ 각각을 제거할 때 발생하는 제곱합의 감소량으로서 **부분제곱합**(partial SS)이라고도 한다. 인자들이 모형에 포함되는 순서와 무관하다. Type Ⅱ SS와 같이 Type Ⅲ SS를 합하여도 모형의 제곱합 $SS(\mu,\alpha,\beta,\gamma)$와 같을 필요는 없다.

④ **Type Ⅳ SS**

결측값이 없는 모형에서는 Type Ⅲ SS와 같다.

⑤ ANOVA SS
주효과에 대한 제곱합은 한 주효과가 새로 추가될 때의 제곱합의 증가량을 뜻한다.

각 칸에서 반복수인 n_{ij}가 모두 같을 때는 위에서 열거한 5개 제곱합이 모두 같다.

(2) 회귀모형에서의 제곱합

중회귀모형에서 제곱합을 정의하기 위하여 $\mathrm{SSR}(x_1, \cdots, x_k)$을 독립변수 $x_1, \cdots, x_k$를 포함할 경우의 회귀제곱합이라고 하면, 중회귀모형에서 회귀제곱합은 다음과 같이 정의된다.

① **Type I SS(순차제곱합)**
축소모형에 독립변수가 순서대로 추가될 때의 회귀제곱합의 증가량으로서 $\mathrm{SSR}(x_k | x_1, x_2, \cdots, x_{k-1})$을 뜻한다. 따라서 독립변수의 나열 순서가 중요하다.

② **Type II SS**
현재의 완전모형에서 지정된 변수를 제거할 때 발생하는 회귀제곱합의 감소량을 뜻한다. 변수선택에 유용한 개념이다.

③ **Type III SS(부분제곱합)**
$x_1, \cdots, x_{k-1}, x_{k+1}, \cdots, x_p$가 이미 설명변수로 포함되어 있을 때 x_k를 설명변수로 추가함으로써 발생하는 회귀제곱합의 증가량을 뜻한다. 따라서 p가 고정된 중회귀모형에서는 Type II SS와 같다.

참고로 $p = 3$ 인 경우의 회귀제곱합을 요약하면 〈표 8.2〉와 같다.

〈표 8.2〉 $p = 3$ 인 경우의 회귀제곱합

변수	Type I	Type II, III
x_1	$\mathrm{SSR}(x_1 \vert \beta_0)$	$\mathrm{SSR}(x_1 \vert \beta_0, x_2, x_3)$
x_2	$\mathrm{SSR}(x_2 \vert \beta_0, x_1)$	$\mathrm{SSR}(x_2 \vert \beta_0, x_1, x_3)$
x_3	$\mathrm{SSR}(x_3 \vert \beta_0, x_1, x_2)$	$\mathrm{SSR}(x_3 \vert \beta_0, x_1, x_2)$

8.2 불균형 분산분석

8.2.1 이론적 배경

실험을 실시할 때 관측값에 **결측**(missing)이 발생하거나, 비용 등의 관계로 칸에 따라 다른 횟수의 실험을 실시할 경우에는 **불균형**(unbalanced)**모형**을 얻게 된다. 불균형 이원배치모형은 다음과 같다.

$$y_{ijk} = \mu + \alpha_i + \beta_j + \gamma_{ij} + \varepsilon_{ijk}, \quad i = 1,\cdots,p,\ j = 1,\cdots,q,\ k = 1,\cdots,n_{ij}$$

위와 같은 불균형모형의 분석에서는 ANOVA 절차를 사용할 경우에 원하는 분산분석표가 출력되지 않을 수도 있다. GLM 절차를 사용할 경우에는 Type I SS와 Type Ⅲ SS에 의한 분산분석표가 디폴트로 출력된다. 제곱합의 형태에 따라 분산분석표가 다르므로 사용자는 문제에 맞는 분산분석표를 선택하여 사용해야 한다.

8.2.2 SAS의 이용

EG에서는 선형모형 메뉴를 이용하며, SAS에서는 GLM 절차를 이용하여 불균형 분산분석을 시행할 수 있다. 다음 예제에서 분산분석을 시행해 보자.

예제 8.1

1, 2, 3 세 종류의 질병에 대하여 A, B, C, D 네 종류의 약을 투여하고 처리효과를 관측하는 실험에서 〈표 8.3〉과 같은 결과를 얻었다. 이원배치모형으로 처리효과와 교호작용에 대한 유의성을 검정해 보자.(dataset 폴더에서 cures 자료)

〈표 8.3〉 질병 치료효과 관측 자료

약 \ 질병	1	2	3
A	42 44 36 13 19 22	33 26 33 21	31 −3 25 25 24
B	28 23 24 42 13	34 33 31 36	3 26 28 32 4 16
C	1 29 19	11 9 7 1 −6	21 1 9 3
D	24 9 22 −2 15	27 12 12 −5 16 15	22 7 25 5 12

(1) EG의 이용

EG에서 불균형 분산분석은 작업 → 분산분석 → 선형모형을 이용한다.

예제 8.1 계속

〈표 8.3〉의 자료를 EG를 이용하여 분석해보자.

먼저 dataset에서 cures 자료를 열고 **선형모형** 메뉴를 선택한다. 선택영역의 데이터 창에서 DRUG과 DISEASE를 분류변수로 선택하고, Y를 종속변수로 선택한다. 모형 창에서 DRUG과 DISEASE의 주효과와 교호작용 효과를 선택한다. 모형옵션 창에서 Type I, Ⅱ, Ⅲ 제곱합을 모두 선택하고, 도표 창에서는 '상호작용도표'만 선택한 후 실행을 클릭한다.

출력 결과에서 세 제곱합에 의한 분산분석 결과는 [그림 8-1]과 같다. 분산분석표에서 주효과 DRUG에 대한 세 제곱합은 모두 다르며, 교호작용 효과에 대한 제곱합은 모두 같음을 확인할 수 있다.

Source	DF	Type I SS	Mean Square	F Value	Pr > F
DRUG	3	3005.100575	1001.700192	9.14	<.0001
DISEASE	2	359.503386	179.751693	1.64	0.2051
DRUG*DISEASE	6	730.596614	121.766102	1.11	0.3706

Source	DF	Type II SS	Mean Square	F Value	Pr > F
DRUG	3	2950.628824	983.542941	8.98	<.0001
DISEASE	2	359.503386	179.751693	1.64	0.2051
DRUG*DISEASE	6	730.596614	121.766102	1.11	0.3706

Source	DF	Type III SS	Mean Square	F Value	Pr > F
DRUG	3	2861.919620	953.973207	8.71	0.0001
DISEASE	2	366.178970	183.089485	1.67	0.1993
DRUG*DISEASE	6	730.596614	121.766102	1.11	0.3706

[그림 8-1] 세 제곱합 의한 분산분석표

교호작용(상호작용) 도표는 [그림 8-2]와 같다. 분산분석표에 의하면 질병 종류와 약 종류의 교호작용은 유의하지 않으나, 교호작용 도표에 의하면 약의 종류에 따라 치료효과에는 많은 차이가 있음을 알 수 있다.

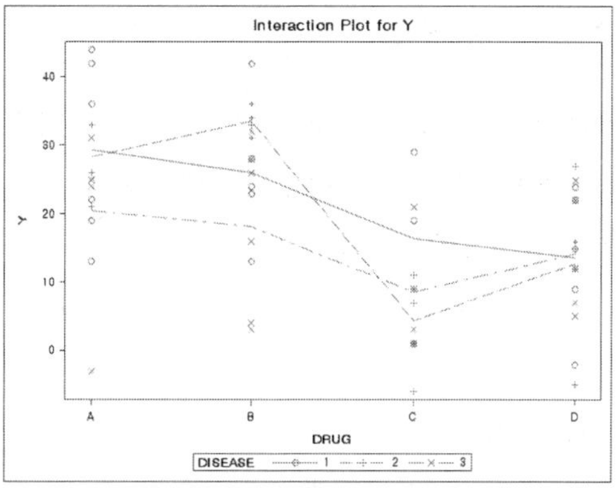

[그림 8-2] 교호작용 도표

(2) SAS 절차의 이용

SAS의 GLM 절차는 균형 및 불균형 이원배치모형을 처리할 수 있다. GLM 절차를 이용한 분산분석의 일반형은 다음과 같다. 여기서 설명되지 않는 내용에 대해서는 ANOVA 절차 또는 REG 절차를 참고하면 된다.

```
PROC GLM <options>;
  CLASS variables;
  MODEL dependents= independents </ options>;
  CONTRAST 'label' effect values... </ options>;
  ESTIMATE 'label' effect values... </ options>;
  MANOVA <test-options></detail-options>;
  OUTPUT <OUT=SAS-data-set> keywords=names;
  MEANS effects </ options>;
  LSMEANS effects </ options>;
  REPEATED factor-specifications </ options>;
  WEIGHT variable;
  BY variables;
  ID variables;
```

① PROC GLM 〈options〉;

- DATA=SAS-data-set: 분석에 사용될 자료명을 지정한다.
- MANOVA : 다변량모드로 분석한다.
- ORDER=DATA | FORMATTED | FREQ | INTERNAL: 분류변수의 수준에 따라 정렬될 순서를 지정해 준다. DATA가 사용되면 자료가 입력된 순으로, FREQ가 사용되면 관측도수의 내림차순으로 순서가 정해지며 디폴트는 FORMATTED이다.

- OUTSTAT=SAS-data-set 각종통계량들이 출력될 장소를 지정한다.

② **CLASS variables;** 분석에 사용될 분류변수를 지정한다.

③ **CONTRAST 'label' effect values...</ options>;**
검정하고자 하는 가설을 지정한다.

예 8.1

```
CLASS REP CURRENT TIME;
CONTRAST 'CURR1 VS. CURR2' CURRENT 1 -1;
```

뜻 : CURRENT의 처음 두 수준 사이에 차이가 있는지를 검정한다.

④ **ESTIMATE 'label' effect values... </ options>;**
effect values에 의해 지정된 모수들의 선형함수의 값을 추정한다.

⑤ **MODEL dependents= independents </ options>;**
필수적으로 사용해야한다. 적합될 선형모형을 지정하며 independents로 지정된 변수들 중에서 CLASS 문에서 지정되지 않은 변수들은 연속형 변수로 간주된다.

</ options>에 사용되는 옵션 :

- NOINT: 절편이 없는 모형을 적합한다.
- NOUNI: 일변량통계량을 출력하지 않는다.
- E, E1,...,E4, SS1,...,SS4: 추정가능한 함수와 제곱합에 관한 정보를 출력한다.
- P: 관측값, 예측값, 잔차의 값과 Durbin-Watson 통계량을 출력한다.
- CLM: 평균 예측값(mean predicted value)의 신뢰구간을 출력한다.
- CLI: 개별 예측값(individual predicted value)의 신뢰구간을 출력한다.
- ALPHA=α: 신뢰구간의 신뢰수준을 지정한다.
- SOLUTION: 정규방정식의 해를 출력한다. 분류효과가 있는 모형에 사용한다.

⑥ **OUTPUT <OUT=SAS-data-set> keywords= names...;**
OUT=문에 의해 지정된 장소에 예측값과 잔차가 저장된다.

예 8.2

```
OUTPUT OUT=NEW P=PRED R=RESID;
```

⑦ **LSMEANS effects </options>;**
effects로 지정된 효과에 대하여 각 수준별 평균을 최소제곱법에 의해 계산하

고 다중비교를 실시한다. effects로 지정되는 효과는 주효과뿐만 아니라 교호작용도 지정이 가능하다.

〈/ options〉에 사용되는 옵션:

- STDERR: 각 평균의 표준오차와 H_0 : LSMEAN=0에 대한 유의확률을 출력한다.
- PDIFF〈=difftype〉: difftype으로 지정된 평균의 차들에 대하여 p-값을 출력한다. 디폴트는 ALL로서 모든 쌍별 평균의 차에 대한 p-값을 출력한다.

예제 8.1 계속

〈표 8.3〉의 자료에 대하여 GLM 절차를 이용하여 분산분석을 시행하는 SAS 프로그램은 다음과 같다.

```
/* GLM1.SAS : UNBALANCED TWO-WAY LAYOUT */
DATA CURES;
  INPUT DRUG $ DISEASE Y @@;
  DATALINES;
  A 1 42 A 1 44 A 1 36 A 1 13 A 1 19 A 1 22 A 2 33 A 2 26 A 2 33
  A 2 21 A 3 31 A 3 -3 A 3 25 A 3 25 A 3 24 B 1 28 B 1 23 B 1 24
  B 1 42 B 1 13 B 2 34 B 2 33 B 2 31 B 2 36 B 3  3 B 3 26 B 3 28
  B 3 32 B 3  4 B 3 16 C 1  1 C 1 29 C 1 19 C 2 11 C 2  9 C 2  7
  C 2  1 C 2 -6 C 3 21 C 3  1 C 3  9 C 3  3 D 1 24 D 1  9 D 1 22
  D 1 -2 D 1 15 D 2 27 D 2 12 D 2 12 D 2 -5 D 2 16 D 2 15 D 3 22
  D 3  7 D 3 25 D 3  5 D 3 12
;
RUN;
PROC GLM DATA=CURES;
  CLASS DRUG DISEASE;
  MODEL Y=DRUG DISEASE DRUG*DISEASE / SS1 SS2 SS3;
RUN;   QUIT;
```

프로그램 및 출력결과 설명

제곱합이 어떻게 다른가를 살펴보기 위하여 SS1, SS2, SS3의 옵션을 사용하였다. 제곱합에 따른 분산분석표와 교호작용 도표의 출력 결과는 EG의 출력 결과와 같다.

8.3 공분산분석

8.3.1 이론적 배경

분산분석에서는 설명변수들이 모두 분류변수로서 범주형이며, 회귀분석에서는 원칙적으로 연속형이다. 그러나 많은 문제에서는 반응변수를 설명하는 변수로서 분류변수와 연속형 변수가 함께 포함되는 것이 바람직하며, 이와 같은 문제를 다루는 방법으로 **공분산분석**(Analysis of Covariance, ANCOVA)이 있다. 즉, 공분산분석에서는 분산분석모형에 회귀분석모형이 첨가된 모형을 다룬다. 다음의 예제를 생각해 보자.

예제 8.2

나병환자의 치료법을 연구하기 위하여, A, D 두 항생제의 약효를 비교하고자 한다. 랜덤하게 뽑힌 30명의 나병환자 중에서 10명에게는 항생제 A를 10명에게는 항생제 D를 투여하고, 나머지 10명은 대조그룹(control group)으로 관측하기로 하였다. 이 실험집단에 대하여 치료 전과 일정기간 치료 후에 환자의 몸에서 leprosy bacilli(나병간균)을 측정하여 〈표 8.4〉와 같은 자료를 얻었다. 두 항생제의 약효가 같다고 할 수 있는가?

〈표 8.4〉 항생제의 약효 비교를 위한 나병간균 자료

항생제 A		항생제 D		대조군 F	
치료전	치료후	치료전	치료후	치료전	치료후
11	6	6	0	16	13
8	0	6	2	13	10
5	2	7	3	11	18
19	11	18	18	21	23
6	4	8	4	16	12
10	13	19	14	12	5
6	1	8	9	12	16
11	8	5	1	7	1
3	0	15	9	12	20

참고: 이 자료는 각 환자마다 치료 전·후에 관측된 자료이므로, 8.4절의 반복측정자료분석에 의한 분석을 할 수도 있다.

[예제 8.2]와 같은 문제에서는 치료 후의 세균수는 치료 전의 세균수에 크게 의존할 것이므로 치료전 세균수를 **공변량**(covariate)으로 포함시켜 분석하는 것이 바람

직하다.

공분산분석의 모형은 분산분석과 회귀분석이 혼합된 모형이다. 예를 들어 분류변수인 인자가 1개, 연속형 설명변수가 1개인 공분산분석 모형은 다음과 같다.

$$y_{ij} = \mu + \alpha_i + \beta x_{ij} + \varepsilon_{ij},\ i = 1,\cdots,p,\ j = 1,\cdots,n_i$$

8.3.2 SAS의 이용

공분산분석을 다루는 EG의 메뉴는 **선형모형**이며, SAS 절차는 GLM이다. 이 절에서는 예제를 통하여 공분산분석을 위한 EG와 GLM의 사용법을 알아보기로 한다.

(1) EG의 이용

예제 8.2 계속

두 항생제의 치료효과 문제를 공분산분석 모형으로 풀기 위하여 EG의 **작업 → 분산분석 → 선형모형**에서 옵션을 이용하는 방법을 알아보자.(dataset 폴더에서 drugtest 자료)

먼저 자료를 열고 데이터 창에서 DRUG을 분류변수로, X를 양적변수로, Y를 종속변수로 선택한다. 모형 창에서 X와 DRUG의 주효과를 선택하고, 모형옵션 창에서는 디폴트로 주어진 Type I과 Type Ⅲ 제곱합을 선택한다.

Post Hoc 검정의 '최소제곱'을 선택하고 추가할 효과 아래에 있는 '추가'를 클릭하면 평균 검정을 위한 옵션 메뉴가 뜬다. 여기서 '사용할 분류변수 효과'로 DRUG을 '예'로 바꾸고, '평균비교'에서 '차이에 대한 P값 표시'를 'All pairwise differences'로 바꾸고 '비교를 위한 수정 방법'으로 'No adjustment'를 선택한다. 이어서 실행을 클릭하면 [그림 8-3]과 [그림 8-4]의 결과를 얻는다.

[그림 8-3]의 공분산분석표에서 Type I SS와 Type Ⅲ SS에 의한 X의 제곱합이 상당히 다름을 볼 수 있다. 이는 Type I SS는 $y = \mu$ 라는 분산분석모형에서 X가 모형에 추가될 때 증가하는 제곱합이며, Type Ⅲ SS는 공변량 DRUG이 모형에 포함되어 있는 상태에서 X가 모형에 추가됨에 따라 증가하는 제곱합이다. 두 경우 모두에서 DRUG의 유의확률은 0.1384이므로 처리효과들 사이에 차이가 있다고 보기 어렵다.

Source	DF	Sum of Squares	Mean Square	F Value	Pr > F
Model	3	871.497403	290.499134	18.10	<.0001
Error	26	417.202597	16.046254		
Corrected Total	29	1288.700000			

R-Square	Coeff Var	Root MSE	Y Mean
0.676261	50.70604	4.005778	7.900000

Source	DF	Type I SS	Mean Square	F Value	Pr > F
X	1	802.9436924	802.9436924	50.04	<.0001
DRUG	2	68.5537106	34.2768553	2.14	0.1384

Source	DF	Type III SS	Mean Square	F Value	Pr > F
X	1	577.8974030	577.8974030	36.01	<.0001
DRUG	2	68.5537106	34.2768553	2.14	0.1384

Parameter	Estimate		Standard Error	t Value	Pr > |t|
Intercept	-0.434671164	B	2.47135356	-0.18	0.8617
X	0.987183811		0.16449757	6.00	<.0001
DRUG A	-3.446138280	B	1.88678065	-1.83	0.0793
DRUG D	-3.337166948	B	1.85386642	-1.80	0.0835
DRUG F	0.000000000	B	.	.	.

[그림 8-3] 공분산분석표와 모수추정 결과

[그림 8-3]의 모수추정 결과에서 절편의 추정값은 -0.43, DRUG의 각 수준 A, D, F에 대한 추정값은 각각 $\hat{\alpha}_1 = -3.45, \hat{\alpha}_2 = -3.34, \hat{\alpha}_3 = 0.00$ 이며 공변량 X의 계수가 0.99이므로 DRUG의 각 수준에서의 모형은 다음과 같다(6.5.2절에서 언급한 바와 같이 GLM에서는 마지막 모수값을 0으로 놓는 가정을 하며, 따라서 $\alpha_3 = 0$으로 출력된다).

$$\text{DRUG A}: \ y = -0.43 - 3.45 + 0.99x$$

$$\text{DRUG D}: \ y = -0.43 - 3.34 + 0.99x$$

$$\text{DRUG F}: \ y = -0.43 \qquad + 0.99x$$

[그림 8-4]는 DRUG의 수준별 평균비교에서 All pairwise differences 옵션에 의해 출력된 결과이다. 즉, DRUG 이외의 변수(즉, 공변량)의 효과를 제거한 후에 DRUG의 세 수준인 A, D, F에서 평균이 같은가를 나타내는 가설

$$H_0: \ \text{LSM}(i) = \text{LSM}(j)$$

의 검정에 대한 유의확률을 나타낸다. 유의확률은 모두 0.05보다 크므로 유의수준 5%에서 DRUG들의 효과는 서로 차이가 없는 것으로 판단한다. 특히 A와 D의 효과에 대한 검정의 유의확률은 0.9521로서 두 항생제의 약효에는 거의 차이가 없다. 그러나 A와 F, D와 F의 효과에 대한 검정의 유의확률은 각각 0.0793과 0.0835이므로, 대조군과 항생제 투여군과는 약한 유의성이 있으므로 어느 정도 차이가 있는 것으로 해석할 수 있다.

DRUG	Y LSMEAN	LSMEAN Number
A	6.7149635	1
D	6.8239348	2
F	10.1611017	3

Least Squares Means for effect DRUG Pr > |t| for H0: LSMean(i)=LSMean(j) Dependent Variable: Y			
i/j	1	2	3
1		0.9521	0.0793
2	0.9521		0.0835
3	0.0793	0.0835	

[그림 8-4] 평균 비교의 결과

(2) SAS 절차의 이용

예제 8.2 계속

다음은 GLM 절차를 이용하여 공분산분석을 시행하는 SAS 프로그램이다. CLASS 문에서 분류변수를 지정해 주고, MODEL 문의 독립변수에는 분류변수와 공변량(양적변수)을 모두 지정한다.

```
/* ANCOVA1.SAS : ANALYSIS OF COVARIANCE */
DATA DRUGTEST;
  INPUT DRUG $ X Y @@;
  DATALINES;
  A 11   6  D   6  0  F 16  13
  A  8   0  D   6  2  F 13  10
  A  5   2  D   7  3  F 11  18
  A 14   8  D   8  1  F  9   5
  A 19  11  D  18 18  F 21  23
  A  6   4  D   8  4  F 16  12
  A 10  13  D  19 14  F 12   5
  A  6   1  D   8  9  F 12  16
  A 11   8  D   5  1  F  7   1
  A  3   0  D  15  9  F 12  20
;
RUN;
PROC GLM;
  CLASS DRUG;
  MODEL Y=X DRUG / SOLUTION;     ①
  LSMEANS DRUG / PDIFF;          ②
RUN;   QUIT;
```

프로그램 및 출력결과 설명

① MODEL 문에서의 독립변수는 공변량인 X(치료전 세균수)와 분류변수인 DRUG으로 선언되었다. SOLUTION 옵션에 의해 정규방정식의 해를 구하며, 각 모수의 추정값에 대한 정보를 제공한다. 결과는 [그림 8-3]과 같은 내용이다.

② LSMEANS DRUG은 DRUG 이외의 변수의 효과를 제거한 후에 DRUG 별로 관측값의 평균을 비교한다. 또한 PDIFF 옵션에 의해 DRUG의 종류별로 평균이 같은가를 검정하며, 결과는 [그림 8-4]와 같은 내용이다.

8.4 반복측정자료분석

여러 가지 처리의 효과를 비교하고자 하는 경우, 실험의 대상이 되는 개체들이 동질적일수록 실험의 효율은 높아지므로 가능하면 동질적인 개체들을 실험의 단위로 선택하여 각 처리에 배정하는 것이 바람직하다. 그러나 심리학, 의학, 약학과 같은 분야의 연구에서는 동질적인 개체를 실험의 대상으로 선택하는 것만으로는 불충분한 경우가 많이 있다. 예를 들어 새로 개발된 약의 효과가 있는지를 알아보고자 하는 경우에 쥐나 토끼 같은 동물 또는 사람 등이 실험의 대상이 되므로 아무리 동질적인 개체들을 랜덤하게 선택한다 할지라도 개체 간의 차이가 존재하게 된다. 따라서 이러한 경우에는 동일한 개체에 대하여 약을 투여하기 전과 투여한 후의 관측값을 비교하여 두 관측값 사이에 차이가 있는지를 알아보는 것이 더욱 효율적일 것이다. 이처럼 동일한 실험대상에게 처리를 시행한 후 서로 다른 시점에서 값을 측정하거나 동일한 실험대상에게 서로 다른 처리를 시행하고 값을 측정하는 경우의 실험계획을 **반복측정계획**(repeated measures design)이라고 한다.

다음 예제는 반복측정 자료의 전형적인 사례가 된다.

예제 8.3

6명의 환자를 3명씩 두 그룹으로 나누어 C와 T 두 종류의 약을 투약하고, 투약 전과 투약 후의 반응을 조사한 결과 다음과 같은 자료를 얻었다. 투약 전과 후의 반응값에 차이가 있는가? 또한 두 의약품 사이에 차이가 있는가?

약품 C		약품 T	
투약 전	투약 후	투약 전	투약 후
80	83	82	94
85	86	87	93
83	88	84	98

8.4.1 이론적 배경

한 개체에 약품을 투여하고 일정한 시간간격으로 여러 시점에서 약효를 측정하는 경우에 측정값들 사이에는 연관성이 존재하므로 앞에서 다루었던 일변량 분산분석 방법을 직접 적용할 수는 없다. 따라서 각 개체에 대한 다른 시점에서의 관측값을 한 벡터로 취급하는 다변량 분산분석을 시행하거나, 기존의 분산분석 모형에 개체의 랜덤효과를 나타내는 항을 추가하여 일변량 분산분석을 시행하는 것이다.

그러나 반복측정 자료의 일변량 분산분석은 공분산 행렬이 **구형성**(sphericity)의 조건을 만족해야 하며, 이 조건은 현실적으로 매우 엄격한 조건이라는 단점이 있다. 이에 대하여 다변량 분산분석은 구형성의 가정이 필요 없으나 일반적으로 일변량 분산분석보다 검정력이 떨어지는 단점이 있다.

반복측정계획에서는 모집단요인이 1개 또는 여러 개 있는 경우가 있고, 개체 내에서 반복요인도 1개 또는 여러 개 있는 경우가 있다.

다음은 **모집단요인**과 **반복요인**이 각각 1개씩 있는 경우로서, 모집단요인에 a개의 수준(level) 또는 그룹(group)이 있고, 반복요인으로 b개의 처리(treatment) 또는 시점(time)에서 반복 측정한 반복측정계획의 일반형이다.

$$y_{ijk} = \mu + \alpha_i + \beta_k + \gamma_{ik} + s_{(i)j} + \varepsilon_{ijk}\,,\quad i = 1, \cdots, a\,,\ \ j = 1, \cdots, n\,,\ \ k = 1, \cdots, b$$

μ: 전체 평균

α_i : i번째 그룹(group)의 효과 (요인 A)

β_k: k번째 처리(또는 시점)의 효과 (요인 B)

γ_{ik}: i번째 그룹과 k번째 처리의 교호작용 효과 (요인 A×B)

$s_{(i)j}$: i번째 그룹에서 j번째 개체의 효과, 서로 독립인 $N(0, \sigma_s^2)$ 확률변수

ε_{ijk} : 오차항으로서 서로 독립이며, $s_{i(j)}$와도 독립인 $N(0, \sigma_\varepsilon^2)$ 확률변수

반복측정을 나타내는 일변량 혼합모형에서 개체효과($s_{(i)j}$)는 랜덤하며 그룹에 내포되어 있는 것이 특징이다. 각 그룹에서 개체수는 n_i로서 다를 수 있으나, 여기서

는 n 으로 같다고 가정한다. [예제 8.3]에서 α_i 는 약품효과, β_k는 처리(시점)효과, γ_{ik}는 약품과 시점 사이의 교호작용 효과, $s_{(i)j}$ 는 약품 내에서 환자효과를 뜻한다.

반복측정계획의 자료구조는 다음과 같다.

〈표 8.5〉 반복측정자료의 자료구조

그룹	개체	처리(시점)			
		1	2	…	b
1	1	y_{111}	y_{112}	…	y_{11b}
	2	y_{121}	y_{122}	…	y_{12b}
	⋮	⋮	⋮		⋮
	n	y_{1n1}	y_{1n2}	…	y_{1nb}
⋮					
a	1	y_{a11}	y_{a12}	…	y_{a1b}
	2	y_{a21}	y_{a22}	…	y_{a2b}
	⋮	⋮	⋮		⋮
	n	y_{an1}	y_{an2}	…	y_{anb}

반복측정계획에서 관심의 대상으로는 그룹 간에 차이가 있는지, 처리에 따라 또는 시간의 흐름에 따라 차이가 생기는지, 또는 그룹 및 처리 사이의 교호작용 효과가 있는지 등에 관심이 있다. 따라서 이들 효과들을 분리한 후 순수한 오차항에 해당되는 변동과 비교하여 유의성을 검정하게 된다.

제곱합의 분해는 다음과 같다.

$$\mathrm{SST} = \mathrm{SS_A} + \mathrm{SS_B} + \mathrm{SS_{A\times B}} + \mathrm{SS_{S|A}} + \mathrm{SS_W}\ ,\quad \text{다만 } \mathrm{W} = \mathrm{B}\times(\mathrm{S|A})$$

각 제곱합은 다음과 같이 정의된다.

$$\mathrm{SST} = \sum_i\sum_j\sum_k (y_{ijk} - \bar{y}_{\cdots})^2$$

$$\mathrm{SS_A} = nb\sum_i (\bar{y}_{i\cdot\cdot} - \bar{y}_{\cdots})^2$$

$$\mathrm{SS_B} = an\sum_k (\bar{y}_{\cdot\cdot k} - \bar{y}_{\cdots})^2$$

$$\mathrm{SS_{A\times B}} = n\sum_i\sum_k (\bar{y}_{i\cdot k} - \bar{y}_{i\cdot\cdot} - \bar{y}_{\cdot\cdot k} + \bar{y}_{\cdots})^2$$

$$\mathrm{SS_{S|A}} = b\sum_i\sum_j (\bar{y}_{ij\cdot} - \bar{y}_{i\cdot\cdot})^2$$

$$\mathrm{SS_W} = \sum_i\sum_j\sum_k (y_{ijk} - \bar{y}_{ij\cdot} - \bar{y}_{i\cdot k} + \bar{y}_{i\cdot\cdot})^2$$

이들을 이용한 분산분석표는 〈표 8.6〉과 같다.

〈표 8.6〉 a개 그룹에서 반복요인이 1개인 분산분석표

요인	자유도	SS	MS	F-통계량
Between subjects				
A	$a-1$	SS_A	MS_A	$MS_A/MS_{S\|A}$
S|A	$a(n-1)$	$SS_{S\|A}$	$MS_{S\|A}$	
Within subjects				
B	$b-1$	SS_B	MS_B	MS_B/MS_W
A×B	$(a-1)(b-1)$	$SS_{A\times B}$	$MS_{A\times B}$	$MS_{A\times B}/MS_W$
W＝B×(S|A)	$a(n-1)(b-1)$	SS_W	MS_W	
계		SST		

검정통계량: F-통계량

그룹간 효과(A) $H_0:\ \alpha_1 = \cdots = \alpha_a = 0$의 검정: $F= MS_A/MS_{S|A}$

그룹내 효과(B) $H_0:\ \beta_1 = \cdots = \beta_b = 0$의 검정: $F= MS_B/MS_W$

그룹내 교호작용(A×B) $H_0:\ \gamma_{ik} = 0$의 검정: $F= MS_{A\times B}/MS_W$

각 효과의 유의성을 검정하기 위하여 F-검정을 시행하지만 위에서 언급한 F-통계량들은 근사적으로 F-분포를 따른다. 따라서 Greenhouse-Geisser와 Huynh-Feldt는 각각 자유도를 수정하는 ε을 제안하였다. SAS에서는 ε값과 함께 수정된 유의확률이 출력된다. 그러나 ε값은 1보다 작으며, 따라서 수정된 유의확률은 수정하지 않은 유의확률보다 커져서 보수적인 검정이 되므로 선호되지 않는 경향이 있다.

8.4.2 SAS의 이용

EG에서는 반복측정자료 분석에 대한 적당한 메뉴가 없으므로 SAS의 GLM 절차를 중심으로 SAS의 이용을 살펴보기로 한다.

반복측정자료는 GLM을 이용하여 분석할 수 있으며, 일반형이 다른 분산분석법과 다른 점은 다음과 같다.

```
PROC GLM <option>;
  CLASS variables;
  MODEL dependents = independents </ options>;
  REPEATED facator-name levels <level-values> </ options>;
```

① MODEL **dependents=independents 〈/ options〉;**

dependents에는 종속변수를 independents에는 그룹변수를 지정한다.

② REPEATED **factor-name levels 〈level-values〉 〈/ options〉;**

종속변수와 관련된 처리변수 또는 반복측정된 변수의 이름이 factor-name으로 지정되고, 처리수준의 개수 또는 측정된 시점의 수가 levels에 의해 지정된 후, level-values에 의해 출력될 label로 사용될 값들을 지정한다. 여기서 지정되는 값들의 개수는 levels의 값과 일치해야 한다.

- POLYNOMIAL 옵션: 처리변수(시점, contrast variable)의 다항식 곡선추세에 대한 분산분석을 시행한다.

/뒤의 options

NOM : 일변량 분석결과만을 출력한다.

NOU : 다변량 분석결과만을 출력한다.

PRINTE : 종속변수들의 부분상관행렬을 구형성 검정 결과를 함께 출력한다.

(2) 예제

예제 8.3 계속

REPEATED 문을 이용하여 [예제 8.3]의 반복측정된 자료를 분석하는 SAS 프로그램은 다음과 같다.

```
/* REPEAT1.SAS : 반복측정된 자료의 분석 프로그램 */
DATA REPEAT;
  INPUT GROUP $ PRETEST POSTTEST @@;
  DATALINES;
C 80 83 C 85 86 C 83 88 T 82 94 T 87 93 T 84 98
;
RUN;
PROC GLM;
  CLASS GROUP;
  MODEL PRETEST POSTTEST = GROUP ;
  REPEATED TIME 2 ( 0 1 ) ;
RUN;    QUIT;
```

프로그램 및 출력결과 설명

PRETEST와 POSTTEST가 반복측정된 종속변수(반응변수)이며 GROUP이 분류변수이다. 반복측정된 변수의 이름을 TIME이라고 지정하되 수준의 수는 2이고, 그 수준을 각각 0과 1이라는 값으로 나타내기로 한다.

투약 전의 반응값과 투약 후의 반응값 각각에 대한 개별 분산분석표가 [그림 8-5]와 같다(Type I SS는 Type Ⅲ SS와 같으므로 생략하였다). 개별 분산분석표들이 필요 없는 경우에는 NOUNI라는 옵션을 MODEL 문에서 적어주면 된다. C와 T 두 그룹 사이에 투약 전의 반응값은 차이가 없으나 투약 후의 반응값은 차이가 있는 것으로 나타났다.

Source	DF	Type III SS	Mean Square	F Value	Pr > F
GROUP	1	4.16666667	4.16666667	0.66	0.4628

(a) 종속변수 PRETEST에 대한 분산분석표

Source	DF	Type III SS	Mean Square	F Value	Pr > F
GROUP	1	130.6666667	130.6666667	19.60	0.0114

(b) 종속변수 POSTTEST에 대한 분산분석표

[그림 8-5] 투약 전과 투약 후의 반응값에 대한 일변량 분산분석표

[그림 8-6]은 반복측정계획에 의한 투약 전과 투약 후의 반응값을 다변량 벡터로 간주하고 다변량 분산분석을 시행한 결과이다. 시간효과인 TIME과 교호작용 효과인 TIME*GROUP이 모두 유의한 것으로 나타났다.

MANOVA Test Criteria and Exact F Statistics for the Hypothesis of no TIME Effect H = Type III SSCP Matrix for TIME E = Error SSCP Matrix S=1 M=-0.5 N=1					
Statistic	Value	F Value	Num DF	Den DF	Pr > F
Wilks' Lambda	0.13216314	26.27	1	4	0.0069
Pillai's Trace	0.86783686	26.27	1	4	0.0069
Hotelling-Lawley Trace	6.56640625	26.27	1	4	0.0069
Roy's Greatest Root	6.56640625	26.27	1	4	0.0069

(a) TIME 효과에 대한 검정 결과

MANOVA Test Criteria and Exact F Statistics for the Hypothesis of no TIME*GROUP Effect H = Type III SSCP Matrix for TIME*GROUP E = Error SSCP Matrix S=1 M=-0.5 N=1					
Statistic	Value	F Value	Num DF	Den DF	Pr > F
Wilks' Lambda	0.32611465	8.27	1	4	0.0452
Pillai's Trace	0.67388535	8.27	1	4	0.0452
Hotelling-Lawley Trace	2.06640625	8.27	1	4	0.0452
Roy's Greatest Root	2.06640625	8.27	1	4	0.0452

(b) 교호작용 TIME*GROUP 효과에 대한 검정 결과

[그림 8-6] 반복측정자료의 다변량 분산분석 결과

[그림 8-7]은 일변량 분산분석을 시행한 결과이다. 그룹간 효과(Between Subjects Effects)인 GROUP들에 대한 검정결과와 함께 그룹내 효과(Within Subjects Effects)로서 개체 내에서 시간의 변화에 따른 효과인 TIME과 교호작용 효과인 TIME*GROUP에 대한 검정 결과가 출력된다. 모두가 유의한 것으로 나타났다.

Source	DF	Type III SS	Mean Square	F Value	Pr > F
GROUP	1	90.75000000	90.75000000	11.84	0.0263
Error	4	30.66666667	7.66666667		

(a) 그룹간 효과인 GROUP에 대한 검정 결과

Source	DF	Type III SS	Mean Square	F Value	Pr > F
TIME	1	140.0833333	140.0833333	26.27	0.0069
TIME*GROUP	1	44.0833333	44.0833333	8.27	0.0452
Error(TIME)	4	21.3333333	5.3333333		

(b) 그룹내 효과인 TIME과 교호작용 TIME*GROUP에 대한 검정 결과

[그림 8-7] 반복측정자료의 일변량 분산분석 결과

지금까지는 모집단 요인이 1개인 경우를 다루었다. 모집단 요인이 2개 이상인 경우도 요인계획법과 마찬가지로 쉽게 확장될 수 있다. 다음 예제는 모집단 요인이 2개이고 반복요인은 1개인 반복측정모형의 예이다.

예제 8.4

16마리의 개를 랜덤하게 두 그룹으로 나누고, 한 그룹은 morphine을 투여 받고 다른 그룹은 trimethaphan을 투여 받았으며(변수 DRUG), 각 그룹은 약을 투여받기 전에 histamine 수준(변수 DEPL, depleted)을 낮추거나(Y, yes), 있는 대로 놔두는(N, no) 처방을 받는다. 관측값은 약을 투여한 후 0, 1, 3, 5 분 후에 histamine의 혈중농도이다. 자료의 평균과 분산 사이의 상관관계를 최소화하기 위하여 혈중농도를 log변환하여 사용하기로 한다. 관측 자료는 〈표 8.7〉과 같다. 각 효과의 유의성을 알아보자.(SAS/도움말)

〈표 8.7〉 시간별 혈중농도 자료

약(DRUG)	처방(DEPL)	시간(TIME)			
		0	1	3	5
Morphine	no	.04	.20	.10	.08
		.02	.06	.02	.02
		.07	1.40	.48	.24
		.17	.57	.35	.24
	yes	.10	.09	.13	.14
		.12	.11	.10	.
		.07	.07	.06	.07
		.05	.07	.06	.07
Trimethaphan	no	.03	.62	.31	.22
		.03	1.05	.73	.60
		.07	.83	1.07	.80
		.09	3.13	2.06	1.23
	yes	.10	.09	.09	.08
		.08	.09	.09	.10
		.13	.10	.12	.12
		.06	.05	.05	.05

이 문제를 분석하기 위한 SAS 프로그램은 다음과 같다.

```
/* REPEAT3.SAS : 히스타민 처방의 효과 분석 */
DATA DOGS;
   INPUT DRUG $ DEPL $ HIST0 HIST1 HIST3 HIST5;
   LHIST0=log(HIST0); LHIST1=log(HIST1);
   LHIST3=log(HIST3); LHIST5=log(HIST5);
   DATALINES;
MORPHINE N  .04  .20  .10  .08   MORPHINE N  .02  .06  .02  .02
MORPHINE N  .07 1.40  .48  .24   MORPHINE N  .17  .57  .35  .24
MORPHINE Y  .10  .09  .13  .14   MORPHINE Y  .12  .11  .10  .
MORPHINE Y  .07  .07  .06  .07   MORPHINE Y  .05  .07  .06  .07
TRIMETH  N  .03  .62  .31  .22   TRIMETH  N  .03 1.05  .73  .60
TRIMETH  N  .07  .83 1.07  .80   TRIMETH  N  .09 3.13 2.06 1.23
TRIMETH  Y  .10  .09  .09  .08   TRIMETH  Y  .08  .09  .09  .10
TRIMETH  Y  .13  .10  .12  .12   TRIMETH  Y  .06  .05  .05  .05
;
PROC GLM;
   CLASS DRUG DEPL;
   MODEL LHIST0--LHIST5=DRUG DEPL DRUG*DEPL/NOUNI;
       REPEATED TIME 4 (0 1 3 5) POLYNOMIAL/PRINTE SUMMARY;
RUN;   QUIT;
```

프로그램 및 출력결과 설명

PRINTE 옵션에 의해 부분상관계수의 유의성검정 결과와 함께 구형성검정 결과가 출력된다. [그림 8-8]은 구형성검정 결과이며, 유의성이 매우 강해서 공분산 행렬에 대하여 구형성을 가정하기 어려운 데이터임을 뜻한다. 따라서 일변량 분산분석보다는 다변량 분산분석을 시행하는 것이 안전하다.

Sphericity Tests				
Variables	DF	Mauchly's Criterion	Chi-Square	Pr > ChiSq
Transformed Variates	5	0.1752641	16.930873	0.0046
Orthogonal Components	5	0.1752641	16.930873	0.0046

[그림 8-8] 구형성검정 결과

[그림 8-9]는 다변량 분산분석을 시행한 결과이다. Wilks' Lambda, Pillai's Trace, Hotelling-Lawley Trace, Roy's Greatest Root의 결과가 모두 같으므로 Wilks' Lambda의 결과만 보였다. TIME을 비롯하여 교호작용들인 TIME*DRUG, TIME*DEPL 및 TIME*DRUG*DEPL이 모두 유의한 것으로 나타났다.

Statistic	Value	F Value	Num DF	Den DF	Pr > F
Wilks' Lambda	0.11097706	24.03	3	9	0.0001

(a) TIME의 효과에 대한 다변량 검정 결과

Statistic	Value	F Value	Num DF	Den DF	Pr > F
Wilks' Lambda	0.34155984	5.78	3	9	0.0175

(b) TIME*DRUG의 효과에 대한 다변량 검정 결과

Statistic	Value	F Value	Num DF	Den DF	Pr > F
Wilks' Lambda	0.12339988	21.31	3	9	0.0002

(c) TIME*DEPL의 효과에 대한 다변량 검정 결과

Statistic	Value	F Value	Num DF	Den DF	Pr > F
Wilks' Lambda	0.19383010	12.48	3	9	0.0015

(d) TIME*DRUG*DEPL의 효과에 대한 다변량 검정 결과

[그림 8-9] 다변량 분산분석의 결과

[그림 8-10]은 일변량 분산분석을 시행한 결과이다. 그룹간 효과에서는 DEPL이 유의하며, DRUG 및 DRUG*DEPL은 유의하지 않은 것으로 나타났다. 그룹내 효과에서는 TIME을 비롯하여 모든 교호작용들이 유의함을 보여 준다.

Source	DF	Type III SS	Mean Square	F Value	Pr > F
DRUG	1	5.99336243	5.99336243	2.71	0.1281
DEPL	1	15.44840703	15.44840703	6.98	0.0229
DRUG*DEPL	1	4.69087508	4.69087508	2.12	0.1734
Error	11	24.34683348	2.21334850		

(a) 그룹간 효과에 대한 일변량 검정 결과

						Adj Pr > F	
Source	DF	Type III SS	Mean Square	F Value	Pr > F	G - G	H-F-L
TIME	3	12.05898677	4.01966226	53.44	<.0001	<.0001	<.0001
TIME*DRUG	3	1.84429514	0.61476505	8.17	0.0003	0.0039	0.0023
TIME*DEPL	3	12.08978557	4.02992852	53.57	<.0001	<.0001	<.0001
TIME*DRUG*DEPL	3	2.93077939	0.97692646	12.99	<.0001	0.0005	0.0002
Error(TIME)	33	2.48238887	0.07522391				

Greenhouse-Geisser Epsilon	0.5694
Huynh-Feldt-Lecoutre Epsilon	0.6636

(b) 그룹내 효과에 대한 일변량 검정 결과

[그림 8-10] 일변량 분산분석 결과

[그림 8-11]은 POLYNOMIAL 옵션에 의해 출력된 결과이다. TIME에 대한 1차 선형추세와 2차, 3차 곡선추세에 대한 분산분석 결과로서, 선형추세가 가장 유의성이 강한 것으로 판단된다. TIME_N에서 N은 N-차 다항식을 뜻한다.

Source	DF	Type III SS	Mean Square	F Value	Pr > F
Mean	1	2.00963483	2.00963483	34.99	0.0001
DRUG	1	1.18069076	1.18069076	20.56	0.0009
DEPL	1	1.36172504	1.36172504	23.71	0.0005
DRUG*DEPL	1	2.04346848	2.04346848	35.58	<.0001
Error	11	0.63171161	0.05742833		

(a) TIME_1(대비변수 TIME의 선형추세에 대한 분산분석 결과)

Source	DF	Type III SS	Mean Square	F Value	Pr > F
Mean	1	5.40988418	5.40988418	57.15	<.0001
DRUG	1	0.59173192	0.59173192	6.25	0.0295
DEPL	1	5.94945506	5.94945506	62.86	<.0001
DRUG*DEPL	1	0.67031587	0.67031587	7.08	0.0221
Error	11	1.04118707	0.09465337		

(b) TIME_2(대비변수 TIME의 2차곡선 추세에 대한 분산분석 결과)

Source	DF	Type III SS	Mean Square	F Value	Pr > F
Mean	1	4.63946776	4.63946776	63.04	<.0001
DRUG	1	0.07187246	0.07187246	0.98	0.3443
DEPL	1	4.77860547	4.77860547	64.94	<.0001
DRUG*DEPL	1	0.21699504	0.21699504	2.95	0.1139
Error	11	0.80949018	0.07359002		

(c) TIME_3(대비변수 TIME의 3차곡선 추세에 대한 분산분석 결과)

[그림 8.11] TIME에 대한 POLYNOMIAL 추세 분석

제9장

범주형 자료의 분석

9.1 개념 및 목적

6장부터 8장까지 다루었던 분산분석법이나 회귀분석법은 반응변수들이 연속형자료인 경우에 적용 가능한 분석방법들이다. 따라서 반응변수(또는 종속변수)가 범주형 자료인 경우에는 이들 방법으로는 분석이 어렵다. 이 장에서는 반응변수가 범주형자료인 경우의 자료분석법에 대해 설명하기로 한다.

범주형 자료로서 두 변수의 관측값이 **분할표**(contingency table)의 형태로 주어지는 경우에는 두 변수가 서로 독립인지를 알아보는 **독립성검정**(test of independence)의 문제와 한 변수의 각 범주에서 다른 변수의 분포가 모두 같은지를 알아보는 **동질성검정**(test of homogeneity)의 문제가 있다. 두 검정법의 유도과정은 다르지만 결과는 같은 검정법을 사용하게 되며, 흔히 χ^2-검정을 시행한다.

만일 두 변수가 독립이 아니면 두 변수 사이의 **연관성의 측도**(measure of association)를 이용하여 그 관련 정도를 설명해 주는 방법을 생각할 수 있다.

이와 같은 분할표 분석은 EG의 **기술 → 테이블 분석** 메뉴를 이용하거나 SAS의 FREQ 절차를 이용하여 시행할 수 있다.

그러나 분할표를 이용한 검정은 변수들 사이의 연관성의 존재 여부만 설명할 수 있을 뿐 어떤 범주가 중요한 역할을 하는지 알기는 어려우며, 분석변수의 수가 3개 이상인 경우는 FREQ 절차를 이용한 분석이 어려워진다. 대신에 범주형 변수들 사이의 관계를 선형모형의 형태로 나타내어 변수들 사이의 관계를 설명하는 방법을 사용할 수 있는데 이를 위해 CATMOD 절차, LOGISTIC 절차 및 GENMOD 절차를 이용할 수 있다. 그러나 이와 같은 절차에 대응되는 메뉴가 EG에 모두 있는 것은 아니므로 이 장에서는 SAS 절차를 주로 사용할 예정이다.

이 장에서 다루고자 하는 모형은 분석의 목적에 따라 크게 2가지로 나눌 수 있다.

첫째로 분석하고자 하는 변수들이 모두 반응변수인 경우, 즉 분석하고자 하는 변수들이 서로 어떻게 연관되어 있는지에 관심이 있는 경우에는 **로그선형모형**(loglinear model)을 사용한다.

둘째로 한 변수를 반응변수로 보고 나머지 변수들을 설명변수로 보아 설명변수들이 반응변수에 어떻게 영향을 미치는지에 관심이 있는 경우에는 **로짓**(logit)**모형** 또는 **로지스틱**(logistic)**모형** 및 **프로빗**(probit)**모형**을 사용한다. 로짓모형과 로지스틱모형은 혼용되어 쓰이기도 하나, 이 책에서는 설명변수들이 범주형인 경우는 로짓모형, 연속형과 범주형이 있는 경우에는 로지스틱모형이라고 부르기로 한다.

로짓모형은 ANOVA 모형과 유사하나 반응변수가 연속형이 아니라 범주형이라는 점이 다르다. 따라서 GLM이나 ANOVA 절차에서는 설명변수(또는 독립변수)가 범주형인 경우에 CLASS 문에서 지정해 주어 분산분석을 시행하나, CATMOD 절차에서는 설명변수가 연속형인 경우에 DIRECT 문에서 지정하여 로지스틱 회귀모형을 적합시킨다.

한편 LOGISTIC 절차에서는 설명변수가 연속형인 것이 기본이므로 범주형 설명변수는 CLASS 문으로 분류변수임을 지정해 준다.

GENMOD 절차는 **일반화선형모형**(generalized linear model)을 적합시키는 절차이므로 CATMOD와 LOGISTIC에서 다루는 모형을 모두 포함하여 적합시킬 수 있다. 다만 범주형 설명변수는 CATMOD에서와 같이 CLASS 문으로 지정해주어야 한다.

9.2 분할표의 분석

9.2.1 이론적 배경

(1) 동질성검정 문제

예제 9.1

환자들이 치료기관을 선택하는 데 도움을 줄 목적으로 두 병원 A와 B를 방문하여 지난 1년간의 치유율을 조사하였다. 치유율을 조사한 대상은 외과 수술을 받은 환자들이며 그 결과는 〈표 9.1〉과 같았다. 〈표 9.1〉에서 '생존'이라 함은 수술 후 적어도 6개월 이상 생존했음을 의미한다. 두 병원에서 수술 받은 환자들의 생존율은 동일한지 알아보자.(Koopmans, 1981)

〈표 9.1〉 외과수술을 받은 환자들의 치유율

	사망	생존	계
병원 A	63	2037	2100
병원 B	16	784	800

2개의 범주형 변수들의 각 범주에 속하는 자료를 〈표 9.1〉과 같이 나타낸 것을 2차원 분할표라고 한다. [예제 9.1]에서는 두 병원에서의 환자들의 생존율이 다르게 나타나는지에 관심이 있다. 이때 병원 A에서의 생존율을 p_1, 병원 B에서의 생존율을 p_2라고 하면 위의 문제는 $p_1 = p_2$를 검정하는 문제가 된다. 병원 A와 B에서 조사한 환자의 수 2100명과 800명을 사전에 정해 놓았다고 하면, 각 그룹의 범주의 개수가 2개이므로 사망 발생건수는 서로 독립인 이항분포에서 관측된 값이며, 위의 문제는 두 개의 이항분포에서 성공확률이 동일한지를 검정하는 문제가 된다.

범주의 개수가 3개 이상이면 각 그룹에서의 관측값들은 서로 독립인 다항분포를 따른다. 따라서 각 그룹을 부차모집단이라 하면, 부차모집단에서 각 범주의 확률이 같은지를 검정하는 문제가 되며, 이를 **동질성검정**이라 한다.

〈표 9.2〉와 같은 2차원 분할표에서 (i, j) 칸의 관측도수(빈도)를 x_{ij}, 각 부차모집단의 분포가 동일하다는 귀무가설하에서 기대도수(빈도)를 m_{ij} 라고 할 때 동질성검정을 위한 검정통계량은 다음과 같다.

$$\chi^2 = \sum \frac{(\text{관측도수} - \text{기대도수})^2}{\text{기대도수}} = \sum_i \sum_j \frac{(x_{ij} - m_{ij})^2}{m_{ij}}$$

χ^2을 피어슨의 **카이제곱통계량**(Pearson's χ^2-statistic)이라 하며, 각 부차모집단의 분포가 동일하다는 귀무가설하에서 근사적으로 χ^2-분포를 따르므로 이에 기초한 검정을 **카이제곱검정**이라고 한다.

〈표 9.2〉와 같은 동질성검정을 위한 분할표에서, 각 부차모집단의 분포가 동일하다는 귀무가설 하에서 각 칸의 기대도수 추정값은 다음과 같다.

$$\hat{m}_{ij} = n_i \frac{x_{\cdot j}}{n}$$

〈표 9.2〉 동질성검정에서 $r \times c$ 분할표의 형태

부차 모집단	변수 B 1	2	…	c	표본크기
A_1	x_{11}	x_{12}	…	x_{1c}	n_1
A_2	x_{21}	x_{22}	…	x_{2c}	n_2
⋮	⋮	⋮		⋮	⋮
A_r	x_{r1}	x_{r2}	…	x_{rc}	n_r
계	$x_{\cdot 1}$	$x_{\cdot 2}$	…	$x_{\cdot c}$	n

x_{ij} : i 번째 모집단에서 j 번째 반응을 나타내는 도수(빈도)

$x_{\cdot j}$: j 번째 반응을 나타내는 개체의 총수$\left(= \sum_{i=1}^{r} x_{ij}\right)$

n_i : i 번째 모집단의 표본 크기

n : 총 표본의 크기

피어슨의 카이제곱통계량과 매우 유사한 결과를 주는 통계량으로 **가능도비**(또는 **우도비**, likelihood-ratio) **통계량**이 있으며 다음과 같이 정의된다.

$$G^2 = 2\sum(\text{관측도수})\log\left(\frac{\text{관측도수}}{\text{기대도수}}\right) = 2\sum_i\sum_j x_{ij}\log\left(\frac{x_{ij}}{m_{ij}}\right)$$

G^2도 역시 귀무가설하에서 근사적으로 χ^2-분포를 따르며, 두 통계량의 자유도는 같은 $(r-1)(c-1)$이다.

(2) 독립성검정 문제

예제 9.2

어느 회사에서 교육수준과 결혼생활의 만족도 사이의 연관성을 알아보기 위해 사원 가운데서 1000명을 랜덤하게 추출하여 〈표 9.3〉을 얻었다. 이 자료에 의하면 개인의 교육수준이 결혼생활의 만족도에 영향을 미친다고 할 수 있는가?

〈표 9.3〉 교육수준과 결혼생활의 만족도

교육수준 \ 결혼생활	빈약	만족	대단히 양호
대학	72	112	245
고등학교	65	90	120
중학교 이하	95	103	98

〈표 9.2〉의 동질성검정 분할표에서는 행의 합인 $n_1, n_2, \cdots, n_r$ 이 미리 정해진 값이다. 그러나 독립성검정 분할표에서는 총 도수(표본의 크기) n 만 미리 결정되어 있으며, 따라서 분할표는 〈표 9.4〉와 같다.

〈표 9.4〉 독립성검정에서 $r \times c$ 분할표의 형태

A \ B	B_1	B_2	$\cdots$	B_c	계
A_1	x_{11}	x_{12}	$\cdots$	x_{1c}	$x_{1\cdot}$
A_2	x_{21}	x_{22}	$\cdots$	x_{2c}	$x_{2\cdot}$
$\vdots$	$\vdots$	$\vdots$		$\vdots$	$\vdots$
A_r	x_{r1}	x_{r2}	$\cdots$	x_{rc}	$x_{r\cdot}$
계	$x_{\cdot 1}$	$x_{\cdot 2}$	$\cdots$	$x_{\cdot c}$	n

$$x_{i\cdot} = \sum_{j=1}^{c} x_{ij} \ (\text{행의 합}); \quad x_{\cdot j} = \sum_{i=1}^{r} x_{ij} \ (\text{열의 합})$$

두 변수 A와 B가 서로 독립이라면 (i, j) 칸의 확률은

$$\begin{aligned} p_{ij} &= P(\text{변수 A의 범주는 } i \text{ 이고 변수 B의 범주는 } j) \\ &= P(\text{변수 A의 범주는 } i) \times P(\text{변수 B의 범주는 } j) \\ &= p_{i\cdot}\, p_{\cdot j} \end{aligned}$$

가 된다. x_{ij} 는 표본크기가 n 이고 확률이 p_{ij} 인 다항분포에서의 관측도수이므로, 독립성의 가정하에서 기대도수는

$$m_{ij} = n p_{ij} = n p_{i\cdot}\, p_{\cdot j}$$

가 된다. 따라서 기대도수 m_{ij} 는 다음과 같이 추정할 수 있다.

$$\widehat{m_{ij}} = n \frac{x_{i\cdot}}{n} \frac{x_{\cdot j}}{n} = \frac{x_{i\cdot}\, x_{\cdot j}}{n}$$

$n_i = x_{i\cdot}$ 이므로 독립성검정의 기대도수 $\widehat{m}_{ij}$ 는 동질성검정의 경우와 같으며, 두 경우 모두 검정통계량의 값이 $\chi^2_\alpha((r-1)(c-1))$ 보다 크면 귀무가설을 기각한다.

(3) 연관성의 측도

위에서 소개한 χ^2-검정통계량들은 두 변수들 사이에 연관성이 있는지를 검정하는 측도라고 할 수 있으며, 이 외에도 여러 가지 연관성의 측도가 있다. 분석하고자 하는 자

료들이 **명목척도**(nominal scale), **순위척도**(ordinal scale) 또는 **구간척도**(interval scale) 중 어느 것에 해당되느냐에 따라 이들 중에서 적합한 **측도**(measure)를 선택해야 할 것이다.

우리들이 흔히 표본상관계수라고 하는 측도는 4장에서 설명한 피어슨의 상관계수로서 변수들이 순위척도를 갖는 경우에 적합하다. 순위척도를 갖는 변수들의 경우에 적합한 측도로는 표본상관계수 이외에도 **일치**(concordance)와 **불일치**(discordance)의 개념을 이용한 **감마**(gamma, γ), **켄달의 타우-b**(Kendall's Tau-b, τ_b), **스튜어트의 타우-c**(Stuart's Tau-c, τ_c)와 **소머즈의 D**(Sommer's D) 등이 있다.

명목척도를 갖는 변수의 경우에 적합한 연관성의 측도로는 **람다 비대칭**(Lambda asymmetric)과 **람다 대칭**(Lambda symmetric) 등이 있다. 카이제곱통계량과 관련된 측도로는 **파이계수**(phi coefficient), **분할계수**(contingency coefficient, **우발성 계수**)와 **크래머의 V**(Cramer's V) 등이 있으며 다음과 같이 정의된다.

파이계수: $\Phi = \sqrt{\chi^2/n}$

분할계수: $C = \sqrt{\chi^2/(n+\chi^2)}$, $0 \le C \le 1$

크래머의 V: $V = \sqrt{\chi^2/[n(q-1)]}$, $0 \le V \le 1$

2×2 분할표에서 1열을 '성공', 2열을 '실패'로 표현하면 1행에서 실패에 대한 성공의 **오즈(odds, 승산)**는 p_{11}/p_{12} 이며, 2행에서 실패에 대한 성공의 오즈(odds, 승산)는 p_{21}/p_{22} 이다. 따라서 1행의 2행에 대한 **오즈비(odds ratio, 승산비)**는 다음과 같다.

$$\alpha = \frac{p_{11}/p_{12}}{p_{21}/p_{22}} = \frac{m_{11}/m_{12}}{m_{21}/m_{22}} = \frac{m_{11}m_{22}}{m_{12}m_{21}}, \quad 0 < \alpha < \infty$$

오즈비는 대각선을 중심으로 대칭인 확률의 곱으로 표현되므로 **교차곱의 비**(cross-product ratio)라고도 한다. $\alpha = 1$ 이면 두 변수는 서로 독립이다.

(4) 심프슨의 파라독스(Simpson's Paradox)

예제 9.1 계속

〈표 9.1〉을 보면 병원 A에서는 약 3%의 수술 환자가 사망하였음에 비해 병원 B에서는 약 2%의 환자만이 사망하였음을 알 수 있다. 이 결과만으로 보면 환자로서는 병원 B를 선택하는 것이 타당한 것처럼 보인다. 그러나 수술 환자의 생존 여부는 입원 당시의 환자의 상태에 크게 의존한다. 따라서 환자의 상태를 경증과 중증으로 나누

어 각 병원에서 생존 여부를 조사한 결과 〈표 9.5〉를 얻었다.

〈표 9.5〉 환자상태에 따라 분류한 3차원 분할표

	경증		계
	사망	생존	
병원 A	6	594	600
병원 B	8	592	600

	중증		계
	사망	생존	
병원 A	57	1443	1500
병원 B	8	192	200

〈표 9.5〉를 보면 경증일 경우 병원 A에서는 1%가, 병원 B에서는 1.3%가 사망하였고 중증일 경우 병원 A에서는 3.8%가, 병원 B에서는 4%가 사망하여 두 가지 경우 모두 병원 A에서의 생존율이 높음을 알 수 있다. 따라서 〈표 9.1〉로부터 얻은 병원 A에서의 생존율이 낮다는 관측결과와는 반대의 결과를 얻게 된다. 이처럼 어떤 범주 내에서 속성에 대한 비율이 각 범주의 부범주에서 그 속성에 대한 비율과 반대되는 현상을 **심프슨의 파라독스**(Simpson's Paradox)라고 한다.

이와 같은 모순이 생기는 이유는 다음과 같다. 병원 A는 대학의 부설 종합병원으로서 다양한 지역의 많은 환자를 대상으로 하고, 병원 B보다 중증의 환자를 많이 다루게 된다. 중증의 환자들은 경증의 환자보다 사망률이 높으므로 중증의 환자를 1500명이나 치료한 병원 A의 생존율에 영향을 미치게 되어 200명밖에 치료하지 않은 병원 B보다 전반적인 사망률이 높게 나타나게 된 것이다.

이러한 현상은 분석해야 할 범주형 변수들이 3개 이상인 경우, 다른 변수들과 연관이 있는 한 변수를 무시하고 나머지 변수들에 대한 2차원 분할표를 만들어서 분석을 하는 경우에 나타날 수 있다. 즉, 〈표 9.5〉를 보면 환자상태와 생존율 사이에 교호작용이 있음에도 불구하고 환자상태라는 변수를 고려하지 않고 〈표 9.1〉과 같이 병원과 생존여부의 2차원 분할표를 구성하여 분석을 하였기 때문에 잘못된 결론을 얻게 된 것이다.

따라서 범주형 자료를 분석하는 경우 단순히 편의에 의하여 범주들을 묶어서 분석하면 안 되며, 특히 다른 변수들과 교호작용이 있는 변수의 범주들을 묶어서 분석하면 잘못된 결론을 얻을 수 있으므로 조심해야 한다. 그러나 분석해야 할 변수의 개수가 많을 경우에는 변수들 사이의 연관성 정도를 알아보기 어려운 문제점이 있다. 이러한 문제점을 해결할 수 있는 방법 중의 하나가 **로그선형모형**(loglinear model)을 이용한 분석법으로서 9.3절에서 자세히 설명하기로 한다.

9.2.2 SAS의 이용

(1) EG의 이용

분할표 분석을 위한 EG의 메뉴는 **작업 → 기술 → 테이블 분석**이다. [예제 9.1] 자료에 대하여 두 병원의 수술 받은 환자 생존율은 같은지 알아보자.

예제 9.1 계속

〈표 9.1〉의 분할표 자료에서 두 병원에서 수술 받은 환자들의 생존율은 동일한지 알아보자.(dataset 폴더에서 survival 자료)

이를 위해 survival 자료를 열고, **작업 → 기술 → 테이블 분석** 메뉴를 선택한다. 데이터 창에서 병원(HOSP)과 생존여부(SURV)를 테이블 변수로 선택하고, 환자수인 COUNT를 빈도변수로 선택한다. 테이블 창에서 SURV를 열변수로 HOSP를 행변수로 끌어다 놓는다. 셀 통계량에서는 셀 빈도, 각 셀의 기대빈도, 행 백분율, 셀 백분율을 체크한다. 연관성 창에서 연관성 검정으로 '카이제곱검정'을, 연관성 측도로 '측도'를 체크하고 실행을 클릭한다.(EG에서는 독립성검정과 동질성검정을 연관성검정으로 표현하고 있다.)

[그림 9-1]은 HOSP와 SURV에 대한 분할표(도수분포표)이다.

테이블 : HOSP * SURV				
		SURV		합계
		ALIVE	DEAD	
HOSP				
A	빈도	2037	63	2100
	기대값	2042.8	57.207	
	백분율	70.24	2.17	72.41
	행 백분율	97.00	3.00	
B	빈도	784	16	800
	기대값	778.21	21.793	
	백분율	27.03	0.55	27.59
	행 백분율	98.00	2.00	
합계	빈도	2821	79	2900
	백분율	97.28	2.72	100.00

[그림 9-1] 병원 * 생존여부의 분할표

[그림 9-2]는 카이제곱검정 옵션에 의해 동질성검정을 시행한 각종 χ^2-검정 결과들이다. 검정 결과 유의확률이 0.10보다 크므로 병원에 따라 생존여부가 동일하다는 가설을 기각하지 못한다. 즉, 병원에 따라 생존여부에 차이가 없다고 판단된다. 2×2 분할표의 분석에서는 Fisher의 정확검정(exact test) 결과도 출력되나 그림에서는 생략하였다.

통계량	자유도	값	확률
카이제곱	1	2.1861	0.1393
우도비 카이제곱	1	2.3253	0.1273
연속성 수정 카이제곱	1	1.8251	0.1767
Mantel-Haenszel 카이제곱	1	2.1854	0.1393
파이 계수		-0.0275	
우발성 계수		0.0274	
크래머의 V		-0.0275	

[그림 9-2] 카이제곱 검정 옵션에 의한 결과

연관성 측도인 '측도'에 의해 출력된 결과는 [그림 9-3]과 같다. 두 변수 사이의 연관성은 음의 상관관계에 있으나 ASE(점근표준오차)와 비교해 볼 때, 각종 통계량의 절댓값이 2*ASE 보다 작으므로 유의하지는 않음을 볼 수 있다. 즉, 병원에 따라 생존여부가 다르지 않다고 판단한다.

통계량	값	점근표준오차
감마	-0.2049	0.1356
Kendall의 타우-b	-0.0275	0.0168
Stuart의 타우-c	-0.0080	0.0050
Somers D C|R	-0.0100	0.0062
Somers D R|C	-0.0754	0.0460
Pearson 상관계수	-0.0275	0.0168
Spearman 상관계수	-0.0275	0.0168
람다 비대칭 C|R	0.0000	0.0000
람다 비대칭 R|C	0.0000	0.0000
람다 대칭	0.0000	0.0000
불확실 계수 C|R	0.0032	0.0041
불확실 계수 R|C	0.0007	0.0009
불확실 계수 대칭	0.0011	0.0014

상대 리스크의 추정값(행1/행2)			
연구 유형	값	95% 신뢰한계	
사례대조연구(오즈비)	0.6599	0.3789	1.1493
코호트(칼럼1 리스크)	0.9898	0.9776	1.0022
코호트(칼럼2 리스크)	1.5000	0.8718	2.5808

[그림 9-3] 연관성 측도 옵션에 의해 출력된 결과

(2) SAS 절차의 이용

SAS에서 분할표 분석은 FREQ 절차를 이용하며, 일반형은 다음과 같다.

```
PROC FREQ <options>;
  TABLES requests </ options>;
  WEIGHT variable;
  BY variables;
```

① PROC FREQ 〈options〉;

- DATA=SAS-data-set: 분석에 사용될 자료명을 지정한다.
- ORDER=DATA | FORMATTED | FREQ | INTERNAL: 분할표 상에서 변수들의 범주들

의 배열이 어떠한 순서로 출력될 것인지를 지정한다. DATA가 사용되면 자료들이 입력된 순서대로 출력하고 FREQ가 사용되면 관측도수가 큰 범주의 순서로 출력된다. 디폴트(default)는 INTERNAL로서 정렬된 순서로 출력된다.

② TABLES **requests** 〈/ **options**〉;
출력시키고자 하는 분할표의 형태를 requests에 의해 지정한다.

requests의 예:
- TABLES A: 도수분포표
- TABLES A*B: 2차원 분할표
- TABLES (A B)*C: A*C와 B*C 각각의 2차원 분할표
- TABLES A*B*C: 3차원 분할표

TABLES 문 뒤의 〈/ **options**〉 :
- ALL: 각종 검정 및 연관성의 측도와 관련된 통계량을 출력한다.
- CHISQ: χ^2 -검정을 시행하고 이와 관련된 연관성의 측도를 출력한다.
- EXPECTED: 독립성(동질성)의 가정하에서 각 칸의 기대도수를 출력한다.
- MEASURES: 각종 연관성의 측도와 그들의 점근적 표본오차를 출력한다.
- NOPERCENT: 칸의 백분율(cell percentage)을 출력하지 않는다.
- OUT=SAS-data-set: 출력될 변수들과 도수가 저장될 자료명을 지정한다.

이 외에도 CUMCOL, NOROW, NOCOL, NOCUM 등이 있다.

③ WEIGHT **variable**; 빈도(도수)로 사용할 변수를 지정한다.

예 9.1

WEIGHT COUNT: COUNT 변수가 해당되는 범주의 도수를 저장한다.

예제 9.1 계속

〈표 9.1〉의 분할표 자료를 분석하기 위한 SAS 프로그램은 다음과 같다. 프로그램에서 A와 B는 병원을 뜻하고 ALIVE와 DEAD는 각각 생존과 사망을 뜻한다.

```
/* FREQ1.SAS : SURVIVAL RATE FREQUENCY TABLE */
DATA SURVIVAL;
  INPUT HOSP $ SURV $ COUNT @@;
  DATALINES;
A DEAD 63 A ALIVE 2037 B DEAD 16 B ALIVE 784
;
```

```
RUN;
PROC FREQ ORDER=DATA;                                  ①
  TABLES HOSP SURV HOSP*SURV/
      EXPECTED CHISQ NOCUM NOCOL MEASURES;             ②
  WEIGHT COUNT;
RUN; QUIT;
```

프로그램 및 출력결과 설명

① ORDER=DATA에 의해 분할표에서 자료의 입력순서로 범주들이 배열된다.

② 병원(HOSP)과 생존여부(SURV) 각각에 대한 도수분포표를 출력하고, 병원과 생존여부의 분할표를 출력함과 동시에 각각에 대한 카이제곱검정 결과를 출력시키며, MEASURES에 의해 각종 연관성 측도를 출력시킨다. 결과는 앞에서 EG의 메뉴를 이용한 결과와 같다. 병원과 생존여부 각각에 대한 도수분포표는 생략하였다.

다음 예제에서 [예제 9.2]의 문제에 대하여 SAS의 FREQ 절차를 이용한 프로그램의 출력 결과를 보기로 한다.

예제 9.2 계속

〈표 9.3〉의 분할표를 분석하기 위한 SAS 프로그램은 다음과 같다. 프로그램에서 EDU는 교육수준을 뜻하고 MSTATUS는 결혼생활 만족도를 뜻한다.

```
/* FREQ2.SAS : MARRIAGE SATISFACTION FREQUENCY TABLE */
DATA MARRIAGE;
  INPUT EDUC $ MSTATUS $ COUNT @@;
  DATALINES;
COLLEGE POOR 72  COLLEGE GOOD 112  COLLEGE EXCEL 245
HIGH    POOR 65  HIGH    GOOD  90  HIGH    EXCEL 120
MIDDLE  POOR 95  MIDDLE  GOOD 103  MIDDLE  EXCEL  98
;
RUN;
PROC FREQ ORDER=DATA;
  TABLES EDUC*MSTATUS /
      EXPECTED CHISQ NOCUM NOCOL NOROW NOPERCENT;      ①
  WEIGHT COUNT;
RUN;  QUIT;
```

프로그램 및 출력결과 설명

① 분할표의 옵션인 EDUC*MSTATUS에 의해 2차원 분할표가 [그림 9-4](a)와 같이 출력된다. EXPECTED 옵션에 의해 관측빈도와 기대빈도가 출력된다. CHISQ 옵션에 의해 독립성에 대한 χ^2-검정이 시행되며, 결과는 (b)와 같다. 카이제곱검정 결과 유의확률이 0.0001보다 작아서 매우 유의성이 있는 것으로 나타났다. 즉, 학력에 따라 결혼생활의 만족도가 다르다고 할 수 있다.

빈도 기대값	테이블 : EDUC * MSTATUS			
	MSTATUS			
EDUC	POOR	GOOD	EXCEL	합계
COLLEGE	72 99.528	112 130.85	245 198.63	429
HIGH	65 63.8	90 83.875	120 127.33	275
MIDDLE	95 68.672	103 90.28	98 137.05	296
합계	232	305	463	1000

(a) 2차원 분할표

통계량	자유도	값	확률
카이제곱	4	45.0575	<.0001
우도비 카이제곱	4	45.3307	<.0001
Mantel-Haenszel 카이제곱	1	42.6995	<.0001
파이 계수		0.2123	
우발성 계수		0.2076	
크래머의 V		0.1501	

(b) CHISQ 옵션에 의한 결과

[그림 9-4] 2차원 분할표에서 독립성검정 결과

9.3 로그선형모형과 적합성검정

9.3.1 이론적 배경

9.2절에서 설명한 독립성검정에서는 두 변수(또는 요인)가 서로 독립이라는 귀무가설하에서 각 칸의 기대도수의 추정량은

$$\widehat{m}_{ij} = x_{i\cdot}x_{\cdot j}/n, \quad i=1,\cdots,r,\ j=1,\cdots,c$$

이 됨을 보였다. 위식의 양변에 자연로그를 취하면

$$\log \widehat{m}_{ij} = \log x_{i\cdot} + \log x_{\cdot j} - \log n$$

과 같은 형태의 식을 얻게 된다. 일반적으로 $\log m_{ij}$는 다음과 같이 쓸 수 있다.

$$\log m_{ij} = u + u_{1(i)} + u_{2(j)},$$

$$u = \frac{1}{rc}\sum_{i=1}^{r}\sum_{j=1}^{c}\log m_{ij} : \text{ 전체효과}$$

$$u_{1(i)} = \frac{1}{c}\sum_{j=1}^{c}\log m_{ij} - u : \text{ 변수 } A\text{의 } i\text{ 번째 범주의 효과}$$

$$u_{2(j)} = \frac{1}{r}\sum_{i=1}^{r}\log m_{ij} - u : \text{ 변수 } B\text{의 } j\text{ 번째 범주의 효과}$$

여기서 $\sum_{i=1}^{r} u_{1(i)} = \sum_{j=1}^{c} u_{2(j)} = 0$을 만족한다. 이와 같은 모형을 **로그선형모형**(loglinear model)이라고 한다. 위의 모형은 두 변수가 서로 독립이므로 각 변수의 주효과만 존재하며, 이와 같이 주효과만 포함된 모형을 **독립모형**(independent model)이라 한다.

교호작용도 존재하는 모형에서는 $\log m_{ij}$를 다음과 같이 나타낼 수 있다.

$$\log m_{ij} = u + u_{1(i)} + u_{2(j)} + u_{12(ij)}$$

여기서 $u_{12(ij)}$는 각 i, j에 대하여 $\sum_{i=1}^{r} u_{12(ij)} = \sum_{j=1}^{c} u_{12(ij)} = 0$을 만족한다. 2차원 분할표에서는 이와 같은 모형을 **포화모형**(saturated model)이라 한다. 이 외에도 하나의 주효과만 있거나 주효과도 없는 다음과 같은 여러 가지 모형도 고려할 수 있다.

$$\log m_{ij} = u + u_{1(i)}$$

$$\log m_{ij} = u + u_{2(j)}$$

$$\log m_{ij} = u$$

주어진 자료를 가장 잘 적합하는 모형을 찾기 위해서는 앞에서 고려한 모형을 적합시켜 각 칸의 기대도수 $\hat{m}_{ij}$를 구한 후 피어슨의 카이제곱통계량(χ^2) 또는 **가능도비**(likelihood-ratio, **우도비**) 카이제곱통계량(G^2)을 구한다. 카이제곱통계량들은 자료들이 해당되는 모형에 잘 적합된다는 가정하에서 근사적으로 카이제곱분포를 따르므로 이를 이용하여 카이제곱검정을 시행한다. 이와 같은 검정을 **적합성검정**(goodness-of-fit test)이라 하며, 자유도는

자유도 = 칸의 수(# of cells) − 적합시킨 모형에서 추정된 모수의 개수

이다. 따라서 독립모형의 자유도는

$$r \times c - [(r-1) + (c-1) + 1] = (r-1)(c-1)$$

이 되고, 포화모형에서의 자유도는 다음과 같이 0이 된다.

$$r \times c - [(r-1)+(c-1)+1+(r-1)(c-1)] = 0$$

로그선형모형은 변수가 3개 이상인 경우에 변수들 사이의 연관성을 분석하는 데 유용하다. 예를 들어 3차원 분할표에서 세 변수를 A, B, C라고 할 때 포화모형은

$$\log m_{ijk} = u + u_{1(i)} + u_{2(j)} + u_{3(k)} + u_{12(ij)} + u_{13(ik)} + u_{23(jk)} + u_{123(ijk)}$$

이며, 이를 SAS 식으로는 [A|B|C]로 나타낸다. 포화모형에서 $u_{123(ijk)}$가 없는 모형은 3인자 교호작용(또는 2차 교호작용)이 유의하지 않은 모형을 뜻하며, SAS 식으로는 [A|B A|C B|C]로 나타낼 수 있다. [A|B A|C B|C]에서 다시 A와 C의 교호작용이 없는 모형은 [A|B B|C]와 같이 나타낸다. 예를 들어 모형

$$\log m_{ijk} = u + u_{1(i)} + u_{2(j)} + u_{3(k)} + u_{12(ij)}$$

는 주효과와 함께 A와 B의 교호작용이 있는 모형으로서, SAS 식으로는 [A|B C]로 나타낸다.

SAS에서는 로그선형모형에서 **위계적구조**(hierarchical structure)를 가정하고 모형을 만든다. 실제로 위계적구조가 아니면 이론 전개에 어려움이 많기 때문에 대부분의 이론은 위계적구조를 가정하고 이루어진다. 위계적구조란 한 교호작용이 모형에 포함되면 그의 하위 교호작용과 주효과가 모두 모형에 포함되는 것을 뜻한다. 예를 들어 3인자 교호작용인 $u_{123(ijk)}$가 모형에 포함되면 하위 효과인

$$u,\ u_{1(i)},\ u_{2(j)},\ u_{3(k)},\ u_{12(ij)},\ u_{13(ik)},\ u_{23(jk)}$$

가 모두 모형에 포함되는 구조를 뜻한다. 이러한 위계적구조에서만 SAS 식에서 사용하는 **막대기호**(bar notation)가 가능함에 유의해야 한다. 예를 들어

$$\log m_{ijk} = u + u_{1(i)} + u_{2(j)} + u_{23(jk)}$$

는 $u_{3(k)}$가 없으므로 위계적구조가 아니다.

이제 로그선형모형에서 가능도비 카이제곱통계량인 G^2를 이용하여 모형을 선택하는 방법을 알아보자. 위계적구조 가정하에서 최적의 모형을 선택하는 방법으로는 **후진제거**(backward elimination), **전진선택**(forward selection) 및 **단계별 선택**(stepwise selection) 등의 방법이 사용된다. 3차원 분할표에서 A, B, C 세 변수(요인)가 있는 경우에 후진제거법에 의한 모형선택방법을 알아보기 위하여, SAS 식으로 표현된 다음과 같은 모형을 생각해 보자.

①: [A¦B A¦C B¦C]

②: [A¦B A¦C]

③: [A¦B]

④: [A B C]

모형 ①에 대한 가능도비 통계량인 $G^2(①)$의 유의확률이 클 경우에(예를 들어 0.05 이상인 경우에) 모형 ①은 주어진 자료를 잘 적합한다는 뜻이다. 이제 유의수준 α에서 모형 ②로의 축소가 가능한지 검정하려면 두 G^2 통계량의 차를 이용한다. 즉,

$$G^2(②)-G^2(①) < \chi^2_\alpha(\mathrm{df}),\quad \mathrm{df} = ②\text{의 자유도} - ①\text{의 자유도}$$

$$G^2(②) < \chi^2_\alpha(\mathrm{df}),\quad \mathrm{df} = ②\text{의 자유도}\ ,$$

이면 모형 ①에서 모형 ②로의 축소가 가능함을 뜻한다. 위 식에서 $G^2(②)-G^2(①)$이 χ^2_α 보다 작으면 차이에 대한 유의성이 없으므로 ①에서 ②로의 축소가 가능하며, $G^2(②)$가 다시 χ^2_α 보다 작으면 유의확률이 α 보다 커서 모형 ②의 적합이 가능함을 뜻한다. 이와 같은 과정을 반복하여 축소된 모형을 찾으며, 예를 들어 ②에서 ③으로의 축소가 허용되지 않으면 ②를 최종 모형으로 선택하게 된다.

모형 ①로부터의 축소모형은 다음의 3가지가 있다.

② [A¦B A¦C] ②* [A¦B B¦C] ②** [A¦C B¦C]

이 중에서 축소 가능하면서 가장 잘 적합하는 모형을 선택하기 위해

$$G^2(②)-G^2(①),\quad G^2(②^*)-G^2(①),\quad G^2(②^{**})-G^2(①)$$

을 계산하고, 이 중에서 유의확률이 α (예를 들어 0.05) 이상이면서 축소모형의 G^2-통계량에 대한 유의확률이 가장 큰 모형을 선택하면 된다.

9.3.2 SAS의 이용

로그선형모형을 적합시키는 SAS 절차로 CATMOD가 있다.

(1) CATMOD 절차

CATMOD 절차의 일반형은 다음과 같다.

```
PROC CATMOD <options>;
  BY variables;
  DIRECT variables;
  MODEL response-effect=<design-effects> </ options>;
  LOGLIN effects;
  POPULATION variables;
  RESPONSE <function> </ options>;
  WEIGHT variable;
```

SAS에서는 CATMOD 절차를 이용하여 여러 가지 분석을 할 수 있도록 많은 옵션을 제공하고 있다. 그러나 이 때문에 오히려 CATMOD의 사용을 어렵게 만드는 경향이 있으며, 최근에는 CATMOD보다는 GENMOD를 선호하는 경향이다. 따라서 위의 일반형에 나오는 옵션들은 간단히 설명하기로 한다.

① PROC CATMOD <options>;

- DATA=**SAS-data-set**: 분석에 사용될 자료명을 지정한다.
- ORDER=DATA: 분할표에서 범주들의 배열 순서를 입력된 순서대로 출력한다.

② DIRECT **variables**;

양적(quantitative)변수로 사용될 변수를 지정한다. 반드시 MODEL 문보다 선행되어야 한다.

③ MODEL **response-effect=<design-effects> </ options>**;

적합시키려는 모형을 지정한다.

ENDSAS 또는 QUIT 문이 사용되지 않는 한 몇 번의 RUN 문이 수행되어도 CATMOD 절차를 끝내지 않으므로 interactive하게 모형을 적합시킬 수 있다.

예 9.2

```
PROC CATMOD;
    WEIGHT WT;
    MODEL A*B*C=_RESPONSE_;
    LOGLIN A|B C;
    RUN;
```

A와 B의 교호작용과 C의 주효과 만의 로그선형모형을 적합시킨다. 로그선형모형을 적합시키기 위해 MODEL 문에서 _RESPONSE_라는 키워드를 사용하였으며 적합시키려는 모형 [A|B C]를 LOGLIN 문에서 지정한다.

/뒤의 options

- FREQ: 2차원 분할표를 출력한다.
- PROB: 2차원 분할표의 각 칸의 확률추정값을 출력한다.
- ML: 최대가능도추정법에 의해 모수를 추정한다.
- PRED: 각 모집단의 반응함수의 관측값과 기댓값을 출력한다.
- PRED=FREQ | PROB: 분할표의 각 칸의 도수의 기댓값 또는 확률의 기댓값을 표준오차 및 잔차들과 함께 출력한다.
- WLS 또는 GLS: 가중최소제곱법에 의해 모수를 추정한다.

④ LOGLIN **effects** 〈/ **options**〉;
로그선형모형에서 어떠한 효과들을 모형에 포함시킬지를 지정한다. 이 문이 사용되면 MODEL문에서 _RESPONSE_라는 키워드가 반드시 사용되어야 한다.

⑤ POPULATION **variables**;
부차모집단을 지정한다. 이 문이 사용되지 않으면 MODEL 문에서 design_effects에 의해 지정된 설명변수들에 의해 부차모집단이 결정된다.

⑥ WEIGHT **variable**; 각 칸의 관측도수를 저장할 변수를 지정한다.

(2) 예제

예제 9.1 계속

[예제 9.1]의 SAS 프로그램에서 FREQ 절차를 이용하여 분석한 자료를 CATMOD 절차를 이용하여 분석하는 SAS 프로그램은 다음과 같다.

```
/* CATMOD1.SAS : ANALYSIS OF SURVIVAL RATE FREQUENCY TABLE */
DATA SURVIVAL;
  INPUT HOSP $ SURV $ COUNT @@;
  DATALINES;
A DEAD 63 A ALIVE 2037 B DEAD 16 B ALIVE 784
;
RUN;
PROC CATMOD;
  WEIGHT COUNT;
  MODEL HOSP*SURV=_RESPONSE_ / ML NOGLS PRED=FREQ;   ①
  LOGLIN HOSP|SURV;                                  ②
RUN;
  LOGLIN HOSP SURV;                                  ③
RUN;
QUIT;
```

프로그램 및 출력결과 설명

① 추정방법으로 최대가능도 추정법의 선택을 강조하기 위하여 ML과 NOGLS 옵션을 사용하였으나, ML이 디폴트 방법이므로 이들 옵션이 없어도 같은 결과가 출력된다. 병원(HOSP)과 생존여부(SURV)의 범주 수가 각각 두 개이므로 4개의 RESPONSE PROFILES를 갖는다.

Response Profiles		
Response	HOSP	SURV
1	A	ALIVE
2	A	DEAD
3	B	ALIVE
4	B	DEAD

[그림 9-5] CATMOD 절차에서 출력되는 정보

② [HOSP|SURV]에 의해 포화모형을 적합시킨 결과가 [그림 9-6]과 같다. ML 방법에서 수렴과정은 그림에서 생략되었다. 포화모형을 적합시켰으므로 $G^2 = 0$이 되어 · 으로 출력된다. 교호작용 HOSP*SURV은 유의확률이 0.142로 유의성이 없으므로 모형에서 제외할 수 있다.

Maximum Likelihood Analysis of Variance			
Source	DF	Chi-Square	Pr > ChiSq
HOSP	1	67.47	<.0001
SURV	1	677.40	<.0001
HOSP*SURV	1	2.16	0.1420
Likelihood Ratio	0	.	.

[그림 9-6] 최대가능도추정법에 의한 포화모형의 적합 결과

③ 포화모형보다 한 항이 축소된 모형은 병원과 생존여부의 교호작용이 없는 독립모형이다. 독립모형을 적합시킨 결과는 [그림 9-7]과 같다. 가능도비(우도비) 카이제곱검정의 유의확률이 0.1273으로 독립모형이 잘 적합됨을 알 수 있다. 이 모형보다 축소된 모형은 병원만 포함되거나 생존여부만 포함된 모형이며 이 모형들을 적합시키면 카이제곱검정의 유의확률이 각각 0이 되어 적합되지 않는다. 따라서 독립모형이 이 자료를 가장 잘 설명하는 모형이라고 결론을 내린다. 즉, 교호작용이 필요 없으므로 두 변수 사이에 연관성이 없다는 FREQ 절차를 이용한 분석결과와 동일한 결론을 얻는다. 특히, [그림 9-7]의 적합성검정의 통계량의 값과 유의확률이 [그림 9-2]의 우도비 카이제곱검정과 동일함을 확인할 수 있다.

Maximum Likelihood Analysis of Variance			
Source	DF	Chi-Square	Pr > ChiSq
HOSP	1	539.56	<.0001
SURV	1	982.57	<.0001
Likelihood Ratio	1	2.33	0.1273

(a) ML 옵션에 의한 분산분석

Analysis of Maximum Likelihood Estimates					
Parameter		Estimate	Standard Error	Chi-Square	Pr > ChiSq
HOSP	A	0.4825	0.0208	539.56	<.0001
SURV	ALIVE	1.7877	0.0570	982.57	<.0001

(b) ML 옵션에 의한 모수 추정값

Maximum Likelihood Predicted Values for Frequencies						
		Observed		Predicted		
HOSP	SURV	Frequency	Standard Error	Frequency	Standard Error	Residual
A	ALIVE	2037	24.62079	2042.793	24.25835	-5.7931
A	DEAD	63	7.850566	57.2069	6.381178	5.793102
B	ALIVE	784	23.91756	778.2069	23.53773	5.793104
B	DEAD	16	3.98895	21.7931	2.505376	-5.7931

(c) 관측도수와 추정된 도수(빈도)

[그림 9-7] 독립모형의 적합성검정 결과

CATMOD1.SAS의 SAS 프로그램에서 보는 것처럼 CATMOD 절차는 동일 절차 내에서 LOGLIN 문을 반복하여 수행할 수 있어 interactive하게 모형을 적합시킬 수 있다.

지금까지는 〈표 9.1〉과 같은 2차원 분할표의 형태로 자료가 주어진 경우를 분석하였으나 이제부터는 〈표 9.5〉와 같이 변수의 수가 3개 이상인 경우를 CATMOD 절차를 이용하여 분석하기로 한다.

예제 9.1 계속

병원에 따른 생존여부와 함께 환자상태(COND)가 추가된 〈표 9.5〉의 자료를 CATMOD 절차를 이용하여 분석하는 SAS 프로그램은 다음과 같다.

```
/* CATMOD2.SAS : LOGLINEAR MODEL */
DATA SURVIVAL2;
  INPUT HOSP $ SURV $ COND $ COUNT @@;
  DATALINES;
A D L 6  A S L 594  B D L 8 B S L 592
A D C 57 A S C 1443 B D C 8 B S C 192
;
RUN;
PROC CATMOD;
  WEIGHT COUNT;
  MODEL HOSP*SURV*COND=_RESPONSE_ / ML NOGLS PRED=FREQ;
  LOGLIN HOSP|SURV HOSP|COND SURV|COND;       ①
```

```
RUN;
  LOGLIN HOSP|COND SURV|COND;                ②
RUN;
QUIT;
```

프로그램 및 출력결과 설명

① 포화모형의 G^2는 항상 0이며 이보다 한 항이 축소된 모형은 위계적구조를 가정할 때 3인자 교호작용만이 없는 모형이므로 이 모형을 먼저 적합시킨다. 결과는 [그림 9-8]과 같다. 이 모형의 적합성검정의 유의확률은 0.7198이므로 적합이 잘 되고 있으나 이 모형에 포함된 병원과 생존여부의 교호작용인 HOSP*SURV의 유의확률은 0.6680으로 모형에 포함시킬 필요가 없다고 판단한다.

Maximum Likelihood Analysis of Variance			
Source	DF	Chi-Square	Pr > ChiSq
HOSP	1	38.07	<.0001
SURV	1	586.45	<.0001
HOSP*SURV	1	0.18	0.6680
COND	1	10.08	0.0015
HOSP*COND	1	448.38	<.0001
SURV*COND	1	15.49	<.0001
Likelihood Ratio	1	0.13	0.7198

(a) ML 옵션에 의한 분산분석

Analysis of Maximum Likelihood Estimates					
Parameter		Estimate	Standard Error	Chi-Square	Pr > ChiSq
HOSP	A	0.4724	0.0766	38.07	<.0001
SURV	D	-1.9042	0.0786	586.45	<.0001
HOSP*SURV	A D	-0.0330	0.0769	0.18	0.6680
COND	C	0.2563	0.0807	10.08	0.0015
HOSP*COND	A C	0.5047	0.0238	448.38	<.0001
SURV*COND	D C	0.3165	0.0804	15.49	<.0001

(b ML 옵션에 의한 모수 추정값

[그림 9-8] [HOSP|SURV HOSP|COND SURV|COND] 모형을 적합시킨 결과

② 3인자 교호작용만이 없는 모형에서 유의하지 않은 효과인 병원과 생존여부의 교호작용인 [HOSP|SURV]를 제거하고 환자상태를 나타내는 [COND]와의 교호작용을 포함하는 [HOSP|COND SURV|COND] 모형을 적합시킨 결과인 [그림 9-9]를 보면 모형도 적합이 잘 되고(유의확률 0.8568), 모형에 포함된 모든 효과들도 유의하다. 따라서 이 모형을 최적모형으로 선택한다. 즉, 병원과 상태의 교호작용 및 생존여부와 상태의 교호작용은 존재하나 병원과 생존여부의 교호작용은 존재하지 않는 다음과 같은 모형이 선택된다.

$$\log m_{ijk} = u + u_{H(i)} + u_{S(j)} + u_{C(k)} + u_{HC(ik)} + u_{SC(jk)}$$

이 모형은 환자의 상태(COND)가 주어졌을 때 병원(HOSP)과 생존여부(SURV)는 서로 독립인 **조건부 독립모형**(conditionally independent model)으로서 이러한 자료의 경우 환자의 상태와 같이 다른 요인들과 교호작용이 존재하는 요인에 대해 묶어서 분석을 하면 잘못된 분석 결과를 가져올 수 있으므로 조심해야 한다.

Maximum Likelihood Analysis of Variance			
Source	DF	Chi-Square	Pr > ChiSq
HOSP	1	451.09	<.0001
COND	1	10.43	0.0012
HOSP*COND	1	451.09	<.0001
SURV	1	665.51	<.0001
SURV*COND	1	16.70	<.0001
Likelihood Ratio	2	0.31	0.8568

(a) ML 옵션에 의한 분산분석

Analysis of Maximum Likelihood Estimates					
Parameter		Estimate	Standard Error	Chi-Square	Pr > ChiSq
HOSP	A	0.5037	0.0237	451.09	<.0001
COND	C	0.2444	0.0757	10.43	0.0012
HOSP*COND	A C	0.5037	0.0237	451.09	<.0001
SURV	D	-1.9161	0.0743	665.51	<.0001
SURV*COND	D C	0.3036	0.0743	16.70	<.0001

(b) ML 옵션에 의한 모수 추정값

[그림 9-9] [HOSP|COND SURV|COND] 모형을 적합시킨 결과

참고로 SAS 프로그램에서 적합시킨 모형을 포함하여 적합가능한 모형들에 대한 검정 결과를 요약하면 〈표 9.6〉과 같다.

〈표 9.6〉 적합 가능한 모형들의 검정 결과

모형	자유도	Chi-Square	Prob
H|S H|C S|C	1	0.13	0.7198*
H|C S|C	2	0.31	0.8568*
H|S H|C	2	18.82	0.0001
H|S S|C	2	519.13	<.0001
H|C	3	21.15	0.0001
S|C	3	521.46	<.0001
H|S	3	539.97	<.0001
H S C	4	542.29	<.0001

*로 표시된 모형만이 유의수준 $\alpha=0.05$에서 적합이 잘된 모형이며 H는 HOSP, S는 SURV, C는 COND를 의미한다.

9.4 로짓모형

9.4.1 이론적 배경

범주형인 설명변수가 $x_1, x_2, \cdots, x_p$ 이고 종속변수(반응변수) y는 이진형(binary)으로 $\{1, 2\}$의 값을 취할 때, $p = \Pr(y=1)$에 대한 **로짓모형**(logit model)은 다음과 같다.

$$\log \frac{p}{1-p} = \beta_0 + \beta_1 x_1 + \cdots + \beta_p x_p \tag{9.1}$$

위의 로짓모형에서 p를 x들의 함수로 나타내면 다음과 같다.

$$p = \frac{\exp(\beta_0 + \beta_1 x_1 + \cdots + \beta_p x_p)}{1 + \exp(\beta_0 + \beta_1 x_1 + \cdots + \beta_p x_p)} \tag{9.2}$$

이와 같이 정의된 확률 p는 $0 < p < 1$의 조건을 만족시킨다. 만약 p를 직접 x들의 선형식으로 나타내면 p의 값이 0과 1 사이에 있어야 한다는 조건을 만족시키지 못하는 심각한 문제가 발생할 수 있다. 따라서 p의 **로짓변환**인 $\log[p/(1-p)]$를 x_i들의 선형식으로 표현하는 모형을 도입한 것이다. 로짓변환인 $\log[p/(1-p)]$를 **로짓**(logit, log unit)이라고 하며, 따라서 이와 같은 모형을 로짓모형이라고 한다.

위의 식 (9.2)에서 p를 나타내는 함수인 $p = \exp(x)/[1+\exp(x)]$은 **로지스틱 함수**이므로 식 (9.1)로 표현된 모형을 **로지스틱 회귀모형**(logistic regression)이라고도 한다. 그러나 이 책에서는 설명변수들이 범주형인 경우는 로짓모형, 연속형과 범주형이 있는 경우는 로지스틱 회귀모형이라 구분하여 부르기로 한다.

참고: [그림 9-10]은 로지스틱 함수 $y = \exp(2x)/[1+\exp(2x)]$의 그래프를 그린 것이다. 함수의 모양은 S자로서, x 값이 변하면서 y 값이 0부터 1까지 변한다.

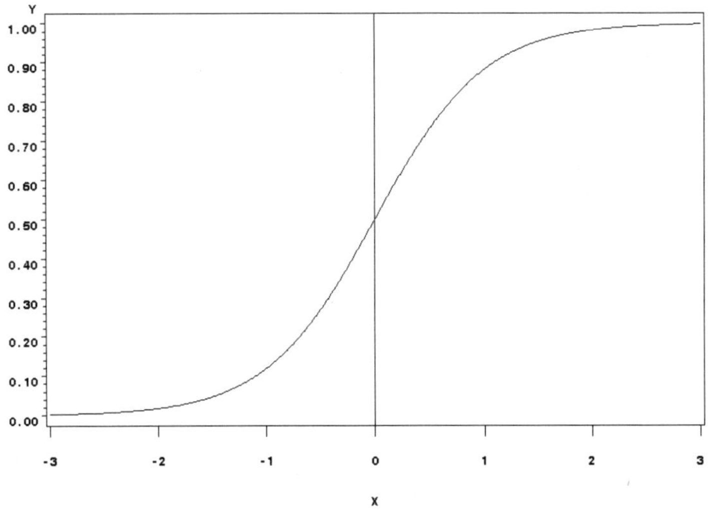

[그림 9-10] 로지스틱 함수 $y = \exp(2x)/[1+\exp(2x)]$의 그래프

예제 9.3

소나무 묘목의 종류(long leaf와 slash leaf)와 심는 깊이(too high와 too low)에 따라 생존율이 다른지 여부를 알아보기 위해 각 범주별로 100그루씩의 묘목을 심은 후 그 생존여부를 알아보기 위한 관측실험결과가 〈표 9.7〉과 같다. 묘목의 종류와 사망률이 어떻게 연관되어 있는지 알아보자(Wakeley, 1954).

〈표 9.7〉 묘목의 사망률에 대한 자료

	묘목			묘목		
	long leaf			slash leaf		
나무심는 깊이	죽다	살다	합계	죽다	살다	합계
높다(too high)	41	59	100	12	88	100
낮다(too low)	11	89	100	5	95	100
계	52	148	200	17	183	200

[예제 9.3]에서는 두 개의 범주로 된 이진형 종속변수를 범주형 설명변수들로 설명하는 문제로서, 로짓모형으로 적합시킬 수 있다. S를 나무의 생존여부, x_1을 나무심는 깊이, x_2를 묘목의 종류라고 할 때, 설명변수 x_1과 x_2의 수준에 따라 묘목이 죽을 확률(mortality ratio)을 나타내는 로짓모형은 다음과 같다.

$$\log \frac{\Pr(S=\text{죽다})}{\Pr(S=\text{살다})} = \beta_0 + \beta_1 x_1 + \beta_2 x_2$$

위의 로짓모형에서 $\beta_0, \beta_1, \beta_2$ 의 추정값을 각각 $\hat{\beta}_0, \hat{\beta}_1, \hat{\beta}_2$ 이라 할 때 묘목이 죽을 확률 $p = \Pr(S=\text{죽다})$ 는 다음과 같이 추정한다.

$$\hat{p} = \frac{\exp[\hat{\beta}_0 + \hat{\beta}_1 x_1 + \hat{\beta}_2 x_2]}{1 + \exp[\hat{\beta}_0 + \hat{\beta}_1 x_1 + \hat{\beta}_2 x_2]}$$

로짓모형의 적합성 검정을 위한 귀무가설과 대립가설은 각각 다음과 같다.

$$H_0 : \beta_1 = \beta_2 = \cdots = \beta_p = 0, \quad H_1 : \beta_i \text{들이 모두 0은 아니다}$$

SAS의 CATMOD 절차에서는 모형의 적합성을 위해 가능도비(likelihood-ratio, 우도비) 검정을 시행한다. 검정 결과 유의확률이 작으면(예를 들어 5% 이하이면) 모형이 적합하지 않음을 뜻한다.

각 설명변수 x_i 의 유의성 검정은 $H_0 : \beta_i = 0$ vs $H_1 : \beta_i \neq 0$ 을 검정하게 되며, 이를 위해

$$Z = \hat{\beta}_i / \widehat{\text{SE}}(\hat{\beta}_i)$$

으로 정의하면 Z^2 은 귀무가설 H_0 하에서 자유도 1인 χ^2-분포를 따름을 이용한다.

로그선형모형과 로짓모형 사이의 관계를 알아보기 위해 [예제 9.3]의 묘목의 생존 여부를 C, 묘목심는 깊이를 A, 묘목의 종류를 B라고 할 때, A, B, C 세 인자 사이에 1차 교호작용이 있는 모형의 SAS식 표현은

[A¦B A¦C B¦C]

이다. 이에 대응되는 로그선형모형에서는 세 인자를 모두 반응변수로 선언하고, 다음과 같은 모형으로 적합시킨다.

$$\log m_{ijk} = u + u_{1(i)} + u_{2(j)} + u_{3(k)} + u_{12(ij)} + u_{13(ik)} + u_{23(jk)}$$

이에 대응되는 로짓모형을 얻기 위해, 나무가 죽는 경우를 $k=1$, 사는 경우를 $k=2$ 라고 하면($\sum_k u_{13(ik)} = \sum_k u_{23(jk)} = 0$ 이므로) 다음 결과가 성립한다.

$$\begin{aligned}\log\left(\frac{m_{ij1}}{m_{ij2}}\right) &= [u_{3(1)} - u_{3(2)}] + [u_{13(i1)} - u_{13(i2)}] + [u_{23(j1)} - u_{23(j2)}] \\ &= 2[u_{3(1)} + u_{13(i1)} + u_{23(j1)}] \\ &= w + w_{1(i)} + w_{2(j)}\end{aligned}$$

반응변수의 범주의 개수가 3개 이상인 경우의 로짓모형을 **일반화로짓모형**(generalized logit model)이라 한다. 많이 쓰이는 모형의 형태로는 반응변수의 범주가 명목형(nominal)인 경우와 순서형(ordinal)인 경우로 나누어 생각할 수 있다. 반응변수 y가 범주 $1, 2, \cdots, J$를 취하고 설명변수들이 $x_1, x_2, \cdots, x_p$ 일 때 반응변수의 범주가 명목형인 경우에는 다음과 같은 모형을 많이 사용한다.

$$\log\frac{\Pr(y=j)}{\Pr(y=J)} = \beta_{0j} + \beta_{1j}x_1 + \cdots + \beta_{pj}x_p, \quad j = 1, 2, \cdots, J-1$$

반응변수의 범주가 순서형인 경우에는 다음과 같은 누적로짓을 많이 사용한다.

$$\log\frac{\Pr(y \geq j+1)}{\Pr(y \leq j)} = \beta_{0j} + \beta_{1j}x_1 + \cdots + \beta_{pj}x_p, \quad j = 1, 2, \cdots, J-1$$

참고: SAS에서는 로짓모형은 CATMOD 절차를 이용하며, 로지스틱 회귀모형은 CATMOD 또는 LOGISTIC 절차를 이용하여 적합시킬 수 있다. 한편 GENMOD 절차에서는 로짓모형과 로지스틱 회귀모형을 모두 적합시킬 수 있다.

9.4.2 SAS의 이용

(1) CATMOD 절차

```
PROC CATMOD <options>;
  MODEL response_effect_=design_effects </ options>;
  LOGLIN effects;
  RESPONSE <function> </ options>;
  WEIGHT variable;
```

① RESPONSE 〈function〉 〈/ options〉;

반응확률의 함수를 지정한다. 이 문이 지정되지 않으면 일반화 로짓함수를 디폴트로 사용한다. 범주가 명목형인 경우에는 CATMOD 절차를, 순서형인 경우에는 LOGISTIC 절차를 사용하는 것이 좋다. function은 반응함수의 형태를 지정하며 다음과 같은 선택을 할 수 있다.

- NONE: $\log(p_j/p_J)$, $j=1,2,\cdots,J-1$ 을 사용
- ALOGIT 또는 ALOGITS: $\log(p_{j+1}/p_j)$, $j=1,2,\cdots,J-1$ 을 사용
- CLOGIT 또는 CLOGITS: $\log \Pr(y \geq j+1)/\Pr(y \leq j)$ 를 사용
- LOGIT 또는 LOGITS: $\log(p_j/p_J)$, $j=1,2,\cdots,J-1$ 을 사용

(2) 예제

예제 9.3 계속

〈표 9.7〉 자료에 로짓모형을 적합시키기 위한 SAS 프로그램은 다음과 같다 (S: 생존여부, D: 깊이, T: 나무종류).

```
/*  CATMOD3.SAS : ANALYSIS USING LOGIT MODEL */
TITLE 'LOGIT MODEL OF MORTALITY DATA';
DATA MORT;
  INPUT S D T COUNT @@;
  DATALINES;
1 1 1 41 1 1 2 12 1 2 1 11 1 2 2  5
2 1 1 59 2 1 2 88 2 2 1 89 2 2 2 95
;
RUN;
PROC CATMOD;
  WEIGHT COUNT;
  POPULATION D T;
  MODEL S= D T / FREQ ML NOPROFILE;        ①
```

```
RUN;
  MODEL S= D / FREQ ML NOPROFILE;           ②
RUN;
  MODEL S= T / FREQ ML NOPROFILE;           ③
RUN;
PROC CATMOD;
  WEIGHT COUNT;
  MODEL S*D*T=_RESPONSE_ / ML PRED=FREQ;  ④
  LOGLIN S|D S|T D|T ;
RUN;    QUIT;
```

프로그램 및 출력결과 설명

① 나무의 사망률을 나무 심는 깊이와 묘목의 종류의 선형모형으로 나타낸 모형

$$\log\frac{\Pr(S=1)}{\Pr(S=2)}=\beta_0+\beta_1 D+\beta_2 T$$

의 적합성검정의 유의확률은 0.2572이므로 이 모형이 잘 적합됨을 알 수 있다.

Maximum Likelihood Analysis of Variance			
Source	DF	Chi-Square	Pr > ChiSq
Intercept	1	122.61	<.0001
D	1	22.85	<.0001
T	1	20.87	<.0001
Likelihood Ratio	1	1.28	0.2572

(a) ML 옵션에 의한 분산분석

Analysis of Maximum Likelihood Estimates					
Parameter		Estimate	Standard Error	Chi-Square	Pr > ChiSq
Intercept		-1.8914	0.1708	122.61	<.0001
D	1	0.7521	0.1573	22.85	<.0001
T	1	0.7082	0.1550	20.87	<.0001

(b) ML 옵션에 의한 모수 추정값

[그림 9-11] D와 T를 설명변수로 갖는 로짓모형의 적합 결과

② ③ 앞에서 적합시킨 모형보다 모수의 수가 적으면서도(parsimonious) 적합이 잘 되는 모형이 있는지 알아보기 위해 축소된 모형

$$\log\frac{\Pr(S=1)}{\Pr(S=2)}=\beta_0+\beta_1 D$$

$$\log\frac{\Pr(S=1)}{\Pr(S=2)}=\beta_0+\beta_1 T$$

를 적합시킨 결과 두 모형의 유의확률이 각각 0.0001 이하로 적합되지 않는다. 따라서 나무 심는 깊이와 묘목의 종류가 모두 나무의 사망률을 설명하는 데 유용함을 알 수 있다. 축소된 모형을 적합시킬 경우 유의할 점은 POPULATION 문에 의해 D와 T가 부차모집단임을 지정해 주지 않으면 ②나 ③의 모형과 같이 축소된 모형을 적합시킬 경우 모형에 나타나지 않은 변수를 무시하고 원래의 분할표를 축소시켜(collapse) 분석을 하므로 잘못된 결과를 초래할 수 있다.

Maximum Likelihood Analysis of Variance			
Source	DF	Chi-Square	Pr > ChiSq
Intercept	1	128.08	<.0001
D	1	21.61	<.0001
Likelihood Ratio	2	25.03	<.0001

(a) D에 의한 적합

Maximum Likelihood Analysis of Variance			
Source	DF	Chi-Square	Pr > ChiSq
Intercept	1	129.74	<.0001
T	1	19.60	<.0001
Likelihood Ratio	2	27.79	<.0001

(b) T에 의한 적합

[그림 9-12] D 또는 T 만을 설명변수로 갖는 로짓모형의 적합 결과

최종적으로 선택된 모형은 다음과 같으며, D와 T의 회귀계수들은 [그림 9-11]에서 보는 것처럼 유의확률들이 모두 0.0001 이하이다. 참고로 추정값 아래 괄호 속의 값은 표준오차를 의미한다.

$$\log\frac{\Pr(S=1)}{\Pr(S=2)} = \underset{(0.1708)}{-1.8914} + \underset{(0.1573)}{0.7521*D} + \underset{(0.1550)}{0.7082*T}$$

D와 T의 값은 범주형 변수이므로 D와 T의 값을 크기(또는 알파벳) 순으로 +1과 −1을 부여한다. 즉, D와 T 값의 1과 2에 각각 +1과 −1이 부여된다. 따라서 long leaf(T=1)를 높게(D=+1) 심을 때와 낮게(D=−1) 심을 때의 회귀식은 각각 다음과 같다.

$$\log\frac{\Pr(S=1)}{\Pr(S=2)} = -1.8914 + 0.7521*(+1) + 0.7082*(1) = -0.4311$$
$$\log\frac{\Pr(S=1)}{\Pr(S=2)} = -1.8914 + 0.7521*(-1) + 0.7082*(1) = -1.9353$$

따라서 long leaf에서 각 경우에 죽을 확률은 다음과 같다.

$$\Pr(S=1) = \exp(-0.4311)/[1+\exp(-0.4311)] = 0.3939$$
$$\Pr(S=1) = \exp(-1.9353)/[1+\exp(-1.9353)] = 0.1262$$

마찬가지로 slash leaf(T=2)를 높게(D=+1) 심을 때와 낮게(D=−1) 심을 때의 회귀식은 각각 다음과 같다.

$$\log\frac{\Pr(S=1)}{\Pr(S=2)} = -1.8914 + 0.7521*(+1) + 0.7082*(-1) = -1.8475$$
$$\log\frac{\Pr(S=1)}{\Pr(S=2)} = -1.8914 + 0.7521*(-1) + 0.7082*(-1) = -3.3517$$

따라서 slash leaf에서 각 경우에 죽을 확률은 다음과 같다.

$$\Pr(S=1) = \exp(-1.8475)/[1+\exp(-1.8475)] = 0.1362$$
$$\Pr(S=1) = \exp(-3.3517)/[1+\exp(-3.3517)] = 0.0338$$

참고: 범주형 변수인 D와 T의 값을 프로그램에서 1과 2을 값을 부여하고 회귀식에서도 이 값을 그대로 사용하고 싶으면 DIRECT 문을 사용하면 된다. 즉, MODEL 문 앞에서

DIRECT D T;

를 선언하면 D와 T의 값은 +1과 −1 대신에 1과 2를 사용하며, 출력되는 회귀식은 다음과 같다.

$$\log\frac{\Pr(S=1)}{\Pr(S=2)} = 2.4893 - 1.5041 * D - 1.4164 * T$$

이 회귀식에서 D와 T에 1과 2를 대입하면 위에서 +1과 −1을 대입한 것과 같은 결과를 얻는다.

④ 이 모형에 대응되는 로그선형모형은 [S|D S|T D|T]이며 이를 적합시킨 결과가 [그림 9-13]에 요약되어 있다. 가능도비 카이제곱통계량의 값이 1.28, 유의확률이 0.2572로서 ①의 결과와 동일함은 알 수 있으며 로짓모형의 절편의 추정값 −1.8914는 로그선형모형의 u 의 추정값의 2배(2*−0.9457 = 2*S)임을 확인할 수 있다. 또한

$$\hat{\beta}_D = 0.7520 = 2*0.3760 = 2*\hat{u}_{D(1)} \quad \text{(Effect S*D에 해당)}$$

$$\hat{\beta}_T = 0.7082 = 2*0.3541 = 2*\hat{u}_{T(1)} \quad \text{(Effect S*T에 해당)}$$

이며 각각의 카이제곱통계량의 값도 같음을 확인할 수 있다.

Maximum Likelihood Analysis of Variance			
Source	DF	Chi-Square	Pr > ChiSq
S	1	122.59	<.0001
D	1	10.98	0.0009
S*D	1	22.85	<.0001
T	1	9.96	0.0016
S*T	1	20.87	<.0001
D*T	1	1.43	0.2321
Likelihood Ratio	1	1.28	0.2572

(a) ML 옵션에 의한 분산분석

Analysis of Maximum Likelihood Estimates					
Parameter		Estimate	Standard Error	Chi-Square	Pr > ChiSq
S	1	-0.9457	0.0854	122.59	<.0001
D	1	0.2566	0.0774	10.98	0.0009
S*D	1 1	0.3760	0.0787	22.85	<.0001
T	1	0.2404	0.0762	9.96	0.0016
S*T	1 1	0.3541	0.0775	20.87	<.0001
D*T	1 1	-0.0635	0.0531	1.43	0.2321

(b) ML 옵션에 의한 모수추정값

[그림 9-13] 로그선형모형 [S|D S|T D|T] 적합 결과

9.5 로지스틱 회귀모형

9.5.1 이론적 배경

로지스틱 회귀모형(logistic regression)은 이진형(binary) 또는 순서형(ordinal) 반응변수를 연속형 또는 범주형의 설명변수로 나타내는 회귀모형이다.

로지스틱 회귀모형의 일반형은 반응변수가 이진형인지 또는 순서형인지에 따라 다음과 같이 다르게 표현할 수 있다.

(1) 이항반응모형(binary response model)

반응변수가 이진형일 때 두 범주를 1과 2라고 하자. 설명변수가 $\boldsymbol{x}' = (x_1, \cdots, x_p)$ 일 때 $p = \Pr(y=1 \mid \boldsymbol{x})$ 를 반응변수 y 가 1의 값을 가질 확률이라고 하면 **선형로지스틱 회귀모형**은 다음과 같이 표현할 수 있다.

$$\log \frac{p}{1-p} = \beta_0 + \beta_1 x_1 + \cdots + \beta_p x_p$$

위의 모형에서 **로짓함수**는 일종의 반응변수의 평균의 함수로서 9.6절에서 소개되는 **일반화선형모형**(gereralized linear model)에서는 이를 $g(p)$로 표현하고 **연결함수**(link function)라고 한다. 로짓함수 이외에도 항등함수, 로그함수 등이 연결함수로 사용되기도 하나 이 절에서는 로짓함수만을 고려하기로 한다. 따라서 위의 모형은 다음과 같이 표현할 수 있다.

$$g(p) = \beta_0 + \beta_1 x_1 + \cdots + \beta_p x_p$$

참고: 일반화선형모형(9.6절 참조)에서는 반응변수 y 의 기댓값을 μ 라 하고, 연결함수는 $g(\mu)$ 로 표현한다. 그러나 이항반응모형에서 p 는 '성공'의 확률에 해당되며, 크기 1인 이항분포에서는 $\mu = E(y) = p$ 이다.

(2) 순서형반응모형(ordinal response model)

반응범주의 개수가 세 개 이상이면서 순서형인 경우에는 개별적인 확률의 모형에 관심이 있기보다는 반응범주의 누적확률을 이용한 모형에 관심이 있게 된다. 따라서 반응변수 y 의 범주를 1, 2, ⋯, J 라고 할 때 다음과 같은 누적확률모형을 주로 사용한다.

$$g(\Pr(y \le j \mid \boldsymbol{x})) = \beta_{0j} + \beta_{1j} x_1 + \cdots + \beta_{pj} x_p, \quad j = 1, 2, \cdots, J-1$$

위의 누적확률모형은 $J-1$ 개의 누적확률에 대하여 서로 다른 β 값을 가정하는 모형이 된다.

로지스틱 회귀모형의 유의성을 검정하기 위한 귀무가설과 대립가설은 각각 다음과 같다.

$$H_0: \beta_1 = \beta_2 = \cdots = \beta_p = 0, \quad H_1: \beta_i \text{들이 모두 0은 아니다}$$

이를 위한 검정으로는 **가능도비 검정**, **스코어(score) 검정**, **Wald 검정**이 있다. 스코어 검정은 H_0와 H_1 하에서 로그 최대가능도 함수의 미분값의 차를 표준화하여 제곱한 통계량이 근사적으로 카이제곱분포에 따름을 이용한 것이며, Wald 검정은 $\hat{\beta}$의 표준화된 이차형식이 근사적으로 카이제곱분포에 따름을 이용한 검정법이다.

세 통계량의 값들이 많이 다를 경우에는 자료들 가운데 이상점이 존재할 수 있기 때문에 자료에 대한 세심한 분석이 요구된다.

SAS의 LOGISTIC 절차에서는 **오즈비**(odds ratio)도 출력된다. 설명변수가 1개인 단순회귀모형에서 $p = \Pr(y=1 \mid x)$로 정의하면, 반응이 1일 오즈와 오즈비는 각각 다음과 같다.

$$\text{오즈: } \frac{p}{1-p} = \exp(\alpha + \beta x) = e^{\alpha}(e^{\beta})^{x}$$

$$\text{오즈비: } \alpha = \frac{x+1 \text{ 에서 오즈}}{x \text{ 에서 오즈}} = \frac{p(x+1)/[1-p(x+1)]}{p(x)/[1-p(x)]} = e^{\beta}$$

따라서 x가 1단위 증가하면 로짓은 β 단위만큼 증가하고, 오즈비는 e^{β} 배만큼 증가한다.

SAS에서 로지스틱 회귀모형을 적합시키는 절차는 CATMOD, LOGISTIC, GENMOD의 3가지가 있다. CATMOD에서는 설명변수가 범주형인 로짓모형을 적합시킬 수 있으며, LOGISTIC에서는 연속형 설명변수와 범주형 설명변수를 모두 사용할 수 있는 로지스틱 회귀모형을 적합시킬 수 있다. 다만, LOGISTIC에서 범주형을 사용할 때는 CLASS 변수임을 MODEL 문 앞에서 선언해 주어야 한다. GENMOD는 9.6절에서 다룰 일반화선형모형을 적합시키는 절차이므로 범주형 설명변수와 연속형 설명변수를 모두 사용할 수 있으며, LOGISTIC에서와 마찬가지로 범주형 설명변수는 MODEL 문 앞에서 CLASS 변수로 선언하여 사용한다.

9.5.2 LOGISTIC 절차의 이용

(1) LOGISTIC 절차

LOGISTIC 절차의 일반형은 다음과 같다.

```
PROC LOGISTIC <options>;
  CLASS variable <(options)> … ;
  MODEL response=independents </ options>;
  BY variables;
  OUTPUT <OUT=SAS-data-set>
         <keyword=name … keyword=name> /<ALPHA=number>;
  WEIGHT variable;
```

① PROC LOGISTIC <options>;

- COVOUT: OUTEST=SAS-data-set에 의해 지정된 장소에 추정된 공분산행렬을 출력한다.
- DATA=SAS-data-set: 분석에 사용될 자료명을 지정한다.
- NOPRINT: 아무 것도 출력하지 않는다.
- NOSIMPLE: 단순통계량을 출력하지 않는다.
- ORDER=DATA | FORMATTED | FREQ | INTERNAL: 반응변수의 범주들의 배열을 어떠한 순서로 할 것인지를 지정한다.
- DESCENDING: 반응변수의 수준 순서를 큰 것부터 정렬한다.

② CLASS variable <(options)>…;

분류변수를 지정하며, 주요 옵션은 다음과 같다.

- DESCENDING: 분류변수를 내림차순으로 정렬한다.
- ORDER=DATA ¦ FREQ: 분류변수의 수준에 대한 정렬을 한다. DATA는 자료의 입력 순으로, FREQ는 수준을 도수(빈도)의 크기순으로 정렬한다.

③ MODEL response=independents </ options>;

MODEL events/trial=independents </ options>;

반응변수와 설명변수를 지정한다. 첫 번째 형태는 이항반응범주와 순서형반응범주의 경우 모두 사용할 수 있으나 두 번째 형태는 이항반응범주의 경우에 비율의 분석에 사용한다.

- INFLUENCE: 이항반응모형의 경우 영향관측점에 대한 회귀진단을 할 수 있는 여러 가지 측도들의 값을 출력한다.(이 옵션은 LOGISTIC 절차의 장점이 된다.)
- LINK= CLOGLOG | GLOGIT | LOGIT | PROBIT: 사용될 연결함수를 지정한다.
- SELECTION=BACKWARD(B) | FORWARD(F) | NONE(N) | STEPWISE(S): 변수선택방법을 지정한다. 디폴트는 NONE이다.
- SLENTRY(또는 SLE)=value: 변수를 모형에 추가시킬 때 기준이 되는 유의수준을 지정해 준다. 디폴트는 0.05.

- SLSTAY(또는 SLS)=**value**: 변수를 모형에서 제거할 때 기준이 되는 유의수준을 지정해 준다. 디폴트는 0.05.

④ OUTPUT 〈OUT=**SAS-data-set**〉 〈**keyword=name** …〉 /〈ALPHA=**number**〉;

- **keyword=name**: name에 의해 지정된 통계량들을 'OUT=' 문에 의해 지정된 자료명에 출력한다. C, DFBETAS, DIFCHISQ, PREDICTED, RESCHI, RESDEV, XBETA 등이 있다.
- ALPHA=**number**: 반응확률의 신뢰구간의 신뢰수준을 지정한다.

(2) 예제

예제 9.4

주괴(ingot)를 가열하는 가열시간(heating time)과 물에 담가두는 물담금시간(soaking time)을 변화시킴에 따라 다음 단계의 가공을 위한 준비여부(READY)가 어떻게 달라지는지 알아보기 위해 실험을 통해 〈표 9.8〉과 같은 자료를 얻었다. 가열시간과 담금질 처리에 따라 주괴의 준비여부가 어떻게 달라지는가?(Cox, 1970)

〈표 9.8〉 주괴의 처리에 대한 자료

		가열 시간				합계
		7	14	27	51	
물담금 시간	1.0	10, 10	31, 31	55, 56	10, 13	106, 110
	1.7	17, 17	43, 43	40, 44	1, 1	101, 105
	2.2	7, 7	31, 33	21, 21	1, 1	60, 62
	2.8	12, 12	31, 31	21, 22	0, 0	64, 65
	4.0	9, 9	19, 19	15, 16	1, 1	44, 45
계		55, 55	155, 157	152, 159	13, 16	375, 387

각 칸의 첫 번째 숫자는 가공준비가 된 주괴(READY)의 개수이고 두 번째 숫자는 전체 주괴(TOTAL)의 숫자이다.

주괴 자료에 로지스틱 회귀모형을 적합시키기 위한 SAS 프로그램은 다음과 같다.

```
/* LOGISTIC.SAS : LINEAR LOGISTIC REGRESSION ANALYSIS */
DATA INGOTS;
  INPUT HEAT SOAK READY TOTAL @@;
  DATALINES;
 7  1.0  10 10   7  1.7  17 17   7  2.2  7  7   7  2.8 12 12   7  4.0  9  9
14  1.0  31 31  14  1.7  43 43  14  2.2 31 33  14  2.8 31 31  14  4.0 19 19
27  1.0  55 56  27  1.7  40 44  27  2.2 21 21  27  2.8 21 22  27  4.0 15 16
51  1.0  10 13  51  1.7   1  1  51  2.2  1  1  51  2.8  0  0  51  4.0  1  1
;
```

```
RUN;
PROC LOGISTIC DATA=INGOTS;
  MODEL READY/TOTAL = HEAT SOAK;      ①
RUN;
PROC LOGISTIC DATA=INGOTS;
  MODEL READY/TOTAL = HEAT;           ②
RUN;    QUIT;
```

프로그램 및 출력결과 설명

① LOGISTIC 절차의 MODEL 문에서 HEAT와 SOAK를 설명변수로 하는 로지스틱 모형을 적합시킨다. 반응변수로는 준비가 된 비율을 나타내는 READY/TOTAL을 사용하였으며, 이러한 표현은 이항반응범주인 경우에 비율의 추론에만 사용될 수 있음에 유의해야 한다. 결과는 [그림 9-14]와 같다. **가능도비 검정**, **스코어 검정**, **Wald 검정**의 유의확률이 각각 0.0030, 0.0005, 0.0015이므로 로지스틱 회귀모형은 유의하다고 판단한다. 따라서 적합된 모형은 다음과 같다(괄호 속의 값은 표준오차이다).

$$\log\frac{p}{1-p} = \underset{(1.1197)}{5.5592} - \underset{(0.0237)}{0.082}*\text{HEAT} - \underset{(0.3312)}{0.0568}*\text{SOAK}$$

가열시간인 HEAT는 유의확률이 0.0005로서 주괴의 준비여부에 큰 영향을 준다. 적합된 모형에서 p는 준비가 된 비율이므로, 반응변수는 준비가 된 비율이 분자이고, 준비가 안 된 비율이 분모인 비율의 로그이다. 따라서 회귀계수 −0.082는 가열시간이 길수록 준비되는 비율이 감소하는 것을 뜻한다. 그러나 SOAK 변수의 유의확률이 0.8639이므로 주괴의 준비여부에 별로 큰 영향을 주지 못하며 모형에서 제거하여도 큰 문제가 없을 것으로 판단된다. (HEAT, SOAK) = (51, 2.8)일 때 자료값이 (0, 0)이므로 이 자료는 분석에서 제외된다.

Model Information	
Data Set	WORK.INGOTS
Response Variable (Events)	READY
Response Variable (Trials)	TOTAL
Model	binary logit
Optimization Technique	Fisher's scoring

(a) 모형의 정보

Model Fit Statistics			
Criterion	Intercept Only	Intercept and Covariates	With Constant
AIC	108.988	101.346	34.080
SC	112.947	113.221	45.956
-2 Log L	106.988	95.346	28.080

(b) 모형 적합통계량의 값

Testing Global Null Hypothesis: BETA=0			
Test	Chi-Square	DF	Pr > ChiSq
Likelihood Ratio	11.6428	2	0.0030
Score	15.1091	2	0.0005
Wald	13.0315	2	0.0015

(c) 모형의 유의성 검정 결과

Analysis of Maximum Likelihood Estimates					
Parameter	DF	Estimate	Standard Error	Wald Chi-Square	Pr > ChiSq
Intercept	1	5.5592	1.1197	24.6503	<.0001
HEAT	1	-0.0820	0.0237	11.9454	0.0005
SOAK	1	-0.0568	0.3312	0.0294	0.8639

(d) 회귀계수의 추정 결과

[그림 9-14] HEAT와 SOAK를 설명변수로 한 로지스틱 회귀모형 적합 결과

③ SOAK 변수를 제외하고 로지스틱 회귀모형을 적합시킨 결과 모형의 적합성검정의 유의확률도 0.0007이고 AIC와 SC 정보통계량의 값도 또한 작아져서 HEAT만을 설명변수로 하는 모형이 더 잘 적합됨을 알 수 있다. 최종적으로 적합된 모형은 다음과 같다(괄호 속의 값은 표준오차이다).

$$\log\frac{p}{1-p} = \underset{(0.7275)}{5.4152} - \underset{(0.0224)}{0.0807}*\text{HEAT}$$

따라서 회귀계수가 −0.0807로서 가열하는 시간이 짧을수록 다음 단계를 위한 준비여부는 좋아지며 물에 담그는 시간은 그리 영향이 없다고 본다. 한편 HEAT의 계수가 −0.0807이므로 오즈비는 exp(−0.0807) =0.922가 됨을 확인할 수 있다.

Model Fit Statistics			
Criterion	Intercept Only	Intercept and Covariates	With Constant
AIC	108.988	99.375	32.109
SC	112.947	107.291	40.026
-2 Log L	106.988	95.375	28.109

(a) 모형 적합통계량의 값

Testing Global Null Hypothesis: BETA=0			
Test	Chi-Square	DF	Pr > ChiSq
Likelihood Ratio	11.6139	1	0.0007
Score	15.0997	1	0.0001
Wald	13.0291	1	0.0003

(b) 모형의 유의성검정 결과

Analysis of Maximum Likelihood Estimates					
Parameter	DF	Estimate	Standard Error	Wald Chi-Square	Pr > ChiSq
Intercept	1	5.4152	0.7275	55.4004	<.0001
HEAT	1	-0.0807	0.0224	13.0291	0.0003

(c) 회귀계수의 추정 결과

Odds Ratio Estimates			
Effect	Point Estimate	95% Wald Confidence Limits	
HEAT	0.922	0.883	0.964

(d) 오즈비(odds ratio)

[그림 9-15] HEAT만을 설명변수로 한 로지스틱 회귀모형 적합 결과

9.6 일반화선형모형

9.6.1 이론적 배경

SAS에서 **일반화선형모형**(GLM, Generalized Linear Model)을 적합시키는 절차로 GENMOD가 있다. 일반화선형모형은 8장에서 다룬 일반선형모형(또는 전통적인 선형모형)뿐만 아니라 범주형 자료의 분석을 위한 로지스틱 회귀모형과 로그선형모형을 모두 포함하는 모형이다. 일반화선형모형은 흔히 GLM이란 약자로 나타내기도 한다. 그러나 일반화선형모형의 GLM은 8장에서 다룬 일반선형모형의 GLM 절차와는 구별되며, 이 절에서는 범주형 자료의 분석에서 GENMOD 절차를 이용하는 방법을 주로 다루기로 한다.

일반화선형모형은 3가지 성분으로 표현된다. 즉, **랜덤 성분**(random component), **체계적 성분**(systematic component) 및 **연결함수**(link function)로 구성되며, 이들의 역할은 다음과 같다 (박태성·이승연, 1998).

1. **랜덤 성분**

   반응변수(종속변수) y를 나타내며, y에 대한 확률분포를 가정한다.

2. **체계적 성분**

   설명변수로 이루어진 선형 예측식(linear predictor)으로서, 다음과 같이 나타낼 수 있다.

$$\beta_0 + \beta_1 x_1 + \cdots + \beta_p x_p$$

   이 식에서 한 x_i는 다른 x_j들의 식으로 표현될 수 있다. 예를 들어 $x_3 = x_1 x_2$는 x_1과 x_2의 교호작용을 나타내며, $x_3 = x_1^2$은 x_1의 비선형 효과를 나타낼 수 있다.

3. **연결함수**

   반응변수 y의 기댓값을 $\mu = E(y)$로 나타낼 때, 연결함수는 μ와 선형 예측식의 관계를 설명하는 단조함수이다. 즉,

$$g(\mu) = \beta_0 + \beta_1 x_1 + \cdots + \beta_p x_p$$

   로 나타낼 때 $g(\cdot)$를 **연결함수**(link function)라고 한다.

대표적인 연결함수는 다음과 같다.

1. **항등(identity)함수**: $g(\mu) = \mu$
   전형적인 회귀모형식을 나타내는 연결함수이다.
2. **로짓(logit)함수**: $g(\mu) = \log(\mu/(1-\mu))$
   μ가 확률과 같이 0과 1 사이에 있는 모형에 적당한 연결함수이다. 따라서 로지스틱 회귀모형에서 많이 사용된다.
3. **로그(log)함수**: $g(\mu) = \log(\mu)$
   μ에 로그를 취한 것이 선형식의 형태이므로 9.3절에서 다룬 로그선형모형(log linear model)에 적당한 연결함수이다.

9.5절에서 다룬 로지스틱 회귀모형을 GLM(일반화선형모형)으로 표현해 보자. y가 $\{0, 1\}$의 값을 갖는 이항반응모형의 경우에, $p = \Pr(y=1\,|\,\boldsymbol{x})$ 라고 하면 **로지스틱 회귀모형**은 로짓함수를 연결함수로 사용하는 일반화선형모형이며, $\mu = p$ 이므로 모형을 다음과 같이 나타낼 수 있다.

$$\log\frac{\mu}{1-\mu} = \beta_0 + \beta_1 x_1 + \cdots + \beta_p x_p$$

반응변수 y가 도수(빈도, frequency)를 나타낼 경우에, y의 분포를 포아송 분포로 가정할 수 있는 경우가 많다. y의 분포를 포아송 분포로 가정하고, 연결함수로 로그(log) 함수를 사용하는 모형을 **포아송 로그선형모형**(Poisson log-linear model)이라 하며, 다음과 같이 나타낼 수 있다.

$$\log(\mu) = \beta_0 + \beta_1 x_1 + \cdots + \beta_p x_p$$

GLM에서 흔히 사용하는 y의 분포는 정규분포, 이항분포(또는 비율), 포아송 분포이며, 이에 대응되는 **연결함수**, **분산함수**(variance function) 및 **모형**은 다음과 같다.

y의 분포	연결함수	분산함수	모형
정규분포	항등함수	$\mathrm{Var}(y) = 1$	회귀모형
이항분포	로짓함수	$\mathrm{Var}(y) = \mu(1-\mu)$	로지스틱모형
포아송 분포	로그함수	$\mathrm{Var}(y) = \mu$	포아송 모형

분할표를 GLM으로 분석하는 문제를 생각해 보자. 독립성검정을 위한 2차원 분할표에서 (i, j) 칸의 기대도수를 m_{ij}로 나타내었다. 그러나 GLM에서는 반응변수 y의 기댓값을

$$\mu = E(y)$$

로 나타내므로, 관례적으로 2차원 분할표에서 (i, j) 칸의 기대도수를 μ_{ij} 로 나타낸다. 따라서 여기서도 m_{ij} 대신에 μ_{ij} 를 사용하기로 한다.

2차원 분할표에서 (i, j) 칸의 관측도수를 x_{ij}, 기대도수의 추정값을 $\hat{\mu}_{ij}$, 총도수를 n 으로 나타내고, 주변합을 각각 $x_{i\cdot} = \sum_j x_{ij}$, $x_{\cdot j} = \sum_i x_{ij}$ 로 나타내면 주변확률은 다음과 같다.

$$p_{i\cdot} = \frac{x_{i\cdot}}{n}, \quad p_{\cdot j} = \frac{x_{\cdot j}}{n}$$

분할표 분석에서는 흔히 분포함수를 **포아송**으로, 연결함수를 **로그함수**로 지정하며, 이와 같은 경우에 GENMOD에서 출력되는 주요 통계량들을 요약하면 다음과 같다.

- **Pred** (추정된 기댓값): $\hat{\mu}_{ij}$
- **Xbeta**: $x_i'\beta = \log(\hat{\mu}_{ij})$
- **lower, upper**: μ_{ij} 의 95% 신뢰구간에 대한 하한, 상한
- **Resraw** (원시 잔차): $x_{ij} - \hat{\mu}_{ij}$
- **Reschi** (피어슨 잔차): $\dfrac{x_{ij} - \hat{\mu}_{ij}}{\sqrt{\hat{\mu}_{ij}}}$
- **StReschi** (수정 피어슨 잔차): $\dfrac{\text{Reschi}}{\sqrt{(1-p_{i\cdot})(1-p_{\cdot j})}}$
- **Resdev** (이탈도 잔차): $\text{sgn}(x_{ij} - \hat{\mu}_{ij})\left[2x_{ij}\log\left(\dfrac{x_{ij}}{\hat{\mu}_{ij}}\right) - (x_{ij} - \hat{\mu}_{ij})\right]^{1/2}$
- **StResdev** (수정 이탈도 잔차): $\dfrac{\text{Resdev}}{\sqrt{(1-p_{i\cdot})(1-p_{\cdot j})}}$
- **Deviance** (이탈도): $\sum_i\sum_j\left|2x_{ij}\log\left(\dfrac{x_{ij}}{\hat{\mu}_{ij}}\right) - (x_{ij} - \hat{\mu}_{ij})\right|$
- **Pearson Chi-Square**: $\sum_i\sum_j\dfrac{(x_{ij} - \hat{\mu}_{ij})^2}{\hat{\mu}_{ij}}$

9.6.2 GENMOD 절차의 이용

(1) GENMOD 절차

GENMOD 절차의 일반형에서 자주 사용되는 옵션은 다음과 같다.

```
PROC GENMOD <options>;
  MODEL response=<effects> </ options>;
  BY variables;
  CLASS variables;
  DEVIANCE variable=expression;
  VARIANCE variable=expression;
  FWDLINK variable=expression;
  INVLINK variable=expression;
```

① PROC GENMOD 〈options〉;

- DESCENDING : 반응변수의 수준 순서를 큰 것부터 정렬한다.
- DATA=SAS-data-set을 지정한다.

② MODEL **response=〈effects〉 〈/ options〉**;

반응변수와 설명변수(또는 효과) 등을 지정한다. 반응변수로는 단일변수 형태의 지정도 가능하며, 이항반응변수의 경우에 두 변수의 비를 나타내는 events/trials의 형태도 가능하다.

〈/ options〉;의 사용 예

- ALPHA ¦ A=**number**: 신뢰구간의 신뢰계수 α 값을 지정한다.
- DIST=**keyword**: 모형에서 사용될 확률분포를 지정한다.

  예 NORNAL ¦ NOR ¦ N: 정규분포(디폴트 연결함수 : 항등)
  BINOMIAL ¦ BIN ¦ B: 이항분포(디폴트 연결함수 : 로짓)
  POISSION ¦ POI ¦ P: 포아송 분포(디폴트 연결함수 : 로그)
- LRCI: 신뢰구간을 출력한다.
- OBSTATS: 반응변수에 대한 여러 통계량의 값을 출력한다.
- LINK=keyword: 연결함수를 지정한다.

예 LOGIT: 로짓 연결함수
PROBIT: 프로빗 연결함수
IDENTITY: 항등 연결함수
LOG: 로그 연결함수

- RESIDUALS: OBSTATS 테이블에 잔차를 추가로 출력한다.
- OFFSET=variable: offset 변수를 지정한다.
- TYPE1: type 1 (순차적, sequential) 분석에 대한 통계량들을 요구한다.
- TYPE3: type 3 (부분적, partial) 분석에 대한 통계량들을 요구한다.

③ CLASS **variables;**

분류변수를 지정한다.

④ DEVIANCE **variable=expression;**

확률분포를 정의한다. VARIANCE 문이 정의되면 반드시 지정해야 한다.

⑤ VARIANCE **variable=expression;**

분산함수를 정의한다.

⑥ FWDLINK **variable=expression;**

연결함수를 정의한다.

⑦ INVLINK **variable=expression;**

연결함수의 역함수를 정의한다.

FWDLINK에 의해 연결함수가 정의되면 INVLINK는 반드시 지정한다.

예 FWDLINK link=log(_MEAN_);

INVLINK ilink=exp(_XBETA_);

(2) 예제

GENMOD 절차에서는 앞에서 다룬 FREQ, CATMOD, LOGISTIC 절차에서 시행한 내용들을 모두 다룰 수 있다. 따라서 이 절에서는 앞에서 다룬 예제들을 GENMOD를 이용하여 다시 시행하고 결과를 비교해 보기로 한다.

예제 9.1 계속

A, B 두 병원에서 수술 받은 환자들의 생존율이 동일한지를 검정하는 문제를 FREQ 절차의 CHISQ 옵션을 이용하여 시행하였다. 다음은 같은 문제를 GENMOD를 이용하여 검정하는 SAS 프로그램이다.

```
/* GENMOD1.SAS : ANALYSIS OF SURVIVAL RATE FREQUENCY TABLE */
DATA SURVIVAL;
  INPUT HOSP $ SURV $ COUNT @@;
  DATALINES;
A DEAD 63 A ALIVE 2037 B DEAD 16 B ALIVE 784
;
RUN;
PROC GENMOD;
  CLASS HOSP SURV;
  MODEL COUNT=HOSP SURV HOSP*SURV / DIST=POI LINK=LOG;     ①
RUN;   QUIT;
```

프로그램 및 출력결과 설명

① 관측도수인 COUNT를 분류변수인 병원(HOSP) 및 생존여부(SURV)의 주효과와 이들의 교호작용으로 나타내었으며, 확률분포는 포아송 분포를, 연결함수로는 로그함수를 선택하였다. 주효과와 교호작용이 모두 있는 포화모형이므로 모형에 대한 피어슨의 카이제곱통계량의 값은 0이다. 출력 결과에서 모수의 추정값 분석은 [그림 9-16]과 같다.

CATMOD에서는 각 인자들에 대하여 모수의 합이 0이 되는 제약조건을 사용하며, GENMOD에서는 마지막 수준에 해당되는 모수가 0이 되는 제약조건을 사용하여 모수를 추정한다. 따라서 어떤 인자의 유의성은 0이 아닌 모수의 유의성을 살피면 된다. [그림 9-16]에서 병원이나 생존여부는 유의성이 강하지만 교호작용은 유의확률이 0.1420으로 약함을 알 수 있다. [그림 9-6]의 결과와 비교하면 주효과에 대한 Chi-square 값은 다르지만 교호작용에 대한 Chi-square 값은 같음을 알 수 있다.

로짓모형이나 로지스틱모형 및 GLM에서 모수의 유의성 검정은 표준화된 모수 추정값의 제곱인 $Z^2 = [\hat{\beta}_i / \widehat{\mathrm{SE}}(\hat{\beta}_i)]^2$ 이 H_0 하에서 자유도 1인 χ^2-분포에 따름을 이용하여 검정한다. 따라서 GENMOD에서의 주효과의 Chi-square 값은 로그선형모형을 이용한 CATMOD에서 Chi-square 값과 다르게 출력된다.

Analysis Of Maximum Likelihood Parameter Estimates									
Parameter			DF	Estimate	Standard Error	Wald 95% Confidence Limits		Wald Chi-Square	Pr > ChiSq
Intercept			1	2.7726	0.2500	2.2826	3.2626	123.00	<.0001
HOSP	A		1	1.3705	0.2800	0.8219	1.9192	23.97	<.0001
HOSP	B		0	0.0000	0.0000	0.0000	0.0000	.	.
SURV	ALIVE		1	3.8918	0.2525	3.3969	4.3868	237.49	<.0001
SURV	DEAD		0	0.0000	0.0000	0.0000	0.0000	.	.
HOSP*SURV	A	ALIVE	1	-0.4157	0.2831	-0.9706	0.1391	2.16	0.1420
HOSP*SURV	A	DEAD	0	0.0000	0.0000	0.0000	0.0000	.	.
HOSP*SURV	B	ALIVE	0	0.0000	0.0000	0.0000	0.0000	.	.
HOSP*SURV	B	DEAD	0	0.0000	0.0000	0.0000	0.0000	.	.
Scale			0	1.0000	0.0000	1.0000	1.0000		

[그림 9-16] 포화모형에서 모수추정값 분석

예제 9.1 계속

A, B 두 병원에서 수술 받은 환자들의 생존율이 동일한지를 검정하는 문제에서 환자의 상태에 따라 분류한 〈표 9.5〉를 GENMOD로 분석해 보자. 다음은 9.3.2절에서 CATMOD2.SAS에 대응되는 프로그램이다.

```
/* GENMOD2.SAS : LOGLINEAR MODEL */
DATA SURVIVAL;
  INPUT HOSP $ SURV $ COND $ COUNT @@;
  DATALINES;
A D L 6  A S L 594  B D L 8 B S L 592
A D C 57 A S C 1443 B D C 8 B S C 192
;
RUN;
PROC GENMOD;
  CLASS HOSP SURV COND;
  MODEL COUNT=HOSP SURV COND HOSP*SURV HOSP*COND SURV*COND      ①
            / DIST=POI LINK=LOG ; RUN;
PROC GENMOD;
  CLASS HOSP SURV COND;
  MODEL COUNT=HOSP SURV COND HOSP*COND SURV*COND                ②
            / DIST=POI LINK=LOG OBSTATS RESIDUALS;              ③
 RUN;   QUIT;
```

프로그램 및 출력결과 설명

① 병원(HOSP), 생존여부(SURV), 환자상태(COND)의 1차 교호작용이 모두 있는 모형으로 적합시킨 결과는 [그림 9-17]과 같다. 이는 CATMOD 절차를 이용한 [그림 9-8]과 같은 모형 적합으로서, 교호작용에 대한 카이제곱 값들이 CATMOD 절차에서와 같은 결과를 나타냄을 알 수 있다. 특히 병원과 생존여부의 교호작용인 HOSP*SURV에 대한 유의성이 없으므로 다음에서는 이를 제외한 모형을 생각한다.

Analysis Of Maximum Likelihood Parameter Estimates									
Parameter			DF	Estimate	Standard Error	Wald 95% Confidence Limits		Wald Chi-Square	Pr > ChiSq
Intercept			1	6.3844	0.0410	6.3041	6.4648	24247.6	<.0001
HOSP	A		1	0.0015	0.0578	-0.1118	0.1149	0.00	0.9788
HOSP	B		0	0.0000	0.0000	0.0000	0.0000	.	.
SURV	D		1	-4.3754	0.3050	-4.9732	-3.7777	205.82	<.0001
SURV	S		0	0.0000	0.0000	0.0000	0.0000	.	.
COND	C		1	-1.1298	0.0825	-1.2914	-0.9681	187.70	<.0001
COND	L		0	0.0000	0.0000	0.0000	0.0000	.	.
HOSP*SURV	A	D	1	-0.1320	0.3078	-0.7353	0.4713	0.18	0.6681
HOSP*SURV	A	S	0	0.0000	0.0000	0.0000	0.0000	.	.
HOSP*SURV	B	D	0	0.0000	0.0000	0.0000	0.0000	.	.
HOSP*SURV	B	S	0	0.0000	0.0000	0.0000	0.0000	.	.
HOSP*COND	A	C	1	2.0187	0.0953	1.8318	2.2055	448.37	<.0001
HOSP*COND	A	L	0	0.0000	0.0000	0.0000	0.0000	.	.
HOSP*COND	B	C	0	0.0000	0.0000	0.0000	0.0000	.	.
HOSP*COND	B	L	0	0.0000	0.0000	0.0000	0.0000	.	.
SURV*COND	D	C	1	1.2660	0.3218	0.6353	1.8967	15.48	<.0001
SURV*COND	D	L	0	0.0000	0.0000	0.0000	0.0000	.	.
SURV*COND	S	C	0	0.0000	0.0000	0.0000	0.0000	.	.
SURV*COND	S	L	0	0.0000	0.0000	0.0000	0.0000	.	.
Scale			0	1.0000	0.0000	1.0000	1.0000		

[그림 9-17] 세 요인의 1차 교호작용이 모두 있는 모형으로 적합시킨 결과

② 병원(HOSP)과 생존여부(SURV)의 1차 교호작용을 제외한 모형으로 적합시킨 결과는 [그림 9-18]과 같다. 이는 CATMOD 절차를 이용한 [그림 9-9]와 같은 모형을 적합시킨 것이다.

Analysis Of Maximum Likelihood Parameter Estimates									
Parameter			DF	Estimate	Standard Error	Wald 95% Confidence Limits		Wald Chi-Square	Pr > ChiSq
Intercept			1	6.3852	0.0409	6.3049	6.4654	24318.9	<.0001
HOSP	A		1	0.0000	0.0577	-0.1132	0.1132	0.00	1.0000
HOSP	B		0	0.0000	0.0000	0.0000	0.0000	.	.
SURV	D		1	-4.4393	0.2688	-4.9662	-3.9124	272.68	<.0001
SURV	S		0	0.0000	0.0000	0.0000	0.0000	.	.
COND	C		1	-1.1259	0.0819	-1.2863	-0.9654	189.19	<.0001
COND	L		0	0.0000	0.0000	0.0000	0.0000	.	.
HOSP*COND	A	C	1	2.0149	0.0949	1.8290	2.2008	451.09	<.0001
HOSP*COND	A	L	0	0.0000	0.0000	0.0000	0.0000	.	.
HOSP*COND	B	C	0	0.0000	0.0000	0.0000	0.0000	.	.
HOSP*COND	B	L	0	0.0000	0.0000	0.0000	0.0000	.	.
SURV*COND	D	C	1	1.2143	0.2971	0.6320	1.7966	16.70	<.0001
SURV*COND	D	L	0	0.0000	0.0000	0.0000	0.0000	.	.
SURV*COND	S	C	0	0.0000	0.0000	0.0000	0.0000	.	.
SURV*COND	S	L	0	0.0000	0.0000	0.0000	0.0000	.	.
Scale			0	1.0000	0.0000	1.0000	1.0000		

[그림 9-18] 병원과 생존여부의 1차 교호작용을 제외한 모형으로 적합시킨 결과

③ OBSTATS RESIDUALS 옵션에 의해 여러 가지 통계량들이 출력된다. 결과는 생략하였다.

예제 9.4 계속

주괴의 준비여부(READY)를 기열시간(HEAT)과 물담금시간(SAOK)으로 설명하는 로지스틱 회귀모형을 적합시키는 문제를 GENMOD로 푸는 SAS 프로그램은 다음과 같다.

```
/* GENMOD3.SAS : GENMOD를 이용한 LOGISTIC REGRESSION ANALYSIS */
DATA INGOTS;
  INPUT HEAT SOAK READY TOTAL @@;
  DATALINES;
 7  1.0  10 10   7  1.7  17 17   7  2.2  7  7   7  2.8 12 12   7  4.0  9  9
14  1.0  31 31  14  1.7  43 43  14  2.2 31 33  14  2.8 31 31  14  4.0 19 19
27  1.0  55 56  27  1.7  40 44  27  2.2 21 21  27  2.8 21 22  27  4.0 15 16
51  1.0  10 13  51  1.7   1  1  51  2.2  1  1  51  2.8  0  0  51  4.0  1  1
;
RUN;
PROC GENMOD DATA=INGOTS;
  MODEL READY/TOTAL = HEAT SOAK / DIST=BIN LINK=LOGIT;        ①
RUN;   QUIT;
```

프로그램 및 출력결과 설명

① 준비된 주괴의 비율인 READY/TOTAL을 HEAT와 SOAK로 적합시킨 모형이다. 비율에 대한 분포는 이항분포(DIST=BIN)이며, 대응되는 연결함수는 로짓함수(LINK=LOGIT)이다. 모수의 추정결과는 [그림 9-14]에 있는 LOGISTIC 절차의 결과와 일치함을 알 수 있다.

Model Information	
Data Set	WORK.INGOTS
Distribution	Binomial
Link Function	Logit
Response Variable (Events)	READY
Response Variable (Trials)	TOTAL

(a) 모형 정보

Analysis Of Maximum Likelihood Parameter Estimates							
Parameter	DF	Estimate	Standard Error	Wald 95% Confidence Limits		Wald Chi-Square	Pr > ChiSq
Intercept	1	5.5592	1.1197	3.3646	7.7537	24.65	<.0001
HEAT	1	-0.0820	0.0237	-0.1285	-0.0355	11.95	0.0005
SOAK	1	-0.0568	0.3312	-0.7059	0.5924	0.03	0.8639
Scale	0	1.0000	0.0000	1.0000	1.0000		

(b) 회귀계수의 추정 결과

[그림 9-19] 주괴 문제의 GENMOD 절차에 의한 출력 결과

예제 9.5

1986년에 발생한 유인 우주선 챌린저호의 사고 원인을 조사한 결과, 추진로켓의 연결부가 저온에서 연소가스를 누출하는 결함 때문이라고 발표하였다. 이를 통계적으로 확인하기 위하여 챌린저호 이전에 발사된 23회 우주선 비행에서 사고 경력을 조사하였다. 결과는 〈표 9.9〉와 같다. 표에서 TEMP는 비행시의 기온(°F)을 나타내며, TD는 열 문제(thermal distress)로 인하여 연결부에 문제가 있었는지의 여부를 나타낸다. 로지스틱 회귀모형으로 열 문제가 발생할 확률을 기온의 효과로 적합하고, 챌린저호가 발사될 당시의 기온인 31°F에서 열 문제가 발생할 확률을 추정해 보자. (Dalal, Fowlkes, and Hoadley, 1989)

〈표 9.9〉 우주선 비행 시 기온과 열문제 발생여부

No.	Temp	TD	No.	Temp	TD	No.	Temp	TD
1	66	0	9	57	1	17	70	0
2	70	1	10	63	1	18	81	0
3	69	0	11	70	1	19	76	0
4	68	0	12	78	0	20	79	0
5	67	0	13	67	0	21	75	1
6	72	0	14	53	1	22	76	0
7	73	0	15	67	0	23	58	1
8	70	0	16	75	0			

Temp : 기온, TD : 열문제 발생여부(1=예, 0=아니오)

다음 SAS 프로그램에서는 열문제 발생 여부를 기온으로 적합시키는 로지스틱 회귀분석을 LOGISTIC 절차와 GENMOD 절차로 시행하였다.

```
/* GENMOD4.SAS : ANALYSIS USING LOGISTIC REGRESSION MODEL */
DATA CHAL;
  INPUT TEMP TD @@;
  DATALINES;
66 0  70 1  69 0  68 0  67 0  72 0  73 0  70 0
57 1  63 1  70 1  78 0  67 0  53 1  67 0  75 0
70 0  81 0  76 0  79 0  75 1  76 0  58 1
;
RUN;
PROC LOGISTIC DATA=CHAL DESCENDING;          ①
  MODEL TD = TEMP;
RUN;
PROC GENMOD DATA=CHAL DESCENDING;            ②
  MODEL TD = TEMP / DIST=BIN LINK=LOGIT;
RUN;   QUIT;
```

프로그램 및 출력결과 설명

① 〈그림 9.20〉은 LOGISTIC 절차에 의한 결과이다. 이 문제에서는 $TD=1$의 확률에 관심이 있으므로 DESCENDING의 옵션을 사용하였다. 이 옵션이 없으면 출력 결과는 $Pr(TD=0)$에 대한 분석 결과가 출력된다. 모형과 변수에 대한 유의성 검정 결과는 모두 유의한 것으로 나타났으며, 최종 모형은 다음과 같다.

$$\log\frac{Pr(TD=1)}{Pr(TD=0)} = 15.0429 - 0.2322*Temp$$

Testing Global Null Hypothesis: BETA=0			
Test	Chi-Square	DF	Pr > ChiSq
Likelihood Ratio	7.9520	1	0.0048
Score	7.2312	1	0.0072
Wald	4.6008	1	0.0320

(a) 모형의 유의성검정 결과

Analysis of Maximum Likelihood Estimates					
Parameter	DF	Estimate	Standard Error	Wald Chi-Square	Pr > ChiSq
Intercept	1	15.0429	7.3786	4.1563	0.0415
TEMP	1	-0.2322	0.1082	4.6008	0.0320

(b) 회귀계수의 추정 결과

[그림 9-20] LOGISTIC 절차에 의한 출력 결과

② [그림 9-21]은 GENMOD 절차에 의한 결과이다. 추정된 모형은 LOGISTIC 절차의 결과와 일치함을 알 수 있다. 따라서 위의 추정된 모형을 이용하여 기온이 31°F일 때 열 문제가 발생할 확률은 다음과 같다.

$$\Pr(\mathrm{TD}=1) = \frac{\exp(15.0429 - 0.2322 * 31)}{1 + \exp(15.0429 - 0.2322 * 31)} = 0.9996$$

Analysis Of Maximum Likelihood Parameter Estimates							
Parameter	DF	Estimate	Standard Error	Wald 95% Confidence Limits		Wald Chi-Square	Pr > ChiSq
Intercept	1	15.0429	7.3786	0.5810	29.5048	4.16	0.0415
TEMP	1	-0.2322	0.1082	-0.4443	-0.0200	4.60	0.0320
Scale	0	1.0000	0.0000	1.0000	1.0000		

[그림 9-21] GENMOD 절차에 의한 출력 결과

예제 9.5 계속

[예제 9.5]의 문제를 EG의 로지스틱 회귀 메뉴를 이용하여 풀어보자.(dataset 폴더에서 chal 자료)

EG에서 chal 자료를 열고 메뉴 **작업** → **회귀** → **로지스틱 회귀**를 클릭한다. 데이터 창에서 TEMP를 양적변수로 TD를 종속변수로 지정한다. 모형〉반응 창에서 반응은 '이진'을, 모형은 '로짓'을 선택하고, 밑에 있는 '다음 레벨에 모형 적합'에서 1을 선택한다. 효과 창에서는 TEMP의 주효과를 선택한다. 이어서 실행을 클릭한다. 출력 결과에는 [그림 9-20]과 같은 내용의 분석표와 함께 Pr(TD=1)의 예측값이 [그림

9-22]와 같이 출력된다.

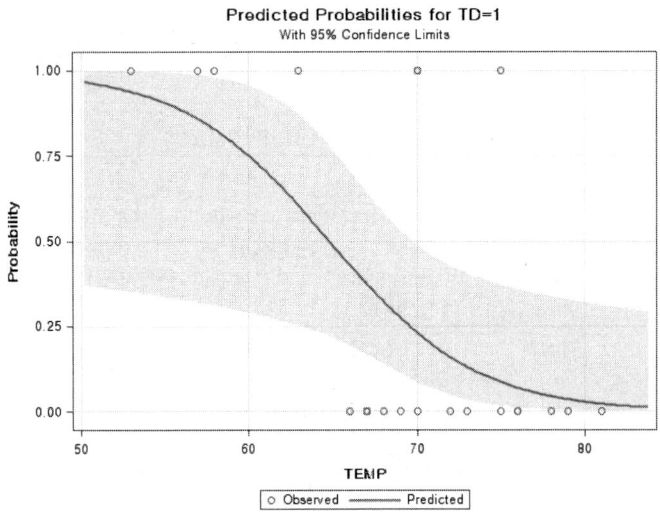

[그림 9-22] $\Pr(\text{TD} = 1)$의 예측값

제10장

주성분분석

10.1 개념 및 목적

주성분분석(pricipal component analysis)은 여러 개($p \geq 2$)의 다변량 양적변수들 사이의 분산-공분산 관계를 이용하여 이 변수들의 선형결합으로 표시되는 **주성분**(principal component)을 찾고, 이들 중에서 중요한 $m(\leq p)$개의 (보통 $2 \sim 3$개) 주성분으로 전체 변동의 대부분을 설명하고자 하는 다변량분석법이다.

주성분분석은 선형관계식을 통하여 차수(dimension)를 감소시켜 해석을 용이하게 하는 데 목적이 있다. 즉, p차원의 자료를 2차원 또는 3차원의 주성분 공간으로 사영(projection)시켜 저차원 공간에 나타내고, 이들을 그래프로 나타내어 자료가 갖는 특성을 찾아내는 것이 주요 목적이다. 이와 같은 개념은 **인자분석**, **대응분석**, **다차원 척도법** 등에서도 사용되며, 다변량분석의 기본이 되는 차원 축소 방법이다.

이외에도 주성분은 회귀분석에서 모형에 포함시킬 설명변수의 개수를 결정하는 데 사용되기도 하며, **군집분석**(cluster analysis)등과 같은 분석법의 입력변수로 이용되기도 한다. 특히 **인자분석**(factor analysis)에서는 인자를 구하는 방법 중의 하나로 이용된다.

주성분분석에서는 자료의 중심위치에 대한 분석보다는 변수들 사이의 상호 관계를 분석하는 것이 목적이므로, 흔히 공분산행렬 또는 상관행렬을 사용하여 분석한다.

다음의 예제에서 주성분의 개념을 알아보자.

예제 10.1

인체의 계측자료로서, $n = 110$명에 대하여

$$x_1 = 키, \quad x_2 = 몸무게, \quad x_3 = 가슴둘레$$

를 관측하였다. 이들의 상관행렬에서 고유값은 (2.1, 0.6, 0.3)이며 다음과 같은 주성분을 얻었다고 하자.

$$y_1 = \ \ 0.8x_1 + 0.5x_2 + 0.3x_3$$
$$y_2 = -0.5x_1 + 0.8x_2 + 0.3x_3$$
$$y_3 = -0.3x_1 - 0.3x_2 + 0.9x_3$$

제1주성분인 y_1은 x_1, x_2, x_3의 계수가 모두 양수이므로 '크기(size)'를 나타내는 변수로 해석할 수 있으며 y_2와 y_3는 '모양(shape)'을 나타내는 변수로 해석할 수 있다. 또한 제1주성분인 y_1만으로 전체 변동의 70% $(2.1/3 = 0.7)$를 설명할 수 있으며, $(y_1,\ y_2)$로는 전체의 90% $((2.1+0.6)/3 = 0.9)$를 설명할 수 있으므로, $(x_1,\ x_2,\ x_3)$ 대신에 y_1 또는 $(y_1,\ y_2)$로 인체의 특성을 나타낼 수 있다.

10.2 이론적 배경

10.2.1 주성분 모형

$\boldsymbol{x}' = (x_1, x_2, \cdots, x_p)$를 평균 $\boldsymbol{\mu}$, 공분산행렬 Σ 인 다변량(정규)분포를 따르는 확률벡터라 하고 $\lambda_1 \ge \lambda_2 \ge \cdots \ge \lambda_p \ge 0$는 Σ 의 **고윳값**(eigenvalue), $\boldsymbol{e}_1, \boldsymbol{e}_2, \cdots, \boldsymbol{e}_p$ 는 각각 $\lambda_1, \lambda_2, \cdots, \lambda_p$ 에 대응되는 **고유벡터**(eigenvector)라고 하자. 고유벡터들은 모두 단위벡터이며 서로 수직이다. 즉, j 번째 고유벡터 $\boldsymbol{e}_j$ 를 열벡터 $\boldsymbol{e}_j = (e_{1j}, e_{2j}, \cdots, e_{pj})'$ 로 나타낼 때

$$\boldsymbol{e}_i' \boldsymbol{e}_j = 0, \ \forall\, i \neq j \ , \qquad \sum_i e_{ij}^2 = 1, \ j = 1, \cdots, p$$

의 관계가 성립하는 p-벡터이다.

x_i 들의 선형결합으로 표시되는 주성분을 구하기 위해 다음과 같이 $y_1, y_2, \cdots, y_p$ 를 생각해 보자.

$$y_1 = \boldsymbol{\ell}_1{}'\boldsymbol{x} = \ell_{11}x_1 + \ell_{12}x_2 + \cdots + \ell_{1p}x_p$$
$$y_2 = \boldsymbol{\ell}_2{}'\boldsymbol{x} = \ell_{21}x_1 + \ell_{22}x_2 + \cdots + \ell_{2p}x_p$$
$$\vdots$$
$$y_p = \boldsymbol{\ell}_p{}'\boldsymbol{x} = \ell_{p1}x_1 + \ell_{p2}x_2 + \cdots + \ell_{pp}x_p$$

다만, $\boldsymbol{\ell}_i{}' = (\ell_{i1}, \ell_{i2}, \cdots, \ell_{ip})$, $i = 1, \cdots, p$, 는 모두 크기가 1인 단위벡터 (즉, $\sum_{j=1}^{p} \ell_{ij}^2 = 1$, $i = 1, \cdots, p$)로서 다음의 조건을 만족하도록 결정한다.

1. y_1은 x들의 선형결합 가운데 최대분산을 갖는다.
2. y_2는 y_1과 무상관이면서 x들의 선형결합 가운데 최대분산을 갖는다.

 ⋮

p. y_p는 $y_1, \cdots, y_{p-1}$과 무상관이면서 x들의 선형결합 가운데 최대분산을 갖는다.

이와 같이 결정된 y_1을 **제1주성분**(1st principal component), y_2를 **제2주성분**, $\cdots$, y_p를 **제p 주성분**이라 하며, 다음과 같이 결정된다.

1. $\boldsymbol{\ell}_1$은 제일 큰 고윳값 λ_1에 대응되는 고유벡터 $\boldsymbol{e}_1$과 같다.
2. $\boldsymbol{\ell}_2$는 두 번째로 큰 고윳값 λ_2에 대응되는 고유벡터 $\boldsymbol{e}_2$와 같다.

 ⋮

p. $\boldsymbol{\ell}_p$는 p번째로 큰 고윳값 λ_p에 대응되는 고유벡터 $\boldsymbol{e}_p$와 같다.

또한, 이와 같이 구해진 주성분들은 다음의 성질을 갖는다.

1. 주성분들은 서로 상관관계가 없다(orthogonal). 즉, $\mathrm{Cov}(y_i, y_j) = 0$, $\forall i \neq j$.
2. $\mathrm{Var}(y_i) = \lambda_i, i = 1, \cdots, p$ 이며, 따라서 $\sum \mathrm{Var}(y_i) = \sum \lambda_i = \sum \mathrm{Var}(x_i)$.

이제 p개의 주성분 가운데 처음 m개의 주성분의 분산의 합은 $\lambda_1 + \lambda_2 + \cdots + \lambda_m$임을 알 수 있다. 따라서

$$\begin{pmatrix} \text{처음 } m\text{개의 주성분에 의해} \\ \text{설명되는 변동의 비율} \end{pmatrix} = \frac{\lambda_1 + \cdots + \lambda_m}{\lambda_1 + \lambda_2 + \cdots + \lambda_p}$$

이며, 이는 '$y_1, \cdots, y_m$의 전체 변동에 대한 공헌도'를 나타낸다. 이와 같은 공헌도가 1에 가까우면 p개의 변수 $x_1, x_2, \cdots, x_p$ 대신에 m개의 주성분 $y_1, \cdots, y_m$으로 전체의 변동을 설명하려고 하는 것이 주성분분석의 첫째 목표가 된다.

참고: 주성분의 기하학적 의미: $p=2$인 경우를 생각해 보자. $\boldsymbol{x}'=(x_1, x_2)$에 의해 설명되는 변동은

$$(\boldsymbol{x}-\boldsymbol{\mu})'\Sigma^{-1}(\boldsymbol{x}-\boldsymbol{\mu})=c^2$$

로 정의되는 분포등고선으로 설명할 수 있으며 주성분 y_1, y_2는 [그림 10-1]에서처럼 원래의 좌표축을 y_1, y_2의 분산이 최대가 될 때까지 회전시켜서 얻어진다. 이때 새로운 좌표축의 방향은 x_1, x_2의 공분산행렬의 고유벡터와 일치한다. 만약 제2고윳값 λ_2의 값이 λ_1에 비해 작으면 대부분의 변동은 λ_1에 대응되는 주성분 y_1에 의해 설명될 수 있으므로 자료의 요약과 해석이 용이해진다. 표본에서는 Σ 대신에 표본공분산행렬 S를 사용한다.

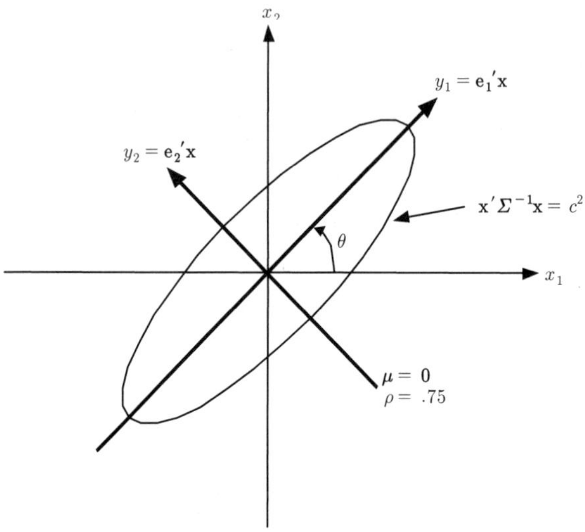

[그림 10-1] p=2인 경우의 주성분

p개의 주성분 가운데 m개만 택하여 전체의 변동을 설명하고자 할 경우에 m개의 주성분의 전체 변동에 대한 공헌도를 고려한다. 공분산행렬로 Σ 대신에 상관행렬 R을 사용할 경우에, 다른 기준으로서는 1 이상의 λ_i의 개수만큼 또는 0.7 이상인 λ_i의 개수만큼 주성분의 개수 m을 선택한다. 1을 기준으로 하는 것은 상관행렬을 사용할 경우에 평균 고윳값이 $\bar{\lambda}=1$ 이기 때문이다. 그러나 1보다 큰 λ_i의 개수로는 주성분의 개수가 너무 적을 때에는 0.7보다 큰 주성분의 개수를 사용할 것을 제안하는 학자들도 있다.

도형을 이용하여 m을 선택하는 방법으로 **스크리 산점도**(scree plot)가 있다. 스크리 산점도는 [그림 10-2]에서 보는 바와 같이 고윳값을 크기순으로 나열한 후에 (i, λ_i), $i=1,\cdots,p$ 를 그린 것이다. 만약 j 번째부터 감소하는 추세가 완만해지면 $m=j-1$을 선택한다. [그림 10-2]에서는 4번째 고윳값부터 감소하는 추세가 완만해지므로 $m=3$을 선택한다.

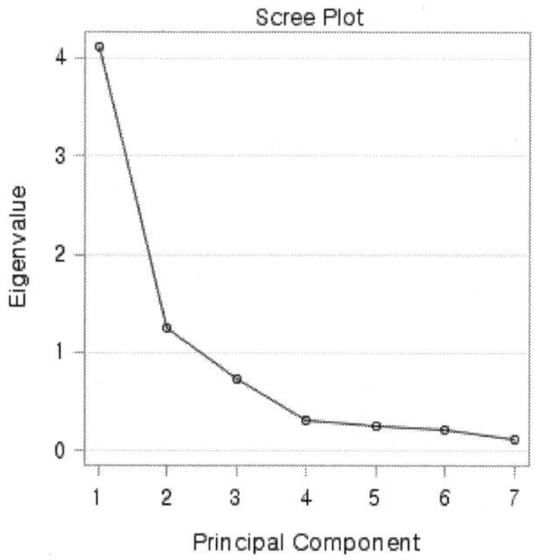

[그림 10-2] 스크리 산점도(scree plot)

주성분은 공분산행렬이나 상관행렬 모두를 이용할 수 있다. 그러나 변수들의 측정 단위가 다르면 Σ 대신에 상관행렬 R을 이용하는 것이 바람직하다. 다음 예제에서 Σ와 R을 이용한 분석 결과가 다름을 살펴보자.

예제 10.2

다음과 같은 공분산행렬을 생각해 보자.(Johnson & Wichern, 2002)

$$\Sigma = \begin{pmatrix} 1 & 4 \\ 4 & 100 \end{pmatrix}$$

Σ의 고윳값과 대응되는 고유벡터 쌍들은 다음과 같다.

$$\lambda_1 = 100.16, \qquad e_1{}' = [.040, \quad .999]$$

$$\lambda_2 = \quad .84, \qquad e_2{}' = [.999, \ -.040]$$

따라서 이에 대응되는 주성분은 다음과 같다.

$$\Sigma : \begin{aligned} y_1 &= 0.040\,x_1 + 0.999\,x_2 \\ y_2 &= 0.999\,x_1 - 0.040\,x_2 \end{aligned}$$

x_2의 분산이 x_1의 분산에 비해 크므로 첫 번째 주성분 y_1은 주로 x_2에 의해 설명되며 y_1의 전체 변동에 대한 공헌도는

$$\frac{\lambda_1}{\lambda_1 + \lambda_2} = \frac{100.16}{101} = .992$$

가 되어 첫 번째 주성분 y_1만이 중요하다.

이제 Σ 에 대응되는 상관행렬

$$R=\begin{pmatrix} 1 & .4 \\ .4 & 1 \end{pmatrix}$$

를 이용한 주성분분석 결과는

$$\lambda_1 = 1.4, \qquad e_1{}' = [.707, \quad .707]$$

$$\lambda_2 = 0.6, \qquad e_2{}' = [.707, \quad -.707]$$

$$R : \begin{array}{l} y_1 = 0.707\,z_1 + 0.707\,z_2 \\ y_2 = 0.707\,z_1 - 0.707\,z_2 \end{array}$$

$$\frac{\lambda_1}{\lambda_1 + \lambda_2} = 0.7$$

이 되어 두 개의 주성분 y_1, y_2가 모두 중요하며, Σ 를 이용한 주성분분석의 결과와는 다름을 알 수 있다.

10.2.2 행렬도

이 절에서는 Gabriel(1971)에 의해 처음으로 제안된 행렬도의 이론에 대하여 알아본다. 자료행렬(data matrix)에서 행(row)들은 n 개 개체의 관측값을 나타내고 열(column)들은 p 개의 변수를 나타낼 때, 행과 열을 함께 저차원(흔히 2차원) 공간에 나타낸 그림을 **행렬도**(biplot)라고 한다. 특히 주성분 공간에서 자료행렬의 행과 열을 그림으로 나타내는 원리를 알아보자.

n 개의 개체에 대한 관측값을 $\boldsymbol{x}_1, \boldsymbol{x}_2, \cdots, \boldsymbol{x}_n$ 이라 할 때 $\boldsymbol{x}_i$ 는 p −벡터로서

$$\boldsymbol{x_i} = (x_{i1}, x_{i2}, \cdots, x_{ip})'$$

와 같이 나타내고, p 개의 각 변수에 대한 표본평균과 표본분산을 다음과 같이 나타낸다.

$$\overline{x}_j = \frac{1}{n}\sum_{i=1}^{n} x_{ij}, \qquad s_j^2 = \frac{1}{n-1}\sum_{i=1}^{n}(x_{ij} - \overline{x}_j)^2, \quad j = 1, \cdots, p$$

이들을 이용하여 표준화된 자료를 $\boldsymbol{z}_1, \boldsymbol{z}_2, \cdots, \boldsymbol{z}_n$ 이라 하면, $\boldsymbol{z}_i$ 의 j 번째 성분은 다음과 같다.

$$z_{ij} = \frac{x_{ij} - \bar{x}_j}{s_j}, \quad i = 1, \cdots, n, \ j = 1, \cdots, p$$

이들 표준화된 자료에서 얻은 p 개의 주성분에 대하여, $e_j (j = 1, \cdots, p)$를 제j 주성분 방향으로의 단위벡터(따라서 상관행렬의 고윳값 λ_j 에 대응되는 고유벡터)라고 하자. 그러면 z_i 를 e_1 에 사영(projection)시킨

$$z_i' e_1 = z_{i1} e_{11} + z_{i2} e_{12} + \cdots + z_{ip} e_{1p}$$

를 제1주성분에 대한 z_i 의 **주성분점수**(principal component score)라고 한다. 마찬가지로 각 표준화된 관측값의 모든 주성분에 대한 사영을 통하여 주성분점수를 얻을 수 있다. 즉, z_i 의 주성분 점수는 다음과 같다.

$$(z_i' e_1, \ z_i' e_2, \ \cdots, \ z_i' e_p)$$

이제 주성분점수의 차원축소를 통하여 각 관측값의 근삿값을 나타내는 방법을 알아보자. 표본상관행렬의 고윳값을 $\lambda_1 \geq \lambda_2 \geq \cdots \geq \lambda_p > 0$ 라고 할 때, 처음 m 개의 주성분이 설명하는 전체변동의 비율은

$$\alpha = \frac{\lambda_1 + \cdots + \lambda_m}{\lambda_1 + \lambda_2 + \cdots + \lambda_p}$$

이다. 따라서 α 가 1에 가까우면 m 개의 주성분점수를 관측값의 근삿값으로 사용할 수 있다. 즉, $z_1, z_2, \cdots, z_n$ 을 m-차원 주성분 공간에서

$$(z_i' e_1, \ z_i' e_2, \ \cdots, \ z_i' e_m), \quad i = 1, \cdots, n$$

으로 근사시킬 수 있다. 특히 $m = 2$ 인 경우에 평면 위에서 제1, 제2주성분을 좌표축으로 하는 주성분점수 산점도는 p-차원 자료의 2차원 표현으로서 매우 유용한 정보를 제공한다.

이와 같이 p-차원 자료를 m-차원 주성분점수로 근사시켜 그래프로 나타낸 것을 **개체 플롯**(observation plot)이라 한다. 이런 개체 플롯은 개체(관측값)들의 분포 형태를 나타내며, 상대적인 위치를 통하여 개체들의 특성을 파악할 수 있다.

지금까지 설명한 개체 플롯은 행(row)으로 표현된 각 개체의 관측값을 주성분 좌표축에 사영시키고, 저차원의 주성분 공간에서 개체(또는 행)들을 나타냄으로써 각 개체의 특성을 쉽게 파악하는 방법이었다. 마찬가지 개념으로 각 변수들을 같은 주성분 공간에 나타내는 방법을 알아보자.

변수 $z = (z_1, z_2, \cdots, z_p)'$ 에서 j 번째 변수인 z_j 를 j 번째 성분은 1이고 나머지는 0

인 단위벡터 $c_j = (0,\cdots,1,\cdots,0)'$ 으로 나타내자. c_j 벡터는 j 번째 변숫값은 1이고 나머지 변숫값은 모두 0인 가상적 관측값이므로, c_j 를 주성분 공간에 사영한 결과는 j 번째 변수 z_j 의 특성을 주성분 공간에 나타낸 것으로 이해할 수 있다. c_j 를 제k 주성분 단위벡터인 e_k에 사영시킨 결과는

$$c_j' e_k = e_{jk}, \quad k = 1,\cdots,p$$

가 된다. 즉, e_k의 j 번째 성분이 된다. 주성분점수에서와 같이 이 경우에도 처음 m 개의 주성분에 대한 사영만 고려한다면, c_j 는 m -차원 주성분 공간에서

$$(c_j' e_1, c_j' e_2, \cdots, c_j' e_m) = (e_{j1}, e_{j2}, \cdots, e_{jm})$$

으로 표현된다. 이것은 고유벡터 행렬

$$(e_1, e_2, \cdots, e_m)$$

에서 j 번째 행(row)에 해당된다.

이와 같이 변수 $z = (z_1, z_2, \cdots, z_p)'$ 에서 성분 z_j 를 단위벡터 c_j 로 나타내고, 이들을 m -차원 주성분 공간으로 사영시킨 결과를 그림으로 나타낸 것을 **변수 플롯**(variable plot)이라 한다. 변수 플롯의 결과는 각 주성분 방향으로 각 변수들이 기여하는 정도를 그림으로 나타낸 것으로 이해할 수 있다.

표준화된 자료행렬을 $n \times p$ 행렬로 나타낼 때, 행(row)은 각 개체의 관측값이며 열(column)은 각 변수가 구현된 값으로 이해할 수 있다. 이와 같은 자료행렬에서 행들을 m -차원 주성분 공간에 나타낸 그림이 개체 플롯이며, 같은 주성분 공간에 열들을 나타낸 그림이 변수 플롯이다. 따라서 이들 행과 열을 함께 주성분 공간에 나타낸 그림을 **행렬도**(biplot)라고 한다. 행렬도에서 변수 플롯을 통하여 각 주성분의 의미를 해석하고, 개체 플롯을 통하여 각 개체(또는 관측값)의 특성을 파악할 수 있다.

10.3 SAS의 이용

주성분분석은 EG의 메뉴 **작업 → 다변량 → 주성분분석**을 이용하거나 SAS의 PRINCOMP 절차를 이용하여 시행할 수 있다. 다음 예제를 통하여 EG의 메뉴 사용법과 SAS의 PRINCOMP 절차 사용법을 알아보자.

예제 10.3

〈표 10.1〉은 미국의 50개 주에서 7종류 범죄에 대해 10만 명당 범죄율을 조사한 자료이다. 사용된 변수명은 살인(murder), 강간(rape), 약탈(robbery), 폭행(assault), 가택침입(burglary), 절도(larceny), 자동차 절도(auto)이다. 이 7개의 변수를 한 번에 그림으로 그려 어느 지역에서 어떤 종류의 범죄가 많이 발생하고 있는지를 알아보기 힘들므로 주성분분석을 적용하여 해석을 용이하게 해 보자.(SAS/도움말, dataset 폴더에서 crime 자료)

(1) EG의 이용

예제 10.3 계속

〈표 10.1〉의 범죄율 자료를 EG의 메뉴를 이용하여 풀어 보자.

먼저 crime 자료를 열고 메뉴에서 **작업 → 다변량 → 주성분분석**을 선택한다.

데이터 창에서 murder, rape, robbery, assault, burglary, larceny, auto를 분석변수로 선택한다. 분석 창에서는 디폴트로 주어진 Correlations를 사용하고, 도표 창에서는 스크리 도표와 주성분 점수의 산점도 생성을 체크한다. 결과 창에서 '원 데이터 및 성분 점수를 포함하는 테이블 생성'을 체크하고, 이어서 실행을 클릭한다. 결과는 [그림 10-3]~[그림 10-6]과 같다.

Correlation Matrix							
	murder	rape	robbery	assault	burglary	larceny	auto
murder	1.0000	0.6012	0.4837	0.6486	0.3858	0.1019	0.0688
rape	0.6012	1.0000	0.5919	0.7403	0.7121	0.6140	0.3489
robbery	0.4837	0.5919	1.0000	0.5571	0.6372	0.4467	0.5907
assault	0.6486	0.7403	0.5571	1.0000	0.6229	0.4044	0.2758
burglary	0.3858	0.7121	0.6372	0.6229	1.0000	0.7921	0.5580
larceny	0.1019	0.6140	0.4467	0.4044	0.7921	1.0000	0.4442
auto	0.0688	0.3489	0.5907	0.2758	0.5580	0.4442	1.0000

(a) 상관행렬

Eigenvalues of the Correlation Matrix				
	Eigenvalue	Difference	Proportion	Cumulative
1	4.11495951	2.87623768	0.5879	0.5879
2	1.23872183	0.51290521	0.1770	0.7648
3	0.72581663	0.40938458	0.1037	0.8685
4	0.31643205	0.05845759	0.0452	0.9137
5	0.25797446	0.03593499	0.0369	0.9506
6	0.22203947	0.09798342	0.0317	0.9823
7	0.12405606		0.0177	1.0000

(b) 상관행렬의 고윳값

Eigenvectors							
	PRIN1	PRIN2	PRIN3	PRIN4	PRIN5	PRIN6	PRIN7
murder	0.300279	-.629174	0.178245	-.232114	0.538123	0.259117	0.267593
rape	0.431759	-.169435	-.244198	0.062216	0.188471	-.773271	-.296485
robbery	0.396875	0.042247	0.495861	-.557989	-.519977	-.114385	-.003903
assault	0.396652	-.343528	-.069510	0.629804	-.506651	0.172363	0.191745
burglary	0.440157	0.203341	-.209895	-.057555	0.101033	0.535987	-.648117
larceny	0.357360	0.402319	-.539231	-.234890	0.030099	0.039406	0.601690
auto	0.295177	0.502421	0.568384	0.419238	0.369753	-.057298	0.147046

(c) 상관행렬의 고유벡터

[그림 10-3] 분석변수 상관행렬의 고윳값과 고유벡터

[그림 10-3]에 나타난 분석결과에서 1보다 큰 고윳값의 개수는 2이며, 두 개의 주성분으로 전체 변동의 76%를 설명할 수 있음을 알 수 있다. 첫 번째 주성분에 대응

〈표 10.1〉 미국 50개주의 범죄율 자료

주	살인	강간	약탈	폭행	가택침입	절도	자동차절도
Alabama	14.2	25.2	96.8	278.3	1135.5	1881.9	280.7
Alaska	10.8	51.6	96.8	284.0	1331.7	3369.8	753.3
Arizona	9.5	34.2	138.2	312.3	2346.1	4467.4	439.5
Arkansas	8.8	27.6	83.2	203.4	972.6	1862.1	183.4
California	11.5	49.4	287.0	358.0	2139.4	3499.8	663.5
Colorado	6.3	42.0	170.7	292.9	1935.2	3903.2	477.1
Connecticut	4.2	16.8	129.5	131.8	1346.0	2620.7	593.2
Delaware	6.0	24.9	157.0	194.2	1682.6	3678.4	467.0
Florida	10.2	39.6	187.9	449.1	1859.9	3840.5	351.4
Georgia	11.7	31.1	140.5	256.5	1351.1	2170.2	297.9
Hawaii	7.2	25.5	128.0	64.1	1911.5	3920.4	489.4
Idaho	5.5	19.4	39.6	172.5	1050.8	2599.6	237.6
Illinois	9.9	21.8	211.3	209.0	1085.0	2828.5	528.6
Indiana	7.4	26.5	123.2	153.5	1086.2	2498.7	377.4
Iowa	2.3	10.6	41.2	89.8	812.5	2685.1	219.9
Kansas	6.6	22.0	100.7	180.5	1270.4	2739.3	244.3
Kentucky	10.1	19.1	81.1	123.3	872.2	1662.1	245.4
Louisiana	15.5	30.9	142.9	335.5	1165.5	2469.9	337.7
Maine	2.4	13.5	38.7	170.0	1253.1	2350.7	246.9
Maryland	8.0	34.8	292.1	358.9	1400.0	3177.7	428.5
Massachusetts	3.1	20.8	169.1	231.6	1532.2	2311.3	1140.1
Michigan	9.3	38.9	261.9	274.6	1522.7	3159.0	545.5
Minnesota	2.7	19.5	85.9	85.8	1134.7	2559.3	343.1
Mississippi	14.3	19.6	65.7	189.1	915.6	1239.9	144.4
Missouri	9.6	28.3	189.0	233.5	1318.3	2424.2	378.4
Montana	5.4	16.7	39.2	156.8	804.9	2773.2	309.2
Nebraska	3.9	18.1	64.7	112.7	760.0	2316.1	249.1
Nevada	15.8	49.1	323.1	355.0	2453.1	4212.6	559.2
New Hampshire	3.2	10.7	23.2	76.0	1041.7	2343.9	293.4
New Jersey	5.6	21.0	180.4	185.1	1435.8	2774.5	511.5
New Mexico	8.8	39.1	109.6	343.4	1418.7	3008.6	259.5
New York	10.7	29.4	472.6	319.1	1728.0	2782.0	745.8
North Carolina	10.6	17.0	61.3	318.3	1154.1	2037.8	192.1
North Dakota	0.9	9.0	13.3	43.8	446.1	1843.0	144.7
Ohio	7.8	27.3	190.5	181.1	1216.0	2696.8	400.4
Oklahoma	8.6	29.2	73.8	205.0	1288.2	2228.1	326.8
Oregon	4.9	39.9	124.1	286.9	1636.4	3506.1	388.9
Pennsylvania	5.6	19.0	130.3	128.0	877.5	1624.1	333.2
Rhode Island	3.6	10.5	86.5	201.0	1489.5	2844.1	791.4
South Carolina	11.9	33.0	105.9	485.3	1613.6	2342.4	245.1
South Dakota	2.0	13.5	17.9	155.7	570.5	1704.4	147.5
Tennessee	10.1	29.7	145.8	203.9	1259.7	1776.5	314.0
Texas	13.3	33.8	152.4	208.2	1603.1	2988.7	397.6
Utah	3.5	20.3	68.8	147.3	1171.6	3004.6	334.5
Vermont	1.4	15.9	30.8	101.2	1348.2	2201.0	265.2
Virginia	9.0	23.3	92.1	165.7	986.2	2521.2	226.7
Washington	4.3	39.6	106.2	224.8	1605.6	3386.9	360.3
West Virginia	6.0	13.2	42.2	90.9	597.4	1341.7	163.3
Wisconsin	2.8	12.9	52.2	63.7	846.9	2614.2	220.7
Wyoming	5.4	21.9	39.7	173.9	811.6	2772.2	282.0

되는 고유벡터들의 값은 7개 변수에 고르게 적재(load)되어 있으므로 전반적인 범죄율을 측정해 주는 변수라고 할 수 있다. 두 번째 고유벡터는 절도와 자동차 절도에 양의 큰 값이 적재되어 있고 살인과 폭행에는 음의 큰 값이 적재되어 있으므로 강력범죄(violent crime)에 비해 재산과 관련된 범죄(property crime)가 우세한 정도를 측정해 주는 변수라고 할 수 있다. 즉 제1주성분과 제2주성분의 의미를 다음과 같이 요약할 수 있다.

- 제1주성분 : 전반적인 범죄율
- 제2주성분 : 재산범죄가 강력범죄에 비하여 우세한 정도

이제 각 주들을 범죄형태별로 나열하기 위해서 '출력데이터' 탭에 있는 원 데이터와 성분 점수가 포함된 자료를 연다. 이어서 '필터 및 정렬' 탭을 클릭하여 옵션 창을 열고, 변수 PRIN1과 PRIN2 및 staten을 비롯한 모든 분석변수들을 선택한다. 이어서 '정렬' 탭에서 정렬 기준으로 PRIN1을 선택하고 실행한다.

실행 결과는 50개주를 첫 번째 주성분 점수의 크기순으로 배열한 결과가 출력된다. 이 가운데 상위 10개 주와 하위 10개 주는 [그림 10-4]와 같다. 출력 결과를 보면 Nevada, California, Florida와 같이 위락시설이 밀집되어 있거나 해변에 위치하여 많은 관광객이 몰리는 지역 또는 New York과 같이 많은 인구가 집중되어 있는 대도시 지역에서의 범죄 발생률이 높음을 알 수 있다. 반면에 North Dakota나 South Dakota와 같이 사람이 별로 살지 않고 관광시설도 없는 지역에서는 범죄 발생률이 낮음을 알 수 있다.

	PRIN1	PRIN2	staten	murder	rape	robber	assault	burglar	larceny	auto
1	-3,9640···	0,38767···	North Dakota	0,9	9	13,3	43,8	446,1	1843	144,7
2	-3,1720···	-0,2544···	South Dakota	2	13,5	17,9	155,7	570,5	1704,4	147,5
3	-3,1477···	-0,8142···	West Virginia	6	13,2	42,2	90,9	597,4	1341,7	163,3
4	-2,5815···	0,82475···	Iowa	2,3	10,6	41,2	89,8	812,5	2685,1	219,9
5	-2,5029···	0,78083···	Wisconsin	2,8	12,9	52,2	63,7	846,9	2614,2	220,7
6	-2,4656···	0,82502···	New Hampshire	3,2	10,7	23,2	76	1041,7	2343,9	293,4
7	-2,1507···	0,22573···	Nebraska	3,9	18,1	64,7	112,7	760	2316,1	249,1
8	-2,0643···	0,94496···	Vermont	1,4	15,9	30,8	101,2	1348,2	2201	265,2
9	-1,8263···	0,57878···	Maine	2,4	13,5	38,7	170	1253,1	2350,7	246,9
10	-1,7269···	-1,1466···	Kentucky	10,1	19,1	81,1	123,3	872,2	1662,1	245,4

(a) 범죄율이 낮은 10개 주

41	1,60336···	-2,1621···	South Carolina	11,9	33	105,9	485,3	1613,6	2342,4	245,1
42	2,18279···	-0,1947···	Maryland	8	34,8	292,1	358,9	1400	3177,7	428,5
43	2,27333···	0,15487···	Michigan	9,3	38,9	261,9	274,6	1522,7	3159	545,5
44	2,42151···	0,16652···	Alaska	10,8	51,6	96,8	284	1331,7	3369,8	753,3
45	2,50929···	0,91659···	Colorado	6,3	42	170,7	292,9	1935,2	3903,2	477,1
46	3,01413···	0,84494···	Arizona	9,5	34,2	138,2	312,3	2346,1	4467,4	439,5
47	3,11175···	-0,6039···	Florida	10,2	39,6	187,9	449,1	1859,9	3840,5	351,4
48	3,45248···	0,43289···	New York	10,7	29,4	472,6	319,1	1728	2782	745,8
49	4,28380···	0,14318···	California	11,5	49,4	287	358	2139,4	3499,8	663,5
50	5,26698···	-0,2526···	Nevada	15,8	49,1	323,1	355	2453,1	4212,6	559,2

(b) 범죄율이 높은 10개 주

[그림 10-4] 제1주성분(PRIN1, 전반적인 범죄율) 크기순 상위 및 하위 10개 주

'필터 및 정렬'에 사용한 같은 데이터를 '재산범죄가 강력범죄에 비하여 우세한 정도'를 나타내는 제2주성분 PRIN2에 의해 정렬한 결과는 [그림 10-5]와 같다. 결과를 보면 Massachusetts, Rhode Island, Connecticut와 같이 인구밀도가 높은 북부지역에서는 재산과 관련된 범죄가 많이 발생하고, Mississippi나 Alabama와 같은 남부지역에서는 강력범죄가 많이 발생함을 알 수 있다.

	PRIN1	PRIN2	staten	murder	rape	robber	assault	burglar	larceny	auto
1	-1,5073···	-2,5467···	Mississippi	14,3	19,6	65,7	189,1	915,6	1239,9	144,4
2	1,60336···	-2,1621···	South Carolina	11,9	33	105,9	485,3	1613,6	2342,4	245,1
3	-0,0498···	-2,0961···	Alabama	14,2	25,2	96,8	278,3	1135,5	1881,9	280,7
4	1,12020···	-2,0832···	Louisiana	15,5	30,9	142,9	335,5	1165,5	2469,9	337,7
5	-0,6992···	-1,6702···	North Carolina	10,6	17	61,3	318,3	1154,1	2037,8	192,1
6	0,49040···	-1,3807···	Georgia	11,7	31,1	140,5	256,5	1351,1	2170,2	297,9
7	-1,0544···	-1,3454···	Arkansas	8,8	27,6	83,2	203,4	972,6	1862,1	183,4
8	-1,7269···	-1,1466···	Kentucky	10,1	19,1	81,1	123,3	872,2	1662,1	245,4
9	-0,1365···	-1,1349···	Tennessee	10,1	29,7	145,8	203,9	1259,7	1776,5	314
10	1,21417···	-0,9507···	New Mexico	8,8	39,1	109,6	343,4	1418,7	3008,6	259,5

(a) 재산범죄가 높은 10개 주

41	2,50929···	0,91659···	Colorado	6,3	42	170,7	292,9	1935,2	3903,2	477,1
42	-1,0499···	0,93656···	Utah	3,5	20,3	68,8	147,3	1171,6	3004,6	334,5
43	-2,0643···	0,94496···	Vermont	1,4	15,9	30,8	101,2	1348,2	2201	265,2
44	0,21787···	0,96420···	New Jersey	5,6	21	180,4	185,1	1435,8	2774,5	511,5
45	-1,5543···	1,05643···	Minnesota	2,7	19,5	85,9	85,8	1134,7	2559,3	343,1
46	0,96458···	1,29674···	Delaware	6	24,9	157	194,2	1682,6	3678,4	467
47	-0,5413···	1,50122···	Connecticut	4,2	16,8	129,5	131,8	1346	2620,7	593,2
48	0,82313···	1,82391···	Hawaii	7,2	25,5	128	64,1	1911,5	3920,4	489,4
49	-0,2015···	2,14657···	Rhode Island	3,6	10,5	86,5	201	1489,5	2844,1	791,4
50	0,97843···	2,63105···	Massachusetts	3,1	20,8	169,1	231,6	1532,2	2311,3	1140,1

(b) 강력범죄가 높은 10개 주

[그림 10-5] 제2주성분(PRIN2, 재산범죄와 강력범죄) 크기순 상위 및 하위 10개 주

주성분 점수의 산점도 생성에 의해 각 주성분의 쌍별 산점도가 생성된다. [그림 10-6]은 처음 두 주성분인 PRIN1과 PRIN2의 산점도로서, 번호는 자료의 일련번호를 뜻한다. 산점도에서 가장 왼쪽의 가운데에 위치한 34번은 North Dakota이며, 가장 오른쪽에 위치한 28번은 Nevada로서, 이들 두 주는 어느 한 종류의 범죄에 치우쳐 있지는 않지만 North Dakota는 범죄 발생률이 낮은 반면, 라스베가스가 있는 Nevada는 범죄 발생률이 높음을 알 수 있다. 또한 중앙의 가장 위쪽의 21번 Massachusetts와 가장 아래쪽의 24번 Mississippi는 한 종류의 범죄 발생에 치우친 반면에 범죄 발생률은 보통 정도임을 알 수 있다.

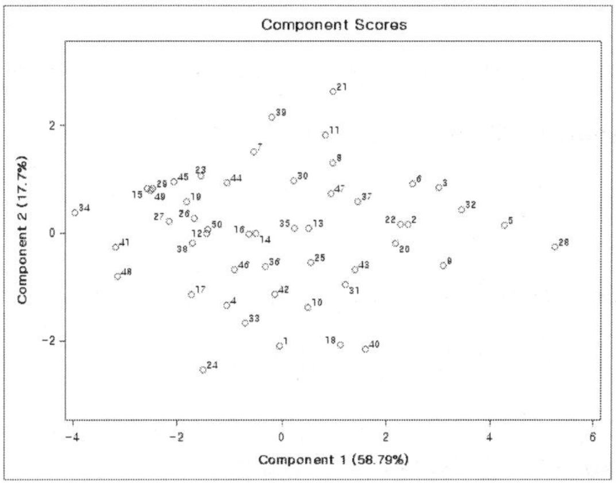

[그림 10-6] 첫 번째 주성분과 두 번째 주성분의 산점도

(2) SAS 절차의 이용

주성분분석을 시행하는 SAS 절차는 PRINCOMP 절차이며, 일반형은 다음과 같다.

```
PROC PRINCOMP <options>;
  VAR variables;
  PARTIAL variables;
  WEIGHT variables;
  BY variables;
```

① PROC PRINCOMP 〈**options**〉;

DATA=**SAS-data-set**; dsn(data set name)에는 다음의 옵션들이 있다.

㉠ 보통의 SAS data set
㉡ dsn(TYPE=CORR): 이미 생성된 'CORR' 형태 이용
㉢ dsn(TYPE=COV): 이미 생성된 'COV' 형태 이용

예 10.1

```
PROC CORR DATA=origin COV OUT=corrout;
PROC PRINCOMP DATA=corrout(TYPE=COV);
```

origin 자료의 공분산행렬(COV)인 corrout을 사용하여 분석한다.

- OUT=**SAS-data-set**: 원래의 자료와 주성분 점수를 기억할 자료명을 지정한다.
- COV: 공분산행렬을 이용하여 주성분을 구한다. 디폴트(default)는 상관행렬을

이용한다.

- N=n: 주성분의 개수를 지정한다. 디폴트는 변수의 개수
- PREFIX=name: 주성분의 이름을 지정한다.

예 10.2

PREFIX=ABC에 의한 주성분 이름은 ABC1, ABC2, ….
디폴트는 PRIN1, PRIN2, …로 이름을 부여한다.

② VAR variables; 분석에 사용될 변수를 지정한다.
③ PARTIAL variables;
여기서 지정된 변수를 제외하고 얻은 부분상관(또는 공분산)행렬을 이용한다.
④ WEIGHT variables; 가중값이 기억된 변수를 지정한다.

예제 10.3 계속

〈표 10.1〉의 미국 50개 주 범죄 자료에 대하여 앞에서 EG를 이용하여 분석하였다. 같은 분석을 SAS의 PRINCOMP 절차를 이용하여 시행하는 SAS 프로그램은 다음과 같다.(INFILE 문에서 지정된 CRIME.DAT 자료가 저장된 폴더는 알맞게 수정해 주어야 한다.)

```
/* PRINC01.SAS  :  PRINCIPAL COMPONENT ANALYSIS OF CRIME DATA */
  OPTIONS LS=80;
DATA CRIME;
  TITLE 'CRIME RATES PER 100,000 POPULATION BY STATE';
  INFILE 'C:\SASPGM\CRIME.DAT';        ①
  INPUT STATE $1-15 MURDER RAPE ROBBERY ASSAULT
          BURGLARY LARCENY AUTO;
RUN;
PROC PRINCOMP OUT=CRIMCOMP;            ②
RUN;
PROC SORT DATA=CRIMCOMP;
  BY PRIN1;
RUN;
PROC PRINT;
  ID STATE;                            ③
  VAR PRIN1 PRIN2 MURDER RAPE ROBBERY ASSAULT
       BURGLARY LARCENY AUTO;
  TITLE2 'STATES LISTED IN ORDER OF OVERALL CRIME RATE';
  TITLE3 'AS DETERMINED BY THE FIRST PRINCIPAL COMPONENT';
RUN;
PROC SORT;
  BY PRIN2;
```

```
PROC PRINT;
  ID STATE;                          ④
  VAR PRIN1 PRIN2 MURDER RAPE ROBBERY ASSAULT
      BURGLARY LARCENY AUTO;
  TITLE2 'STATES LISTED IN ORDER OF PROPERTY VS. VIOLENT CRIME';
  TITLE3 'AS DETERMINED BY THE SECOND PRINCIPAL COMPONENT';
RUN;
PROC PLOT;
  PLOT PRIN2*PRIN1=STATE / VPOS=23;  ⑤
  TITLE2 'PLOT OF THE FIRST TWO PRINCIPAL COMPONENTS';
RUN;   QUIT;
```

프로그램 및 출력결과 설명

① 〈표 10.1〉의 자료가 CRIME에 기억되어 있고, 이를 SAS 프로그램의 내부로 읽어들이기 위해 INFILE 문을 사용했다. (저장된 폴더를 지정해야 한다.)

② COV 옵션이 사용되지 않았으므로 상관행렬을 이용하여 주성분을 구한다. 결과는 [그림 10-3]과 같은 내용이 출력된다. OUT=CRIMCOMP에 의해 원래의 자료와 해당되는 주성분점수들이 CRIMCOMP에 기억된다.

③ 50개주를 첫 번째 주성분 점수의 크기순으로 배열한 결과를 출력한다. 결과는 [그림 10-4]의 내용과 같다.

④ ③에서와 마찬가지로 두 번째 주성분점수의 크기에 따라 배열된 결과를 출력한다. 결과는 [그림 10-5]와 같다.

⑤ 처음 두 개의 주성분의 산점도를 출력한다. 여기서는 PRIN2*PRIN1=STATE에 의해 주 이름의 첫 글자가 출력되며, 결과는 [그림 10-7]과 같다.

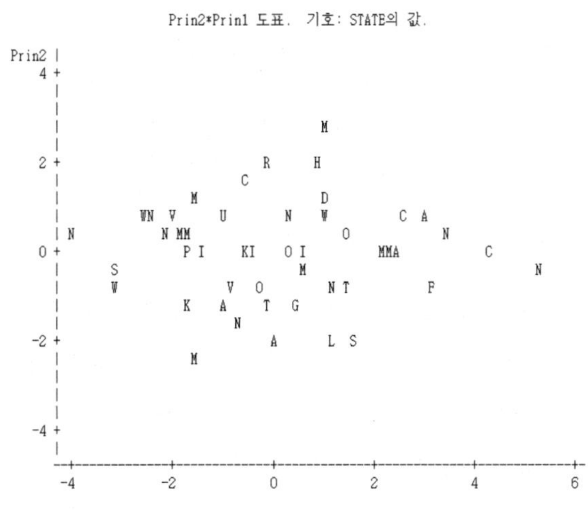

[그림 10-7] PRIN1과 PRIN2의 산점도

(3) 행렬도의 이용

예제 10.4

〈표 10.2〉의 자료는 우리나라의 주요 도시에서 월별 평균기온을 나타내는 자료로서, 2000년 1월부터 12월까지 12개월간 25개 도시에서 관측된 자료이다. 이 자료를 통하여 도시별 기온의 특성을 결정하는 형태를 찾아보자.(KOSIS 자료)

〈표 10.2〉 도시별 월 평균 기온

CITY	JAN	FEB	MAR	APR	MAY	JUN	JUL	AUG	SEP	OCT	NOV	DEC
Seoul	-2.1	-1.7	6.3	11.9	17.5	23.7	26.8	26.2	20.7	14.9	7.0	0.9
Busan	4.2	3.2	9.1	13.2	17.3	20.4	25.3	26.7	21.9	18.2	12.1	7.3
Incheon	-1.5	-1.2	6.0	11.5	16.5	22.3	26.1	26.5	21.3	15.6	7.4	1.5
Suweon	-2.0	-2.1	5.6	11.6	17.5	23.3	26.9	25.9	20.1	14.1	6.1	0.3
Sokcho	-0.4	-4.4	6.9	11.2	14.3	19.2	24.8	24.0	18.6	14.5	7.8	3.2
Chunchon	-3.0	-3.2	4.9	10.8	16.7	22.7	26.0	24.6	18.5	12.1	4.1	-1.5
Kangnung	0.8	0.9	8.1	12.6	17.0	21.7	27.2	25.4	19.7	15.5	8.6	4.1
Chongju	-1.2	-1.6	5.7	11.5	17.2	22.7	26.2	26.1	19.7	14.4	6.4	0.9
Chupungnyon	-2.8	-1.6	5.5	11.3	17.0	21.5	24.8	24.2	18.2	13.0	5.4	0.0
Daejeon	-1.2	-1.1	6.1	11.9	17.2	22.2	25.6	25.8	19.9	14.5	6.6	1.4
Seosan	-1.0	-2.4	3.9	9.7	15.1	20.8	25.0	25.2	19.2	13.7	5.8	0.6
Jeonju	0.8	0.2	6.9	12.8	18.2	22.9	26.9	26.9	20.8	15.6	8.0	2.7
Gunsan	0.3	0.0	5.9	11.2	16.3	21.5	25.3	25.7	20.2	15.3	8.1	2.8
Gwangju	1.0	0.6	6.9	12.6	17.8	22.5	26.5	26.3	20.4	15.9	8.4	3.2
Mokpo	1.9	1.1	6.7	11.9	16.8	21.7	25.8	26.6	20.7	16.4	9.0	4.3
Yosu	3.1	2.5	8.3	12.8	17.5	20.9	24.9	26.2	21.3	17.3	10.8	6.0
Daegu	1.1	1.3	7.9	13.0	19.5	23.3	26.9	26.5	21.2	16.7	9.4	3.9
Pohang	2.7	2.3	8.9	13.9	18.7	21.9	26.5	26.1	20.9	16.8	10.1	5.0
Ullungdo	1.9	0.8	6.6	11.9	17.2	19.6	23.9	23.5	18.7	15.1	9.2	4.7
Ulsan	3.1	2.7	8.7	13.6	18.1	21.4	26.0	26.0	20.6	16.5	10.0	4.9
Tongyoung	3.9	3.0	8.6	13.1	17.2	20.9	25.2	26.6	21.5	17.2	10.6	5.9
Jinju	1.1	1.2	7.0	12.7	18.4	22.3	26.5	26.4	20.5	15.2	7.5	1.6
Jeju	6.0	4.6	9.4	13.5	17.2	21.6	26.4	28.0	22.2	18.2	12.4	8.4
Seogwipo	8.1	6.4	11.0	14.8	18.6	22.4	27.2	28.3	23.8	20.3	14.7	10.6
Uljin	1.9	1.4	7.7	12.2	16.0	19.0	23.9	23.4	18.4	14.6	8.6	4.2

EG에서는 행렬도(biplot)를 그리는 메뉴가 없기 때문에 이 책에서는 다루지 않은 PROC PRINQUAL을 이용하여 행렬도를 그렸다.(pgm 폴더에 있는 BIPLOT.SAS를 실행하여 얻은 결과들이다.) 먼저 PROC PRINCOMP를 이용하여 주성분을 구한 후에 처음 두 주성분을 축으로 하는 행렬도를 그린 결과는 다음과 같다.

[그림 10-8](a)는 고윳값들이며, (b)는 고유벡터의 일부이다. [그림 10-8]에서 처음 2개의 고윳값이 1보다 크며, 2개의 주성분으로 전체 변동의 89.7%를 설명함을 알 수 있다. 따라서 2차원 주성분 공간에서 행렬도를 살펴보는 것이 충분한 것으로 간주된다.

	Eigenvalues of the Correlation Matrix			
	Eigenvalue	Difference	Proportion	Cumulative
1	7.98817633	5.21186255	0.6657	0.6657
2	2.77631377	2.09087817	0.2314	0.8970
3	0.68543560	0.40071721	0.0571	0.9542
4	0.28471839	0.17511880	0.0237	0.9779
5	0.10959959	0.04184350	0.0091	0.9870
6	0.06775610	0.03136260	0.0056	0.9927
7	0.03639350	0.01115707	0.0030	0.9957
8	0.02523643	0.01057010	0.0021	0.9978
9	0.01466633	0.00712181	0.0012	0.9990
10	0.00754452	0.00464590	0.0006	0.9997
11	0.00289862	0.00163779	0.0002	0.9999
12	0.00126082		0.0001	1.0000

(a) 고윳값

	Prin1	Prin2	Prin3	Prin4	Prin5
1	0.326022	-.203575	-.036764	-.027091	0.455278
2	0.332024	-.096383	0.155419	-.301333	0.583925
3	0.329570	-.122337	0.191627	0.407721	-.235098
4	0.329329	0.027622	0.371424	0.227373	-.191349
5	0.213072	0.331984	0.633402	-.401271	-.130077
6	0.024698	0.592189	0.000003	-.098256	0.004482
7	0.131832	0.510337	-.059120	0.642263	0.313060
8	0.265469	0.305379	-.458890	-.202309	0.110358
9	0.314830	0.165455	-.372568	-.221192	-.359774
10	0.344333	-.058852	-.185490	-.060897	-.283433
11	0.334570	-.180098	-.072862	0.033011	-.144671
12	0.320799	-.235930	-.077602	0.112700	0.045178

(b) 고유벡터의 일부

[그림 10-8] 고윳값과 고유벡터

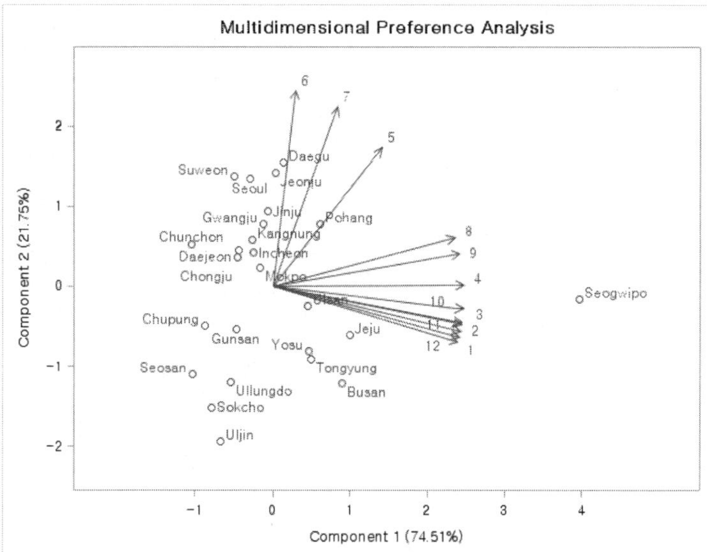

[그림 10-9] 두 주성분에 의한 행렬도

[그림 10-9]에서 가로축은 제1주성분을 세로축은 제2주성분을 나타낸다. 먼저 변수 플롯에서 가로축 방향을 나타내는 변수는 주로 11, 12, 1월을 비롯한 추운 달이며, 세로축 방향을 나타내는 변수는 6, 7월의 더운 달임을 알 수 있다. 같은 그림에서 개체 플롯을 살펴보면, 서귀포, 제주 등이 가로축의 오른쪽에 있으므로 겨울 온도가 높은 도시로 분류되며, 춘천, 서산, 추풍령(Chupung) 등이 겨울 온도가 낮은 도시로 분류된다. 세로축에서는 대구, 전주, 진주, 서울, 수원 등이 여름 온도가 높은 도시임을 나타내고, 울진, 울릉도, 속초 등이 여름 온도가 낮은 도시임을 나타낸다.

제11장

인자분석

11.1 개념 및 목적

앞장에서 설명된 **주성분분석**은 p개의 주어진(관측된) 변수들의 일차결합으로 주성분을 구성하고, 변동의 설명에 대한 기여도가 큰 순서대로 제1주성분, 제2주성분, $\cdots$, 제m주성분을 구하여 $m\,(< p)$개의 주성분으로 전체의 변동을 설명하고자 하는 것이 목적이다.

이에 대하여 **인자분석**(factor analysis, **요인분석**)은 주어진 변수들을 가상적인 공통인자(변수)들의 일차결합으로 나타내고, 이들 인자들 가운데 중요한 m개의 인자만 선택하여 전체의 변동을 설명하고자 하는 것이 주요 목적이다. 이때에 각 인자에 대응되는 계수들의 크기를 이용하여 원래 변수들을 m개의 집단으로 나누고 각 집단의 특성에 따라 공통인자의 의미를 해석한다. 주성분분석이나 인자분석은 모두 변수 축소(variable reduction)의 개념으로 이해할 수 있다.

인자분석이 실제로 이용되는 범위는 매우 넓다. 예를 들어, p개의 변수들을 비슷한 특성을 가진(즉, 상관관계가 높은) 변수들끼리 묶어서 전체의 특성을 파악하기도 하며, 인자분석의 결과를 회귀분석의 입력변수로 사용하기도 한다. 주성분분석에서와 마찬가지로 공분산행렬이나 상관행렬을 이용하여 인자분석을 시행한다.

예제 11.1

다음의 [그림 11-1]은 220명의 남학생에 대한 6개 과목 성적의 상관행렬이다 (Johnson & Wichern, 2002). 상관행렬에서 보면 게일어, 영어, 역사가 높은 상관관계를 갖고 있으며, 수학의 세 과목들이 또한 서로 높은 상관관계를 갖고 있음을 알 수 있다. 이들 상관행렬에 대하여 인자분석을 시행하면 〈표 11.1〉과 같은 2개의 주요 인자를 얻을 수 있다. 인자1에 대응되는 계수(**인자적재**, factor loading)들은 모두 양수로서 크다. 따라서 인자1은 일반지능(general intelligence)과 같이 지적능력을 나타내는 개념으로 이해할 수 있다. 인자2에 대응되는 계수들은 어학과목에는 양수, 수리과목에는 음수가 할당되어 '어학과목의 수리과목에 대한 우세성'으로 이해할 수 있다. 이러한 문제에서 일반지능의 개념보다는 좀 더 구체적인 요인(인자)을 찾기 위해서 인자회전을 시행한다. 〈표 11.2〉는 varimax 회전에 의한 결과이다. 인자회전의 결과 인자1은 수학과목에 높은 계수가, 인자2는 어학과목에 높은 계수가 할당되었다. 따라서 인자1은 '수리능력'으로, 인자2는 '어학능력'으로 이해할 수 있다.

게일어	1.000					
영 어	.439	1.000				
역 사	.410	.351	1.000			
산 수	.288	.354	.164	1.000		
대 수	.329	.320	.190	.595	1.000	
기 하	.248	.329	.181	.470	.464	1.000

[그림 11-1] 시험성적의 표본상관행렬

〈표 11.1〉 $m=2$인 인자분석의 결과

과목	인자1	인자2
게일어	0.66	0.45
영어	0.69	0.29
역사	0.52	0.64
산수	0.74	−0.41
대수	0.74	−0.38
기하	0.67	−0.36

〈표 11.2〉 Varimax 회전의 결과

과목	인자1	인자2
게일어	0.23	0.76
영어	0.35	0.66
역사	−0.00	0.82
산수	0.83	0.15
대수	0.81	0.18
기하	0.75	0.15

11.2 이론적 배경

(1) 모형

다변량 정규확률변수 $\boldsymbol{x}' = (x_1, \cdots, x_p)$의 평균을 $\boldsymbol{\mu}' = (\mu_1, \cdots, \mu_p)$, 공분산행렬을 Σ라고 하자. 인자분석에서는 위치문제보다는 변동의 구조를 파악하는 데 관심이 있으므로, $\boldsymbol{x} - \boldsymbol{\mu}$를 다음과 같이 나타낸다.

$$\begin{aligned} x_1 - \mu_1 &= \ell_{11}F_1 + \ell_{12}F_2 + \cdots + \ell_{1m}F_m + \varepsilon_1 \\ x_2 - \mu_2 &= \ell_{21}F_1 + \ell_{22}F_2 + \cdots + \ell_{2m}F_m + \varepsilon_2 \\ &\vdots \\ x_p - \mu_p &= \ell_{p1}F_1 + \ell_{p2}F_2 + \cdots + \ell_{pm}F_m + \varepsilon_p \end{aligned} \tag{11.1}$$

위 식을 **인자패턴**(factor pattern)이라고 하며, 다음과 같은 용어를 사용한다.

- F_j: **공통인자**(common factor) – 전체 변수에 공통으로 사용하는 변수로서 관측이 불가능하다.
- ε_i: **유일인자**(unique factor) 또는 **특정인자**(specific factor) – 유일하게 i 번째 변수에만 기여하는 변수로서 오차항과 같은 개념이다.
- ℓ_{ij}: **인자적재**(factor loading)
- $\psi_i = \mathrm{Var}(\varepsilon_i)$: **유일분산** 또는 **특정분산**
- $h_i^2 = \ell_{i1}^2 + \cdots + \ell_{im}^2$: **공통성**(communality) 또는 **공통인자분산**

F와 $\boldsymbol{\varepsilon}$에 대하여는 다음과 같은 가정을 한다.

1. F_j들은 서로 독립이고, 평균이 0, 분산 1이다.
2. ε_i들은 서로 독립이고, 평균이 0, 분산 ψ_i 이다.
3. F와 $\boldsymbol{\varepsilon}$은 서로 독립이다.

참고

① F와 $\boldsymbol{\varepsilon}$은 서로 독립이므로

$$\mathrm{Var}(x_i) = h_i^2 + \psi_i$$

이다. 즉, x_i의 분산은 공통성과 유일분산의 합으로 표현된다.

② $\psi_i = \mathrm{Var}(\varepsilon_i)$ 는 i번째 변수 x_i 의 분산에만 기여하므로 유일분산이라 부르며, $h_i^2 = \ell_{i1}^2 + \cdots + \ell_{im}^2$은 x_i 의 분산 가운데 m개의 인자 $F_1, \cdots, F_m$ 이 설명하는 부분이다.

(2) 인자추출법(요인추출법)

인자모형에서 공통인자인 $F_1,\cdots,F_m$ 은 가상적인 변수이다. 따라서 인자모형을 결정하는 조건에 따라 다른 인자들을 얻게 된다. 대표적인 인자추출 방법으로는

주성분분석(principal component analysis)
주인자분석(principal factor analysis)
최대가능도 인자분석(maximum-likelihood factor analysis)

등을 들 수 있다.

① **주성분분석(principal component analysis)**

인자분석에서 가장 기본이 되는 분석법으로서 SAS의 FACTOR 절차에서 디폴트로 사용되는 방법이다. 이 방법은 공분산행렬의 주성분을 이용한 방법이다. 공분산행렬 Σ 의 고윳값-고유벡터를 $(\lambda_i, \boldsymbol{e}_i)$, $i=1,\cdots,p$ 라 하고 다음과 같은 기호를 사용하기로 한다.

$$L=\begin{bmatrix} \ell_{11} & \cdots & \ell_{1m} \\ \vdots & \ddots & \vdots \\ \ell_{p1} & \cdots & \ell_{pm} \end{bmatrix},\quad F=\begin{bmatrix} F_1 \\ \vdots \\ F_m \end{bmatrix},\quad \boldsymbol{\varepsilon}=\begin{bmatrix} \varepsilon_1 \\ \vdots \\ \varepsilon_p \end{bmatrix},\quad \Psi=\begin{bmatrix} \psi_1 & \cdots & 0 \\ \vdots & \ddots & \vdots \\ 0 & \cdots & \psi_p \end{bmatrix}$$

식 (11.1)로 표현된 인자모형을 행렬로 나타내면 다음과 같다.

$$\boldsymbol{x}-\boldsymbol{\mu}=LF+\boldsymbol{\varepsilon} \tag{11.2}$$

한편 각 F_i 들은 평균 0, 분산 1이고 서로 독립인 확률변수이므로, 위의 식으로부터 Σ 는 다음과 같이 나타낼 수 있다.

$$\Sigma=LL'+\Psi \tag{11.3}$$

또한 Σ 의 **스펙트럼 분해**(spectral decomposition)에서 Σ 를 처음 m개의 주성분으로 나타내고 나머지는 오차항으로 표현하면, Σ 를 다음과 같이 분해할 수 있다.

$$\Sigma=\left(\sqrt{\lambda_1}\,e_1 \quad \cdots \quad \sqrt{\lambda_m}\,e_m\right)\begin{pmatrix} \sqrt{\lambda_1}\,e_1' \\ \vdots \\ \sqrt{\lambda_m}\,e_m' \end{pmatrix}+\begin{pmatrix} \psi_1 & \cdots & 0 \\ \vdots & \ddots & \vdots \\ 0 & \cdots & \psi_p \end{pmatrix} \tag{11.4}$$

$$=LL'+\Psi$$

식 (11.3)과 (11.4)에서 인자행렬 L은 Σ의 주성분으로부터 얻을 수 있음을 알 수 있다.

이제 Σ 대신에 표본공분산행렬 S 또는 표본상관행렬 R을 사용하면 관측값에 대한 인자행렬을 구할 수 있다.

주성분분석에 의해 구해진 인자적재 ℓ_{ij} 는 공통인자의 개수 m 이 변해도 고유벡터의 직교성 때문에 변하지 않는다.

② **주인자분석**(principal factor analysis)

주성분분석과 같은 원리를 사용하되, 표본상관행렬 R 에서 대각선 원소를 1 대신에 공통성의 사전 추정값 $\hat{h}_i^2$ 으로 대치한 후 이를 LL' 으로 근사시킨다. 즉, 축소된 상관행렬(reduced correlation matrix)을 R^* 라고 할 때

$$R^* \fallingdotseq LL'$$

을 만족시키는 인자행렬 L을 찾는다. 따라서 공통성 h_i^2 또는 유일분산 $\psi_i = 1 - h_i^2$의 사전 추정값(prior estimate)의 선택이 매우 중요하다.

③ **최대가능도 인자분석**(maximum likelihood factor analysis)

관측되지 않는 가상적인 변수인 공통인자 $\boldsymbol{F}$와 유일인자 $\boldsymbol{\varepsilon}$ 들의 결합분포가 정규분포라고 가정하면

$$\boldsymbol{X} - \boldsymbol{\mu} = \boldsymbol{LF} + \boldsymbol{\varepsilon}$$

에 의해 $\boldsymbol{X}$가 다변량 정규분포를 따르므로 이를 이용하여 최대가능도 추정법에 의해 $\boldsymbol{L}$과 $\boldsymbol{\Psi}$를 추정한다.

이 방법에 의한 추정량들은 통계적으로 여러 가지 좋은 성질을 갖고 있으며 또한 앞에서 설명한 방법들과는 달리 공통인자의 개수에 대한 카이제곱 검정이 가능하다는 장점이 있다. 반면에, 공통성이 반복적으로 추정되어 반복마다 주인자분석에 소요되는 정도의 시간이 요구되며, 보유할 공통인자의 수마다 새로운 분석이 요구되므로 시간이 오래(100배 정도) 걸린다는 단점이 있다. SAS에서는 METHOD=ML 방법을 사용하다 문제가 생기면 METHOD=ULS의 사용을 권장하고 있다.

최대가능도 인자분석을 시행할 때 발생하는 문제로 Heywood case가 있다. 최대가능도 인자분석에서 디폴트에 의해 공통성의 초기 추정값으로 SMC(0과 1 사이의 값을 갖는다)를 사용하는데 반복추정의 과정에서 이 공통성의 추정값이 1인 경우 (Heywood case) 또는 1보다 큰 경우 (Ultra Heywood case)가 발생

할 수 있으며, 이런 경우 유일분산의 추정값이 음수가 되어 부적절하다. Heywood case는 초기추정값이 부적절하거나 공통인자의 개수가 너무 많거나(또는 너무 적거나) 자료가 부적합한 경우에 발생한다. 이에 대한 해결책으로 SAS에서는 HEYWOOD 옵션을 사용하면 각 변수별로 공통성의 추정값을 1로 고정하고 반복과정을 계속한다. HEYWOOD 옵션이 사용되지 않은 경우에 Heywood case가 발생하면 반복을 중지하고 인자개수=0으로 규정한다. Heywood case가 발생하면 다른 인자추출방법과 비교하여 결정하는 것이 바람직하다.

(3) 공통인자의 개수(m)의 선택기준

① **고윳값의 크기**

㉠ 공분산행렬을 이용할 때: $\dfrac{\lambda_i}{\lambda_1 + \cdots + \lambda_p} > \overline{\lambda}$ (또는 $0.7\overline{\lambda}$)인 λ_i 의 개수

㉡ 상관행렬을 이용할 때: $\lambda_i > 1$ (또는 0.7)인 λ_i 의 개수

② **Scree plot** (10장 참조)

③ **카이제곱 검정**: 최대가능도 인자분석법에서는 다음 가설을 검정할 수 있다.

H_0 : m 이면 충분하다. vs. H_1 : 더 많은 공통인자가 필요하다.

④ **AIC기준** : Akaike에 의한 판정기준으로 이 통계량의 값이 가장 작은 경우에 대응되는 공통인자의 개수를 선택한다.

(4) 인자회전(factor rotation)

인자추출법에 의해 구해진 인자들이 뚜렷한 의미를 갖지 못하는 경우가 많이 있는데 이때 인자행렬 L의 원소들이 0 또는 ± 1에 가깝게 되도록 회전을 시키면 해석이 쉽게 된다. 즉,

인자행렬의 열을 구성하는 원소의 대부분은 0에 가깝게 되도록 하고,
인자행렬의 행을 구성하는 원소는 한두 개를 제외하고는 0에 가깝게 하며,
인자행렬의 각 행들은 대조적인 인자적재를 갖도록 해 주면

구조도 단순해지고 각 인자의 해석이 훨씬 용이해진다.

$T_{(m \times m)}$를 직교행렬이라 하면 $\boldsymbol{T'T} = \boldsymbol{TT'} = \boldsymbol{I}$ 이므로

$$\boldsymbol{LL'} + \Psi = \boldsymbol{LTT'L'} + \Psi = \boldsymbol{L^*L^{*\prime}} + \Psi$$

$$\boldsymbol{L^*} = \boldsymbol{LT} \quad : \text{회전된 인자행렬}$$

이 되어 공통성과 유일분산은 회전에 의해 영향을 받지 않으나, 공통인자의 개수 m 이 1보다 큰 경우에는 인자의 유일성이 사라진다.

대표적인 회전방법으로는 인자들이 서로 직교하도록 해주는 **직교회전**(orthogonal rotation)과 인자들이 사각을 이루는 **사각회전**(oblique rotation) 방법을 들 수 있다. 이때 주의해야 할 점은 서로 다른 회전법에 의해 다른 결과가 나올 때는 모순을 뜻하는 것이 아니라 해석의 다른 측면을 의미한다고 해석해야 된다. 일반적으로 해석이 쉬운 방법을 채택한다.

① **직교회전**

각 인자 축들이 직교성을 유지하도록 회전해 주는 방법으로, 예를 들어 $m=2$ 일 때,

$$T=\begin{pmatrix}\cos\phi & -\sin\phi \\ \sin\phi & \cos\phi\end{pmatrix}$$: 시계바늘 반대방향(counterclockwise)

$$T=\begin{pmatrix}\cos\phi & \sin\phi \\ -\sin\phi & \cos\phi\end{pmatrix}$$: 시계바늘 회전방향(clockwise)

은 직교회전을 행하는 직교행렬들이다. $\boldsymbol{L}^*=\boldsymbol{LT}$ 에 의해 시각적으로 회전효과를 확인할 수 있다.

직교회전 방법으로는 VARIMAX 방법과 QUARTIMAX 방법 등을 많이 사용한다.

② **사각회전**

각 변수들이 공통인자공간에서 이루는 군(group)들을 통과하도록 선택한 인자 축들이 직교하지 않을 때 구조의 단순화 및 해석이 용이하도록 회전하는 방법으로 직교성을 포기하므로 인자들이 서로 독립이 아니어서 상관성의 문제가 발생한다.

직교회전에 의해 초기인자행렬을 회전한 후 다시 사각회전을 하는 PROMAX 방법을 많이 사용한다.

11.3 SAS의 이용

EG에서 인자분석(요인분석)은 메뉴 **작업** → **다변량** → **요인분석**을 이용한다. 그러나 자료가 공분산행렬이나 상관행렬로 주어진 경우 EG의 요인분석에서는 적당한 메뉴가 마련되어 있지 않다. 따라서 이 절에서는 SAS의 FACTOR 절차에 대하여 먼저 소개

하고, 다음 절의 예제에서 원자료(raw data)를 사용할 경우에 EG의 사용법을 소개하기로 한다.

11.3.1 SAS의 FACTOR 절차

FACTOR 절차의 일반형은 다음과 같다.

```
PROC FACTOR <options>;
  PRIORS communalities;
  VAR variables;
  PARTIAL variables;
  FREQ variables;
  WEIGHT variables;
  BY variables;
```

① PROC FACTOR <options>;

㉠ Data Set options

- DATA=SAS-data-set: 분석에 사용될 자료명을 지정한다.
- OUT=SAS-data-set: 원래의 자료명의 모든 자료와 인자점수를 저장한 FACTOR1, FACTOR2, … 의 값이 기억될 장소를 지정한다. 인자점수는 인자점수계수와 관측값의 곱에 의해 구해지므로 입력으로 사용될 자료가 공분산행렬이나 상관행렬이어서는 안 된다.

㉡ **인자추출 방법의 선택**

- METHOD(또는 M)=name : 인자추출방법을 지정. 디폴트는 주성분분석이다.

  name의 예:

  PRINCIPAL(또는 PRIN, P): 주성분분석

  PRINIT: 반복적인(iterative) 주인자분석

  ULS(또는 U): 가중값을 사용하지 않는 최소제곱법

  ML(또는 M): 최대가능도 인자분석

- PRIORS=name: 사전공통성 추정값의 계산법을 지정한다.

  name의 예:

  ONE(또는 O): 사전공통성을 1로 한다. PRINCIPAL에서 디폴트이다.

  INPUT(또는 I): DATA=SAS-data-set(TYPE=FACTOR)에 있는 _TYPE_='PRIORS' 또는 _TYPE_='COMMUNAL'의 첫 번째 값을 사용한다.

  SMC(또는 S): 다른 변수들과 다중상관계수의 제곱을 사용한다.

- COVARIANCE(또는 COV): 공분산행렬을 이용한 인자분석. 디폴트는 상관행

렬이다.

- MAXITER=**n**: 최대 반복회수 지정한다. 디폴트는 30이다.
- CONVERGE(또는 CONV)=**n**: convergence criterion을 지정한다. 디폴트는 0.001

㉢ **공통인자의 개수의 선택기준**

- NFACTORS(또는 NFACT, N)=m: 추출할 인자의 수를 지정한다.
- MINEIGEN(또는 MIN)=m: 지정된 값보다 큰 고윳값에 해당되는 인자만을 보유. 디폴트는 고윳값 ≥1인 인자만을 보유한다.

㉣ **인자회전방법의 선택**

- ROTATE(또는 R)=name: 인자회전 방법을 지정한다.

  name의 예:

  VARIMAX(또는 V): varimax rotation

  QUARTIMAX(또는 Q): quartimax rotation

  PROMAX(또는 P): promax rotation

㉤ **Output options**

- SIMPLE(또는 S): 평균과 표준편차만 출력한다.
- CORR(또는 C): 상관행렬을 출력한다.
- SCREE: 고윳값의 스크리 산점도(scree plot)를 출력한다.
- EIGENVECTORS(또는 EV): 고유벡터를 출력한다.
- MSA: 각 변수쌍 사이의 부분상관계수와 Kaiser의 measure of sampling adequacy(MSA)를 출력한다. 일반적인 상관계수에 비해 부분상관계수가 얼마나 작은지를 요약해 주며 0.8 이상이면 변수의 수가 충분하며 0.5 이하이면 더 많은 변수가 필요하다는 것을 뜻한다.
- PREPLOT: 회전 전의 인자패턴을 출력한다.
- PLOT: 회전 후의 인자패턴을 출력한다.
- NPLOT=**n**: 그려줄 인자의 개수를 지정한다.
- SCORE: 인자점수계수(factor scoring coefficient)를 출력한다. 회전되지 않은 주성분의 경우를 제외하고 각 인자와 변수들 사이의 SMC를 출력한다.
- ALL: plot을 제외한 모든 output을 출력한다.
- REORDER: 각 인자별로 인자적재의 절댓값이 큰 순서대로 변수를 재배열한다.

② VAR **variables;** 분석에 사용될 숫자 변수들을 지정한다.

③ FREQ **variables;**

자료에 포함된 변수가 다른 변수의 관측값의 도수를 나타낼 경우 이 변수를 지정해 준다. 이 경우 해당 관측값이 도수만큼 입력된 것으로 취급한다.

참고: Input data set

DATA=SAS-data-set에서는 raw data 또는 TYPE=CORR, TYPE=COV, 또는 TYPE=FACTOR인 자료명을 사용할 수 있다. 관측값이 많고 FACTOR 절차를 여러 번 수행해야 될 경우, 계산시간을 줄이기 위해 먼저 TYPE=CORR인 자료명을 만들고 후에 수행될 FACTOR 절차의 input data set으로 사용한다.

예
```
PROC CORR DATA=RAW OUTP=CORREL; /* TYPE=CORR인 자료를 생성 */
PROC FACTOR DATA=CORREL METHOD=ML;
PROC FACTOR DATA=CORREL;
```
또는
```
PROC FACTOR DATA=RAW METHOD=ML OUTSTAT=FACT;
PROC FACTOR DATA=FACT;
```

11.3.2 예제

예제 11.1 계속

FACTOR 절차를 이용하여 성적자료를 분석하는 SAS 프로그램은 다음과 같다.

```
/* FACTOR1.SAS :  FACTOR ANALYSIS OF EXAM SCORES      */
DATA STUDY (TYPE=CORR);
  TITLE 'FACTOR ANALYSIS; EXAM SCORES OF N=220 MALE STUDENTS';
  _TYPE_='CORR';                                          ①
  INPUT _NAME_ $ X1-X6;
  LABEL X1='GAELIC' X2='ENGLISH' X3='HISTORY'
        X4='ARITHMETIC' X5='ALGEBRA' X6='GEOMETRY';
DATALINES;
X1    1.000   .      .      .      .      .
X2     .439  1.000   .      .      .      .
X3     .410   .351  1.000   .      .      .
X4     .288   .354   .164  1.000   .      .
X5     .329   .320   .190   .595  1.000   .
X6     .248   .329   .181   .470   .464  1.000
;
RUN;
PROC PRINT;                                               ②
RUN;
PROC FACTOR  MSA PREPLOT ROTATE=VARIMAX PLOT;             ③ ④ ⑤ ⑥
RUN;   QUIT;
```

프로그램 및 출력결과 설명

① 이 예제에서는 원시자료(raw data)를 입력 자료로 사용하지 않고 상관행렬을 DATA 단계에서 입력하여 분석한다. _TYPE_='CORR'은 입력 자료가 상관행렬임을

뜻한다.

② 입력된 상관행렬을 출력하며, 결과는 [그림 11-2]와 같다.

OBS	_TYPE_	_NAME_	X1	X2	X3	X4	X5	X6
1	CORR	X1	1.000	.	.	.	.	.
2	CORR	X2	0.439	1.000	.	.	.	.
3	CORR	X3	0.410	0.351	1.000	.	.	.
4	CORR	X4	0.288	0.354	0.164	1.000	.	.
5	CORR	X5	0.329	0.320	0.190	0.595	1.000	.
6	CORR	X6	0.248	0.329	0.181	0.470	0.464	1

[그림 11-2] PRINT 절차에 의해 출력된 상관행렬

③④ FACTOR에서 'PRIORS=' 와 'METHOD=' 옵션이 사용되지 않았으므로 디폴트인 주성분분석에 의해 인자를 구하고 있다. ([그림 11-3]에서 디폴트로 출력되는 부분상관계수 행렬은 그림에서 생략했다.) [그림 11-3](a)는 MSA 옵션에 의해 출력된 결과로 KAISER의 측도값이 0.775이므로 분석에 사용된 변수의 수가 적당하다고 생각된다. 보유할 인자의 수를 지정해 주지 않았으므로 디폴트로서 MINEIGEN=1이 적용되어 1보다 큰 고윳값의 개수인 2개의 인자를 보유한다. (b)에서 2개의 인자에 의한 인자공헌도는 0.64로서 이 2개의 인자가 전체 변동의 64%를 설명하고 있음을 알 수 있다. (c)에서 인자1(Factor1)의 인자적재 값들이 모두 양수로서 크므로 일반지능을 나타내는 요인이라고 할 수 있다.

Kaiser's Measure of Sampling Adequacy: Overall MSA = 0.77487528					
X1	X2	X3	X4	X5	X6
0.77155652	0.81124073	0.75553558	0.74479572	0.74957020	0.83163354

(a) MSA 옵션에 의한 출력 결과

Eigenvalues of the Correlation Matrix: Total = 6 Average = 1				
	Eigenvalue	Difference	Proportion	Cumulative
1	2.73288407	1.60311371	0.4555	0.4555
2	1.12977037	0.51459650	0.1883	0.6438
3	0.61517387	0.01395199	0.1025	0.7463
4	0.60122188	0.07642497	0.1002	0.8465
5	0.52479691	0.12864401	0.0875	0.9340
6	0.39615290		0.0660	1.0000

(b) 상관행렬의 고윳값

Factor Pattern			
		Factor1	Factor2
X1	GAELIC	0.65782	0.44905
X2	ENGLISH	0.68842	0.29039
X3	HISTORY	0.51737	0.63734
X4	ARITHMETIC	0.73831	-0.41303
X5	ALGEBRA	0.74388	-0.37545
X6	GEOMETRY	0.67831	-0.35501

(c) 인자패턴

[그림 11-3] FACTOR 절차에서 출력된 결과

⑤ PREPLOT에 의해 인자회전을 시행하기 전의 인자패턴을 그림으로 나타낸다. 결과는 [그림 11-4]와 같다.

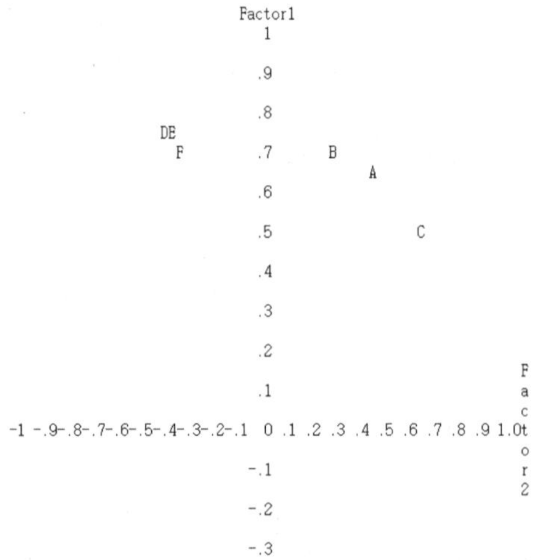

[그림 11-4] PREPLOT 옵션에 의해 출력된 회전하기 전의 인자패턴 그림

⑥ 이 예제에서는 직교회전을 택해 VARIMAX 방법을 사용하였다. [그림 11-5](a)에서 직교회전 행렬이

$$T = \begin{bmatrix} \cos\phi & \sin\phi \\ -\sin\phi & \cos\phi \end{bmatrix} = \begin{bmatrix} 0.7744 & 0.6327 \\ -0.6327 & 0.7744 \end{bmatrix}$$

이므로 $\cos^{-1}(43.6) = 0.7744$, $\sin^{-1}(43.6) = 0.6327$이 되어 시계바늘회전방향으로 약 43.6° 회전하여 새로운 인자패턴인 [그림 11-5](b)를 얻었다. [그림 11-6]은 인자회전 후의 인자패턴을 그림으로 나타낸 것이다. 인자회전 후에는 인자 1은 수학과목에 대해 큰 인자적재를 인자 2는 언어와 역사과목에서 큰 인자적재를 가지므로 각 분야를 대표하는 인자라고 할 수 있어 회전 전보다 뚜렷한 의미를 가짐을 알 수 있다. 참고로 그림에서는 생략되었으나 직교회전에 의해 공통성(communality)은 변하지 않음을 확인할 수 있다.

Orthogonal Transformation Matrix		
	1	2
1	0.77441	0.63269
2	-0.63269	0.77441

(a) 직교회전 행렬

Rotated Factor Pattern			
		Factor1	Factor2
X1	GAELIC	0.22531	0.76394
X2	ENGLISH	0.34939	0.66044
X3	HISTORY	-0.00259	0.82089
X4	ARITHMETIC	0.83308	0.14727
X5	ALGEBRA	0.81360	0.17989
X6	GEOMETRY	0.74990	0.15424

(b) 회전된 인자패턴

[그림 11-5] 직교회전에 의한 인자패턴

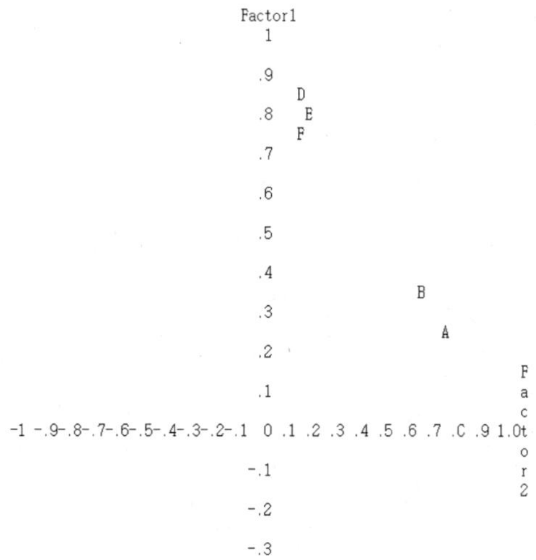

[그림 11-6] 인자회전 후의 인자패턴 그림

예제 11.2

한 방진복(防塵服) 생산 회사에서는 치수체계를 재조정하기 위하여 이 회사 제품을 착용하는 근로자 240명을 랜덤하게 뽑아 체위조사를 시행하였다(서울대 통계연구소 통계상담사례집 6). 모두 10개의 신체부위에 대한 계측을 하였으며, 결과는 〈표 11.3〉과 같다. 이들 10개 부위의 인체계측자료에 대한 인자분석을 시행하고 결과를 해석해 보자. 자료에서 변수는 다음과 같다.(dataset 폴더에서 physical 자료)

V1: 신장 V2: 총길이 V3: 등길이 V4: 화장 V5: 소매길이
V6: 바지길이 V7: 밑위앞뒤 V8: 가슴둘레 V9: 허리둘레 V10: 엉덩이둘레

(1) EG의 이용

예제 11.2 계속

〈표 11.3〉의 인체계측자료에 대하여 인자분석을 시행하고, 결과를 해석해 보자.

physical 자료를 열고 **작업 → 다변량 → 요인분석**을 선택한다. 요인화 방법으로 디폴트인 principal component analysis를 선택하며, 사전 공통성 추정값은 1로, 회전 방법으로 orthogonal varimax 방법을 선택한다. 출력할 도표로는 요인 패턴 도표, 비회전 요인 패턴 도표, 고윳값의 스크리 도표를 모두 선택한다. 결과 창의 출력 표시에서는 '적재값 크기순으로 행 순서화'를 체크하고 실행을 클릭한다. 요인분석

(인자분석)의 실행 결과는 [그림 11-7]~[그림 11-10]과 같다.

[그림 11-7]에 의하면 1보다 큰 고윳값은 2개이며, 두 인자로 전체변동의 77.6%를 설명한다. [그림 11-8]의 스크리 도표에서도 3번째 값부터 감소가 완만해지므로 2개 또는 3개의 인자가 적당함을 나타낸다.

〈표 11.3〉 인체 계측자료

ID	V1	V2	V3	V4	V5	V6	V7	V8	V9	V10
1	162	142	42	73	51	102	33	81	67	91
2	162	137	37	74	54	103	32	80	62	87
3	156	134	37	72	51	99	32	87	70	93
4	163	143	38	75	56	108	31	88	69	96
5	165	140	41	74	54	103	29	75	60	81
6	160	137	38	72	52	103	30	80	64	94
7	160	138	40	70	52	102	31	81	64	88
8	161	139	38	77	56	104	34	96	78	100
9	161	140	40	72	51	102	34	98	81	100
10	157	138	42	72	51	98	32	91	76	98
11	162	140	38	73	50	104	30	76	61	87
12	158	136	37	68	48	98	30	82	65	91
13	157	131	35	68	49	97	32	88	66	89
14	163	140	38	71	51	104	31	80	66	93
15	168	150	39	74	53	109	32	82	66	93
16	163	143	39	74	54	105	31	83	66	94
17	162	141	38	71	53	104	31	83	69	93
18	160	136	38	71	53	102	30	83	67	87
19	159	135	37	70	54	100	31	85	65	85
20	158	136	36	73	52	92	30	83	68	89
21	164	142	40	72	52	103	31	76	64	87
22	160	137	38	71	51	101	31	83	65	89
23	155	135	39	69	48	99	29	88	62	86
24	158	136	38	73	48	99	32	85	66	90
25	163	140	38	72	51	104	33	89	72	97
26	161	136	37	69	50	101	33	90	75	96
27	161	138	41	72	50	100	32	83	67	88
28	160	136	36	69	50	103	33	82	66	92
29	159	135	38	69	50	100	31	81	68	93
30	157	134	38	69	49	98	30	80	64	88
31	156	134	36	70	51	100	29	80	65	86
32	162	140	38	73	52	104	30	80	65	91
33	157	133	37	72	52	97	31	83	66	84
34	163	143	39	70	52	101	31	78	69	90
35	160	135	38	73	47	98	30	82	68	88
36	155	131	37	68	52	97	28	75	57	83
37	158	134	36	70	53	98	31	83	69	91
38	166	143	42	73	52	103	32	82	65	87
39	162	140	41	71	50	101	31	85	70	89
40	153	134	38	69	48	97	31	87	72	90
41	163	140	42	72	51	101	31	80	65	87
42	165	141	42	73	52	102	31	87	71	95
43	156	136	37	68	50	99	31	79	64	85
44	163	141	39	71	50	105	28	71	56	80
45	165	142	40	69	52	105	30	82	64	90
46	163	139	39	70	52	102	31	81	64	95
47	160	139	40	68	50	99	31	87	69	96
48	164	143	39	71	50	104	33	84	74	96
49	171	144	43	73	53	107	30	88	71	97
50	153	133	35	70	48	98	32	81	68	91
51	164	141	41	73	52	101	32	92	76	96
52	160	138	41	69	52	101	31	83	70	93
53	165	144	41	77	53	103	31	82	72	93
54	157	135	37	67	48	99	32	86	75	92
55	157	136	37	71	50	99	31	79	68	94
56	156	133	37	71	52	97	30	86	68	94
57	159	135	38	71	52	98	32	85	70	94
58	162	139	39	73	53	101	32	85	69	95
59	163	140	39	72	53	102	31	80	65	95
60	154	132	38	71	52	95	32	87	72	90
61	160	138	38	73	53	100	32	85	76	95
62	155	132	37	69	50	96	28	70	62	84
63	165	143	41	74	53	101	34	98	81	104
64	153	132	36	68	49	95	30	78	65	86
65	172	148	45	74	51	105	30	81	68	97
66	162	138	39	71	53	99	32	77	69	87
67	162	142	42	72	52	99	34	89	75	97
68	159	135	39	67	49	98	30	81	64	89
69	159	132	37	69	50	97	31	80	65	91
70	168	146	39	74	53	108	31	89	73	98
71	162	137	36	72	52	103	29	74	58	80
72	152	133	37	70	48	97	32	85	71	89
73	163	139	39	70	51	101	30	83	69	91
74	165	140	39	71	52	101	30	80	65	86
75	166	148	34	72	54	104	31	89	71	96
76	167	147	42	75	55	108	32	81	69	91
77	160	137	39	67	48	100	29	72	63	86
78	157	133	37	65	47	97	29	80	64	87
79	150	127	33	66	48	93	29	76	61	84
80	172	144	41	72	53	107	33	85	71	96
81	155	132	40	69	48	93	31	87	69	91
82	159	137	41	67	50	98	31	77	63	89
83	160	135	39	72	51	97	33	86	69	93
84	163	141	37	69	51	103	31	82	68	91
85	167	146	40	75	55	107	31	82	70	91
86	158	137	40	72	50	99	33	82	74	93
87	162	141	42	72	49	102	33	85	72	93
88	169	148	41	74	54	108	31	81	67	90
89	163	139	40	72	50	100	31	80	67	91
90	161	139	39	72	53	100	31	91	76	93
91	157	135	39	68	47	98	30	76	61	88
92	163	141	37	72	51	105	30	82	64	89
93	164	140	37	74	52	103	30	77	62	90
94	156	132	37	65	48	96	29	75	62	83
95	159	139	39	69	51	101	30	77	66	91
96	163	140	38	71	52	104	31	86	67	92
97	168	145	40	74	54	103	30	77	67	92
98	158	137	39	75	54	100	33	89	72	93
99	158	134	38	65	46	96	33	89	75	95
100	159	137	40	72	52	101	28	82	65	90
101	159	139	40	73	52	101	30	76	61	89
102	152	130	37	68	48	94	31	80	65	89
103	160	139	38	72	53	101	31	77	63	86
104	154	133	39	69	49	98	29	83	64	88
105	162	141	39	70	51	102	32	87	73	95
106	160	138	39	73	52	100	31	80	65	88
107	163	142	40	70	54	102	31	85	68	90
108	162	139	36	71	50	103	30	77	65	86
109	162	140	41	71	51	103	31	76	63	89
110	156	134	38	69	51	98	30	77	69	94
111	160	136	37	71	51	100	31	83	69	90
112	162	140	38	74	54	103	32	82	69	91
113	157	134	38	69	49	96	32	83	69	89
114	161	139	39	70	50	101	31	82	65	91
115	156	134	39	69	49	97	29	80	63	88
116	155	134	37	68	49	100	30	81	65	90
117	160	135	38	69	49	101	31	82	69	90
118	163	139	38	71	52	103	33	89	72	89
119	157	135	35	68	50	101	29	75	63	87
120	157	133	36	66	47	99	31	75	63	92
121	160	136	38	72	51	99	33	92	75	97
122	158	134	36	73	53	99	32	84	69	96
123	159	135	37	69	52	102	31	83	66	91
124	159	136	37	72	54	104	29	80	64	90
125	174	149	44	75	56	106	35	81	75	93
126	170	149	43	78	57	106	37	93	84	103
127	168	145	40	78	57	105	39	102	89	103
128	174	151	43	79	58	110	37	86	76	98
129	173	151	43	78	59	112	37	92	78	96
130	170	147	42	81	59	108	38	93	74	94
131	170	146	41	76	56	107	36	91	83	94
132	164	143	38	75	54	104	33	86	70	97
133	158	135	37	70	51	102	30	85	69	96
134	168	146	39	78	58	109	34	92	78	98
135	168	145	38	78	56	111	32	82	66	94
136	164	140	38	72	53	105	30	79	67	93
137	172	147	38	77	58	112	32	83	72	101
138	152	130	35	69	51	98	31	80	66	92
139	165	141	36	72	55	107	30	85	67	89
140	152	132	36	68	50	96	32	84	71	94
141	160	137	38	68	52	101	29	74	62	89
142	158	135	35	71	52	102	33	79	65	94
143	159	139	38	72	53	103	30	80	68	89
144	161	138	36	70	52	104	29	77	65	88
145	152	132	32	70	50	101	30	81	68	92
146	161	139	35	71	53	105	30	80	66	90
147	163	138	38	72	52	100	32	82	68	94
148	156	133	35	68	49	100	31	75	63	89
149	156	132	36	67	48	97	30	82	66	88
150	160	140	42	74	54	100	35	101	85	102
151	154	131	38	70	50	95	31	84	71	94
152	158	134	36	68	50	101	31	84	64	92
153	165	141	40	73	53	105	34	90	75	98
154	160	138	39	69	50	100	30	81	63	92
155	160	139	38	71	54	104	30	75	60	88
156	157	134	38	69	51	98	32	86	72	94
157	165	140	38	69	51	105	32	86	70	97
158	171	151	44	79	57	109	34	96	77	100
159	163	140	36	72	52	105	31	85	70	94
160	153	130	36	69	50	94	29	75	60	87
161	168	146	40	77	57	108	32	81	65	93
162	162	139	36	73	54	105	31	80	64	91
163	160	137	38	73	53	103	29	76	60	90
164	163	139	39	72	52	101	32	79	64	93
165	158	138	37	74	55	101	31	78	65	91
166	157	133	40	69	49	97	32	84	61	89
167	164	142	41	72	53	104	32	81	66	93
168	158	132	38	67	49	95	35	94	80	95
169	159	135	39	71	53	99	33	86	69	95
170	155	130	36	69	51	95	31	84	68	90
171	161	137	39	72	52	101	33	86	68	92
172	158	135	39	72	51	97	31	90	76	94
173	160	136	36	73	54	104	31	80	66	90
174	162	138	39	71	52	100	30	85	69	91
175	153	129	37	68	50	95	28	75	59	83
176	155	135	40	70	51	100	32	89	79	93
177	162	142	37	73	53	106	31	85	69	94
178	168	146	41	78	56	108	35	99	79	108
179	162	139	37	75	55	104	34	93	78	97
180	160	139	34	70	55	107	29	75	59	88
181	152	131	39	68	52	95	31	86	73	90
182	158	136	35	71	54	103	33	86	73	96
183	156	135	38	70	51	98	31	87	70	96
184	155	132	35	68	50	99	33	84	69	97
185	166	144	39	77	58	109	33	81	67	96
186	160	135	35	69	52	102	30	81	66	94
187	160	138	37	71	52	103	34	84	72	98
188	165	142	37	75	54	106	33	82	70	95
189	168	145	39	73	54	109	30	77	60	87
190	158	135	38	70	52	102	28	80	64	89
191	160	138	38	72	53	103	30	82	67	92
192	157	137	36	69	50	103	31	83	69	91
193	158	138	39	70	51	99	31	82	64	95
194	158	137	39	73	52	101	32	81	61	91
195	162	141	37	73	54	107	31	89	74	94
196	157	135	41	72	53	97	31	85	65	92
197	162	139	41	72	52	101	31	78	61	90
198	164	141	41	73	53	104	34	98	80	100
199	163	140	38	72	52	104	32	81	68	94
200	160	139	39	70	53	103	30	81	63	91
201	166	145	39	76	57	109	32	87	77	100
202	170	148	40	78	59	114	32	89	71	102
203	154	136	41	71	51	98	32	85	71	101
204	155	135	39	71	53	98	30	78	62	86
205	157	134	39	69	51	97	31	78	63	92
206	158	136	37	69	50	101	31	79	59	89
207	157	136	38	70	52	99	33	88	74	94
208	158	136	38	73	54	101	31	86	72	96
209	158	138	39	74	52	103	33	90	73	96
210	161	140	39	73	52	103	33	86	70	95
211	160	138	38	73	54	103	30	79	63	90
212	164	142	43	73	52	103	35	84	70	98
213	163	140	42	70	51	100	32	88	72	98
214	160	136	37	71	52	99	32	82	68	96
215	155	133	37	72	52	98	32	92	72	98
216	157	137	36	69	50	102	31	85	71	96
217	164	144	41	73	55	105	34	89	72	98
218	160	134	36	70	51	100	31	87	69	91
219	158	134	36	70	51	99	30	81	67	89
220	160	137	36	70	51	103	31	89	73	93
221	158	136	38	69	51	99	33	86	74	100
222	162	140	39	73	54	103	33	89	75	99
223	165	140	38	75	56	102	33	99	80	104
224	156	133	35	69	52	101	31	80	65	90
225	162	140	36	73	53	104	32	87	70	96
226	155	132	35	69	52	101	32	82	68	89
227	151	127	36	69	51	95	31	97	80	96
228	156	136	37	70	51	100	32	84	67	90
229	154	132	37	69	50	96	31	88	69	97
230	163	143	39	77	56	105	36	102	83	106
231	168	139	41	74	55	107	30	81	63	91
232	160	136	35	71	52	103	29	80	61	86
233	157	134	36	70	52	102	31	85	73	93
234	157	136	40	68	50	100	31	85	73	97
235	155	131	36	69	50	97	31	85	66	88
236	158	138	39	68	52	103	29	77	63	92
237	163	140	38	72	53	105	32	86	70	97
238	155	132	37	66	48	96	30	76	61	88
239	163	141	39	72	52	101	33	84	69	96
240	162	138	40	70	53	100	29	75	61	92

Eigenvalues of the Correlation Matrix: Total = 10 Average = 1				
	Eigenvalue	Difference	Proportion	Cumulative
1	5.57573244	3.38921142	0.5576	0.5576
2	2.18652101	1.35294267	0.2187	0.7762
3	0.83357834	0.41375318	0.0834	0.8596
4	0.41982516	0.10546299	0.0420	0.9016
5	0.31436217	0.07252753	0.0314	0.9330
6	0.24183464	0.09019195	0.0242	0.9572
7	0.15164269	0.02917449	0.0152	0.9723
8	0.12246820	0.02401913	0.0122	0.9846
9	0.09844907	0.04286280	0.0098	0.9944
10	0.05558628		0.0056	1.0000

[그림 11-7] 상관행렬의 고윳값

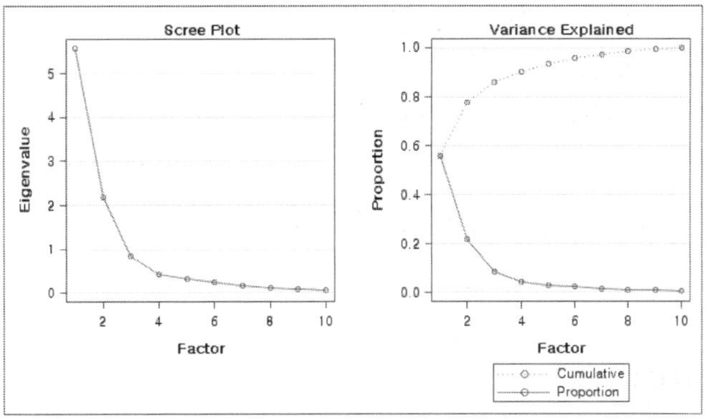

[그림 11-8] 고윳값의 스크리 도표

[그림 11-9](a)와 (b)는 varimax 회전 전의 인자적재 값들과 인자패턴 그림이다. 첫 번째 인자(Factor1)의 값들은 모두 양수로 큰 값이어서 큰 의미를 주지 못한다.

Factor Pattern			
		Factor1	Factor2
V4	화장	0.85862	-0.21701
V2	총길이	0.85790	-0.41922
V1	신장	0.82453	-0.44965
V5	소매길이	0.79164	-0.27739
V6	바지길이	0.75009	-0.50627
V7	밑위앞뒤	0.73414	0.46639
V10	엉덩이둘레	0.71687	0.50727
V3	등길이	0.58625	-0.12699
V8	가슴둘레	0.62423	0.69569
V9	허리둘레	0.66867	0.67327

(a) 회전 전의 인자적재 값

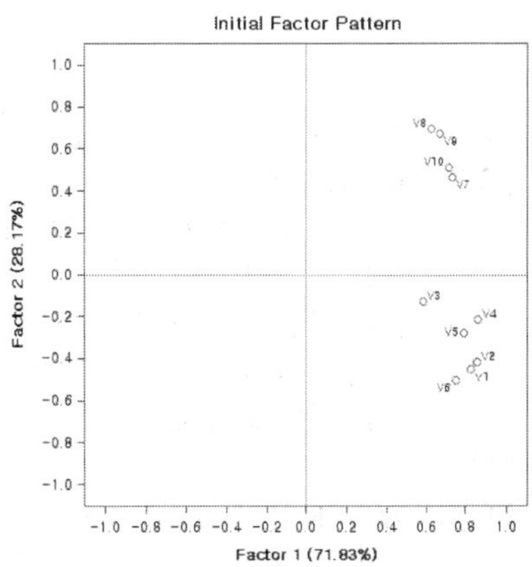

(b) 회전 전의 인자패턴

[그림 11-9] 회전 전의 인자패턴

[그림 11-10](a)와 (b)는 회전 후의 인자적재 값들과 인자패턴 그림이다. 인자적

재의 값들이 1 또는 0에 가까운 값들로 변하면서 각 인자의 의미가 분명해졌다. 즉, 인자1은 '길이'를 나타내는 인자이며, 인자2는 '둘레'를 나타내는 인자이다.

Rotated Factor Pattern			
		Factor1	Factor2
V2	총길이	0.93890	0.17381
V1	신장	0.93020	0.12948
V6	바지길이	0.90408	0.03968
V4	화장	0.81911	0.33671
V5	소매길이	0.80123	0.24833
V3	등길이	0.54667	0.24692
V9	허리둘레	0.13654	0.93903
V8	가슴둘레	0.08749	0.93059
V10	엉덩이둘레	0.27409	0.83433
V7	밑위앞뒤	0.31230	0.81176

(a) 회전 후의 인자적재 값

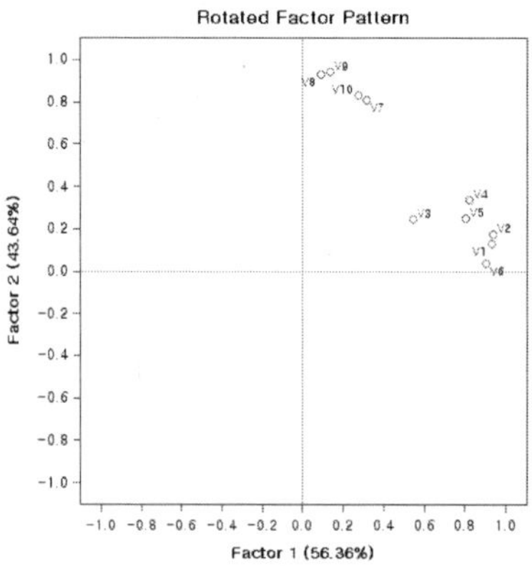

(b) 회전 후의 인자패턴

[그림 11-10] VARIMAX **인자 회전 후의 인자패턴**

(2) SAS 절차의 이용

예제 11.2 계속

인체계측자료 문제를 SAS 절차인 FACTOR를 이용하여 푸는 프로그램은 다음과 같다. 다만 〈표 11.3〉의 자료는 별도의 파일(PHYSICAL.DAT)로 저장된 것을 사용하기로 한다.(INFILE 문에서 지정된 PHYSICAL.DAT 자료가 저장된 폴더는 알맞게 수정해 주어야 한다.)

```
/* FACTOR2.SAS : FACTOR ANALYSIS FOR 10 PHYSICAL VARIABLES */
DATA PHYSICAL;
  INFILE 'C:\SASPGM\PHYSICAL.DAT' FIRSTOBS=2 MISSOVER;
  INPUT ID V1-V10;
  LABEL V1='신장' V2='총길이' V3='등길이' V4='화장' V5='소매길이'
        V6='바지길이' V7='밑위앞뒤' V8='가슴둘레' V9='허리둘레'
       V10='엉덩이둘레';
RUN;
PROC FACTOR DATA=PHYSICAL SCREE PREPLOT        ① ② ③
            ROTATE=VARIMAX REORDER PLOT;       ④ ⑤ ⑥
  VAR V1-V10;
RUN;  QUIT;
```

프로그램 및 출력결과 설명

① METHOD가 지정되지 않았으므로 주성분분석을 사용하며, 인자의 개수에 대한 옵

션이 없으므로 1보다 큰 고유값의 개수만큼의 인자를 사용한다. 결과는 [그림 11-7]과 같다.

② SCREE 옵션에 의해 스크리 산점도가 출력되며 결과는 [그림 11-8]과 같다.

③ 회전 전의 인자 적재가 디폴트로 출력되며, PREPLOT 옵션에 의해 출력된 회전 전의 인자패턴 그림이 출력된다. 결과는 [그림 11-9]와 같다.

④ VARIMAX 인자회전을 선택하였다.

⑤ REORDER 옵션에 의해서 변수들이 각 인자 내에서의 인자적재값의 절댓값 크기에 따라 재배열된다.

⑥ PLOT에 의해 VARIMAX 회전 후의 인자패턴을 그림으로 그려준다. 결과는 [그림 11-10]과 같다.

인자분석은 여러 변수에 공통으로 작용하는 요인들을 찾아내고, 이를 이용하여 변수를 축소화하는 것이 주요 목적이다. 한편, 공통인자를 찾는 과정에서 원래의 변수들을 비슷한 특성을 가진 변수들끼리 묶게 된다. 다음의 예제에서는 변수들을 그룹으로 나누어 그 특징을 파악하는 한 예를 살펴보기로 한다.

예제 11.3

우리나라 임산부들의 브래지어에 대한 불만사항을 파악하기 위하여 서울 소재의 두 병원에서 산부인과 외래환자를 상대로 설문조사를 실시하였다. 불만사항에 관한 설문내용은 [그림 11-11]과 같으며, 130명에 대한 조사결과는 〈표 11.4〉와 같다(서울대 통계연구소 통계상담사례집 6). 인자분석으로 불만 요인을 살펴보자.(dataset 폴더에서 QUSTNAIR.DAT 및 SAS 자료 bra)

	매우 그렇다	그렇다	그저 그렇다	그렇지 않다	전혀 그렇지 않다
1. 치수가 잘 안맞다.	( )	( )	( )	( )	( )
2. 컵이 작다.	( )	( )	( )	( )	( )
3. 컵아래(밑가슴)부분이 조인다.	( )	( )	( )	( )	( )
4. 겨드랑이 밑이 조인다.	( )	( )	( )	( )	( )
5. 원단의 신축성이 없다.	( )	( )	( )	( )	( )
6. 촉감이 거칠다.	( )	( )	( )	( )	( )
7. 땀을 잘 흡수하지 못한다.	( )	( )	( )	( )	( )
8. 오래 착용시 답답하다.	( )	( )	( )	( )	( )
9. 착용시 앞중심 부분이 들뜬다.	( )	( )	( )	( )	( )
10. 컵아래 부분이 위로 기어 올라간다.	( )	( )	( )	( )	( )
11. 어깨끈이 흘러 내린다.	( )	( )	( )	( )	( )
12. 뒤여밈에 의한 착용시 불편하다.	( )	( )	( )	( )	( )

13. 앞여밈에 의한 착용시 불편하다. ( ) ( ) ( ) ( ) ( )
14. 가슴을 잘 받쳐주지 못한다. ( ) ( ) ( ) ( ) ( )
15. 가슴을 잘 모아주지 못한다. ( ) ( ) ( ) ( ) ( )
16. 가슴의 흔들림을 잘 고정시키지 못한다. ( ) ( ) ( ) ( ) ( )
17. 디자인이 세련되지 못한다. ( ) ( ) ( ) ( ) ( )
18. 디자인이 다양하지 못하다. ( ) ( ) ( ) ( ) ( )

[그림 11-11] 설문 내용

〈표 11.4〉 설문조사의 결과(파일이름: QUSTNAIR.DAT)

222444332 344443421	424422425 .24.34433	443444442 444322322	333222214 222332333
252445424 244444451	252222224 224322244	342344322 232.22232	222444422 222211122
322323224 433333333	233312222 223423311	343543255 545522355	554424112 223333333
452434343 551.42443	342232412 143311211	223334212 223233322	232444413 212.22233
224434424 244444434	344223222 242444222	243444234 234332322	222532142 322222244
221344433 242213344	223244223 213323233	442434443 333432233	442244424 424.22444
222334444 323422343	113432425 555522331	332222222 231222233	332223424 422333442
211324224 444323322	344553245 555553444	234444342 224442333	254453455 .11522342
123223212 242321132	222344422 222332333	324555244 233.22444	344444332 323323342
222424222 241422222	352525452 544422224	232424312 233322233	212344344 243342244
222545432 223422332	424434434 424333433	442334433 223433444	223424244 223222243
222434222 243322243	344424212 113322444	232444331 413422223	315255355 155511144
344444324 224433344	232322224 222332243	321444242 224312132	452522222 245.22344
111423422 233233333	341334313 322411222	111233222 453222233	254424322 242422.4.
222434423 234443333	222444433 423.44443	324434423 433433343	124533222 434433322
221333334 222143222	232333213 244.22222	222423424 434332222	322424224 224422222
44344442. 433.33344	212243342 444422222	334544443 334.22344	322333223 223332234
221344234 433122332	324233221 212332344	221123332 454344333	344444324 434422344
231133213 432442322	232224332 323232344	44.54.344 222322344	442244225 252.43242
455524354 245353355	5125422.2 152311144	2.222.222 424422244	443433442 344433344
224434222 444.42442	443445344 333443344	255555255 225222242	244444442 444443344
444433242 231.43321	322344243 433332333	242422222 423322322	332433343 223222233
224522322 242422342	322524424 444442442	222444222 222.2234.	23344.422 223332322
33222433. 2243.3.32	222422222 422322233	555255552 222444242	221334212 424322322
231333322 233332133	233334434 423.33343	322523344 244423433	334444323 342333333
352433424 322322322	242434424 244422333	433444332 444.34344	342333232 24..44433
242423323 233311244	242224422 242244422	424524445 555544442	425544442 242444233
332444423 333443322	112434322 322333343	222423222 244333332	214444422 .44.11133
121333212 233211344	234544322 443422412	344425444 433344444	42425543. 252433322
442434424 442432222	233322232 122322233	222444332 323223323	342434324 422444433
242424444 422441222	344433344 433332244	444442223 242422233	322234334 443333444
323535252 544.33333	224444415 555533333	224422222 222422233	
252442224 444422244	3322323.3 3.2233222	441232222 222332322	

[예제 11.2]에서와 같이 EG를 이용하여 분석하였다. 요인 수는 기본값을 선택하고, 회전방법으로 VARIMAX 회전을 선택하였다. 결과 창의 출력표시에서는 '적재값 크기순으로 행 순서화'를 체크하고 실행을 클릭한다. 고윳값과 회전된 인자패턴은 [그림 11-12]와 같다. 1 이상인 고윳값의 개수가 5개이므로 5인자분석을 시행하였다.

Eigenvalues of the Correlation Matrix: Total = 18 Average = 1				
	Eigenvalue	Difference	Proportion	Cumulative
1	4.01642048	2.03165236	0.2231	0.2231
2	1.98476812	0.18580231	0.1103	0.3334
3	1.79896581	0.31138628	0.0999	0.4333
4	1.48757953	0.18921314	0.0826	0.5160
5	1.29836639	0.31640090	0.0721	0.5881
6	0.98196549	0.03992564	0.0546	0.6427
7	0.94203984	0.16740526	0.0523	0.6950
8	0.77463459	0.00146288	0.0430	0.7380
9	0.77317171	0.10321831	0.0430	0.7810
10	0.66995340	0.08060784	0.0372	0.8182
11	0.58934557	0.07146380	0.0327	0.8510
12	0.51788176	0.03577967	0.0288	0.8797
13	0.48210209	0.05606309	0.0268	0.9065
14	0.42603901	0.03292648	0.0237	0.9302
15	0.39311253	0.07243435	0.0218	0.9520
16	0.32067818	0.02966077	0.0178	0.9698
17	0.29101741	0.03905933	0.0162	0.9860
18	0.25195808		0.0140	1.0000

(a) 고윳값

Rotated Factor Pattern					
	Factor1	Factor2	Factor3	Factor4	Factor5
Q12	0.71901	0.00485	0.23496	-0.01515	0.22626
Q11	0.65497	0.14169	0.04695	-0.13468	-0.02395
Q13	0.64253	0.06592	0.06838	0.42877	-0.15562
Q10	0.63869	0.19753	-0.00912	-0.09047	-0.09332
Q9	0.56596	0.10717	0.04134	0.08843	0.31948
Q4	0.44152	-0.07053	0.22669	0.29005	0.04860
Q15	0.03026	0.85510	0.11657	0.09236	0.04516
Q14	0.09071	0.78346	0.07554	0.17381	0.08212
Q16	0.24552	0.74465	-0.04861	0.02125	0.02271
Q6	0.01372	0.24565	0.80331	0.03775	0.02941
Q5	0.12389	-0.16429	0.72026	0.07686	0.06671
Q8	0.18551	-0.02914	0.56755	0.20293	0.39871
Q7	0.16478	0.35446	0.53512	0.08467	-0.22729
Q2	-0.05978	0.02714	-0.03148	0.76844	0.04308
Q1	-0.06269	0.20184	0.14750	0.75991	0.07050
Q3	0.18347	0.09864	0.17493	0.60626	0.24156
Q17	0.08614	0.12549	0.08598	0.09316	0.85366
Q18	-0.00349	-0.01182	-0.00258	0.11564	0.84581

(b) 회전 후의 인자패턴

[그림 11-12] 고윳값과 회전된 인자패턴

〈표 11.5〉는 인자별로 문항을 정리한 것으로서, 같은 인자에 묶인 문항들을 살펴보고 이들에 대한 이름을 '착용감', '받침성' 등과 같이 나타내는 것이다. 이와 같이 인자분석을 통하여 불만족의 요인을 찾아내기도 하며, 때로는 문항들을 같은 개념을 나타내는 문항들끼리 묶는 일도 할 수 있다.

〈표 11.5〉 인자별 변수의 내용

인자	문항
FACTOR1 (착용감)	Q12 뒤여밈에 의한 착용시 불편하다. Q11 어깨끈이 흘러 내린다. Q13 앞여밈에 의한 착용시 불편하다. Q10 컵아래 부분이 위로 기어 올라간다. Q9 착용시 앞중심 부분이 들뜬다. Q4 겨드랑이 밑이 조인다.
FACTOR2 (받침성)	Q15 가슴을 잘 모아주지 못한다. Q14 가슴을 잘 받쳐주지 못한다. Q16 가슴의 흔들림을 잘 고정시키지 못한다.
FACTOR3 (촉감, 신축성)	Q6 촉감이 거칠다. Q5 원단의 신축성이 없다. Q8 오래 착용시 답답하다. Q7 땀을 잘 흡수하지 못한다.
FACTOR4 (치수)	Q2 컵이 작다. Q1 치수가 잘 안맞다. Q3 컵아래(밑가슴)부분이 조인다.
FACTOR5 (디자인)	Q17 디자인이 세련되지 못한다. Q18 디자인이 다양하지 못하다.

각 인자별 불만족의 정도를 알아보기 위하여 각 인자의 평균을 구해 보면 다음과 같다.

인자	평균
인자1 (착용감)	3.13
인자2 (받침성)	2.62
인자3 (촉감; 신축성)	3.06
인자4 (치수)	2.74
인자5 (디자인)	3.00

불만족 점수를 비교해 보면 받침성과 치수에 대한 불만이 다른 요인보다 높다. 이와 같은 결과는 우리나라 임산부들은 임산부 전용 브래지어의 치수가 맞지 않아서 일반 브래지어 가운데 큰 것으로 대체하고 있기 때문인 것으로 추정된다.

[예제 11.3]의 분석과정에서 보면 고윳값들이 1에서 크게 양분되는 형식이 아니므로 인자의 개수는 더 추가하거나 감소할 수 있다. 이와 같이 고윳값이 1 근방에 많이 나타나는 것은 데이터의 고유한 특성 때문일 수도 있으나, 때로는 데이터의 수집과정에서 부실한 데이터가 많이 섞이거나 응답자가 성실하게 답을 하지 않아서 자료의 질이 떨어질 때도 이런 현상이 나타난다.

제12장

판별분석

12.1 개념 및 목적

두 개 이상의 모집단에서 추출된 표본들이 지니고 있는 정보를 이용하여 이 표본들이 어느 모집단에서 추출된 것인지를 결정해 줄 수 있는 기준을 찾는 분석법을 **판별분석**(discriminant analysis)이라고 한다. 이 기준들은 잘못 분류될 확률 또는 잘못 분류됐을 경우 발생할 수 있는 비용 등을 최소로 하는 확률변수들의 함수로 주어지며, 이러한 함수를 **판별함수**(discriminant function)라고 한다.

판별함수를 구하기 위해서는 어느 모집단에서 추출되었는지를 사전에 알고 있는 자료가 있어야 한다. 이와 같은 자료를 **훈련용 자료**(training dataset)라고 한다. 이에 비해, 어느 모집단에서 추출된 것인지를 모르는 새로운 데이터가 관측되었을 때 이 데이터를 여러 모집단 중에서 어느 하나의 모집단으로 **분류**(classification)해 주어야 하는 경우가 있다. 이때 분류의 기준이 되는 함수를 **분류함수**(classification function)라고 하며, 판별분석에서 구해진 판별함수를 분류함수로 사용하는 것이 보통이다.

예를 들어 의사가 환자의 병을 진단할 때는 여러 가지 검사를 실시한다. 환자의 혈압, 콜레스테롤, 심전도 검사 등의 검사 결과를 기초로 그 환자가 심장병이 있는지의 유무를 판단할 수 있다. 이때에 판단 기준은 의사의 지식과 과거의 경험에 의해 결정되며, 이 판단기준이 곧 판별함수에 해당된다. 또한, 이러한 판단기준에 따라 새로운 환자가 심장병이 있는지의 여부를 결정하는 것은 분류에 해당된다.

EG에서 판별분석은 **작업 → 다변량 → 판별분석** 메뉴를 이용한다.

SAS에서 판별분석을 위한 절차는 DISCRIM, CANDISC, STEPDISC 등이 있으며 이들을 간단히 요약하면 다음과 같다.

① DISCRIM 절차

g 개의 모집단에서 관측된 기존의 (어느 모집단에 속하는지를 알고 있는) 관측값에 기초하여 판별함수를 만들고 이를 기초로 새로운 관측값을 분류한다. 정규성을 가정하는 모수적 방법과 분포에 대한 가정을 하지 않는 비모수적 방법이 모두 가능하다. DISCRIM 절차는 EG에서 디폴트로 사용하는 절차이기도 하다.

② CANDISC 절차

정준판별분석을 실시하는 절차로서, 주성분분석 및 **정준상관**(canonical correlation)과 매우 밀접한 관계를 갖고 있다. 즉, 주어진 변수들의 일차결합으로 **정준변수**(canonical variable)를 만들어 **차원축소**(dimension reduction)를 시행하고, 이를 판별함수로 사용한다. 주성분은 전체변동을 가장 잘 설명하는 순서대로 제1주성분, 제2주성분, … 이 결정되지만, 정준변수는 g 개의 모집단 간의 차이를 가장 잘 설명하는 순서대로 제1정준, 제2정준, … 이 결정된다. CANDISC는 EG에서 옵션에 의해 선택이 가능한 절차이다.

③ STEPDISC 절차

모집단 간의 차이를 잘 나타내는 변수를 단계적(stepwise)으로 선택하여 이들을 판별함수에 사용한다.

12.2 판별함수에 의한 판별분석

예제 12.1

(두 모집단의 경우) 미국의 한 도시에 있는 운전용 잔디 깎는 기계(riding-mower)를 생산하는 회사에서는 판매를 촉진하기 위해 $x_1 =$ 소득(income)과 $x_2 =$ 대지크기(lot size)에 따라 기계를 살 가능성이 있는 가구인지의 여부를 판별하려고 한다. 이를 위해 잔디 깎는 기계를 소유한 12 가구와 소유하지 않은 12 가구를 랜덤하게 추출하여 조사한 결과가 〈표 12.1〉과 같다. 이를 기초로 판별함수를 만든다면 관측값이 $x_1 = 60.5$, $x_2 = 19.5$인 가구와 $x_1 = 79.0$, $x_2 = 18.0$인 가구의 구매 가능성에 대하여 어떻게 분류되겠는가? 이들 자료의 산점도는 [그림 12-1]과 같으며, 분류하고자 하는 두 점은 ☆로 표시되어 있다. (Johnson & Wichern, 2002)

〈표 12.1〉 수입과 대지크기의 자료

소유자(owner, O)		비소유자(nonowner, N)	
x_1	x_2	x_1	x_2
60.0	18.4	75.0	19.6
85.5	16.8	52.8	20.8
64.8	21.6	64.8	17.2
61.5	20.8	43.2	20.4
87.0	23.6	84.0	17.6
110.1	19.2	49.2	17.6
108.0	17.6	59.4	16.0
82.8	22.4	66.0	18.4
69.0	20.0	47.4	16.4
93.0	20.8	33.0	18.8
51.0	22.0	51.0	14.0
81.0	20.0	63.0	14.8

단위 : x_1 - 1000불, x_2 - 1000ft^2

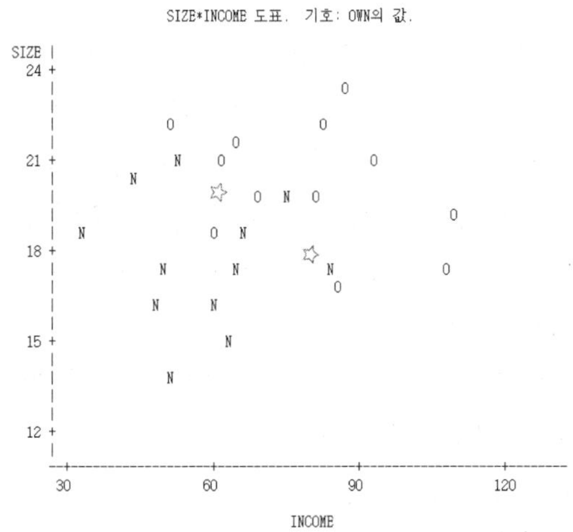

[그림 12-1] 소득(income)과 대지크기(size)의 산점도

예제 12.2

(세 모집단의 경우) 어느 경영대학원의 지원자들의 입학허가여부를 판정하는 GPA (Undergraduate Grade Point Average)와 GMAT(Graduate Management Aptitude Test)점수들을 이용하려고 한다. [그림 12-2]는 π_1 : '입학허가(1)', π_2 : '입학불허(2)', π_3 : '보류(3)'로 판정난 최근의 지원자들의 x_1=GPA, x_2=GMAT 관측값의 산점도이다. 새로운 지원자의 성적이 GPA=3.21, GMAT=479일 때(☆표시) 입학을 허가해야 하겠는가? (Johnson & Wichern, 2002)

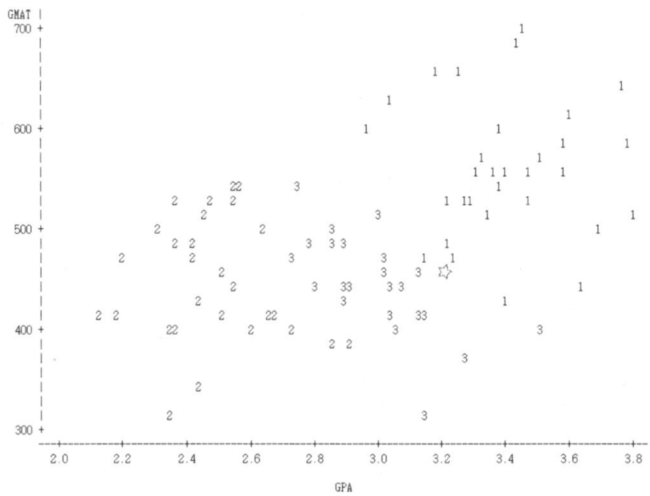

[그림 12-2] 경영대학원 지원자 자료의 산점도

12.2.1 이론적 배경

판별 및 분류분석에서 판별함수를 구하는 기준은 여러 가지 있으며, 분류방법도 분류의 조건에 따라 여러 가지 있다. 그러나 기본적으로 판별함수는 모집단 간의 차이를 잘 구분할 수 있도록 만들어져야 하며, 분류방법도 판별함수에 의한 '거리'가 가까운 모집단으로 분류시키는 방법이 될 것이다. 이 절에서는 두 모집단의 경우 피셔(Fisher)의 판별함수를 설명하고, 이를 세 모집단 이상으로 확장시키며, 사전확률이 주어진 경우에 대하여 생각하기로 한다.

SAS DISCRIM 절차에서는 모수적 방법과 비모수적 방법이 모두 가능하지만, 여기서는 모수적 방법만 다루기로 한다.

(1) 피셔의 선형판별함수

판별함수를 만들고 이를 이용하여 새로운 관측값을 분류하는 원리를 설명하기 위하여 두 모집단의 경우에 선형판별함수를 자세히 살펴보기로 한다.

두 모집단을 π_1, π_2라 하고, 다음과 같은 분포를 가정한다.

$$\pi_1 \sim N(\mu_1, \Sigma), \quad \pi_2 \sim N(\mu_2, \Sigma) \quad \text{(공통 공분산행렬을 가정)}$$

p-벡터인 관측값 $\boldsymbol{x}' = (x_1, x_2, \cdots, x_p)$의 일차결합인 y는 다음과 같이 표현된다.

$$\begin{aligned} y &= \ell_1 x_1 + \ell_2 x_2 + \cdots + \ell_p x_p \\ &= \boldsymbol{\ell}'\boldsymbol{x}, \quad \text{다만 } \boldsymbol{\ell} = (\ell_1, \ell_2, \cdots, \ell_p)' \end{aligned}$$

이제 y 를 판별함수로 사용하고자 할 때 계수벡터인 $\boldsymbol{\ell}$ 을 결정하는 방법을 생각해 보자. $\boldsymbol{x}$가 π_1에 속하는 경우에 y 의 평균을 μ_{1y}, π_2에 속하는 경우의 평균을 μ_{2y} 라고 할 때, μ_{1y}와 μ_{2y} 사이의 거리가 최대로 되도록 $\boldsymbol{\ell}$ 을 구한다. 이때 두 모집단의 분포에 대한 가정은 필요 없으나 두 모집단이 동일한 공분산행렬 Σ 를 갖는다는 가정하에 $\boldsymbol{\ell}$ 을 구하면 다음과 같다.

$$\boldsymbol{\ell} = \Sigma^{-1}(\boldsymbol{\mu}_1 - \boldsymbol{\mu}_2)$$

위 식에서 $\boldsymbol{\mu}_1$, $\boldsymbol{\mu}_2$는 각각 π_1, π_2 의 모평균벡터이다. 따라서

$$y = \boldsymbol{\ell}'\boldsymbol{x} = (\boldsymbol{\mu}_1 - \boldsymbol{\mu}_2)'\Sigma^{-1}\boldsymbol{x} \tag{12.1}$$

는 두 모집단을 가장 잘 판별해 주는 $\boldsymbol{x}$ 의 선형결합으로서 $\boldsymbol{x}$ 의 선형함수이므로, 이 함수를 **피셔의 선형판별함수**(Fisher's linear discriminant function)라고 한다.

그러나 실제로 $\boldsymbol{\mu}_i$ 와 Σ 는 미지인 경우가 많다. 따라서 식 (12.1)에서 $\boldsymbol{\mu}_i$ 와 Σ 에 대한 추정량인 표본평균과 표본공분산행렬을 대입하여 사용한다. 즉, 첫 번째 모집단에서 관측값이 $\boldsymbol{x}_{11}, \boldsymbol{x}_{12}, \cdots, \boldsymbol{x}_{1n_1}$이고, 두 번째 모집단에서 관측값이 $\boldsymbol{x}_{21}, \boldsymbol{x}_{22}, \cdots, \boldsymbol{x}_{2n_2}$ 일 때, 피셔의 표본판별함수는 다음과 같다.

$$y = (\overline{\boldsymbol{x}}_1 - \overline{\boldsymbol{x}}_2)'S_p^{-1}\boldsymbol{x}$$

여기서 $\overline{\boldsymbol{x}}_i$ 는 표본평균이고 S_p 는 Σ 의 합동추정량으로서 다음과 같이 정의된다.

$$\overline{\boldsymbol{x}}_i = \frac{1}{n_i}\sum_{j=1}^{n_i}\boldsymbol{x}_{ij}, \qquad i = 1, 2$$

$$S_p = \frac{(n_1 - 1)S_1 + (n_2 - 1)S_2}{n_1 + n_2 - 2}$$

다만,

$$S_1 = \frac{1}{n_1 - 1}\sum_{j=1}^{n_1}(\boldsymbol{x}_{1j} - \overline{\boldsymbol{x}}_1)(\boldsymbol{x}_{1j} - \overline{\boldsymbol{x}}_1)'$$

$$S_2 = \frac{1}{n_2 - 1}\sum_{j=1}^{n_2}(\boldsymbol{x}_{2j} - \overline{\boldsymbol{x}}_2)(\boldsymbol{x}_{2j} - \overline{\boldsymbol{x}}_2)'$$

이제 피셔의 판별함수를 이용한 분류방법을 생각해 보자.

$\boldsymbol{x}$가 π_1에 속할 때 y 의 평균이 μ_{1y} 이고, π_2에 속할 때 평균이 μ_{2y} 라고 하면 이들의 중앙값을 기준점으로 삼을 수 있다. 즉,

$$m=\frac{1}{2}(\mu_{1y}+\mu_{2y})=\frac{1}{2}(\boldsymbol{\ell}'\boldsymbol{\mu}_1+\boldsymbol{\ell}'\boldsymbol{\mu}_2)=\frac{1}{2}(\boldsymbol{\mu}_1-\boldsymbol{\mu}_2)'\Sigma^{-1}(\boldsymbol{\mu}_1+\boldsymbol{\mu}_2)$$

이므로, 표본에서 분류 기준점은 다음과 같다.

$$\hat{m}=\frac{1}{2}(\bar{y}_1+\bar{y}_2)=\frac{1}{2}(\bar{\boldsymbol{x}}_1-\bar{\boldsymbol{x}}_2)\,S_p^{-1}(\bar{\boldsymbol{x}}_1+\bar{\boldsymbol{x}}_2)$$

따라서 새로운 관측값 $\boldsymbol{x}_0$가 주어질 때

$$y_0=(\bar{\boldsymbol{x}}_1-\bar{\boldsymbol{x}}_2)'\,S_p^{-1}\boldsymbol{x}_0$$

를 계산하고, 다음과 같이 분류한다.

$$y_0 \geq \hat{m} \text{ 이면 } \pi_1 \text{으로 분류}$$
$$y_0 \leq \hat{m} \text{ 이면 } \pi_2 \text{로 분류}$$

예제 12.1 계속

주어진 자료에서 평균과 공분산행렬을 구하면

$$\bar{\boldsymbol{x}}_1=\begin{bmatrix}79.48\\20.27\end{bmatrix}\quad \bar{\boldsymbol{x}}_2=\begin{bmatrix}57.40\\17.63\end{bmatrix}\quad S_p=\begin{bmatrix}276.67 & -7.20\\-7.20 & 4.27\end{bmatrix}$$

이다. 따라서 피셔의 선형판별함수는 다음과 같다.

$$y=(\bar{\boldsymbol{x}}_1-\bar{\boldsymbol{x}}_2)'\,S_p^{-1}\boldsymbol{x}=0.10x_1+0.79x_2$$

분류기준점인 $\hat{m}$은

$$\hat{m}=\frac{1}{2}(\bar{\boldsymbol{x}}_1-\bar{\boldsymbol{x}}_2)'\,S_p^{-1}(\bar{\boldsymbol{x}}_1+\bar{\boldsymbol{x}}_2)=(0.10\ \ 0.79)\begin{pmatrix}68.44\\18.95\end{pmatrix}$$
$$=21.8$$

이다. 이제 분류를 원하는 두 관측값에 대한 판별함수의 값은 다음과 같다.

$$y_1=0.10(60.5)+0.79(19.5)=21.46<21.8$$
$$y_2=0.10(79.0)+0.79(18.0)=22.12>21.8$$

따라서 (60.5, 19.5)는 비소유그룹으로, (79.0, 18.0)은 소유그룹으로 분류된다.

(2) 일반화된 거리에 의한 판별함수

앞에서 설명한 피셔의 선형판별함수는 두 모집단이 공통분산을 갖고, 각 모집단에 대한 사전확률도 고려하지 않는 조건에서 얻은 판별함수이다.

먼저 사전확률의 정보를 이용하는 판별함수를 생각해 보자. 이제 두 모집단 π_1, π_2의 **사전확률**(prior probability)을 각각 q_1, q_2라고 하면, 분류 기준값은 다음과 같이 구한다.

$$\hat{m} = \frac{1}{2}(\bar{\boldsymbol{x}}_1 - \bar{\boldsymbol{x}}_2)' S_p^{-1}(\bar{\boldsymbol{x}}_1 + \bar{\boldsymbol{x}}_2) + \ln\frac{q_2}{q_1}$$

즉, q_1이 q_2보다 클수록 $\hat{m}$의 값은 작아지므로 관측값은 π_1으로 분류될 가능성이 커지게 된다.

실제 판별분석 이론에서는 사전확률과 함께 오분류에 의한 손실을 고려하는 분류법이 설명되어야 하지만, 여기서는 자세한 설명을 생략하고 DISCRIM 절차에서 사용하는 일반화된 거리에 의한 판별함수를 설명하기로 한다. DISCRIM 절차에서 사용하는 분류법은 베이즈 이론에 의해 사후확률을 최대로 하는 모집단을 선택하는 방법과 같은 개념이다.

g 개의 모집단이 있는 모형에서 j 번째 모집단에 대한 표본평균과 표본공분산행렬을 각각 $\bar{\boldsymbol{x}}_j$, S_j 라고 하자. 또한 전체 표본에 대한 합동공분산행렬을 S_p라고 하자. 그러면 한 개체 $\boldsymbol{x}$로부터 각 모집단의 중심까지의 거리를 나타내는 **일반화된 거리제곱**(generalized squared distance)은 다음과 같다.

㉠ 공분산 행렬이 다른 경우

$$D_j^2(\boldsymbol{x}) = (\boldsymbol{x} - \bar{\boldsymbol{x}}_j)' S_j^{-1} (\boldsymbol{x} - \bar{\boldsymbol{x}}_j) + \ln|S_j| - 2\ln(q_j)$$

㉡ 공분산 행렬이 같은 경우

$$D_j^2(\boldsymbol{x}) = (\boldsymbol{x} - \bar{\boldsymbol{x}}_j)' S_p^{-1} (\boldsymbol{x} - \bar{\boldsymbol{x}}_j) - 2\ln(q_j)$$

SAS의 DISCRIM 절차에서는 POOL=TEST의 옵션에 의해 공분산을 갖는지의 여부를 검정할 수 있다.

이들 일반화된 거리 제곱을 이용하여 한 개체 $\boldsymbol{x}$가 j 번째 모집단에 속할 **사후확률**(posterior probability)은 다음과 같다.

$$\Pr(j|\boldsymbol{x}) = \frac{\exp(-0.5D_j^2(\boldsymbol{x}))}{\sum_k \exp(-0.5D_k^2(\boldsymbol{x}))}$$

이들 사후확률을 이용한 분류법은 다음과 같다.

$$\Pr(j\,|\boldsymbol{x})\text{가 최대인 모집단으로 } \boldsymbol{x} \text{ 를 분류}$$

참고: (판별함수의 해석) 새로운 개체 $\boldsymbol{x}$가 어느 모집단에 속하는지 판별하기 위하여 $\boldsymbol{x}$로부터 각 모집단의 평균 $\overline{\boldsymbol{x}}_j$까지의 거리를 구하고, 가장 가까운 거리에 있는 모집단으로 $\boldsymbol{x}$를 분류한다. 이때 $\boldsymbol{x}$에서 $\overline{\boldsymbol{x}}_j$까지의 거리는 $D_j^2(\boldsymbol{x})$으로 나타내며, 공분산 행렬이 같은 경우와 다른 경우에 거리의 계산법이 다르다.

① 공분산행렬이 **다른** 경우에는 $D_j^2(\boldsymbol{x})$이 $\boldsymbol{x}$의 이차식으로 표현된다. 따라서 $D_j^2(\boldsymbol{x})$을 **이차판별스코어**(quadratic discriminant scores)라고 하며, 이 스코어의 값이 가장 작은 모집단으로 $\boldsymbol{x}$를 분류한다. 또한 이차판별스코어에 대응되는 판별함수를 **이차판별함수**(quadratic discriminant function)라고 한다.

② 공분산행렬이 **같은** 경우에는 $D_j^2(\boldsymbol{x})$의 계산에서 이차항 $\boldsymbol{x}'\boldsymbol{x}$의 계수는 S_p^{-1}로서 모든 j에 공통이다. 따라서 실제로는 이차항을 제외한 일차식만을 **선형판별스코어**(linear discriminant scores)라고 하며, 대응되는 판별함수를 **선형판별함수**(linear discriminant function)라고 한다.

SAS에서는 $D_j^2(\boldsymbol{x})$를 이용한 사후확률과 선형판별함수의 계수들이 모두 출력된다.

12.2.2 SAS의 이용

(1) EG의 이용

EG에서는 SAS의 DISCRIM 절차와 CANDISC 절차에 해당되는 메뉴가 있다.

판별분석을 위한 메뉴는 **작업 → 다변량 → 판별분석**이며, DISCRIM은 디폴트로 주어지고 CANDISC는 옵션에서 선택사항이다.

예제 12.1 계속

운전용 잔디 깎는 기계의 판매전략을 위하여 판별함수를 구하고, 새로운 관측값을 분류하는 EG의 메뉴에 대하여 알아보자.(dataset 폴더의 lawn 자료)

분류를 원하는 새로운 관측값은 Lawn_test라는 이름으로 SAS 라이브러리인 Sasuser에 저장하였다([그림 12-3]).

VIEWTABLE: Sasuser.Lawn_test

	OWN	INCOME	SIZE
1		60.5	19.5
2		79	18

[그림 12-3] 새로운 관측값 Lawn_test 자료

lawn 자료를 열고 메뉴에서 **작업 → 다변량 → 판별분석**을 선택한다. 데이터 창에서 INCOME과 SIZE를 분석변수로, OWN을 분류변수로 선택한다. 옵션 창에서는 정준판별분석 수행을 제외하고 관심 있는 옵션들을 체크한다. 새로운 데이터 분류 창에서 분류할 새로운 데이터를 체크하고 찾아보기를 이용하여 저장된 장소를 지정해 준다. 이어서 결과 창에선 사후확률 및 재대입 분류를 체크한 후에 실행을 클릭한다.

선형판별함수를 구한 결과는 [그림 12-4]와 같다. 선형판별함수의 계수에 의하면 판별함수와 분류기준점은 다음과 같이 쓸 수 있다.

$$y = (0.42959-0.32936)*\text{INCOME} + (5.46675-4.68157)*\text{SIZE}$$

$$\hat{m} = -(-72.46706+50.72830) = 21.73876$$

Linear Discriminant Function for OWN		
Variable	N	O
Constant	-50.72830	-72.46706
INCOME	0.32936	0.42959
SIZE	4.68157	5.46675

[그림 12-4] 선형판별함수의 결과

참고: own에 대한 선형판별함수이므로 계수의 출력에서 O(own)의 계수에서 N(not own)의 계수를 빼야 한다. 또한 constant는 판별식 좌변에 포함된 상수이므로, 본문의 수식에서와 같이 '$y_0 \geq \hat{m}$ 이면 π_1으로 분류' 형식으로 판별함수를 표현하려면 $\hat{m}$의 부호가 바뀐다.

'재대입 분류 결과 표시' 옵션을 체크한 결과 [그림 12-5]와 같이 오분류된 관측값들이 출력된다. 그림에서와 같이 3개의 관측값이 잘못 분류되고 있다. 전체 관측값에 대한 재대입 분류 결과는 그림에서 생략하였다.

Posterior Probability of Membership in OWN					
Obs	From OWN	Classified into OWN		N	O
1	O	N	*	0.7820	0.2180
13	N	O	*	0.2372	0.7628
17	N	O	*	0.3776	0.6224

[그림 12-5] 재대입에 의해 오분류된 관측값

분류할 새로운 데이터로 Lawn_test를 지정한 결과 Lawn_test에 저장된 새로운 관측값의 분류를 실행한다. 결과는 [그림 12-6]과 같다. 첫 번째 관측값은 N(비소유그룹)으로 분류되고, 두 번째 관측값은 O(소유그룹)으로 분류되었다.

Posterior Probability of Membership in OWN					
Obs	From OWN	Classified into OWN		N	O
1		N	*	0.5899	0.4101
2		O	*	0.4224	0.5776

[그림 12-6] 새로운 관측값의 분류 결과

예제 12.2 계속

경영대학원의 입학허가 여부를 결정하는 판별분석을 EG의 메뉴를 이용하여 시행해 보자.(dataset 폴더의 admit 자료)

분류를 원하는 새 관측값은 Admit_test의 이름으로 SAS 라이브러리 Sasuser에 저장하였다.

[예제 12.1]에서와 마찬가지로 admit 자료를 열고 메뉴에서 **작업 → 다변량 → 판별분석**을 선택한다. 데이터 창에서 GPA와 GMAT를 분석변수로, GROUP을 분류변수로 선택한다. 옵션 창에서는 정준판별분석 수행을 제외하고 교차타당성을 비롯하여 관심 있는 옵션들을 체크한다. 새로운 데이터 분류 창에서 분류할 새로운 데이터를 체크하고 찾아보기에 의해 Sasuser에 있는 Admit_test를 지정해 준다. 이어서 결과 창에서는 사후확률 및 재대입 분류를 체크한 후에 실행을 클릭한다.

선형판별함수를 구한 결과는 [그림 12-7]과 같다.

Linear Discriminant Function for GROUP			
Variable	1	2	3
Constant	-240.37168	-133.89892	-177.31575
GPA	106.24991	78.08637	92.66953
GMAT	0.21218	0.16541	0.17323

[그림 12-7] 선형판별함수의 결과

세 판별함수를 각각 $\hat{y}_1$, $\hat{y}_2$, $\hat{y}_3$ 라고 할 때 [예제 12.1]에서와 같이 3개의 직선 $\hat{y}_{12}$, $\hat{y}_{13}$, $\hat{y}_{23}$ 를 다음과 같이 구하면, π_1, π_2, π_3 를 결정하는 세 영역 R_1, R_2, R_3 는 이들 세 직선에 의해 결정된다.

$$\hat{y}_{12} = \hat{y}_1 - \hat{y}_2 \; ;$$
$$\hat{y}_{13} = \hat{y}_1 - \hat{y}_3 \; ;$$
$$\hat{y}_{23} = \hat{y}_2 - \hat{y}_3 \; ;$$

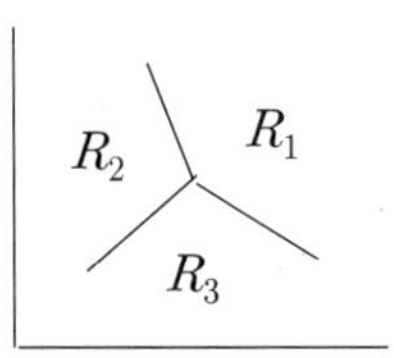

각 영역은 입학 허가(1), 불허(2), 보류(3)를 나타낸다.

[그림 12-8]은 선형판별함수를 이용하여 재대입에 의해 오분류된 관측값과 각 그룹에 대한 사후확률을 나타낸다. 그림에서와 같이 모두 7개의 관측값이 잘못 분류되었다. 전체 데이터에 대한 재대입 결과는 그림에서 생략하였다.

Posterior Probability of Membership in GROUP						
Obs	From GROUP	Classified into GROUP		1	2	3
4	1	3	*	0.1202	0.0020	0.8778
7	1	3	*	0.3654	0.0004	0.6342
21	3	1	*	0.5336	0.0000	0.4664
70	1	3	*	0.4766	0.0000	0.5234
80	2	3	*	0.0001	0.2450	0.7550
82	2	3	*	0.0001	0.1326	0.8673
85	1	3	*	0.2964	0.0004	0.7032

[그림 12-8] 선형판별함수에 의해 오분류된 관측값

참고로 재대입 및 교차타당 분류에 의한 전체 관측값의 재분류 결과는 [그림 12-9]와 같다.

Number of Observations and Percent Classified into GROUP				
From GROUP	1	2	3	Total
	27	0	4	31
1	87.10	0.00	12.90	100.00
	0	26	2	28
2	0.00	92.86	7.14	100.00
	1	0	25	26
3	3.85	0.00	96.15	100.00
	28	26	31	85
Total	32.94	30.59	36.47	100.00
	0.33333	0.33333	0.33333	
Priors				

(a) 재대입에 의한 분류 결과

Number of Observations and Percent Classified into GROUP				
From GROUP	1	2	3	Total
	26	0	5	31
1	83.87	0.00	16.13	100.00
	0	26	2	28
2	0.00	92.86	7.14	100.00
	1	1	24	26
3	3.85	3.85	92.31	100.00
	27	27	31	85
Total	31.76	31.76	36.47	100.00
	0.33333	0.33333	0.33333	
Priors				

(b) 교차타당법에 의한 분류 결과

[그림 12-9] 선형판별함수에 의한 재분류 결과

[그림 12-10]은 새로운 관측값인 (3.21, 497)에 대한 분류결과를 나타낸다. 즉, 새 관측값은 π_3(보류그룹)로 분류된다.

Posterior Probability of Membership in GROUP						
Obs	From GROUP	Classified into GROUP		1	2	3
1	.	3	*	0.4741	0.0004	0.5255

[그림 12-10] 새로운 관측값에 대한 분류 결과

(2) SAS의 DISCRIM 절차의 이용

DISCRIM 절차의 일반형은 다음과 같다.

```
PROC DISCRIM <options>;
  CLASS variable;
  VAR variables;
  PRIORS probabilities;
  FREQ variables;
  WEIGHT variable;
  ID variable;
  TESTFREQ variable;
  TESTID variable;
  BY variables;
```

① **PROC DISCRIM 〈options〉;**

㉠ **Data Set options**

- DATA=**SAS-data-set** : 분석에 사용될 자료명을 지정한다.

  예 TYPE=CORR, COV, CSSP, SSCP, LINEAR, QUAD, MIXED 등
- TESTDATA=**SAS-data-set**: 분류함수에 의해 분류하고자 하는 관측값들이 기억될 자료명을 지정한다.
- OUT=**SAS-data-set**(또는 OUTCROSS=**SAS-data-set**): 관측값, 사후확률과 re-substitution 방법(또는 crossvalidation 방법)에 의해 분류된 결과가 기억될 자료명을 지정한다.
- TESTOUT=SAS-**data-set**: 'TESTDATA='에 저장된 관측값, 사후확률과 분류결과가 기억될 자료명을 지정한다.

㉡ **판별함수의 종류를 선택하는 옵션들**

- METHOD=NORMAL(또는 METHOD=NPAR): 모수적방법(또는 비모수적방법)
- POOL=YES: 합동공분산(pooled covariance) 추정량을 이용

  =NO: 그룹내 공분산(within-group-covariance) 추정량을 이용

  =TEST: 그룹내 공분산의 동일성 검정을 시행

  검정결과가 'SLPOOL='에 의해 지정된 수준에서 유의하면 그룹내 공분산추정량을 이용하고, 유의하지 않으면 합동공분산추정량을 이용한다.
- SLPOOL=p: 동일성 검정의 유의수준을 지정. 디폴트(default)는 .10이다.

㉢ **Resubstitution 방법(또는 crossvalidation 방법)과 관련된 옵션들**

- LIST(또는 CROSSLIST): 모든 관측값에 대한 resubstitution 방법(또는 crossvalidation 방법)에 의한 분류결과를 출력한다.
- LISTERR(또는 CROSSLISTERR): resubstitution 방법(또는 crossvalidation 방법)에 의해 잘못 분류된 관측값만을 출력한다.
- CROSSVALIDATE: crossvalidation 방법에 의해 분류한다.

㉣ **Test data의 분류에 관한 옵션들**

- TESTLIST: 'TESTDATA='에 저장된 관측값들의 분류결과를 출력한다.
- TESTLISTERR: 'TESTDATA='에 저장된 관측값들 중 잘못 분류된 관측값만 출력한다. TESTCLASS 문이 사용된 경우에만 사용한다.

㉤ **출력과 관련된 옵션과 기타 옵션들**

- ALL: 모든 결과를 출력한다.
- DISTANCE: 그룹평균 간의 거리를 출력한다.
- SIMPLE: 전체표본과 각 모집단별로 각 변수들에 대한 단순기술통계량을 출력한다.
- NOPRINT: 출력하지 않는다.

② CLASS **variable;** 분류변수로 사용될 변수를 지정한다.

③ VAR **variables;** 분석에 사용될 양적변수들을 지정한다.

④ ID **variable;**

LIST 또는 LISTERR 문이 사용된 경우에만 유용하게 쓰이며, 분류결과를 출력할 때 각 관측값 대신에 이에 해당하는 ID 변수가 출력된다.

⑤ PRIOR **probabilities;**

분류 시에 사용할 사전확률을 지정해 준다. 디폴트이면 동일한 사전확률이 사용된다. 사전확률을 표본의 크기에 비례하도록 하고 싶을 때는 다음과 같이 입력한다.

```
PRIORS proportional;
```

⑥ FREQ **variable;**

SAS-data-set에 있는 어떤 변수의 값이 해당되는 값이 포함된 관측값의 관측도수를 의미할 경우, 이 변수를 FREQ 문에 명시하면 해당 관측값이 변수의 값에 해당되는 횟수만큼 반복 관측된 것으로 생각하고 처리한다. 자유도 및 관측값의 개수를 계산할 때 반영된다.

⑦ TESTID **variable;**

이 문이 사용되면 TESTLIST 문과 TESTLISTERR 문이 역시 사용되며 새로 분류하고자 하는 TESTDATA의 분류결과를 출력할 때 관측값 대신에 출력될 변수를 지정해 준다. 이 문에서 저정된 변수들은 반드시 TESTDATA=SAS-data-set으로 지정된 SAS data set에 있어야 한다.

⑧ TESTFREQ **variable;**

FREQ 문과 마찬가지로 'TESTDATA='에 저장된 관측값의 관측도수를 의미하는 변수를 지정할 경우 사용된다.

⑨ BY **variables**;

여기서 지정된 변수의 값에 의해 구분된 그룹별로 분류를 시행한다.

참고: **결측값(Missing Value)의 처리**

분류변수가 결측인 관측값들은 분류함수를 구할 때는 사용되지 않으나 분류함수에 의해 분류는 된다. 다른 변수값들이 결측이면 분석에서 제외된다.

예제 12.1 계속

운전용 잔디 깎는 기계의 판매 전략을 위하여 판별함수를 구하고, 두 관측값에 대하여 DISCRIM 절차를 이용한 분류를 시행하는 SAS 프로그램은 다음과 같다.

```
/*  DISCRIM1.SAS   : DISCRIMINANT ANALYSIS OF LAWN MOWER DATA    */
TITLE 'DISCRIMINANT ANALYSIS FOR LAWN MOWER';
OPTIONS PS=60 PAGENO=1 NODATE;
DATA LAWN;
  INPUT OWN $ INCOME SIZE  @@;
  DATALINES;
O 60.0 18.4    O  85.5 16.8    O  64.8 21.6    O 61.5 20.8
O 87.0 23.6    O 110.1 19.2    O 108.0 17.6    O 82.8 22.4
O 69.0 20.0    O  93.0 20.8    O  51.0 22.0    O 81.0 20.0
N 75.0 19.6    N  52.8 20.8    N  64.8 17.2    N 43.2 20.4
N 84.0 17.6    N  49.2 17.6    N  59.4 16.0    N 66.0 18.4
N 47.4 16.4    N  33.0 18.8    N  51.0 14.0    N 63.0 14.8
;
PROC PLOT DATA=LAWN;            ①
  PLOT SIZE*INCOME=OWN / VPOS=23 VAXIS=12 TO 24 BY 3
                         HPOS=70 HAXIS=30 TO 120 BY 30;
RUN;
PROC DISCRIM DATA=LAWN  POOL=TEST SIMPLE LISTERR OUT=LACAL;  ② ③
  CLASS OWN;
  VAR INCOME SIZE ;
  PRIORS PROP;                  ④
PROC PRINT DATA=LACAL;
DATA TEST;                      ⑤
  INPUT OWN $ INCOME SIZE XVALUES $4-12;
  DATALINES;
.  60.5 19.5
.  79.0 18.0
;
PROC DISCRIM DATA=LACAL TESTDATA=TEST TESTLIST;  ⑥
  CLASS OWN;
  TESTID XVALUES;
```

```
  VAR INCOME SIZE;
  TITLE2 'TEST OF CLASSIFICATION FUNCTION';
RUN;    QUIT;
```

프로그램 및 출력결과 설명

① PLOT 문에 의해 [그림 12-1] 결과를 얻는다. 다만 [그림 12-1]에서 test set을 나타내는 ☆표시는 추가로 넣은 것이다.

② POOL=TEST에 의해 두 모집단의 공분산행렬의 동일성검정을 시행한다. SLPOOL이 주어져 있지 않으므로 디폴트에 의해 SLPOOL=0.1이 사용된다. 결과는 [그림 12-3]과 같다. 동일성검정의 유의확률이 0.8028이므로 합동공분산행렬을 이용하여 판별함수를 구하고 선형판별함수가 출력된다. 단순통계량의 값들은 그림에서 생략되었다.

The DISCRIM Procedure
Test of Homogeneity of Within Covariance Matrices

Chi-Square	DF	Pr > ChiSq
0.993464	3	0.8028

[그림 12-11] 공분산행렬의 동일성검정 결과

선형판별함수는 EG에서 구한 결과인 [그림 12-4]와 같다. 다만 일반화된 거리제곱은 EG와 SAS의 표현이 다르다. [그림 12-12]에서 (a)는 EG에서 출력된 결과이며, (b)는 SAS의 DISCRIM 절차에서 출력된 결과이다. 표현은 다르지만 내용은 같다. 즉, 그림에서 일반화된 거리제곱은 $D^2(i|j)$로서 모집단들 사이의 거리를 나타낸다. 다만 EG에서는 대각선원소를 0으로 했으며, SAS에서는 사전확률의 값을 넣은 것이다. 사전확률은 디폴트인 같은 값으로 했으므로 $-2\ln(0.5)=1.38629$가 된다.

Generalized Squared Distance to OWN		
From OWN	N	O
N	0	4.28024
O	4.28024	0

(a) EG에서 일반화된 거리제곱

Generalized Squared Distance to OWN		
From OWN	N	O
N	1.38629	5.66653
O	5.66653	1.38629

(b) SAS에서 일반화된 거리제곱

[그림 12-12] EG와 SAS에서 일반화된 거리제곱

③ LISTERR 옵션에 의해 resubstitution 방법에 의해 오분류된 관측값들이 출력된다. 결과는 EG의 출력인 [그림 12-5]와 같다.

④ PRIORS PROP 옵션에 의해 사전확률은 표본크기에 비례하도록 하였다. 여기서는

표본크기가 같으므로 모두 0.5씩이다.

⑤ 분류를 원하는 새로운 관측값이 기억될 SAS-data-set을 지정한다.

⑥ TESTLIST 옵션에 의해 TEST에 기억된 새로운 관측값의 분류를 실행한다. 결과는 EG의 출력인 [그림 12-6]과 같다.

예제 12.2 계속

경영대학원의 입학허가 여부를 결정하는 판별분석의 SAS 프로그램은 다음과 같다.

```
/*   DISCRIM2.SAS  :  DISCRIMINANT ANALYSIS OF ADMISSION DATA    */
DATA ADMIT;
   INPUT GROUP GPA GMAT @@;
   DATALINES;
1 2.96 596 2 2.54 446 3 2.86 494 1 3.14 473 2 2.43 425 3 2.85 496
1 3.22 482 2 2.20 474 3 3.14 419 1 3.29 527 2 2.36 531 3 3.28 371
1 3.69 505 2 2.57 542 3 2.89 447 1 3.46 693 2 2.35 406 3 3.15 313
1 3.03 626 2 2.51 412 3 3.50 402 1 3.19 663 2 2.51 458 3 2.89 485
1 3.63 447 2 2.36 399 3 2.80 444 1 3.59 588 2 2.36 482 3 3.13 416
1 3.30 563 2 2.66 420 3 3.01 471 1 3.40 553 2 2.68 414 3 2.79 490
1 3.50 572 2 2.48 533 3 2.89 431 1 3.78 591 2 2.46 509 3 2.91 446
1 3.44 692 2 2.63 504 3 2.75 546 1 3.48 528 2 2.44 336 3 2.73 467
1 3.47 552 2 2.13 408 3 3.12 463 1 3.35 520 2 2.41 469 3 3.08 440
1 3.39 543 2 2.55 538 3 3.03 419 1 3.28 523 2 2.31 505 3 3.00 509
1 3.21 530 2 2.41 489 3 3.03 438 1 3.58 564 2 2.19 411 3 3.05 399
1 3.33 565 2 2.35 321 3 2.85 483 1 3.40 431 2 2.60 394 3 3.01 453
1 3.38 605 2 2.55 528 3 3.03 414 1 3.26 664 2 2.72 399 3 3.04 446
1 3.60 609 2 2.85 381 1 3.37 559 2 2.90 384 1 3.80 521 1 3.76 646
1 3.24 467
;
PROC PLOT;
   PLOT GMAT*GPA=GROUP / VPOS=30; RUN;               ①
PROC DISCRIM DATA=ADMIT POOL=TEST SLPOOL=0.05 WCOV LISTERR OUT=ADMI;
   CLASS GROUP;                                      ② ③
   VAR GPA GMAT; RUN;
DATA TEST;
   INPUT GROUP GPA GMAT;
   DATALINES;
 .  3.21  497
;
PROC DISCRIM DATA=ADMI LISTERR TESTDATA=TEST TESTLIST;  ④ ⑤
   CLASS GROUP;
   VAR GPA GMAT;
RUN;   QUIT;
```

프로그램 및 출력결과 설명

① PLOT 문에 의해 [그림 12-2]의 결과를 얻는다. 다만 test set을 나타내는 ☆표시는 추가로 넣은 것이다.

② POOL=TEST의 결과는 [그림 12-13]과 같다. 유의확률은 0.0134이며 SLPOOL=0.05를 지정했으므로 유의성이 있다. 따라서 급내(within) 공분산행렬을 사용하여 분석한다. 참고로 SLPOOL=0.01을 사용하면 공통공분산을 사용하게 되며 분류의 결과에 많은 차이가 날 수 있다.

Chi-Square	DF	Pr > ChiSq
16.074476	6	0.0134

[그림 12-13] 공분산행렬의 동일성 검정 결과

③ LISTERR 옵션에 의해 잘못 분류된 관측값들이 출력된다. 결과는 [그림 12-14]와 같다. 그림에서 모두 3개의 관측값이 잘못 분류됨을 알 수 있다. 분류결과에 대한 요약은 그림에서 생략되었다.

Posterior Probability of Membership in GROUP						
Obs	From GROUP	Classified into GROUP		1	2	3
4	1	3	*	0.2736	0.0021	0.7243
21	3	1	*	0.8255	0.0000	0.1745
82	2	3	*	0.0078	0.2885	0.7037

[그림 12-14] 이차판별함수로 잘못 분류된 관측값과 사후확률

④ 분류를 위하여 DISCRIM 절차를 실행한다. 다만 POOL= 의 옵션이 없으므로 디폴트 방법인 선형판별함수를 이용한다. 선형판별함수를 사용할 경우에 오분류된 관측값은 EG의 출력 결과인 [그림 12-8]에서와 같이 모두 7개로서 이차판별함수의 3개보다 많음을 확인할 수 있다.

⑤ TESTLIST 옵션에 의해 TEST 자료의 분류 결과를 출력한다. 결과는 EG의 출력인 [그림 12-10]과 같이 보류그룹으로 분류된다.

12.3 정준판별분석

12.3.1 이론적 배경

정준판별분석을 실행하는 CANDISC는 **정준변수**(canonical variable)를 이용한 판별분석이므로, 이에 대한 개념을 알아보자. 이를 위해 먼저 **정준상관**(canonical correlation)에 대한 개념을 이해할 필요가 있다. 두 모집단에 대하여 생각해 보자. 첫 번째 모집단을 나타내는 변수는 p-벡터인 $\boldsymbol{x}_1' = (x_{11}, x_{12}, \cdots, x_{1p})$이고, 두 번째 모집단을 나타내는 변수는 p-벡터인 $\boldsymbol{x}_2' = (x_{21}, x_{22}, \cdots, x_{2p})$라고 하자. 이제 두 모집단 사이의 관계를 조사하기 위하여, 두 모집단 사이의 상관관계를 최대로 하는 변수들의 선형결합이 다음과 같다고 하자.

$$u_1 = \ell_{11}x_{11} + \ell_{12}x_{12} + \cdots + \ell_{1p}x_{1p}$$
$$v_1 = \ell_{21}x_{21} + \ell_{22}x_{22} + \cdots + \ell_{2p}x_{2p}$$

즉, u_1, v_1의 상관계수가 최대가 되도록 계수 벡터인 $\boldsymbol{\ell}_1' = (\ell_{11}, \ell_{12}, \cdots, \ell_{1p})$와 $\boldsymbol{\ell}_2' = (\ell_{21}, \ell_{22}, \cdots, \ell_{2p})$를 찾는 문제가 된다. 이때에 u_1과 v_1의 최대상관계수를 **정준상관계수**(canonical correlation coefficient)라고 하며, u_1과 v_1을 각각

$$u_1 : \boldsymbol{x}_1 \text{의 제1정준변수}$$
$$v_1 : \boldsymbol{x}_2 \text{의 제1정준변수}$$

라고 한다. 다시 u_1, v_1과는 상관관계가 없으면서 $\boldsymbol{x}_1$과 $\boldsymbol{x}_2$의 선형결합 가운데 상관계수를 최대로 하는 u_2, v_2를 각각 $\boldsymbol{x}_1$, $\boldsymbol{x}_2$의 제2정준변수라고 한다. 마찬가지 방법으로 제3, 제4, …의 정준변수를 구할 수 있다.

이제 이와 같은 개념의 정준변수를 판별분석에 이용해 보자.

g개의 모집단을 판별하는 문제에서, p-벡터인 $\boldsymbol{x}_1$을 관측값 변수로 하고, $g-1$ 벡터인 $\boldsymbol{x}_2$는 모집단 또는 그룹을 나타내는 가상적인 변수라고 하자. 즉, $\boldsymbol{x}_2$의 관측값은 i번째 모집단에서 관측된 데이터이면 i번째 원소만 1이고 나머지는 모두 0인 단위벡터로 간주한다.

이제 $\boldsymbol{x}_1$과 $\boldsymbol{x}_2$의 관측값을 이용하여 $\boldsymbol{x}_1$만의 정준변수를 생각해 보자. $\boldsymbol{x}_1$의 제1정준변수는 $\boldsymbol{x}_2$의 선형결합과 제일 강한 상관관계를 가지므로, 이 제1정준변수는 모집단의 차이를 가장 잘 설명하는 변수가 된다. 마찬가지로 $\boldsymbol{x}_1$의 제2, 제3, …, 제$g-1$ 정준변수를 구하면 이들은 서로 무상관이면서 모집단의 차이를 가장 잘 설명하는 변수가 된다. 따라서 이들 정준변수 가운데 처음 2개 또는 3개에 의해 관측값을 나타

내면 모집단 또는 그룹의 판별이 가능하게 된다.

정준변수를 흔히 '판별함수'라고 부르기도 하나, 이의 개념은 DISCRIM 절차에서 다른 판별함수와는 개념이 많이 다르므로, 여기서는 정준변수라는 용어를 쓰도록 한다.

CANDISC 절차에 의한 판별분석은 정준변수를 원하는 개수만큼으로 줄여서, 이들을 이용하여 주어진 자료를 분석하는 것이다. 이때에 정준변수의 개수는 요인분석에서 인자의 개수를 정하는 것과 같은 개념이며, 대응되는 고윳값의 크기에 따라 결정된다.

12.3.2 SAS의 이용

(1) EG의 이용

EG에서 정준판별분석을 시행하기 위해서는 **작업 → 다변량 → 판별분석** 메뉴에서 옵션 창에 있는 '정준판별분석 수행'을 비롯한 원하는 옵션을 선택해 주어야 한다. 또한 정준변수를 얻기 위해 결과 창에서 '사후확률 및 재대입 분류'를 체크한다. 다음 예제에서 이들의 사용법을 알아보자.

예제 12.3

(Fisher의 붓꽃자료 분석) 다음의 〈표 12.2〉는 붓꽃(iris)의 세 품종인 setosa, versicolor, virginica의 각각에서 50개씩 추출하여, 다음의 4변수를 mm단위로 측정한 것이다(SAS/STAT 매뉴얼).

x_1: sepal length (꽃받침의 길이); x_2: sepal width (꽃받침의 폭)

x_3: petal length (꽃잎의 길이); x_4: petal width (꽃잎의 폭)

표에서 (x_1, x_2, x_3, x_4, 품종번호)의 관측값을 연속적으로 나열하였으며, 품종번호는

1=setosa, 2=versicolor, 3=virginica

를 뜻한다. 이들 자료에 대하여 CANDISC 절차를 이용한 판별분석을 시행해 보자.(dataset 폴더의 iris 자료)

〈표 12.2〉 붓꽃 자료

```
50 33 14 02 1 64 28 56 22 3 65 28 46 15 2 67 31 56 24 3 63 28 51 15 3 46 34 14 03 1
69 31 51 23 3 62 22 45 15 2 59 32 48 18 2 46 36 10 02 1 61 30 46 14 2 60 27 51 16 2
65 30 52 20 3 56 25 39 11 2 65 30 55 18 3 58 27 51 19 3 68 32 59 23 3 51 33 17 05 1
57 28 45 13 2 62 34 54 23 3 77 38 67 22 3 63 33 47 16 2 67 33 57 25 3 76 30 66 21 3
49 25 45 17 3 55 35 13 02 1 67 30 52 23 3 70 32 47 14 2 64 32 45 15 2 61 28 40 13 2
48 31 16 02 1 59 30 51 18 3 55 24 38 11 2 63 25 50 19 3 64 32 53 23 3 52 34 14 02 1
49 36 14 01 1 54 30 45 15 2 79 38 64 20 3 44 32 13 02 1 67 33 57 21 3 50 35 16 06 1
58 26 40 12 2 44 30 13 02 1 77 28 67 20 3 63 27 49 18 3 47 32 16 02 1 55 26 44 12 2
50 23 33 10 2 72 32 60 18 3 48 30 14 03 1 51 38 16 02 1 61 30 49 18 3 48 34 19 02 1
50 30 16 02 1 50 32 12 02 1 61 26 56 14 3 64 28 56 21 3 43 30 11 01 1 58 40 12 02 1
51 38 19 04 1 67 31 44 14 2 62 28 48 18 3 49 30 14 02 1 51 35 14 02 1 56 30 45 15 2
58 27 41 10 2 50 34 16 04 1 46 32 14 02 1 60 29 45 15 2 57 26 35 10 2 57 44 15 04 1
50 36 14 02 1 77 30 61 23 3 63 34 56 24 3 58 27 51 19 3 57 29 42 13 2 72 30 58 16 3
54 34 15 04 1 52 41 15 01 1 71 30 59 21 3 64 31 55 18 3 60 30 48 18 3 63 29 56 18 3
49 24 33 10 2 56 27 42 13 2 57 30 42 12 2 55 42 14 02 1 49 31 15 02 1 77 26 69 23 3
60 22 50 15 3 54 39 17 04 1 66 29 46 13 2 52 27 39 14 2 60 34 45 16 2 50 34 15 02 1
44 29 14 02 1 50 20 35 10 2 55 24 37 10 2 58 27 39 12 2 47 32 13 02 1 46 31 15 02 1
69 32 57 23 3 62 29 43 13 2 74 28 61 19 3 59 30 42 15 2 51 34 15 02 1 50 35 13 03 1
56 28 49 20 3 60 22 40 10 2 73 29 63 18 3 67 25 58 18 3 49 31 15 01 1 67 31 47 15 2
63 23 44 13 2 54 37 15 02 1 56 30 41 13 2 63 25 49 15 2 61 28 47 12 2 64 29 43 13 2
51 25 30 11 2 57 28 41 13 2 65 30 58 22 3 69 31 54 21 3 54 39 13 04 1 51 35 14 03 1
72 36 61 25 3 65 32 51 20 3 61 29 47 14 2 56 29 36 13 2 69 31 49 15 2 64 27 53 19 3
68 30 55 21 3 55 25 40 13 2 48 34 16 02 1 48 30 14 01 1 45 23 13 03 1 57 25 50 20 3
57 38 17 03 1 51 38 15 03 1 55 23 40 13 2 66 30 44 14 2 68 28 48 14 2 54 34 17 02 1
51 37 15 04 1 52 35 15 02 1 58 28 51 24 3 67 30 50 17 2 63 33 60 25 3 53 37 15 02 1
```

판별분석 메뉴에서 $x_1 \sim x_4$를 분석변수로, SPECIES를 분류변수로 지정한다. 이어서 옵션 창에서 '계급 평균의 동일함에 대한 다변량검정', '재대입 분류 결과 표시' 및 '정준판별분석 수행'을 체크한다. 또한 결과 창에서 '사후확률 및 재대입 분류'를 체크하고 실행을 클릭한다. 결과는 다음과 같다.

[그림 12-15]는 세 품종(SPECIES)의 평균이 모두 같은지를 검정하는 여러 가지 다변량검정의 결과이다. 모든 검정의 유의확률이 0.0001보다 작아서 품종에 따라 평균이 다르다고 할 수 있다.

Multivariate Statistics and F Approximations S=2 M=0.5 N=71					
Statistic	Value	F Value	Num DF	Den DF	Pr > F
Wilks' Lambda	0.02343863	199.15	8	288	<.0001
Pillai's Trace	1.19189883	53.47	8	290	<.0001
Hotelling-Lawley Trace	32.47732024	582.20	8	203.4	<.0001
Roy's Greatest Root	32.19192920	1166.96	4	145	<.0001
NOTE: F Statistic for Roy's Greatest Root is an upper bound. NOTE: F Statistic for Wilks' Lambda is exact.					

[그림 12-15] 다변량 근사 F-검정 결과

[그림 12-16]은 정준상관과 수정된 정준상관 및 $E^{-1}H$의 고윳값이 출력된 결과이다. 정준변수의 최대 개수는 min{**모집단개수-1, 변수개수**}이므로 여기서는 2개이다. [그림 12-16]에서 제1정준변수(CAN1)의 R^2는 0.969872, 제2정준변수(CAN2)의 R^2는 0.222027이다. 한편 고윳값으로부터 제1정준변수가 전체 변동의 99.12%를

설명하고 있으며, 제2정준변수까지는 100% 설명하고 있음을 알 수 있다. 따라서 2개의 정준변수에 의한 판별분석은 4개의 분류변수($x_1 \sim x_4$)를 이용한 판별분석과 일치한다.(정준상관의 유의성 검정결과는 생략되었다.)

	Canonical Correlation	Adjusted Canonical Correlation	Approximate Standard Error	Squared Canonical Correlation	Eigenvalues of Inv(E)*H = CanRsq/(1-CanRsq)			
					Eigenvalue	Difference	Proportion	Cumulative
1	0.984821	0.984508	0.002468	0.969872	32.1919	31.9065	0.9912	0.9912
2	0.471197	0.461445	0.063734	0.222027	0.2854		0.0088	1.0000

[그림 12-16] 정준상관과 고윳값

정준구조(canonical structure)에 관한 정보가 출력되며, 결과는 그림에서 생략하였다. 정준계수는 표준화(standardized) 및 비표준화(raw) 정준계수가 출력된다. [그림 12-17]은 비표준화 정준계수를 나타낸다. 표준화 정준계수는 정준변수들의 상대적인 공헌도를 나타내며, 비표준화된 것은 원자료(raw data)의 정준계수이다. 비표준화 정준계수를 이용하여 나타낸 정준변수는 다음과 같다.

$$\text{CAN1} = -0.0829x_1 - 0.1534x_2 + 0.2201x_3 + 0.2810x_4$$
$$\text{CAN2} = \quad 0.0024x_1 + 0.2165x_2 - 0.0932x_3 + 0.2839x_4$$

제1정준변수에서는 꽃받침 (x_1, x_2)에 음의 계수, 꽃잎 (x_3, x_4)에 양의 계수가 할당되었으며, 꽃잎의 계수의 절댓값도 크다. 따라서 CAN1은 꽃잎과 꽃받침의 대조를 나타내면서, 꽃잎의 길이와 폭이 모두 큰 기여를 하는 변수로 이해할 수 있다.

Raw Canonical Coefficients			
Variable	Label	Can1	Can2
X1	X1	-.0829377642	0.0024102149
X2	X2	-.1534473068	0.2164521235
X3	X3	0.2201211656	-.0931921210
X4	X4	0.2810460309	0.2839187853

[그림 12-17] 원자료의 정준계수

'출력 데이터' 창에 출력된 정준변수 CAN1과 CAN2을 분류변수로 사용하여 DISCRIM 절차를 적용하는 판별분석을 시행하였다. [그림 12-18]은 두 정준변수를 사용한 선형판별함수를 나타내며, [그림 12-19]는 재대입에 의해 확인된 오분류의 결과이다. 150개 가운데 3개의 분류오류가 발생하였음을 알 수 있다. [그림 12-20]은 정준판별분석에 의한 분류 결과를 요약한 것이다.

Linear Discriminant Function for SPECIES			
Variable	1	2	3
Constant	-28.96093	-1.93032	-16.85041
Can1	-7.60760	1.82505	5.78255
Can2	0.21513	-0.72790	0.51277

[그림 12-18] 정준변수에 의한 선형판별함수

Posterior Probability of Membership in SPECIES						
Obs	From SPECIES	Classified into SPECIES		1	2	3
5	3	2	*	0.0000	0.7294	0.2706
9	2	3	*	0.0000	0.2532	0.7468
12	2	3	*	0.0000	0.1434	0.8566

[그림 12-19] 재대입에 의해 오분류된 결과

Number of Observations and Percent Classified into SPECIES				
From SPECIES	1	2	3	Total
	50	0	0	50
1	100.00	0.00	0.00	100.00
	0	48	2	50
2	0.00	96.00	4.00	100.00
	0	1	49	50
3	0.00	2.00	98.00	100.00
	50	49	51	150
Total	33.33	32.67	34.00	100.00
	0.33333	0.33333	0.33333	
Priors				

[그림 12-20] 재대입에 의한 분류 결과

(2) SAS의 CANDISC 절차의 이용

CANDISC 절차의 일반형은 다음과 같다.

```
PROC CANDISC <options>;
  VAR variables;
  CLASS variable;
  FREQ variable;
```

(대부분의 옵션들은 DISCRIM과 같으므로, 특징적인 것만 간단히 설명하기로 한다.)

- NCAN=n: 정준변수의 개수를 지정
- PREFIX=name: 정준변수의 이름을 지정한다. 디폴트는 CAN1, CAN2, … 등이다.

예제 12.3 계속

Fisher의 붓꽃자료에서 SAS의 CANCISC 절차를 이용하여 정준변수를 구하고, 정준변수를 이용하여 판별분석을 시행하는 프로그램은 다음과 같다. 프로그램에서 FORMAT 절차는 versicolor와 virginica의 첫 글자가 같기 때문에 산점도에서 이들을 구별하는 기호를 지정해 준 것이다(INFILE 문에서 지정된 IRIS.DAT 자료의 저장장소는 알맞게 수정해 주어야 한다).

```
/* CANDISC.SAS : ANALYSIS OF FISHER'S IRIS DATA */
OPTIONS PS=60 PAGENO=1;
PROC FORMAT;
  VALUE SPECNAME
     1='SETOSA     '
     2='VERSICOLOR'
     3='VIRGINICA  ';
  VALUE SPECCHAR
     1='S'
     2='O'
     3='V';
RUN;
DATA IRIS;
  INFILE 'D:\SASPGM\IRIS.DAT';
  INPUT X1-X4 SPECIES @@;
  FORMAT SPECIES SPECNAME.;
  LABEL  X1='SEPAL LENGTH'
         X2='SEPAL WIDTH '
         X3='PETAL LENGTH'
         X4='PETAL WIDTH ';
PROC CANDISC DATA=IRIS OUT=CANOUT;     ① ②
  CLASS SPECIES;
  VAR X1-X4;
RUN;
PROC PRINT DATA=CANOUT;
RUN;
PROC PLOT;                             ③
  PLOT CAN2*CAN1=SPECIES / VPOS=25;
  FORMAT SPECIES SPECCHAR.;
RUN;
PROC DISCRIM DATA=CANOUT LISTERR;      ④
  CLASS SPECIES;
  VAR CAN1 CAN2;
RUN; QUIT;
```

프로그램 및 출력결과 설명

① CANDISC 절차에서 디폴트로 출력되는 결과는 [그림 12-15]와 같은 다변량검정 결과, [그림 12-16]과 같은 정준상관 및 고윳값에 대한 정보, 정준구조, [그림 12-17]과 같은 정준계수 등이 출력된다.

② OUT=CANOUT 옵션에서 기억된 자료를 출력시키면 150개의 각 관측값들에 대하여 제1정준변수(CAN1)의 값과 제2정준변수(CAN2)의 값 즉, 정준점수들이 출력된다. [그림 12-21]은 처음 10개의 관측값에 대해서만 수록한 그림이다.

OBS	X1	X2	X3	X4	SPECIES	Can1	Can2	Can3	Can4
1	50	33	14	2	SETOSA	-7.67197	-0.13489	.	.
2	64	28	56	22	VIRGINICA	6.80015	0.58090	.	.
3	65	28	46	15	VERSICOLOR	2.54868	-0.47220	.	.
4	67	31	56	24	VIRGINICA	6.65309	1.80532	.	.
5	63	28	51	15	VIRGINICA	3.81516	-0.94299	.	.
6	46	34	14	3	SETOSA	-7.21262	0.35584	.	.
7	69	31	51	23	VIRGINICA	5.10556	1.99218	.	.
8	62	22	45	15	VERSICOLOR	3.49805	-1.68496	.	.
9	59	32	48	18	VERSICOLOR	3.71590	1.04451	.	.
10	46	36	10	2	SETOSA	-8.68104	0.87759	.	.

[그림 12-21] 각 관측값에 대한 정준점수

③ CAN1과 CAN2에 의해 원래의 관측값을 산점도로 나타낸다([그림 12-22]).

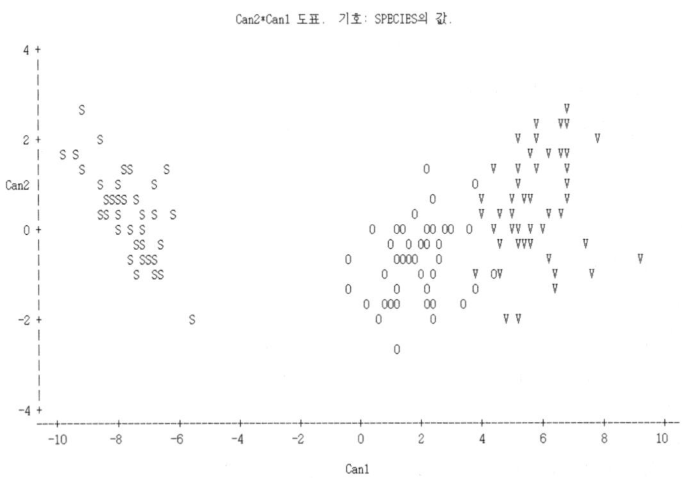

[그림12-22] 정준변수에 의한 산점도

④ 정준변수 CAN1과 CAN2에 DISCRIM 절차를 적용하여 판별분석을 시행하였다. 결과는 [그림 12-18]~[그림 12-20]과 같은 내용이다.

12.4 단계적 판별분석

12.4.1 이론적 배경

EG에서는 단계적 판별분석을 위한 메뉴가 없으므로 SAS의 단계적 판별분석 절차인 STEPDISC에 대해서만 알아보기로 한다.

STEPDISC 절차는 stepwise 회귀분석과 비슷한 개념으로 이해할 수 있다. 즉, VAR로 선언한 변수들 가운데 판별에 유용한 변수를 선택한다. 선택방법은 **변수추가법**(forward selection), **변수제거법**(backward elimination), **변수증감법**(stepwise selection)이 모두 가능하다.

12.4.2 SAS의 이용

(1) SAS의 STEPDISC 절차의 이용

STEPDISC 절차의 일반형은 다음과 같다.

```
PROC STEPDISC <options>;
  VAR variables;
  CLASS variable;
```

이 외에 FREQ, WEIGHT, BY 등이 있다.

STEPDISC 절차에서 사용되는 SAS 문과 옵션들은 다음과 같다.

- METHOD=FW ¦ FORWARD: 변수추가법으로 지정
  =BW ¦ BACKWARD: 변수제거법으로 지정
  =SW ¦ STEPWISE: 변수증감법으로 지정
  (디폴트는 STEPWISE이다.)
- SLE=p: 변수추가법에서 p-값 지정(디폴트는 0.15)
- SLS=p: 변수제거법에서 p-값 지정(디폴트는 0.15)

(2) 예제

예제 12.3 계속

피셔의 붓꽃자료를 다시 STEPDISC 절차로 분석해 보자. STEPWISE 방법을 이용하는 SAS 프로그램은 다음과 같다.(INFILE 문에서 지정된 IRIS.DAT 자료의 저장장소는 알맞게 수정해주어야 한다.)

```
/* STEPDISC.SAS : ANALYSIS OF FISHER'S IRIS DATA */
OPTIONS PS=60 PAGENO=1;
PROC FORMAT;
  VALUE SPECNAME
     1='SETOSA     '
     2='VERSICOLOR'
     3='VIRGINICA  ';
  VALUE SPECCHAR
     1='S'
     2='O'
     3='V';
RUN;
DATA IRIS;
  INFILE 'A:\IRIS.DAT';
  INPUT X1-X4 SPECIES @@;
  FORMAT SPECIES SPECNAME.;
  LABEL X1='SEPAL LENGTH'
        X2='SEPAL WIDTH '
        X3='PETAL LENGTH'
        X4='PETAL WIDTH ';
RUN;
PROC STEPDISC DATA=IRIS METHOD=STEPWISE;     ①
  CLASS SPECIES;
  VAR X1-X4;
RUN;
PROC DISCRIM DATA=IRIS LISTERR;              ②
  CLASS SPECIES;
  VAR X2 X3 X4;
RUN; QUIT;
```

프로그램 및 출력결과 설명

① 디폴트로 출력시키는 결과들은 각 변수들이 선택 또는 제거되는 과정을 여러 가지 관련통계량들과 함께 출력한다. 변수들이 선택되는 과정은 생략하고, 최종적으로 요약한 내용은 [그림 12-23]과 같다. 결과에 의하면 변수는 X3, X2, X4, X1의 순서대로 선택된다. 여기서는 네 변수가 모두 유의성이 있다.

Stepwise Selection Summary											
Step	Number In	Entered	Removed	Label	Partial R-Square	F Value	Pr > F	Wilks' Lambda	Pr < Lambda	Average Squared Canonical Correlation	Pr > ASCC
1	1	X3		PETAL LENGTH	0.9414	1180.16	<.0001	0.05862828	<.0001	0.47068586	<.0001
2	2	X2		SEPAL WIDTH	0.3709	43.04	<.0001	0.03688411	<.0001	0.55995394	<.0001
3	3	X4		PETAL WIDTH	0.3229	34.57	<.0001	0.02497554	<.0001	0.59495691	<.0001
4	4	X1		SEPAL LENGTH	0.0615	4.72	0.0103	0.02343863	<.0001	0.59594941	<.0001

[그림 12-23] STEPDISC에 의한 결과의 요약

② STEPDISC 결과에 의하면 X1부터 X4까지 모두 유의성이 있지만 부분(partial) R^2에 의하면 X1의 기여도가 낮으므로 X2, X3, X4 만 이용한 DISCTRIM 절차를 시행하였다. 결과의 요약은 [그림 12-24]와 같으며, 전체에서 3개의 분류오류가 발생하였다. 실제로 네 변수를 모두 사용하여도 3개의 분류오류가 발생하며, 오분류된 개체는 다르게 된다. 따라서 이 경우에는 X2, X3, X4의 세 변수만 사용하는 방법이 더 선호될 수도 있다.

Posterior Probability of Membership in SPECIES

Obs	From SPECIES	Classified into SPECIES		SETOSA	VERSICOLOR	VIRGINICA
5	VIRGINICA	VERSICOLOR	*	0.0000	0.8108	0.1892
12	VERSICOLOR	VIRGINICA	*	0.0000	0.3517	0.6483
148	VERSICOLOR	VIRGINICA	*	0.0000	0.4520	0.5480

(a) 재대입에 의해 오분류된 결과

Number of Observations and Percent Classified into SPECIES

From SPECIES	SETOSA	VERSICOLOR	VIRGINICA	Total
SETOSA	50	0	0	50
	100.00	0.00	0.00	100.00
VERSICOLOR	0	48	2	50
	0.00	96.00	4.00	100.00
VIRGINICA	0	1	49	50
	0.00	2.00	98.00	100.00
Total	50	49	51	150
	33.33	32.67	34.00	100.00
Priors	0.33333	0.33333	0.33333	

(b) 재대입에 의한 분류 결과

[그림 12-24] 세 변수를 이용한 판별분석 결과

제13장

군집분석

13.1 개념 및 목적

군집분석(cluster analysis)은 모집단 또는 범주에 대한 사전정보가 없는 경우에 관측값들 사이의 거리(또는 유사성)를 이용하여 전체를 몇 개의 그룹 또는 군집(cluster)으로 나누는 분석법이다.

예를 들어 생물분류학에서는 생물을 그의 특성에 따라 분류하며, 의상학에서는 인체의 체형에 따라 치수체계를 만든다.

군집분석에서 가장 어려운 점은 군집들 사이의 거리를 어떻게 정의하느냐 하는 것이다. 따라서 '군집 간의 거리'에 대한 정의에 따라 여러 가지 군집방법이 있을 수 있다. 거리에 대한 정의뿐만 아니라 군집으로 나누는 방법에 따라서도 여러 가지 다른 방법이 있다. 군집으로 나누는 방법에 따른 분류는 크게

1. 계층적(hierarchical) 방법과
2. 비계층적(nonhierarchical) 방법

으로 나눌 수 있다.

계층적 방법은 가까운 개체끼리 차례로 병합하거나 멀리 떨어진 개체를 차례로 분리하는 방법으로서, 한번 병합(또는 분리)된 개체는 다시 분리(또는 병합)되지 않는 것이 특징이다. 비계층적 방법에서 사용하는 기법은 흔히 다변량 자료의 산포를 나타내는 여러 가지 측도를 이용하여 이들 판정기준을 최적화시키는 방법으로 군집을 나누는 방법으로서, 한번 분리된 개체도 반복적으로 시행하는 과정에서 재분류될 수 있는 것이 특징이다.

SAS에서 제공되는 군집분석의 절차는 CLUSTER, FASTCLUS, MODECLUS, TREE,

VARCLUS 등이 있으며, 이들의 특징은 다음과 같다.

- CLUSTER: 계층적 군집분석(여러 종류의 군집법이 있음)
- FASTCLUS: 최적분리 비계층적 군집분석
- MODECLUS: 비모수적 밀도함수 추정법에 기초한 계층적 군집분석
- TREE: 덴드로그램(dendrogram)으로 알려진 나무구조를 출력
- VARCLUS: 상관행렬 또는 공분산행렬에 의한 계층적 군집분석

예제 13.1

미국에서는 도시들 사이의 거리가 멀기 때문에 도시들 사이의 비행거리가 관심의 대상이 될 수 있다. 〈표 13.1〉은 도시간 비행거리를 나타내는 자료이다(SAS/STAT 매뉴얼). 이들을 비행거리가 가까운 도시끼리 묶는다면 어떤 순서로 묶이겠는가? 이들을 CLUSTER 절차에서 **평균연결법**(average linkage)으로 병합되는 과정을 덴드로그램으로 나타내면 [그림 13-1]과 같다.

〈표 13.1〉 도시간 비행거리

①	②	③	④	⑤	⑥	⑦	⑧	⑨	⑩	
0										① ATLANTA
587	0									② CHICAGO
1212	920	0								③ DENVER
701	940	879	0							④ HOUSTON
1936	1745	831	1374	0						⑤ LOS ANGELES
604	1188	1726	968	2339	0					⑥ MIAMI
748	713	1631	1420	2451	1092	0				⑦ NEW YORK
2139	1858	949	1645	347	2594	2571	0			⑧ SAN FRANCISCO
2182	1737	1021	1891	959	2734	2408	678	0		⑨ SEATTLE
543	597	1494	1220	2300	923	205	2442	2329	0	⑩ WASHINGTON D.C.

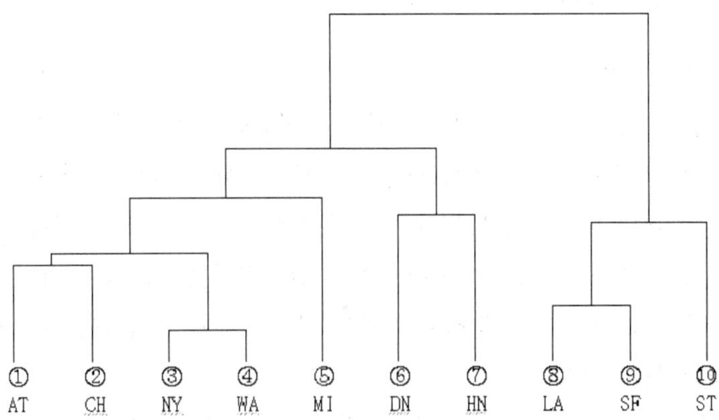

[그림 13-1] 평균연결법의 덴드로그램

예제 13.2

[예제 12.3]에서 다룬 피셔의 붓꽃자료에 대하여 품종을 모른다는 가정하에 군집분석을 시행하고, 그 결과를 실제품종과 비교해 보자.

예제 13.3

[예제 11.2]에서 다룬 인체부위의 측정자료에 대하여, 인자분석을 이용하여 체형을 결정하는 요인을 찾고, 각 요인에서 주요 변수들의 기여도를 살펴보았다. 이제 이들 관측값들에 군집분석을 적용시켜 치수체계를 만드는 문제를 생각해 보자.

13.2 계층적 군집분석

13.2.1 이론적 배경

계층적 군집분석은 군집들 사이의 거리를 이용하여 가까운 거리에 있는 군집들을 차례로 묶거나, 먼 거리에 있는 군집들을 차례로 분리해 나가는 방법임을 앞에서 언급하였다. 따라서 군집 간의 거리를 정의하는 방법에 따라 여러 가지 계층적 군집방법이 있으며, 군집 사이의 거리를 정의하기 위해서는 각 개체들 간의 거리를 먼저 정의해야 한다.

두 관측값 $\boldsymbol{x}_i' = (x_{i1}, \cdots, x_{ip})$ 와 $\boldsymbol{x}_j' = (x_{j1}, \cdots, x_{jp})$ 사이의 거리를 나타내는 방법으로 **유클리드**(Euclid)거리, **마할라노비스**(Mahalanobis)거리, **민코우스키**(Minkowski) 거리 등이 있으며, 예를 들어 **유클리드거리**는

$$d(\boldsymbol{x}_i, \boldsymbol{x}_j) = \sqrt{(x_{i1} - x_{j1})^2 + \cdots + (x_{ip} - x_{jp})^2}$$

으로 정의된다.

두 군집 사이의 거리를 나타내는 방법으로 여러 가지가 있다. 예를 들어 [그림 13-2]에서는 **최단거리**, **최장거리**, **평균거리**를 두 군집 사이의 거리로 사용하는 예들이다.

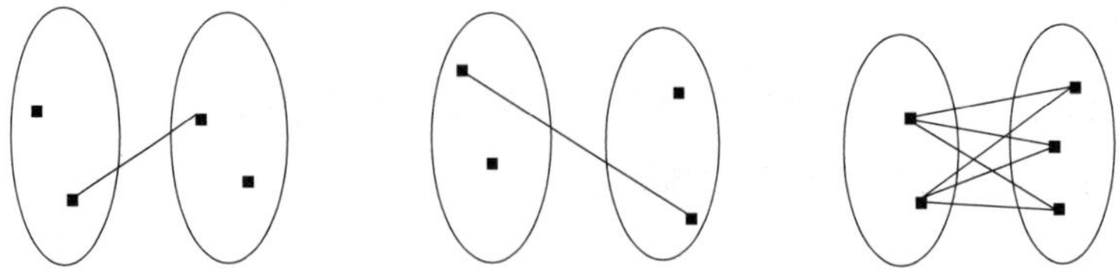

[그림 13-2] 군집 사이의 거리의 예

N 개의 관측값 $\boldsymbol{x}_1,\cdots,\boldsymbol{x}_N$ 에 대하여 $\boldsymbol{x}_i$, $\boldsymbol{x}_j$ 사이의 거리를

$$d_{ij} = d(\boldsymbol{x}_i, \boldsymbol{x}_j)$$

라고 하면, N 개의 관측값에 대한 거리행렬을 다음과 같이 나타낼 수 있다.

$$\begin{pmatrix} d_{11} & \cdots & d_{1N} \\ \vdots & & \vdots \\ d_{N1} & \cdots & d_{NN} \end{pmatrix}$$

이제 여러 가지 계층적 군집법에 대해서 간단히 살펴보자.

(1) 단일연결법(Single Linkage Method)

단일연결법에서는 두 군집 사이의 거리를 최단거리로 정의한다. 즉, 두 군집 C_1, C_2 사이의 거리는

$$d(C_1, C_2) = \min\{d(\boldsymbol{x}, \boldsymbol{y}):\ \boldsymbol{x} \in C_1,\ \boldsymbol{y} \in C_2\}$$

로 정의된다. 다음 예제에서 최단거리를 사용하여 군집을 묶어가는 과정을 살펴보자.

예 13.1

다음 거리행렬에 대하여 **최단거리**로 병합시키고 그 결과를 덴드로그램으로 나타내보자.

$$D = \begin{pmatrix} 0 & & & & \\ 1 & 0 & & & \\ 3 & 5 & 0 & & \\ 6 & 8 & 4 & 0 & \\ 8 & 7 & 4 & 2 & 0 \end{pmatrix} \begin{matrix} A \\ B \\ C \\ D \\ E \end{matrix}$$

1단계 A, B가 가장 가까우므로 A와 B를 병합시키면 새로운 거리행렬 D_1은 다음과 같다.

$$d(AB, C) = \min\{d(A, C),\ d(B, C)\} = \min\{3,\ 5\} = 3$$

$$d(AB, D) = \min\{d(A, D),\ d(B, D)\} = \min\{6,\ 8\} = 6$$

$$d(AB, E) = \min\{d(A, E),\ d(B, E)\} = \min\{7,\ 8\} = 7$$

따라서

$$D_1 = \begin{pmatrix} 0 & & & \\ 3 & 0 & & \\ 6 & 4 & 0 & \\ 7 & 4 & \mathbf{2} & 0 \end{pmatrix} \begin{matrix} AB \\ C \\ D \\ E \end{matrix}$$

2단계 D, E가 가장 가까우므로 D와 E를 병합시킨 거리행렬은 다음과 같다.

$$D_2 = \begin{pmatrix} 0 & & \\ \mathbf{3} & 0 & \\ 6 & 4 & 0 \end{pmatrix} \begin{matrix} AB \\ C \\ DE \end{matrix}$$

3단계 AB와 C가 가장 가까우므로 AB와 C를 병합시킨 거리행렬은 다음과 같다.

$$D_3 = \begin{pmatrix} 0 & \\ \mathbf{4} & 0 \end{pmatrix} \begin{matrix} ABC \\ DE \end{matrix}$$

4단계 전체를 하나로 묶는다.

이들 병합과정을 그림으로 나타내면 다음과 같은 덴드로그램을 얻는다.

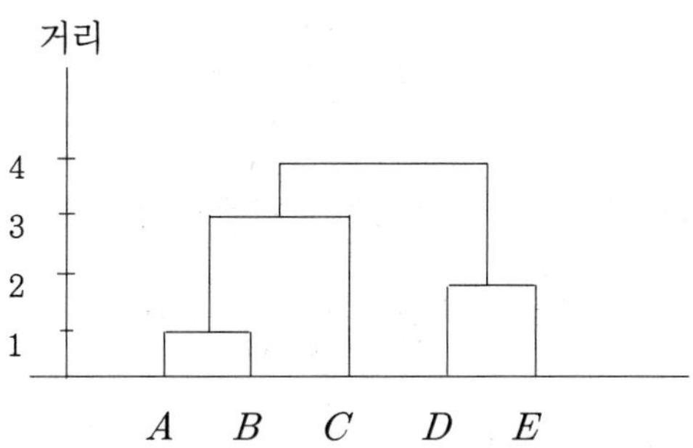

---

(2) 완전연결법(Complete Linkage Method)

완전연결법에서는 두 군집 사이의 거리를 **최장거리**로 정의한다. 즉,

$$d(C_1,\ C_2) = \max\{d(\boldsymbol{x},\boldsymbol{y}):\ \boldsymbol{x} \in C_1,\ \boldsymbol{y} \in C_2\}$$

로 정한다. 따라서 완전연결법은 가장 멀리 떨어진 개체 사이의 거리를 최소화하도

록 군집을 병합시키는 방법이다.

앞에서 설명한 단일연결법은 최단연결법으로서 고립된 군집을 찾는 데 중점을 둔 군집법이며, 이에 대하여 완전연결법은 최장연결법으로서 내부적 응집성에 중점을 둔 군집법이다.

다음 예제에서 최장연결법의 과정을 살펴보자.

예 13.2

〈예 13.1〉에서 사용한 거리행렬에 대하여 최장연결법의 병합과정은 다음과 같다.

1단계 A와 B가 가장 가까우므로 A와 B를 병합시키고, 새로운 거리행렬을 다음과 같이 구한다.

$$d(AB, C) = \max\{d(A, C),\ d(B, C)\} = \max\{3,\ 5\} = 5$$

$$d(AB, D) = 8, \qquad d(AB, E) = 8$$

따라서

$$D_1 = \begin{pmatrix} 0 & & & \\ 5 & 0 & & \\ 8 & 4 & 0 & \\ 8 & 4 & \mathbf{2} & 0 \end{pmatrix} \begin{matrix} AB \\ C \\ D \\ E \end{matrix}$$

2단계 D와 E를 병합시킨 결과는 다음과 같다.

$$D_2 = \begin{pmatrix} 0 & & \\ 5 & 0 & \\ 8 & \mathbf{4} & 0 \end{pmatrix} \begin{matrix} AB \\ C \\ DE \end{matrix}$$

3단계 C와 DE를 병합시킨 결과는 다음과 같다.

$$D_3 = \begin{pmatrix} 0 & \\ \mathbf{8} & 0 \end{pmatrix} \begin{matrix} AB \\ CDE \end{matrix}$$

4단계 전체를 하나로 묶는다.

이들 병합과정의 덴드로그램은 다음과 같다.

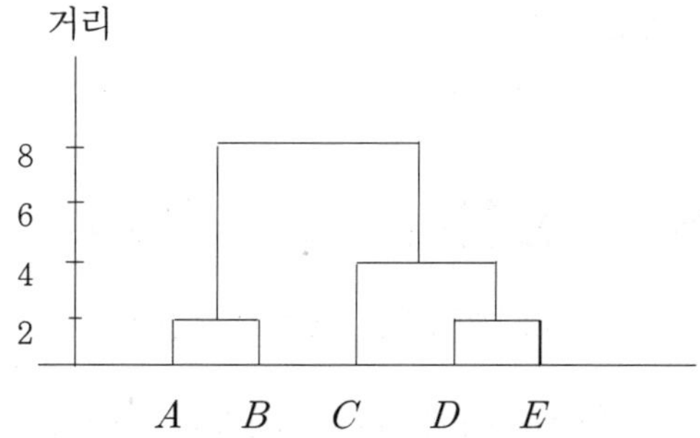

(3) 평균연결법(Average Linkage Method)

두 군집에 있는 모든 개체들 사이의 거리의 평균을 두 군집 사이의 거리로 정의한다. 즉,

$$d(C_1, C_2) = \frac{1}{n_1 n_2} \sum_{\boldsymbol{x}_i \in C_1} \sum_{\boldsymbol{x}_j \in C_2} d(\boldsymbol{x}_i, \boldsymbol{x}_j)$$

로 정의하고, 이들 평균거리가 작은 군집부터 차례로 병합시킨다.

(4) 중심연결법(Centroid Linkage Method)

두 군집 사이의 거리를 두 군집의 평균 사이의 거리로 정의한다. 즉,

$$d(C_1, C_2) = \| \overline{\boldsymbol{x}}_1 - \overline{\boldsymbol{x}}_2 \|^2$$

(5) 메디안연결법(Median Linkage Method)

중심연결법에서는 크기가 n_1, n_2인 두 군집을 병합했을 때 새로운 군집의 중심은

$$(n_1 \overline{\boldsymbol{x}}_1 + n_2 \overline{\boldsymbol{x}}_2)/(n_1 + n_2)$$

가 된다. 따라서 크기가 다른 두 군집을 병합할 때에 작은 군집은 지나치게 경시되는 단점이 있으며, 이를 보완하기 위해 메디안연결법에서는 새로운 군집의 중심을 다음과 같이 정의한다.

$$(\overline{\boldsymbol{x}}_1 + \overline{\boldsymbol{x}}_2)/2$$

(6) Ward의 방법

Ward의 방법은 각 병합의 단계에서 잔차제곱합(ESS)의 증분을 최소화하도록 군집

들을 병합시키는 방법이다.

i 번째 군집내의 잔차제곱합을

$$\mathrm{ESS}_i = \sum_{j=1}^{n_i}\sum_{k=1}^{p}(x_{ijk} - \bar{x}_{ik})^2 , \quad \text{다만 } \bar{x}_{ik} = \frac{1}{n_i}\sum_{j=1}^{n_i} x_{ijk}$$

$$(j: \text{개체번호}, \ k: \text{변수번호})$$

로 정의하면 전체 g 개의 군집에 대한 잔차제곱합(error sum of squares)은

$$\mathrm{ESS} = \sum_{i=1}^{g}\mathrm{ESS}_i$$

로 주어진다. 군집이 병합될 때마다 ESS는 증가하며, 두 군집 C_1과 C_2가 병합될 때에 ESS의 증분은

$$E(C_1, C_2) = \|\bar{\boldsymbol{x}}_1 - \bar{\boldsymbol{x}}_2\| / (\frac{1}{n_1} + \frac{1}{n_2})$$

로 주어진다. 따라서 Ward의 방법에서는 두 군집 사이의 거리를 다음과 같이 정의하는 군집법이다.

$$d(C_1, C_2) = E(C_1, C_2)$$

13.2.2 SAS의 이용

EG에서도 군집분석의 메뉴가 있다. 그러나 EG에서의 군집분석은 매우 제한적이기 때문에 여기서는 SAS의 CLUSTER 절차와 TREE 절차를 이용한 분석법을 살펴보기로 한다.

(1) CLUSTER 절차와 TREE 절차

CLUSTER와 TREE 절차의 일반형은 다음과 같다.

① CLUSTER 절차

```
PROC CLUSTER METHOD=name <options>;
  VAR variables;
  ID variables;
  BY variables;
```

이 외에도 COPY, FREQ, RMSSTD 등의 명령문이 있다.

② **TREE 절차**

```
PROC TREE <options>;
  NAME variable;
  PARENT variable;
  ID variable;
  HEIGHT variable;
  BY variables;
```

이 외에도 COPY, FREQ 등의 명령문이 있다.

각 절차에서 사용되는 명령문과 옵션들은 다음과 같다.

① PROC CLUSTER **<options>**;

- DATA=**SAS-data-set**: 자료명을 지정한다.
- OUTTREE=**SAS-data-set**: 덴드로그램을 그리는 TREE 절차의 입력 자료를 저장한다.
- SIMPLE(또는 S): 변수별로 기술통계량을 출력한다.
- STANDARD(또는 STD): 모든 변수를 표준화한다.
- METHOD=**name**: 군집연결법을 지정한다. 연결법의 종류:

  SINGLE: 단일연결법 COMPLETE: 완전연결법
  AVERAGE: 평균연결법 CENTROID: 중심연결법
  MEDIAN: 메디안연결법 WARD: Ward연결법
  이 외에도 DENSITY, TWOSTAGE 등이 있다.

- PRINT=**n**: n개의 마지막 군집과정을 출력시킨다.
- CCC: Cubic Clustering Criterion으로서 군집의 개수를 결정하는 판정기준 CCC는 다음과 같은 특징을 갖는다.
  ㉠ 군집당 표본수가 10 이하이면 CCC의 변동이 심하다.
  ㉡ CCC>2 이면서 국소최고점(local peak)이 있으면 그 점에 대응되는 군집수가 적당하다.

② PROC TREE **<options>**;

- DATA=**SAS-data-set**: 자료명을 지정한다.
- LEVEL=**n**: 상호배반적 군집의 수를 지정한다.

③ TREE 절차에서의 명령문

- NAME **variable**: 각 관측값을 나타내는 노드의 기호를 지정한다.
- PARENT **variable**: 나무구조의 노드를 나타내는 기호를 지정한다.
- HEIGHT **variable**: 각 노드의 높이를 정하는 변수를 지정한다. 디폴트(default)는 '군집의 개수'인 _NCL_이 된다.

(2) 예제

예제 13.1 계속

CLUSTER 절차를 이용하여 비행거리에 의한 도시들의 군집과정을 살펴보자. 다음은 단일연결법과 평균연결법에 의한 군집분석을 실시하는 SAS 프로그램이다.

```
/* CLUSTER1.SAS : CLUSTER ANALYSIS OF FLYING MILEAGES BETWEEN CITIES
*/
OPTIONS PS=60;
DATA  MILEAGES(TYPE=DISTANCE);   ①
  INPUT  (ATLANTA CHICAGO DENVER HOUSTON LOSANGEL
        MIAMI NEWYORK SANFRAN SEATTLE WASHDC) (5.)
        @55 CITY $15.;
  DATALINES;
   0                                                  ATLANTA
 587    0                                             CHICAGO
1212  920    0                                        DENVER
 701  940  879    0                                   HOUSTON
1936 1745  831 1374    0                              LOS ANGELES
 604 1188 1726  968 2339    0                         MIAMI
 748  713 1631 1420 2451 1092    0                    NEW YORK
2139 1858  949 1645  347 2594 2571    0               SAN FRANCISCO
2182 1737 1021 1891  959 2734 2408  678    0          SEATTLE
 543  597 1494 1220 2300  923  205 2442 2329    0     WASHINGTON D.C.
;
RUN;
PROC CLUSTER DATA=MILEAGES  METHOD=SINGLE;    ② ③
  ID CITY;
RUN;
PROC TREE;            ④
RUN;
PROC CLUSTER DATA=MILEAGES  METHOD=AVERAGE;   ⑤
  ID CITY;
RUN;
PROC TREE;            ⑥
RUN; QUIT;
```

프로그램 및 출력결과 설명

① TYPE=DISTANCE는 자료가 '거리'를 나타내는 자료임을 뜻하며, 따라서 자료는 거리행렬로 입력된다. 거리는 유클리드거리로 이해한다. TYPE=DISTANCE가 선언되지 않으면 자료를 좌표로 이해하고 거리를 계산한다.

② CLUSTER 절차에서는 METHOD 옵션을 반드시 사용해야 하며, SAS-data-set을 지정하지 않으면 다른 (디폴트) 자료를 이용할 수도 있으므로 주의를 요한다.

③ 단일연결법을 지정했으며, 결과는 [그림 13-3]과 같다.

Cluster History					
Number of Clusters	Clusters Joined		Freq	Norm Minimum Distance	Tie
9	NEW YORK	WASHINGTON D.C.	2	0.1447	
8	LOS ANGELES	SAN FRANCISCO	2	0.2449	
7	ATLANTA	CL9	3	0.3832	
6	CL7	CHICAGO	4	0.4142	
5	CL6	MIAMI	5	0.4262	
4	CL8	SEATTLE	3	0.4784	
3	CL5	HOUSTON	6	0.4947	
2	DENVER	CL4	4	0.5864	
1	CL3	CL2	10	0.6203	

[그림 13-3] 단일연결법 군집분석 결과

④ 단일연결법에 의한 덴드로그램을 그린다. 결과는 [그림 13-4]와 같다.

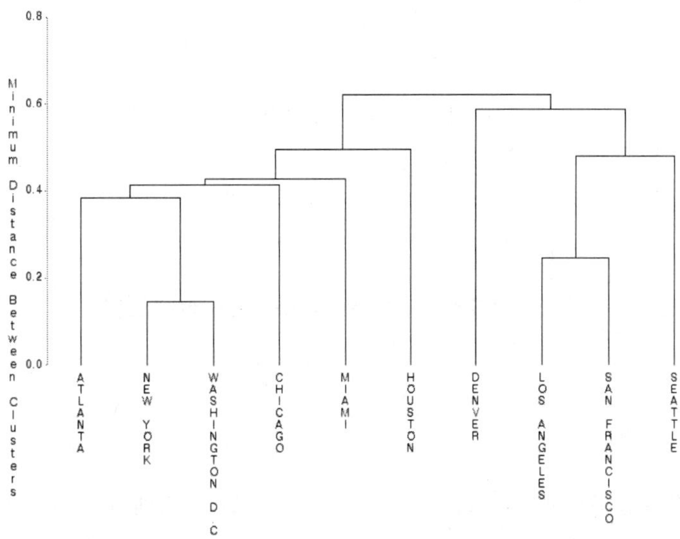

[그림 13-4] 단일연결법에 의한 덴드로그램

⑤ 평균연결법을 지정했으며 결과는 [그림 13-5]와 같다.

Cluster History					
Number of Clusters	Clusters Joined		Freq	Norm RMS Distance	Tie
9	NEW YORK	WASHINGTON D.C.	2	0.1297	
8	LOS ANGELES	SAN FRANCISCO	2	0.2196	
7	ATLANTA	CHICAGO	2	0.3715	
6	CL7	CL9	4	0.4149	
5	CL8	SEATTLE	3	0.5255	
4	DENVER	HOUSTON	2	0.5562	
3	CL6	MIAMI	5	0.6185	
2	CL3	CL4	7	0.8005	
1	CL2	CL5	10	1.2967	

[그림 13-5] 평균연결법 군집분석의 결과

⑥ 평균연결법에 의한 덴드로그램을 그린다. 결과는 [그림 13-6]과 같다. 단일연결법과 평균연결법의 결과는 약간의 차이가 있으며, 군집과정이 거의 비슷함을 알 수 있다.

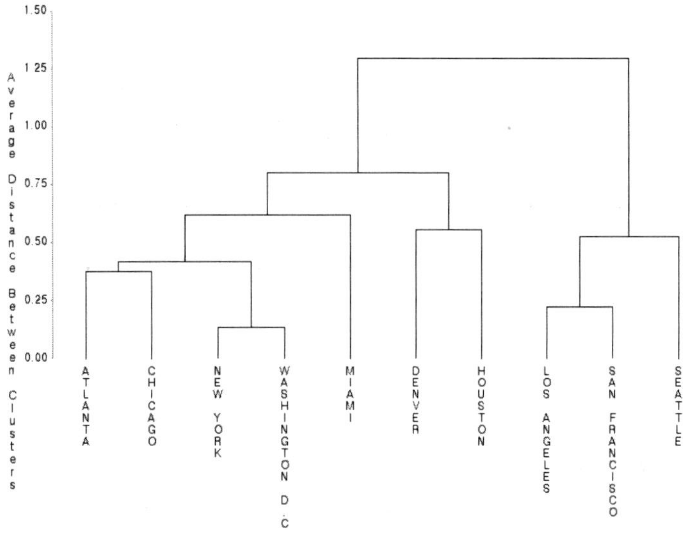

[그림 13-6] 평균연결법에 의한 덴드로그램

예제 13.2 계속

CLUSTER 절차를 이용한 군집분석의 SAS 프로그램은 아래와 같다. 군집분석은 WARD의 방법을 사용했으며, 군집수를 결정하기 위해 CCC의 값을 구하고, 군집분석의 결과가 실제 품종과 어떻게 다른지를 분할표로 나타내고, 군집의 내용을 정준 산점도로 나타내었다.(INFILE 문에서 지정된 IRIS.DAT 자료의 저장장소는 알맞게 수정해주어야 한다.)

```
/* CLUSTER2.SAS : ANALYSIS OF FIGHER'S IRIS DATA */
DATA IRIS;
  INFILE 'A:\IRIS.DAT';
   INPUT X1-X4 SPEC_NO @@;
   IF SPEC_NO=1 THEN SPECIES='SETOSA     ';
   IF SPEC_NO=2 THEN SPECIES='VERSICOLOR';
   IF SPEC_NO=3 THEN SPECIES='VIRGINICA ';
   LABEL X1='SEPAL LENGTH'
         X2='SEPAL WIDTH '
         X3='PETAL LENGTH'
         X4='PETAL WIDTH ';
RUN;
PROC CLUSTER DATA=IRIS METHOD=WARD PRINT=15 CCC;     ① ② ③
  VAR X1-X4;
  COPY SPECIES;                             ④
RUN;
PROC PLOT;                                  ⑤
  PLOT _CCC_*_NCL_ / VPOS=26
    HAXIS=1 TO 25 BY 1;
RUN;
PROC TREE NOPRINT NCL=3 OUT=OUT;            ⑥
  COPY X1-X4 SPECIES;
RUN;
PROC FREQ;                                  ⑦
  TABLES CLUSTER*SPECIES;
RUN;
PROC CANDISC NOPRINT OUT=CAN;               ⑧
  CLASS CLUSTER;
  VAR X1-X4;
RUN;
PROC PLOT;
  PLOT CAN2*CAN1=CLUSTER/VPOS=25;           ⑨
RUN;  QUIT;
```

프로그램 및 출력결과 설명

① Ward의 군집방법을 지정한다.

② 최종 15개의 군집 과정을 출력시킨다. 결과는 [그림 13-7]과 같다.

③ 판정기준 CCC의 값을 계산한다. 결과는 [그림 13-7]의 마지막 칸에 나타났다.

④ 군집분석 결과에 SPECIES 변수를 추가하여 다른 절차에서 사용한다.

Eigenvalues of the Covariance Matrix				
	Eigenvalue	Difference	Proportion	Cumulative
1	422.824171	398.557096	0.9246	0.9246
2	24.267075	16.446125	0.0531	0.9777
3	7.820950	5.437441	0.0171	0.9948
4	2.383509		0.0052	1.0000

(a) 공분산행렬의 고윳값

Cluster History								
Number of Clusters	Clusters Joined		Freq	Semipartial R-Square	R-Square	Approximate Expected R-Square	Cubic Clustering Criterion	Tie
15	CL24	CL28	15	0.0016	.971	.958	5.85	
14	CL21	CL53	7	0.0019	.969	.955	5.78	
13	CL18	CL48	15	0.0023	.967	.953	5.62	
12	CL16	CL23	24	0.0023	.965	.950	4.58	
11	CL14	CL43	12	0.0025	.962	.946	4.63	
10	CL26	CL20	22	0.0027	.959	.942	4.77	
9	CL27	CL19	29	0.0027	.957	.936	5.09	
8	CL36	CL15	23	0.0031	.954	.930	5.51	
7	CL10	CL47	26	0.0058	.948	.921	5.48	
6	CL8	CL13	38	0.0060	.942	.911	5.86	
5	CL9	CL17	50	0.0108	.931	.895	5.82	
4	CL12	CL11	36	0.0172	.914	.872	3.99	
3	CL6	CL7	64	0.0301	.884	.827	4.33	
2	CL4	CL3	100	0.1110	.773	.697	3.83	
1	CL5	CL2	150	0.7726	.000	.000	0.00	

(b) 군집과정과 CCC값

[그림 13-7] 고윳값과 군집과정

⑤ 군집의 개수(_NCL_)에 대하여 CCC의 값(_CCC_)의 산점도를 그린다.

_CCC_*_NCL_ 도표. 범례: A = 1 관측치, B = 2 관측치, 등.

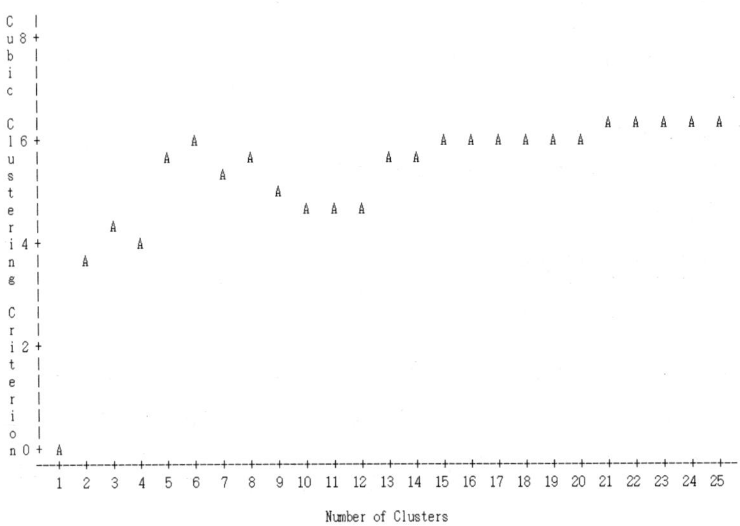

[그림 13-8] 군집개수에 대한 CCC값의 산점도

⑥ NCL=3에 의해 OUT=**SAS-data-set**에 보관될 군집의 개수는 3으로 지정된다. OUT=**SAS-data-set**에 의해 OUT에는 관측값번호, 군집번호(CLUSTER), 군집이름(CLUSNAME)이 디폴트로 기억된다. CLUSNAME은 지정된 수준에서 각 개체가 속한 군집의 이름이다. 이와 같은 변수들에 COPY 문에 의해 $X_1 \sim X_4$와 SPECIES를 추가하여 OUT이라는 자료 파일을 만들었다.

⑦ ⑥번에서 얻은 OUT에서 각 개체의 군집번호와 실제 품종번호의 분할표를 작성한다. 결과는 [그림 13-9]와 같다. 군집결과 군집번호 1, 2, 3은 각각 versicolor, virginica, setosa를 뜻한다. setosa는 50개 모두 군집 3으로 옳게 분류되었으며, versicolor는 1개가 virginica로 잘못 분류되고, virginica는 15개가 versicolor로 잘못 분류되었다. 즉, 16(10.66%)개가 잘못 분류되고 나머지는 옳게 분류된 셈이다.

참고: 위와 같은 군집의 결과는 품종을 모른다는 가정하에 만든 것이므로 오분류율이 판별분석의 결과보다 커진 것이다. 판별분석에서는 훈련용 자료에 최적인 방법으로 판별함수를 만들고, 다시 같은 자료를 판별함수에 대입하였기 때문에 오분류된 개체는 3개뿐이었다.

빈도 / 백분율 / 행 백분율 / 칼럼 백분율

테이블 : CLUSTER * SPECIES

CLUSTER	SETOSA	VERSICOLOR	VIRGINICA	합계
1	0	49	15	64
	0.00	32.67	10.00	42.67
	0.00	76.56	23.44	
	0.00	98.00	30.00	
2	0	1	35	36
	0.00	0.67	23.33	24.00
	0.00	2.78	97.22	
	0.00	2.00	70.00	
3	50	0	0	50
	33.33	0.00	0.00	33.33
	100.00	0.00	0.00	
	100.00	0.00	0.00	
합계	50	50	50	150
	33.33	33.33	33.33	100.00

[그림 13-9] 군집번호와 실제 품종번호 분할표

⑧ ⑨ 정준판별분석을 실시하고, 처음 두 개의 정준변수에 따라 군집번호의 산점도를 그린다. 결과는 [그림 13-10]과 같다.

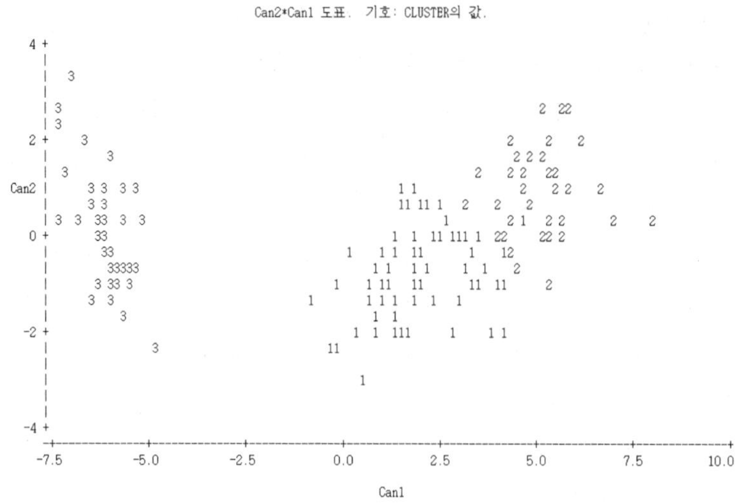

[그림 13-10] 정준 산점도

13.3 비계층적 군집분석

13.3.1 이론적 배경

비계층적 군집분석에서는 흔히 관측값들을 몇 개의 군집으로 나누기 위하여 주어진 판정기준을 최적화(optimize)하는 최적분리기법을 사용하며, 따라서 최적분리 군집분석이라고도 한다.

최적분리 군집분석에서는 흔히 군집의 개수 또는 군집의 반경을 미리 정하고 다음과 같이 군집을 만든다.

① 초기군집을 만들고, 각 개체를 군집에 할당한다.
② 각 군집의 일부 또는 전부를 판정기준에 의해 재할당한다.

초기군집을 만들 때는 p-차원 공간에서 관측값들을 기초로 군집의 중심을 선택하고, 각 개체를 중심이 가까운 군집으로 할당한다.

초기군집을 재할당하는 방법은 각 군집의 중심을 다시 계산하고, 군집내 제곱합(within sum of squares)에 해당되는 판정기준을 최소화 시키도록 각 개체를 재할당하고, 이런 재할당에 의한 변화가 적어서 안정된 군집을 형성할 때까지 반복적으로 시행한다.

다변량에서 제곱합에 해당하는 측도는 군집내 산포행렬로서 다음과 같이 정의한

다. 즉, $\boldsymbol{x}_{ij}$ 를 i 번째 군집에서 j 번째 관측값이라 할 때

$$W = \sum_i \sum_j (\boldsymbol{x}_{ij} - \overline{\boldsymbol{x}}_i)(\boldsymbol{x}_{ij} - \overline{\boldsymbol{x}}_i)'$$

로 정의된 행렬 W의 크기를 최소화하는 방법으로 다음과 같은 방법이 있다.

① **$tr(W)$의 최소화**

W의 대각선 원소는 각 군집내의 제곱합에 해당되므로, $tr(W)$는 이들 제곱합의 총계에 해당된다. 이 판정기준은 구형(球型) 종류의 군집분석에 유용하며, 계산이 간편한 장점이 있다.

② **$|W|$의 최소화**

W의 행렬식(determinant)도 행렬의 크기를 나타내는 측도이다. 이 판정기준은 군집의 모양이 비슷한 경우에 유용한 것으로 알려져 있다.

SAS에서 최적분리 군집분석을 시행하는 절차는 FASTCLUS이며, FASTCLUS 절차는 대량자료를 처리하는 데 매우 유용하다. 그러나 CLUSTER 절차와는 달리 덴드로그램을 만들지 못하며, 군집의 수를 바꾸면 처음부터 모든 계산을 다시 한다.

EG에서 'K-평균 알고리즘' 군집법이 FASTCLUS 절차에 해당되는 메뉴이다.

다음의 예에서 관측값이 군집으로 분리되는 k-평균(k-means) 방법을 살펴보기로 한다.

예 13.3

관측값은 2변량 벡터 (x_1, x_2)에 대하여 다음과 같이 주어질 때, 2개의 군집으로 분리하는 과정을 살펴보자.

개체	관측값 (x_1, x_2)
A	(5, 3)
B	(−1, 1)
C	(1, −2)
D	(−3, 2)
E	(2, 1)

두 군집의 초깃값(initial seeds)으로 거리가 가장 먼 개체인 A와 D를 선택한다. 다음에는 각 개체를 중심과의 거리가 가까운 군집으로 할당하는 과정을 다음의 〈표 13.2〉와 같이 요약할 수 있다.

〈표 13.2〉 개체의 할당

단계		군집1		군집2	
		군집	중심	군집	중심
반복1	1	A	(5,3)	D	(-3, 2)
	2	·	·	BD	(-2, 1.5)
	3	·	·	BCD	(-1, 0.33)
	4	·	·	BCDE	(-0.25, 0.5)
반복2	1	AE	(3.5, 2)	BCD	(-1, 0.33)

첫 번째 반복에서 개체 E(2, 1)은 (5, 3)보다 (−1, 0.33)에 더 가까우므로 군집2로 할당한다. 그러나 두 번째 반복에서는 전체의 제곱합을 줄이기 위해서 E(2, 1)은 군집1로 재할당한다.

13.3.2 FASTCLUS 절차

FASTCLUS 절차의 일반형은 다음과 같다.

```
PROC FASTCLUS MAXCLUSTERS=n ¦ RADIUS=t <options>;
  VAR variables;
  ID variables;
  FREQ variables;
  BY variables;
```

PROC FASTCLUS **〈options〉;**

- DATA=**SAS-data-set**: 분석에 사용할 자료명을 지정한다.
- SEED=**SAS-data-set**: 군집의 초깃값 제공한다.
- OUT=**SAS-data-set**: 분석결과를 보관할 자료명을 지정한다.
- MEAN=**SAS-data-set**: 각종 통계량의 값을 보관할 자료명을 지정한다.
- CLUSTER=**name**: 군집의 이름을 지정. 디폴트로는 CLUSTER를 사용한다.
- MAXCLUSTERS(또는 MAXC)=**m**: 최대 군집수를 지정한다. 디폴트는 100개.
- MAXITER=**n**: 최대 반복 횟수를 지정한다. 디폴트는 1개.
- CONV=**c**: 수렴의 판정기준을 지정한다. 디폴트는 0.02.

13.3.3 예제

예제 13.3 계속

인체의 계측자료를 이용하여 치수체계를 만드는 문제를 다시 생각해 보자. [예제 11.2]의 인자분석에서 인자1과 인자2에 속하는 변수들 가운데 치수를 결정하는 변수로 다음을 고려하기로 하였다.

① 신장 ② 총길이 ⑤ 소매길이 ⑥ 바지길이 ⑧ 가슴둘레 ⑨ 허리둘레 ⑩ 엉덩이둘레

군집의 개수는 방진복 제조회사에서 단가를 고려하여 결정하는 것이 원칙이다. 그러나 비용을 고려하지 않을 경우에는 몇 개의 군집이 적당한지를 알아보기 위하여 CCC를 이용한 분석을 해 볼 수 있다. 다음은 CCC 값을 출력시키는 군집분석 프로그램과 출력결과이다.(INFILE 문에서 지정된 PHYSICAL.DAT 자료의 저장장소는 알맞게 수정해주어야 한다.)

```
/* CLUSTER3.SAS : ANALYSIS OF BODY SIZE DATA */
OPTIONS PS=40;
DATA PHYSICAL;
  INFILE 'C:\SASPGM\PHYSICAL.DAT' FIRSTOBS=2 MISSOVER;
  INPUT ID V1-V10;
  LABEL V1='신장' V2='총길이' V3='등길이' V4='화장' V5='소매길이'
        V6='바지길이' V7='밑위앞뒤' V8='가슴둘레' V9='허리둘레'
        V10='엉덩이둘레';
RUN;
PROC CLUSTER DATA=PHYSICAL METHOD=WARD PRINT=0 CCC;
  VAR V1 V2 V5 V6 V8 V9 V10;
RUN;
PROC PLOT;
  PLOT _CCC_*_NCL_/VPOS=25  HAXIS=1 TO 20 BY 1;
RUN; QUIT;
```

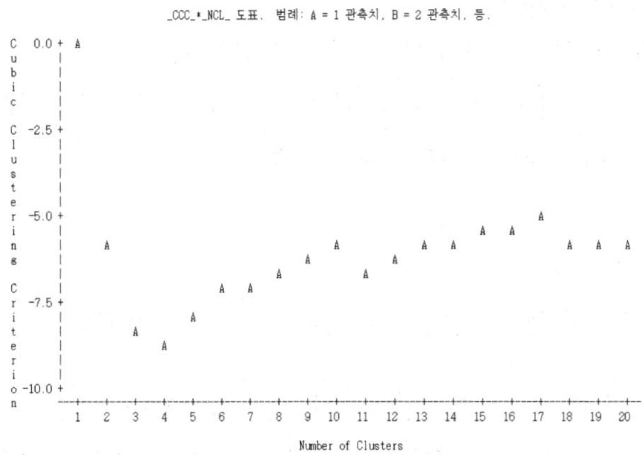

[그림 13-11] 군집개수에 대한 CCC의 산점도

[그림 13-11]은 CCC의 값을 군집개수에 의해 나타내는 산점도이다. 그림에 의하면 10개의 군집수에서 국소최고점이 있으므로 10개의 군집을 고려해 보자.

다음은 FASTCLUS 절차를 이용하여 인체계측자료를 10개의 군집으로 분리시키고, 각 군집내에서 변수들의 평균을 구하여 출력시키는 프로그램이다.

```
/* CLUSTER4.SAS : ANALYSIS OF BODY SIZE DATA  */
DATA PHYSICAL;
  INFILE 'C:\SASPGM\PHYSICAL.DAT' FIRSTOBS=2 MISSOVER;
  INPUT ID V1-V10;
  LABEL V1='신장' V2='총길이' V3='등길이' V4='화장' V5='소매길이'
        V6='바지길이' V7='밑위앞뒤' V8='가슴둘레' V9='허리둘레'
       V10='엉덩이둘레';
RUN;
PROC FASTCLUS DATA=PHYSICAL MAXCLUSTERS=10 OUT=OUTCLUS;    ①
  VAR V1 V2 V5 V6 V8 V9 V10;
RUN;
PROC SORT DATA=OUTCLUS;                 ②
  BY CLUSTER;
RUN;
PROC MEANS DATA=OUTCLUS NOPRINT;
  VAR V1 V2 V5 V6 V8 V9 V10;
  BY CLUSTER;
  OUTPUT OUT=CLMEAN MEAN=MEANV1 MEANV2 MEANV5 MEANV6 MEANV8-MEANV10;  ③
RUN;
PROC SORT DATA=CLMEAN OUT=CLMEAN;       ④
  BY MEANV1;
RUN;
PROC PRINT DATA=CLMEAN;                 ⑤
  VAR MEANV1 MEANV2 MEANV5 MEANV6 MEANV8-MEANV10 _FREQ_;
RUN; QUIT;
```

프로그램 및 출력결과 설명

① MAXCLUS=10 에서 군집수를 10개로 지정한다.

② OUTCLUS에 기억된 군집 내용을 CLUSTER 번호 순서대로 재배열한다.

③ 각 군집내에서 변수들의 평균을 구하고 이들에 MEANV1 … 등의 이름을 붙인다.

④ 각 군집별 평균이 기억된 자료명인 CLMEAN을 첫 번째 변수인 신장(MEANV1)에 의해 재배열한다.

⑤ CLMEAN의 내용을 각 군집의 도수와 함께 출력시킨다.

FASTCLUS 절차에 의한 출력결과는 [그림 13-12]와 같다. 그림에서 군집 초깃값(initial seeds)은 디폴트로 출력된다. 이 외에 각 군집별로 기술통계량의 값들과 군집 사이의 정보가 출력된다. 그림에서는 생략되었다.

10개의 군집을 평균신장(MEANV1)의 크기순으로 출력한 내용이 최종적인 군집 내용이다. 이들로부터 다음과 같은 특징을 지적할 수 있다. 신장이 154 인 그룹이 두 군집으로 나누어진 것은 둘레를 나타내는 변수들이 많이 다르기 때문이다. 이와 같은 현상은 신장이 156~157 인 그룹, 161~163 인 그룹, 169 인 그룹들에서 마찬가지로 일어난다. 즉, 신장이 같더라도 가슴둘레, 허리둘레, 엉덩이둘레가 심각하게 다른 군집이 존재함을 뜻하며, 이에 대한 충분한 고려를 해서 치수체계를 만들어야만 좀 더 많은 사용자들이 만족할 것이다.

Initial Seeds							
Cluster	V1	V2	V5	V6	V8	V9	V10
1	168.0000000	139.0000000	55.0000000	107.0000000	81.0000000	63.0000000	91.0000000
2	155.0000000	135.0000000	48.0000000	99.0000000	88.0000000	62.0000000	86.0000000
3	154.0000000	136.0000000	51.0000000	98.0000000	85.0000000	71.0000000	101.0000000
4	162.0000000	141.0000000	54.0000000	107.0000000	89.0000000	74.0000000	94.0000000
5	163.0000000	141.0000000	50.0000000	105.0000000	71.0000000	56.0000000	80.0000000
6	174.0000000	149.0000000	56.0000000	106.0000000	81.0000000	75.0000000	93.0000000
7	151.0000000	127.0000000	51.0000000	95.0000000	97.0000000	80.0000000	96.0000000
8	150.0000000	127.0000000	48.0000000	93.0000000	76.0000000	61.0000000	84.0000000
9	160.0000000	140.0000000	54.0000000	100.0000000	101.0000000	85.0000000	102.0000000
10	171.0000000	151.0000000	57.0000000	109.0000000	96.0000000	77.0000000	100.0000000

(a) 군집 초깃값

OBS	MEANV1	MEANV2	MEANV5	MEANV6	MEANV8	MEANV9	MEANV10	_FREQ_
1	154.500	129.500	50.0000	95.000	95.5000	80.0000	95.500	2
2	154.571	131.857	49.2143	96.571	75.6429	61.7143	86.357	14
3	156.825	134.750	50.9500	98.500	86.3750	71.5500	94.425	40
4	157.255	134.490	50.3137	99.020	81.8824	65.6471	89.686	51
5	161.727	139.364	52.1818	103.455	74.7273	60.2727	85.545	11
6	162.094	139.358	52.3962	102.698	79.8868	65.1132	90.509	53
7	162.632	140.579	52.3947	103.105	86.9211	71.8421	95.184	38
8	163.889	141.889	54.6667	103.444	99.2222	81.7778	103.000	9
9	169.714	146.786	55.0000	108.214	83.0714	69.7143	94.857	14
10	169.750	147.875	57.7500	109.250	91.6250	77.7500	98.375	8

(b) 평균신장(MEANV1)의 크기순으로 정렬된 최종 군집

[그림 13-12] 군집분석에서 사용된 군집 초깃값과 최종적으로 얻은 군집

참고로 EG의 **다변량 → 군집분석** 메뉴에서 군집법으로 'K-평균 알고리즘'을 이용하여 같은 결과를 얻을 수 있다. EG에서는 'K-평균 군집 옵션'으로 최대 반복 횟수의 지정에 따라 결과가 조금씩 다를 수 있다. [그림 12-13]은 반복 횟수를 5회로 지정했을 때의 결과이다.(dataset 폴더의 physical 자료)

Cluster Means							
Cluster	V1	V2	V5	V6	V8	V9	V10
1	161.9183673	139.3061224	52.2653061	102.5918367	81.0612245	66.0816327	90.9795918
2	157.1041667	134.3541667	50.3333333	98.8750000	81.9166667	65.7500000	89.6875000
3	156.5405405	134.4864865	50.9189189	98.3513514	86.4594595	71.7567568	94.4864865
4	162.3823529	140.2647059	52.2941176	102.9117647	87.2352941	72.0882353	95.5588235
5	161.6363636	138.8636364	52.0454545	102.9545455	76.0454545	61.1818182	87.0454545
6	168.8666667	146.2000000	54.7333333	107.3333333	82.4000000	69.0000000	94.3333333
7	154.5000000	129.5000000	50.0000000	95.0000000	95.5000000	80.0000000	95.5000000
8	154.5714286	131.8571429	49.2142857	96.5714286	75.6428571	61.7142857	86.3571429
9	163.8888889	141.8888889	54.6666667	103.4444444	99.2222222	81.7777778	103.0000000
10	170.0000000	148.0000000	57.3000000	109.2000000	90.8000000	77.1000000	98.3000000

[그림 12-13] EG의 K-평균 알고리즘에 의한 군집분석 결과

제14장

다차원 척도법

14.1 개념 및 목적

다차원 척도법(Multi-Dimensional Scaling: MDS)은 다차원 공간에서 개체들 사이의 **거리**(distance) 또는 **비유사성**(dissimilarity)을 이용하여 개체들을 원래의 차원보다 낮은 차원(보통 2차원)의 공간 위에 나타내어, 개체들 사이의 구조 또는 관계를 쉽게 파악하고자 하는 데 목적이 있다. 즉, 차원의 축소를 통해 개체들 사이의 관계를 파악하는 것이 목적이다.

차원을 축소할 때, 가능하면 축소된 후의 **근접도**(proximity)에 의한 개체들 사이의 순위가 축소 전의 **유사성**(similarity)에 의한 개체들 사이의 순위와 거의 일치하도록 하는 것이 바람직하다.

예제 14.1

다음은 2002 월드컵 개최도시 간 거리를 나타낸 자료이다. 이를 다차원척도법으로 분석하여 2차원에서 나타내 보자.

	서울	인천	수원	대전	전주	광주	대구	울산	부산	서귀포
서울	0.0	40.2	41.3	154.0	232.1	320.4	297.0	407.5	432.0	574.0
인천	.	0.0	54.5	174.0	253.3	351.6	317.6	447.0	453.0	614.0
수원	.	.	0.0	132.6	189.4	299.6	268.1	356.0	390.7	532.7
대전	.	.	.	0.0	96.9	185.2	148.7	259.1	283.4	440.0
전주	.	.	.	.	0.0	105.9	219.7	331.1	322.9	361.0
광주	.	.	.	.	.	0.0	219.3	329.9	268.0	264.0
대구	.	.	.	.	.	.	0.0	111.1	135.5	453.0
울산	.	.	.	.	.	.	.	0.0	52.9	410.0
부산	.	.	.	.	.	.	.	.	0.0	357.0
서귀포	.	.	.	.	.	.	.	.	.	0.0

다음 그림은 MDS 절차를 이용하여 도시간 거리를 2차원에 나타낸 것이다. 그림에서 도시간 거리가 실제와 상당히 유사하게 나타나고 있음을 알 수 있다.

```
                 Dim2*Dim1$_NAME_ 도표.  사용된 기호: '*'.

         -+-------+-------+-------+-------+-------+-------+-------+-
          |                                |                       |
          |                                |                       |
     200 +                                 |                       +
          |     * Seogwipo                 |                       |
 D        |                                |                       |
 i        |                     * Gwangju                          |
 m   100 +                                 |* Jeonju               +
 e        |                                |                       |
 n        |                                |               Incheon|
 s        |                                |        Suwon *   * *  |
 i     0 +---------------------------------+-----*-Daejeon-Seoul--+
 o        |                                |                       |
 n        |                                |                       |
          |                                |                       |
 2  -100 +                                 |                       +
          |                              * Daegu                   |
          |                 * Busan        |                       |
          |                                |                       |
    -200 +                    * Ulsan      |                       +
          |                                |                       |
         -+-------+-------+-------+-------+-------+-------+-------+-
        -400    -300    -200    -100      0      100     200     300

                                Dimension 1
```

[그림 14-1] 도시간 거리의 2차원 배열

14.2 이론적 배경

(1) q 차원 상에서의 배열(configuration)

p-차원 상에서의 관측값을 $\boldsymbol{x}_i{}' = (x_{i1}, \cdots, x_{ip})$, $i = 1, 2, \cdots, n$ 으로 나타낼 때, 두 관측값 $\boldsymbol{x}_i$와 $\boldsymbol{x}_j$ 사이의 비유사성을 나타내는 거리를 $d_{ij} = d(\boldsymbol{x}_i, \boldsymbol{x}_j)$로 나타내기로 한다. 예를 들어 $\boldsymbol{x}_i$와 $\boldsymbol{x}_j$ 사이의 유크리드 거리는 다음과 같이 정의된다.

$$d_{ij} = \sqrt{\sum_{r=1}^{p} (x_{ir} - x_{jr})^2}$$

n 개의 개체들 사이에는 $M = n(n-1)/2$ 개의 비유사성 거리가 존재하며, 이들은 다음과 같이 순서화되어 있다고 하자.

$$d_{i_1 j_1} > d_{i_2 j_2} > \cdots > d_{i_M j_M} \tag{14.1}$$

$d_{i_1 j_1}$ 은 최대의 비유사성을 나타내므로, 첨자 (i_1, j_1)은 가장 유사하지 않은 개체의 쌍을 나타낸다. 이제, 개체들을 q-차원으로 축소한 후에, q-차원 상에서의 개체들 사이의 거리를 $\delta_{ij}^{(q)}$로 나타낼 때, 이들 사이에 다음과 같은 순서가 유지되면 **완전일치**(perfect match)가 성립한다고 한다.

$$\delta_{i_1 j_1}^{(q)} > \delta_{i_2 j_2}^{(q)} > \cdots > \delta_{i_M j_M}^{(q)} \tag{14.2}$$

다차원척도법의 목적은 p-차원에서 개체들 사이의 순서가 (14.1)과 같은 경우 q-차원 상에서의 개체들 사이의 거리 $\delta_{ij}^{(q)}$들이 (14.2)와 같은 순서를 유지할 수 있도록 하는 q-차원 상에서의 **배열법**(configuration)을 찾는 것이다.

p-차원에서의 거리 d_{ij}와 q-차원으로 축소된 거리 δ_{ij} 사이에는 다음과 같은 3가지 관계가 있다.

1. 절대척도(absolute scale) : $\delta_{ij} = d_{ij} + \varepsilon$
2. 구간척도(interval scale) : $\delta_{ij} = a + bd_{ij} + \varepsilon$
3. 순서척도(ordinal scale) : $\delta_{ij} = f(d_{ij}) + \varepsilon$, f는 단조증가함수

(2) 차원축소방법

관측값 행렬 $X = [\boldsymbol{x}_1 \boldsymbol{x}_2 \cdots \boldsymbol{x}_n]'$에 대하여 근접도 행렬 D는 (i,j) 원소가

$$d_{ij}^2 = (\boldsymbol{x}_i - \boldsymbol{x}_j)'(\boldsymbol{x}_i - \boldsymbol{x}_j), \quad i,j = 1, 2, \cdots, n$$

로 정의된 $n \times n$ 행렬이라 하자. 이 D를 중심화(centering)시킨 행렬 A는

$$A = -\frac{1}{2}[I - \frac{1}{n}11']D[I - \frac{1}{n}11']$$

로 정의되며, 이때 A는

$$A = X_c X_c', \qquad \text{다만 } X_c = \begin{bmatrix} (\boldsymbol{x}_1 - \bar{\boldsymbol{x}})' \\ (\boldsymbol{x}_2 - \bar{\boldsymbol{x}})' \\ \vdots \\ (\boldsymbol{x}_n - \bar{\boldsymbol{x}})' \end{bmatrix}$$

로 나타낼 수 있다.

이제 A의 스펙트럼 분해를

$$A = P \Lambda P' \tag{14.3}$$

이라 하자. A 의 계수(rank)가 p 일 때, 0이 아닌 고윳값은 p 개다. 0이 아닌 p 개의 대응되는 고윳값과 고유벡터를 각각 $\lambda_1 \geq \cdots \geq \lambda_p$ 와 $\boldsymbol{e}_1, \cdots, \boldsymbol{e}_p$ 라고 할 때, 0이 되는 열을 제외하면 $P\Lambda^{1/2}$ 는 다음과 같이 나타낼 수 있다.

$$P\Lambda^{1/2} = [\boldsymbol{e}_1, \cdots, \boldsymbol{e}_p]\begin{bmatrix} \sqrt{\lambda_1} & & 0 \\ & \ddots & \\ 0 & & \sqrt{\lambda_p} \end{bmatrix} = [\sqrt{\lambda_1}\boldsymbol{e}_1, \cdots, \sqrt{\lambda_p}\boldsymbol{e}_p] \tag{14.4}$$

식 (14.3)과 (14.4)로부터 다음 식을 얻을 수 있다.

$$X_c = P\Lambda^{1/2} = [\sqrt{\lambda_1}\boldsymbol{e}_1, \cdots, \sqrt{\lambda_p}\boldsymbol{e}_p]$$

이제 p 차원에서 비유사성을 $q(<< p)$ 차원에서의 비유사성(또는 근접도)으로 나타내기 위하여, 고윳값 크기순으로 q 개의 고윳값과 고유벡터로 이루어진 Λ 와 P 의 부행렬(submatrix)을 각각 $\Lambda^{(q)}$ 와 $P^{(q)}$ 라고 하자. 그러면 X_c 의 q 차원에서의 근사값은 다음과 같다.

$$X^{(q)} = P^{(q)}(\Lambda^{(q)})^{1/2} = [\sqrt{\lambda_1}\boldsymbol{e}_1, \sqrt{\lambda_2}\boldsymbol{e}_2, \cdots, \sqrt{\lambda_q}\boldsymbol{e}_q] \tag{14.5}$$

즉, $X^{(q)}$ 는 $X_c = P\Lambda^{1/2}$ 에서 처음 q 개의 열만으로 이루어진 행렬이다.

$n \times q$ 행렬인 $X^{(q)}$ 에서 각 행(row)들을 벡터 $\boldsymbol{x}_i^{(q)}$ $(i = 1, \cdots, n)$ 로 나타내면, q 차원에서 개체들 사이의 거리는 다음과 같다.

$$(\delta_{ij}^{(q)})^2 = (\boldsymbol{x}_i^{(q)} - \boldsymbol{x}_j^{(q)})'(\boldsymbol{x}_i^{(q)} - \boldsymbol{x}_j^{(q)})$$

참고: 원자료가 관측값 행렬인 $n \times p$ 행렬의 형식으로 주어지면 MDS의 결과는 식 (14.4)와 같이 개체에 대한 주성분분석과 비슷한 결과를 준다. 따라서 관측값 행렬 X 가 주어지면 MDS보다는 주성분분석이 추천된다. 그러나 원자료가 $n \times n$ 대칭행렬로서 개체간 비유사성을 나타내는 행렬이면 MDS 방법은 주성분분석이나 인자분석과는 구별되는 방법이다.

(3) 적합도(goodness-of fit)의 측도

주어진 q 값에 따라서는 q-차원상의 거리들 사이의 순위가 식 (14.1)과 같은 순위와 일치하는 q-차원 배열법을 찾을 수 없는 경우가 대부분이다. 따라서 배열법의 **적합도**(goodness-of-fit)를 설명하기 위해 Kruskal(1964)은 이들이 일치하지 않는 정도를 나타내는 **부적합도**(badness-of-fit)의 측도로 다음과 같은 Stress를 제안하였다.

$$\text{Stress}(q) = \left\{ \frac{\sum_{i<j} (\delta_{ij}^{(q)} - \hat{\delta}_{ij}^{(q)})^2}{\sum_{i<j} (\delta_{ij}^{(q)})^2} \right\}^{1/2}$$

다만, $\hat{\delta}_{ij}^{(q)}$ 는 실제거리가 아니라 식 (14.2)의 관계를 만족하는 근접도로 적합된 값이다. 즉, $\hat{\delta}_{ij}^{(q)}$ 는 $\delta_{ij}^{(q)}$ 가 단조성의 조건을 만족하도록 수정된 값이다.

$\hat{\delta}_{ij}^{(q)}$ 의 계산법 예 : **pooled adjacent violators algorithm**

1. $d_{ij} < d_{uv}$ 일 때 $\delta_{ij}^{(q)} < \delta_{uv}^{(q)}$ 이면 $\hat{\delta}_{ij}^{(q)} = \delta_{ij}^{(q)}$ 로 정의하고,
2. 단조성의 조건을 만족시키지 못하는 $\delta_{ij}^{(q)}$ 가 있으면, 단조성을 만족하지 못하는 block의 평균으로 $\hat{\delta}_{ij}^{(q)}$ 를 정의한다.

예 14.1

다음은 가상적인 $\delta_{ij}^{(q)}$ 값에 대한 $\hat{\delta}_{ij}^{(q)}$ 의 계산법이다.

d_{ij} :	1	2	3	4	5	6	7	8	9	10
$\delta_{ij}^{(q)}$:	6	4	7	1	11	10	9	10	8	12
	5			4		10			9	12
			4.5				9.6			12
$\hat{\delta}_{ij}^{(q)}$:	4.5	4.5	4.5	4.5	9.6	9.6	9.6	9.6	9.6	12

Kruskal(1964)에 의하면 Stress 의 값에 따라 적용된 배열법의 적합 정도를 다음과 같이 해석할 수 있다. (SAS에서는 badness-of-fit의 값으로 출력된다.)

Stress	부적합 정도(badness-of-fit)
20 %	나쁨(poor, 적합이 잘 안됨)
10 %	보통(fair, 적합 정도가 적당함)
5 %	좋음(good, 적합이 잘됨)
2.5 %	우수(excellent, 아주 적합이 잘됨)
0 %	완벽(perfect, 완전히 적합됨)

14.3 MDS 절차

(1) MDS 절차

MDS 절차의 일반형은 다음과 같다.

```
PROC MDS < options >;
  VAR variables;
  INVAR variables;
  ID variable;
  WEIGHT variables;
  BY variables;
```

① PROC MDS 〈 options 〉 ;

- DATA=SAS-data-set: 분석에 사용될 자료명을 지정한다.
- LEVEL: 데이터의 측정 수준을 지정하며, 이에 따라 추정된 최적변환을 거리로 사용한다. LEVEL에는 다음과 같은 옵션이 있다.

  LEVEL=ABSOLUTE: 절대척도를 지정하며, 최적변환을 하지 않는다.

  =INTERVAL: 단순회귀모형으로 적합하여 최적변환을 찾는다.

  =ORDINAL : 최소제곱법으로 단조증가 변환에 의한 측정모형을 적합한다. 디폴트는 ORDINAL이다.
- PCONFIG: 개체(objects)들의 배열 좌표를 추정하여 생성한다.
- SIMILAR: 데이터는 유사성을 나타냄을 선언한다. (디폴트는 비유사성)

② VAR variables: MDS 분석에 사용될 (숫자)변수를 지정한다. 생략하면 모든 숫자 변수를 사용한다.

③ INVAR variables: MDS 모형에 의해 추정된 모수들의 변수명을 차원 순서대로 지정한다. 디폴트는 DIM1, …, DIMm으로 이름이 주어진다.

④ ID variable: data set에 있는 변수 가운데 label로 사용할 변수를 지정한다. 디폴트는 분석에 사용된 변수명이다.

(2) 예제

예제 14.1 계속

다음은 [예제 14.1]의 월드컵 개최도시간 거리를 MDS를 이용하여 2차원 평면에 나타내는 SAS 프로그램이다.

```
/* MDS1.SAS : 2002 FIFA 월드컵 개최도시간 거리 분석*/
DATA CITY;
  INPUT Seoul Incheon Suwon Daejeon Jeonju Gwangju Daegu Ulsan Busan
        Seogwipo;
DATALINES;
 0.0  40.2  41.3  154.0 232.1 320.4 297.0 407.5 432.0 574.0
```

```
.    0.0  54.5  174.0 253.3 351.6 317.6 447.0 453.0 614.0
.     .    0.0  132.6 189.4 299.6 268.1 356.0 390.7 532.7
.     .     .     0.0  96.9 185.2 148.7 259.1 283.4 440.0
.     .     .     .     0.0 105.9 219.7 331.1 322.9 361.0
.     .     .     .     .     0.0 219.3 329.9 268.0 264.0
.     .     .     .     .     .     0.0 111.1 135.5 453.0
.     .     .     .     .     .     .     0.0  52.9 410.0
.     .     .     .     .     .     .     .     0.0 357.0
.     .     .     .     .     .     .     .     .     0.0
;
RUN;
PROC MDS DATA=CITY LEVEL=ABSOLUTE PCONFIG OUT=GRAPH;     ①
RUN;
PROC PLOT DATA=GRAPH VTOH=1.7;                           ②
  PLOT DIM2 * DIM1= '*' $ _NAME_ /
    HAXIS=BY 100 VAXIS=BY 100 HREF=0 VREF=0 BOX
    HPOS=50 VPOS=20;
  WHERE _TYPE_='CONFIG';                                 ③
RUN;  QUIT;
```

프로그램 및 출력결과 설명

① LEVEL=ABSOLUTE: 절대척도를 사용한다.

- PCONFIG: [그림 14.2]와 같은 배열과 그림을 생성한다. (produce configuration)
- SIMILAR 옵션이 없으므로 비유사성 자료임을 뜻한다.

Configuration		
	Dim1	Dim2
Seoul	222.99	28.18
Incheon	253.56	20.49
Suwon	188.21	13.85
Daejeon	64.90	4.04
Jeonju	17.64	102.56
Gwangju	-85.39	113.55
Daegu	-31.23	-119.14
Ulsan	-124.71	-189.31
Busan	-168.63	-148.77
Seogwipo	-337.33	174.54

(a) 도시별 배열

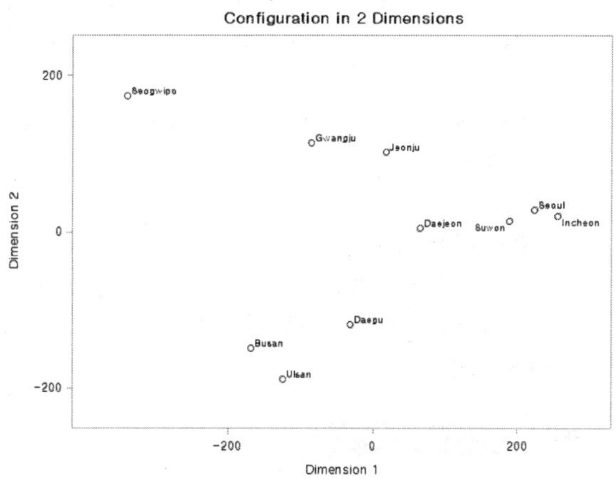

(b) 도시의 배열 그림

[그림 14-2] 도시간 거리의 배열

② PLOT 문에 의해 [그림 14-1]의 결과를 얻는다. [그림 14-2](b)와 같은 그림이나 좌표를 부여한 그림이다.

- VTOH=aspect-ratio: plotting에서 vertical to horizontal(세로 대 가로) 비율을 지정한다. (예 vtoh=2 : 세로의 척도가 가로의 2배)

③ _TYPE_='CONFIG': MDS 절차에서 구한 배열(configuration)을 plotting 한다.

예제 14.2

[예제 13.3]에서는 인체 계측자료에서 중요한 7개의 변수를 이용하여 군집분석을 시행하였다. 여기서는 같은 데이터에 대한 상관계수 행렬을 이용하여 다차원 척도법을 적용해 보기로 한다. 상관계수는 변수 간의 유사성을 측정한 것으로 볼 수 있기 때문에 다음과 같이 MDS 절차를 이용하여 분석할 수 있다.

```
/* MDS2.SAS 신체자료 분석  */
DATA PHYS7;
  INPUT _NAME_ $ V1 V2 V5 V6 V8 V9 V10;
  LABEL V1='신장' V2='총길이' V5='소매길이' V6='바지길이' V8='가슴둘레'
        V9='허리둘레' V10='엉덩이둘레';
  DATALINES;
 V1     1.000   0.930   0.674   0.831   0.208   0.267   0.357
 V2     0.930   1.000   0.690   0.851   0.239   0.313   0.410
 V5     0.674   0.690   1.000   0.736   0.313   0.333   0.421
 V6     0.831   0.851   0.736   1.000   0.144   0.173   0.335
 V8     0.208   0.239   0.313   0.144   1.000   0.876   0.749
 V9     0.267   0.313   0.333   0.173   0.876   1.000   0.772
 V10    0.357   0.410   0.421   0.335   0.749   0.772   1.000
;
PROC MDS DATA=PHYS7 SIMILAR LEVEL=INTERVAL PCONFIG OUT=OUT;          ①
    ID _NAME_;
RUN;
PROC PLOT DATA=OUT;                                                   ②
    PLOT DIM2*DIM1='*' $ _NAME_ /VPOS=20 HPOS=50 VREF=0 HREF=0;
    WHERE _TYPE_='CONFIG';
RUN; QUIT;
```

프로그램 및 출력결과 설명

① MDS 절차에서 similar 옵션과 interval 옵션을 사용하여 유사성 자료임을 선언하고 구간척도에 의한 MDS를 시행하도록 하였다. badness-of-fit의 값이 3%로서 적합 정도는 우수한 것으로 나타났다. ID _NAME_에 의해 배열(configuration)에서 변수 이름이 출력된다. 이 문장이 없으면 각 변수의 label이 출력된다. 출력된 결과는 [그림 14-3]과 같다.(MDS에서 출력된 2차원 배열도표와 MDS 적합도

표는 그림에서 생략하였다.)

Iteration	Type	Badness-of-Fit Criterion	Change in Criterion	Convergence Measure
0	Initial	0.0470	.	0.6909
1	Lev-Mar	0.0361	0.0109	0.4312
2	Gau-New	0.0314	0.004664	0.2431
3	Gau-New	0.0304	0.001015	0.0743
4	Gau-New	0.0303	0.0000862	0.0249
5	Gau-New	0.0303	9.5929E-6	0.009096

Configuration		
	Dim1	Dim2
V1	1.23	-0.35
V2	1.11	-0.27
V5	0.80	0.74
V6	1.49	0.06
V8	-1.84	0.21
V9	-1.67	-0.00
V10	-1.14	-0.38

[그림 14-3] MDS 분석에 의한 수렴과정 및 배열

② PCONFIG 옵션에 의해 얻은 좌표를 축이 있는 그림으로 나타낸 것이 다음 [그림 14-4]와 같다. 그림에서 V1(신장), V2(총길이), V6(바지길이)가 한 군집을 이루고 있으며, V8(가슴둘레), V9(허리둘레), V10(엉덩이둘레)이 한 군집을 이루고 있음을 알 수 있다. 또한 V5(소매길이)는 고립된 한 군집을 이루고 있다.

```
                 Dim2*Dim1$_NAME_ 도표.  사용된 기호: '*'.

               |                   |
       1.0 +                   |
               |                   |
               |                   |
   D           |                   |       * V5
   i           |                   |
   m           |                   |
   e   0.5 +                   |
   n           |                   |
   s           |                   |
   i           |  * V8             |
   o           |                   |
   n           |                   |              * V6
       0.0 +----*-V9---------------+--------------------------
   2           |                   |
               |                   |
               |                   |          * V2
               |                   |            * V1
               |        * V10      |
      -0.5 +                   |
          -+---------+---------+---------+---------+-
          -2        -1         0         1         2

                           Dimension 1
```

[그림 14-4] 인체 계측자료의 2차원 배열

제15장

대응분석

15.1 개념 및 목적

대응분석(correspondence analysis)은 분할표 형식으로 주어진 자료를 저차원 공간에 그래프로 표현하는 다변량 기법이다. 예를 들어 행의 수가 I이고 열의 수가 J인 2차원 $I\times J$ 분할표($I\times J$ contingency table)를 저차원 공간에 나타내어, 행 또는 열들 사이의 거리를 비롯한 행과 열의 특성을 파악하는 것이 목적이다. 두 행(열)을 나타내는 점들이 가까이 위치하면 대응되는 두 행(열)은 비슷한 프로파일(profile)을 가짐을 뜻한다. 또한 행과 열을 나타내는 두 점이 가까이 위치하면 대응되는 행과 열은 강한 연관성을 가짐을 뜻한다. 대응분석에서는 2차원 이상의 분할표에 대한 분석도 가능하지만 이 책에서는 2차원만 다루기로 한다.

예제 15.1

(고고학 자료의 대응분석) 〈표 15.1〉은 $J=4$ 종류의 도기(pottery)가 $I=7$ 지역(site)에서 발견된 도수(빈도, frequency)를 나타낸다. 대응분석을 통하여 각 지역(행)별 도기형태(열)의 프로파일(profile)을 비교하고 어느 지역들이 비슷한 프로파일을 갖는지 알아보자. (Johnson & Wichern, 2002)

〈표 15.1〉 지역별 도기형태의 도수

지역	도기형태				계
	A	B	C	D	
P0	30	10	10	39	89
P1	53	4	16	2	75
P2	73	1	41	1	116
P3	20	6	1	4	31
P4	46	36	37	13	132
P5	45	6	59	10	120
P6	16	28	169	5	218
계	283	91	333	74	781

예제 15.2

(사회학 자료의 대응분석) 〈표 15.2〉는 $n=1660$ 명에 대한 정신건강 상태와 사회경제적 지위를 조사한 자료이다. 대응분석을 통하여 두 요인 사이의 연관성을 알아보자. (Johnson & Wichern, 2002)

〈표 15.2〉 정신건강과 사회경제적 지위

정신건강 상태	사회경제적 지위				
	A(high)	B	C	D	E(low)
Well	121	57	72	36	21
Mild	188	105	141	97	61
Moderate	112	65	77	54	54
Impaired	86	60	94	78	71

15.2 이론적 배경

(1) 행렬 근사 방법(matrix approximation method)

$I \times J$ 분할표에서 (i, j) 칸의 관측도수를 x_{ij} 라고 할 때 분할표는 행렬 $X=(x_{ij})$ 로 나타내고, $p_{ij} = x_{ij}/n$ 으로 정의할 때 **대응행렬**(correspondence matrix) $P=(p_{ij})$ 는 〈표 15.3〉과 같이 정의된다. ($I > J$ 이고 분할표의 **계수**(rank)는 J 임을 가정한다.)

〈표 15.3〉 대응행렬

	1	2	⋯	J	계
1	p_{11}	p_{12}	⋯	p_{1J}	r_1
2	p_{21}	p_{22}	⋯	p_{2J}	r_2
⋮	⋮	⋮		⋮	⋮
I	p_{I1}	p_{I2}	⋯	p_{IJ}	r_I
계	c_1	c_2	⋯	c_J	1

$$p_{ij} = \frac{x_{ij}}{n} \;; \qquad P = (p_{ij}) = \frac{1}{n}X$$

대응행렬에서 행의 합과 열의 합은 각각 다음과 같이 정의된다.

$$r_i = \sum_j p_{ij} = \sum_j \frac{x_{ij}}{n} = p_{i\cdot} \quad ; \qquad c_j = \sum_i p_{ij} = \sum_i \frac{x_{ij}}{n} = p_{\cdot j}$$

$\boldsymbol{r}$과 $\boldsymbol{c}$는 각각 r_i와 c_j를 원소로 하는 벡터로서 I-vector, J-vector 이다. 즉,

$$\boldsymbol{r} = P\mathbf{1}_J \;; \quad \boldsymbol{c} = P'\mathbf{1}_I \quad (\mathbf{1}_J\text{와 } \mathbf{1}_I\text{는 각각 1로 된 } J\text{-vector, } I\text{-vector})$$

따라서 $\boldsymbol{rc}'$은 (i, j) 셀이 $(p_{i\cdot} \times p_{\cdot j})$인 $I \times J$ 행렬이다. 즉, 행과 열이 독립이라는 가정하에 p_{ij}의 추정값을 원소로 하는 행렬이다.

D_r과 D_c는 각각 r_i와 c_j를 대각원소로 하는 대각행렬로 정의한다. 즉,

$$D_r = \text{diag}(r_1, \cdots, r_I) \;; \qquad D_c = \text{diag}(c_1, \cdots, c_J)$$

행렬 근사 방법에 의한 대응분석은 $\hat{P} = (\hat{p}_{ij})$ 의 계수(rank)가 미리 주어진 값이 되도록 가중최소제곱법으로 P를 추정한다. 즉, 축소된 차원에서

$$\sum_i \sum_j \frac{(p_{ij} - \hat{p}_{ij})^2}{r_i c_j} = \text{tr}[(D_r^{-1/2}(P - \hat{P})D_c^{-1/2})(D_r^{-1/2}(P - \hat{P})D_c^{-1/2})'] \tag{15.1}$$

을 최소화하도록 $\hat{p}_{ij}$를 추정하고, 이들을 그래프로 나타낸다.

이와 같은 방법은 주성분분석에서 관측값 행렬 X를 주성분 공간으로 사영시킨 후에, 원하는 차원으로 축소하여 X의 근삿값을 구하고 이들을 그래프로 나타내는 것과 같은 원리이다. 즉, 대응분석은 분할표에서의 주성분분석으로 이해할 수 있다.

참고: $\hat{p}_{ij} = \hat{p}_{i\cdot} \times \hat{p}_{\cdot j} = r_i c_j$일 때 $O_{ij} = x_{ij}$, $E_{ij} = nr_i c_j$로 놓으면, 식 (15.1)의 목적함수는 다음과 같이 나타낼 수 있다. 다만, χ^2는 분할표의 독립성검정에서 검정통계량이다.

$$\sum_i \sum_j \frac{(p_{ij} - \hat{p}_{ij})^2}{r_i c_j} = \frac{1}{n} \sum_i \sum_j \frac{(O_{ij} - E_{ij})^2}{E_{ij}} = \frac{\chi^2}{n}$$

식 (15.1)을 최소화하는 $\hat{P} = (\hat{p}_{ij})$ 은 다음과 같다. P의 계수(rank) 1인 최적의 근삿값은 rc' 이며, $P - rc'$ 의 계수 K 근삿값은 다음과 같이 나타낼 수 있다.

$$P - rc' \approx \sum_{k=1}^{K} \lambda_k (D_r^{1/2} \boldsymbol{u}_k)(D_c^{1/2} \boldsymbol{v}_k)'$$

여기서 λ_k, $\boldsymbol{u}_k, \boldsymbol{v}_k$는 각각 $D_r^{-1/2}(P - rc')D_c^{-1/2}$ 의 **특잇값**(singular value)과 **특이벡터**(singular vector)들이다.

(2) 프로파일 근사 방법(profile approximation method)

행렬 근사 방법이 분할표의 검정에서 독립성 검정에 해당된다면 프로파일 방법은 동질성검정에 해당되는 방법이다. 프로파일 방법에는 **행 프로파일**(row profile) 방법과 **열 프로파일**(column profile) 방법이 있으나 이들은 대칭적인 개념이므로 여기서는 행 프로파일 방법만 다루기로 한다.

대응행렬 P에서 각 행들을 행의 합인 r_i로 나눈 것을 행 프로파일이라고 한다. 즉, i 번째 행의 profile은

$$(p_{i1}/r_i,\ p_{i2}/r_i, \cdots, p_{iJ}/r_i)$$

로 정의된다. 또한 $D_r^{-1}P$를 **행 프로파일 행렬**(row profile matrix)이라고 한다.

〈표 15.4〉 행 프로파일 행렬 $D_r^{-1}P$

	1	2	$\cdots$	J	계
1	p_{11}/r_1	p_{12}/r_1	$\cdots$	p_{1J}/r_1	1
2	p_{21}/r_2	p_{22}/r_2	$\cdots$	p_{2J}/r_2	1
$\vdots$	$\vdots$	$\vdots$		$\vdots$	$\vdots$
I	p_{I1}/r_I	p_{I2}/r_I	$\cdots$	p_{IJ}/r_I	1
열주변분포	c_1	c_2	$\cdots$	c_J	

행 프로파일 행렬인 $D_r^{-1}P$의 저차원에서 근삿값을 P^* 라고 하자. $p_{ij}^* = \hat{p}_{ij}/r_i$ 라고 하면 다음 등식이 성립한다.

$$\sum_i\sum_j \frac{(p_{ij}-\hat{p}_{ij})^2}{r_i c_j} = \sum_i r_i \sum_j \frac{(p_{ij}/r_i - p^*_{ij})^2}{c_j}$$
$$= \mathrm{tr}[[(D_r^{-1/2}P - D_r^{1/2}P^*)D_c^{-1/2}][(D_r^{-1/2}P - D_r^{1/2}P^*)D_c^{-1/2}]']$$

따라서 $D_r^{-1/2}PD_c^{-1/2}$의 근삿값은 $D_r^{1/2}P^*D_c^{-1/2}$이 된다. 한편 P의 계수 1인 근삿값이 $\boldsymbol{rc}'$인 사실로부터 P^*의 계수 1인 근삿값은 $1_I\boldsymbol{c}'$임을 보일 수 있으며, $P^* - 1_I\boldsymbol{c}'$의 계수 K 근삿값은 다음과 같이 나타낼 수 있다.

$$P^* - 1_I\boldsymbol{c}' \approx \sum_{k=1}^{K} \lambda_k (D_r^{-1/2}\boldsymbol{u}_k)(D_c^{1/2}\boldsymbol{v}_k)'$$

여기서 λ_k, $\boldsymbol{u}_k, \boldsymbol{v}_k$는 각각 $D_r^{-1/2}(P-\boldsymbol{rc}')D_c^{-1/2}$의 특잇값과 특이벡터들이다.

(3) Inertia(관성)

주성분분석에서 처음 m개의 주성분에 의해 설명되는 변동의 비율은

$$\frac{\lambda_1 + \cdots + \lambda_m}{\lambda_1 + \lambda_2 + \cdots + \lambda_p}$$

이었다. 마찬가지 개념으로 도수(빈도) 자료에서도 변동의 비율을 나타낼 수 있다.

$D_r^{-1/2}(P-\boldsymbol{rc}')D_c^{-1/2}$의 특잇값을 $\lambda_1, \cdots, \lambda_{J-1}$이라 할 때, $P-\boldsymbol{rc}'$의 계수 K 최적 근사에 대한 **주관성**(principal inertia)을

$$\lambda_1^2 + \cdots + \lambda_K^2 = \sum_{k=1}^{K} \lambda_k^2$$

으로 정의하며, 이는 계수 K 최적 근사로 설명되는 변동의 양을 뜻한다. 한편 **총관성**(total inertia)은 다음과 같이 정의된다.

$$\mathrm{tr}[[D_r^{-1/2}(P-\boldsymbol{rc}')D_c^{-1/2}][D_r^{-1/2}(P-\boldsymbol{rc}')D_c^{-1/2}]']$$

$$= \sum_i\sum_j \frac{(p_{ij}-r_i c_j)^2}{r_i c_j} = \sum_{k=1}^{J-1} \lambda_k^2$$

따라서 대응분석에 의해 2차원 그래프로 도수자료를 나타낼 때, 이들 축소된 차원에서 점들로 설명되는 변동의 비율은 다음과 같다.

$$(\lambda_1^2 + \lambda_2^2) \Big/ \sum_{k=1}^{J-1} \lambda_k^2$$

15.3 CORRESP 절차

(1) CORRESP 절차

CORRESP 절차의 일반형은 다음과 같다.

```
PROC CORRESP < options >;
  TABLES <row-variables,> column-variables;
  VAR variables;
  BY variables;
  ID variable;
  SUPPLEMENTARY variables;
  WEIGHT variable;
```

① PROC CORRESP 〈 **options** 〉;

- DATA=**SAS-data-set**: 분석에 사용될 자료명을 지정한다.
- OUTC=**SAS-data-set**: output coordinate SAS data set을 지정한다.
- PROFILE=BOTH: standard correspondence analysis (독립성검정 모형의 개념)
  (jointly displays the principal row and column coordinates)
  =ROW: row profile matrix (동질성검정 모형의 개념)
  =COLUMN: column profile matrix
- SHORT: 특잇값, 관성값 및 좌표를 제외한 통계량들의 출력을 생략한다.

② TABLES **〈row-variables,〉 column-variables**; 분할표를 생성한다.

③ VAR **variables**: 분석에 사용될 (숫자)변수를 지정한다.

④ ID **variable**; data set에 있는 변수 가운데 label로 사용할 변수를 지정한다. 디폴트는 분석에 사용된 변수명이다.

(2) 예제

예제 15.1 계속

다음은 〈표 15.1〉에 주어진 지역(site)별 도기(pottery)의 출현횟수를 나타내는 고고학 자료의 대응분석을 위한 SAS 프로그램과 출력 결과들이다.

```
/* POTTERY.SAS  고고학 자료 분석 */
DATA POTTERY;
    INPUT SITE $ A  B  C  D;
    DATALINES;
P0  30  10  10  39
```

```
P1  53   4  16   2
P2  73   1  41   1
P3  20   6   1   4
P4  46  36  37  13
P5  45   6  59  10
P6  16  28 169   5
;
PROC CORRESP DATA=POTTERY OUTC=RESULT PROFILE=BOTH SHORT;     ① ②
    VAR A  B  C  D;
    ID SITE;
RUN;
PROC PLOT DATA=RESULT;                                        ③
    PLOT DIM1*DIM2='*' $ SITE
         /VPOS=20 HPOS=60 VAXIS=-2 TO 2 VREF=0 HREF=0;
RUN;
QUIT;
```

프로그램 및 출력결과 설명

① CORRESP 절차를 시행하면 [그림 15.1]과 같은 주관성과 카이제곱의 분해 결과가 출력된다. 그림에서 singular value는 λ_k 값이며, principal inertia는 λ_k^2 값, chi-square는 $n\lambda_k^2$을 나타낸다. 이 예에서는 0이 아닌 고윳값이 3개이다. 출력 결과에 의하면 제1축이 총 카이제곱 값의 55%를 설명하고, 추가적으로 제2축이 33%를 설명함으로써 2차원 공간에서 근사적으로 88%를 설명할 수 있다.

Inertia and Chi-Square Decomposition					
Singular Value	Principal Inertia	Chi-Square	Percent	Cumulative Percent	11 22 33 44 55 ----+----+----+----+----+---
0.53253	0.28359	221.482	55.34	55.34	***************************
0.41244	0.17011	132.853	33.19	88.53	***************
0.24246	0.05879	45.912	11.47	100.00	*****
Total	0.51248	400.247	100.00		
Degrees of Freedom = 18					

[그림 15-1] 주관성과 카이제곱의 분해 결과

② 2차원 공간에서 열좌표와 행좌표는 [그림 15-2]와 같다.

Row Coordinates		
	Dim1	Dim2
P0	0.9195	0.7522
P1	0.3782	-0.6114
P2	0.1374	-0.5859
P3	0.7002	-0.2210
P4	0.1481	0.1351
P5	-0.0784	-0.0865
P6	-0.7247	0.2122

Column Coordinates		
	Dim1	Dim2
A	0.4204	-0.4396
B	-0.0080	0.3584
C	-0.5641	0.0674
D	0.9407	0.9369

[그림 15-2] 2차원 공간에서 행좌표와 열좌표

②③ 2차원에 행좌표와 열좌표를 플롯한 것은 [그림 15-3]과 같다. (a)는 ②의 CORRESP 절차에서 디폴트로 출력되는 그림이며, (b)는 ③의 PLOT 절차에 의한 그림이다. 이 그림으로부터 다음 사실을 알 수 있다.

1. P1과 P2가 비슷한 프로파일을 가지며, P4와 P5가 비슷한 프로파일을 갖는다. 한편 P0는 가장 다른 형태의 프로파일을 갖는다.
2. type A는 P1, P2 및 P3와 밀접한 연관성이 있고, type B는 P4, P5와 연관성이 있으며, type C는 P6와 연관성이 있고, type D는 P0와 밀접한 연관성이 있으면서 다른 점들과는 구별되는 특징을 갖는다.

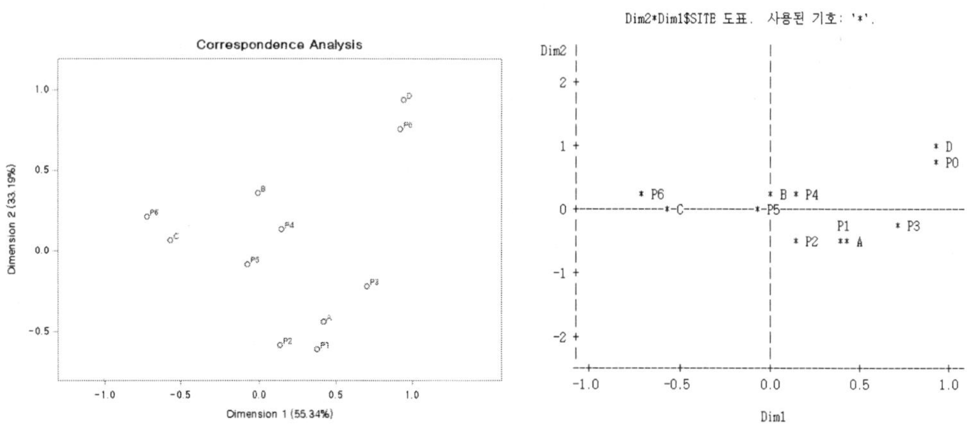

(a) CORRESP 절차에서 디폴트로 출력 (b) PLOT 절차에 의한 출력

[그림 15-3] 2차원 공간에서 행좌표와 열좌표

예제 15.2 계속

다음은 정신건강 상태와 사회경제적 지위를 조사한 〈표 15.2〉를 분석하기 위한 SAS 프로그램 및 출력결과이다.

```
/* STATUS.SAS  MENTAL HEALTH STATUS AND SOCIOECONOMIC STATUS */
DATA STATUS;
    INPUT MENTAL $ A B C D E;
    DATALINES;
WELL      121   57   72   36   21
MILD      188  105  141   97   71
MODERATE  122   65   77   54   54
IMPAIRED   86   60   94   78   71
;
PROC CORRESP DATA=STATUS OUTC=OUT PROFILE=BOTH ;
    VAR A B C D E;
    ID MENTAL;
RUN;
PROC PLOT DATA=OUT;
    PLOT DIM2*DIM1='*' $ MENTAL
         /VPOS=20 HPOS=60 VREF=0 HREF=0;
RUN;   QUIT;
```

출력결과 설명

Inertia and Chi-Square Decomposition					
Singular Value	Principal Inertia	Chi-Square	Percent	Cumulative Percent	19 38 57 76 95 ----+----+----+----+----+---
0.16064	0.02580	43.0937	93.26	93.26	*************************
0.04242	0.00180	3.0057	6.50	99.76	**
0.00811	0.00007	0.1097	0.24	100.00	
Total	0.02767	46.2091	100.00		
Degrees of Freedom = 12					

[그림 15-4] 주관성과 카이제곱의 분해 결과

Row Coordinates		
	Dim1	Dim2
WELL	0.2524	-0.0213
MILD	0.0222	-0.0265
MODERATE	0.0111	0.0790
IMPAIRED	-0.2442	-0.0177

Column Coordinates		
	Dim1	Dim2
A	0.1815	0.0252
B	0.0605	0.0061
C	-0.0129	-0.0524
D	-0.1693	-0.0403
E	-0.2829	0.0739

[그림 15-5] 2차원 공간에서 행좌표와 열좌표

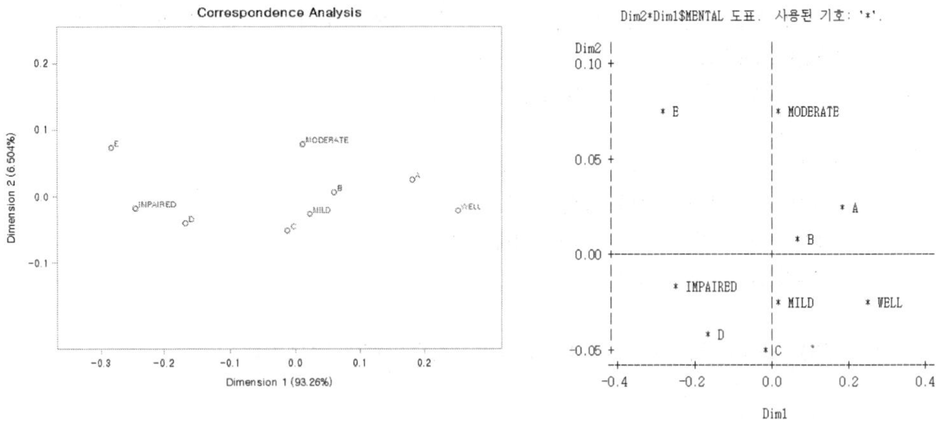

[그림 15-6] 2차원 공간에서 행좌표와 열좌표

제1축은 행좌표에서는 오른쪽으로 갈수록 건전한 정신상태를 나타내며, 왼쪽은 불안한 정신상태를 나타낸다. 열좌표에서는 오른쪽이 높은 사회경제적 지위를 나타내며, 왼쪽은 낮은 지위를 나타낸다. 따라서 일반적으로 사회경제적 지위가 높으면 정신상태는 건전한 것으로 설명된다.

제2축은 행좌표에서는 보통(moderate)의 정신상태를 나머지와 대비시키고 있으며, 열좌표에서는 중간계층과 극단적인 계층을 대비시키고 있다고 할 수 있다.

한편 좌표의 위치로부터, Impaired와 D가 밀접한 관계가 있으며, C와 Mild가 밀접한 관계가 있고, E는 매우 고립된 위치에 있음을 알 수 있다. 가장 높은 경제적 지위를 나타내는 A도 비교적 고립된 위치에 있음을 알 수 있다.

제16장

선형구조관계모형

16.1 개념 및 목적

선형구조관계모형(LISREL, linear structural relationship model)은 **인과변수**(cause-and-effect variables)들 사이의 관계를 규명하는 모형으로서, 다변량 변수의 공분산 행렬을 이용하여 구조모형(structural model)과 측정모형(measurement model)에 대한 통계적 분석을 시행한다. 이와 같은 용어로서 **구조방정식모형**(structural equation model)이 있으며, 이는 인과변수를 이용하여 어떤 현상을 모형화하는 선형방정식의 집합을 나타내는 개념이다.

참고: 선형구조관계모형의 분석 소프트웨어로 **LISREL(Li**near **S**tructural **Rel**ationships)이 있다. 그러나 이 장에서는 **선형구조관계**를 LISREL이라고 부르기로 한다.

사회과학 및 행동과학에서 선형구조관계를 이용하여 분석하는 예로서 다음과 같은 것이 있다.

① 기업의 이익을 결정하는 요인들 사이의 관계
② 사회적 신분과 성취도의 관계
③ 학업 성적을 결정하는 요인들 사이의 관계

16.2 모형과 적합도

(1) LISREL 모형

선형구조관계모형은 구조모형과 측정모형으로 구성된다. **구조모형**(structural model)

은 요인들 사이의 인과관계를 나타내는 모형이며, **측정모형**(measurement model)은 관측값을 잠재적 요인으로 나타내는 모형이다.

다음은 LISREL 모형의 일반형이다.

1. 구조모형

$$\underset{(m\times 1)}{\eta} = \underset{(m\times m)}{B}\,\underset{(m\times 1)}{\eta} + \underset{(m\times n)}{\Gamma}\,\underset{(n\times 1)}{\xi} + \underset{(m\times 1)}{\zeta}$$

2. 측정모형

$$\underset{(p\times 1)}{y} = \Lambda_y \eta + \varepsilon$$

$$\underset{(q\times 1)}{x} = \Lambda_x \xi + \delta$$

다만,

$$E(\zeta) = 0;\quad \mathrm{Cov}(\zeta) = \Psi \quad ; \qquad E(\varepsilon) = 0;\quad \mathrm{Cov}(\varepsilon) = \Theta_\varepsilon$$

$$E(\delta) = 0;\quad \mathrm{Cov}(\delta) = \Theta_\delta \quad ; \qquad \mathrm{Cov}(\xi) = \Phi$$

$E(\eta) = E(\xi) = 0$ 이며, B의 diagonal은 0

η, ξ: 인과변수로서 **잠재변수**(latent variable) (관측불가능)

ζ, ε, δ: 오차항

y, x: **측정변수**로서 Λ_y 및 Λ_x를 통하여 η, ξ와 선형관계를 갖는다.

이들은 관측 가능한 변수로서 실제로 데이터를 형성하는 변수이다.

측정모형에서 두 식을 **측정방정식**(measurement equation)이라고 한다. 이외에 선형구조관계모형과 관계되는 용어를 정리하면 다음과 같다.

① **현시변수**(manifest variable): 측정변수와 같은 용어로서 관측된 변수
잠재변수(latent variable): 심리학 등에서 구성(construct)의 개념으로 인자분석에서 Factor와 같은 개념이다. 예를 들어 심리학에서 자존심이나 만족감 등과 같은 변수이다.

② **내생변수**(endogenous variable): 종속변수의 개념
외생변수(exogenous variable): 독립변수의 개념

선형구조관계를 **경로도형**(path diagram)으로 나타내기 위하여 다음과 같은 기호를 사용하기로 한다.

① 변수의 표현

- 관측변수 : 직사각형
- 잠재변수 : 원이나 타원
- 오차변수 : 아무런 표시도 하지 않음

② 화살표에 의한 인과관계 표현

- → : 외생변수가 다른 내생변수에 미치는 직접적인 영향을 표시
  또는 오차항에서 내생변수에 미치는 영향을 표시
- ↔ : 상관관계는 있으나 인과관계를 가정할 수 없는 경우에 사용

예 16.1

경로도형(path diagram)과 대응되는 구조모형

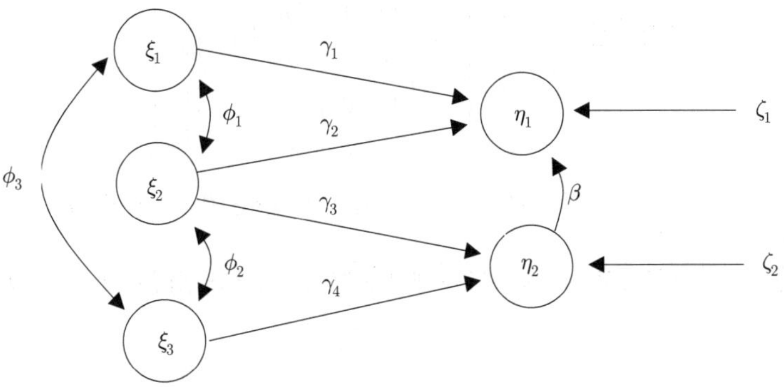

[그림 16-1] 경로도형의 예

[그림 16-1]에 대응되는 구조모형은 다음과 같다. ($m = 2,\ n = 3$ 인 경우)

$$\begin{bmatrix} \eta_1 \\ \eta_2 \end{bmatrix} = \begin{bmatrix} 0 & \beta \\ 0 & 0 \end{bmatrix} \begin{bmatrix} \eta_1 \\ \eta_2 \end{bmatrix} + \begin{bmatrix} \gamma_1 & \gamma_2 & 0 \\ 0 & \gamma_3 & \gamma_4 \end{bmatrix} \begin{bmatrix} \xi_1 \\ \xi_2 \\ \xi_3 \end{bmatrix} + \begin{bmatrix} \zeta_1 \\ \zeta_2 \end{bmatrix}$$

다만,

$$\mathrm{Cov}(\xi_1, \xi_2) = \phi_1\ ,\ \ \mathrm{Cov}(\xi_2, \xi_3) = \phi_2$$

$$\mathrm{Cov}(\xi_1, \xi_3) = \phi_3\ ,\ \ \mathrm{Cov}(\zeta_1, \zeta_2) = 0$$

예 16.2

구조모형 및 측정모형과 대응되는 경로도형

① 2개의 내생적 구성요인 η_1, η_2 와 1개의 외생적 구성요인 ξ_1 간의 구조모형은 다음과 같다고 가정한다.

$$\begin{bmatrix}\eta_1\\ \eta_2\end{bmatrix} = \begin{bmatrix}0 & 0\\ \beta & 0\end{bmatrix}\begin{bmatrix}\eta_1\\ \eta_2\end{bmatrix} + \begin{bmatrix}\gamma_1\\ \gamma_2\end{bmatrix}\xi_1 + \begin{bmatrix}\zeta_1\\ \zeta_2\end{bmatrix}$$

$$\mathrm{Cov}\begin{bmatrix}\zeta_1\\ \zeta_2\end{bmatrix} = \begin{bmatrix}\psi_1 & 0\\ 0 & \psi_2\end{bmatrix}, \qquad \mathrm{Var}(\xi_1) = \phi_1$$

② η_1, η_2, ξ_1 에 대한 측정모형은 다음과 같다고 가정한다.

측정모형 1 : $\begin{bmatrix}x_1\\ x_2\\ x_3\end{bmatrix} = \begin{bmatrix}\lambda_1^x\\ \lambda_2^x\\ \lambda_3^x\end{bmatrix}\xi_1 + \begin{bmatrix}\delta_1\\ \delta_2\\ \delta_3\end{bmatrix}$,

$$\mathrm{Cov}(\delta_1, \delta_2, \delta_3) = \mathrm{diag}(\theta_{\delta 1}, \theta_{\delta 2}, \theta_{\delta 3})$$

측정모형 2 : $\begin{bmatrix}y_1\\ y_2\\ y_3\\ y_4\\ y_5\\ y_6\end{bmatrix} = \begin{bmatrix}\lambda_1^y & 0\\ \lambda_2^y & 0\\ \lambda_3^y & 0\\ 0 & \lambda_4^y\\ 0 & \lambda_5^y\\ 0 & \lambda_6^y\end{bmatrix}\begin{bmatrix}\eta_1\\ \eta_2\end{bmatrix} + \begin{bmatrix}\varepsilon_1\\ \varepsilon_2\\ \varepsilon_3\\ \varepsilon_4\\ \varepsilon_5\\ \varepsilon_6\end{bmatrix}$,

$$\mathrm{Cov}(\varepsilon_1, \cdots, \varepsilon_6) = \mathrm{diag}(\theta_{\varepsilon 1}, \cdots, \theta_{\varepsilon 6})$$

이와 같은 구조모형과 측정모형에 대응되는 경로도형은 다음과 같다.

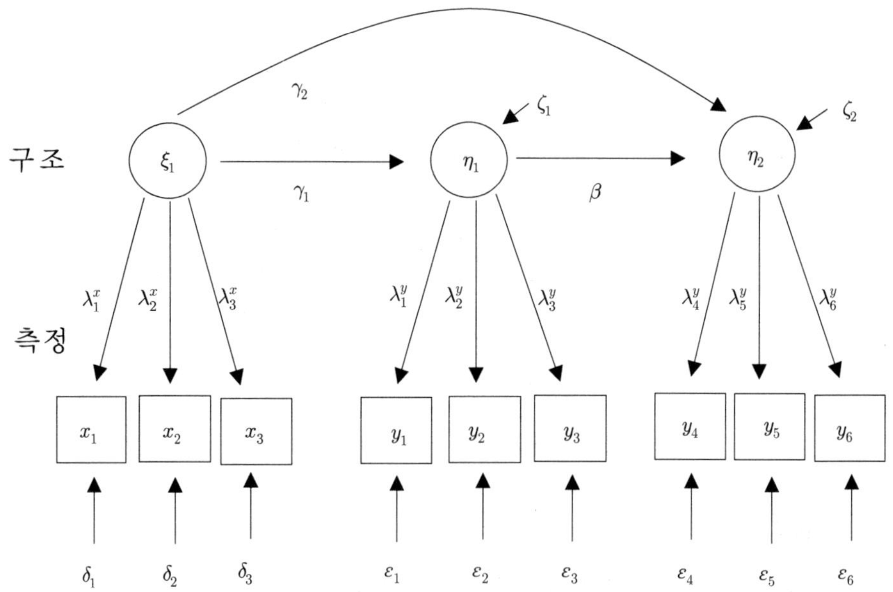

[그림 16-2] 대응되는 경로도형

(2) 모형의 적합도

모형의 적합도를 확인하기 위하여 흔히 구조모형 및 측정모형에 대한 가능도비 (likelihood ratio) χ^2-검정을 시행한다. 즉, 측정모형 $(\boldsymbol{y}', \boldsymbol{x}')'$의 공분산을 $(p+q) \times (p+q)$ 행렬 Σ로 나타내면, Σ에 포함된 모수는 $(p+q)(p+q+1)/2$ 개이며, $\theta = (\Lambda, \Phi, \Psi, \Theta)$ 를 표현하는데 필요한 모수의 개수가 k일 때, 가능도비 카이제곱 통계량은 근사적으로 자유도 $((p+q)(p+q+1)/2 - k)$인 카이제곱 분포에 따름을 이용하며, 흔히 p-값이 5% 이상이면 모형이 적합하다고 판단한다.

모형의 적합도를 나타내는 지표로는 GFI와 RMSR 등이 있다. 이들을 정의하기 위해 다음과 같은 기호를 사용하기로 한다.

B는 0 행렬을 가정한다.
$\hat{\theta}$: 모수 $\theta = (\Lambda, \Phi, \Psi, \Theta)$ 의 최대가능도 추정량(MLE)
$\hat{\Sigma} = \Sigma(\hat{\theta})$
S: 표본공분산행렬

① **모형적합도 지수 GFI**

GFI(goodness-of-fit index):

$$\text{GFI} = 1 - \frac{\text{tr}[(\hat{\Sigma}^{-1}S - I)^2]}{\text{tr}[(\hat{\Sigma}^{-1}S)^2]} \qquad (0 \le \text{GFI} \le 1)$$

GFI에 대한 기준은 관례적으로 0.9(=90%)를 사용한다. 특히 S와 $\hat{\Sigma}$가 일치하는 경우에는 GFI는 1임을 알 수 있다.

② **모형적합도 수정지수 AGFI**

AGFI(adjusted goodness-of-fit index):

$$\text{AGFI} = 1 - \left[\frac{(p+q)(p+q+1)/2}{\text{df}}\right] \frac{\text{tr}[(\hat{\Sigma}^{-1}\text{S} - \text{I})^2]}{\text{tr}[(\hat{\Sigma}^{-1}\text{S})^2]} \qquad (0 \le \text{AGFI} \le 1)$$

AGFI는 GFI를 자유도에 의해 수정한 값으로서 결정계수를 자유도로 수정하여 수정결정계수를 정의하는 것과 같은 개념이다. AGFI에 대한 기준은 관례적으로 0.8(=80%)을 사용한다.

③ **제곱근평균제곱오차 RMSR**

RMSR(root mean square residual) 또는 **RMR**:

$$\mathrm{SR} = \sqrt{\frac{\sum_{i=1}^{p+q}\sum_{j=1}^{p+q}(\hat{\sigma}_{ij} - s_{ij})^2}{(p+q)(p+q+1)/2}}$$

적절한 기준값은 없으며 0에 가까울수록 잘 적합됨을 의미한다. 그러나 측정 변수의 단위에 의존하는 단점이 있다.

16.3 CALIS 절차

(1) CALIS 절차

CALIS 절차의 일반형은 다음과 같다.

```
PROC CALIS < options > ;
  LINEQS equations ;
  STD variance pattern ;
  COV covariance pattern ;
  BY variables ;
  FREQ variable ;
  VAR variables ;
  WEIGHT variable ;
```

① PROC CALIS 〈 **options** 〉;

옵션은 SAS-data-set 옵션을 비롯하여 여러 가지 있으나, 다음의 예제에서 사용하는 옵션들만 설명하기로 한다.

- EDF=**n** ¦ DFE=**n**: 유효한 관측값 수(effective number of observations)를 $n+i$ 라고 할 때, i 값은 NOINT, UCORR 등의 옵션이 있으면 0, 아니면 1이다.
- PALL ¦ ALL: PCOVES 등의 일부 옵션에 의해 생성된 것을 제외하고 모든 결과를 출력한다.

② LINEQS **equation** 〈 , **equation** … 〉 ;

선형구조관계모형(**선형방정식**)을 정의한다. LINEQS은 한번만 정의한다. 모형에서

- **equation**은 dependent = term 〈 + term … 〉 형식이며,
- term들은 다음과 같은 형식이다.

  coefficient-name 〈 (number) 〉 variable-name

  prefix-name 〈 (number) 〉 variable-name

• prefix-name은 다음과 같이 사용한다.
  prefix **F**: 잠재변수(factor)
  prifix **E** 또는 **D**: 오차변수(error 또는 disturbance)

③ STD **assignment** 〈 , **assignment** … 〉 ;
추정될 외생변수와 오차변수의 분산모수를 지정한다.

④ COV **assignment** 〈 , **assignment** … 〉 ;
추정될 잠재변수의 공분산모수를 지정한다.

(2) 예제

예제 16.1

국어(x_1), 영어(x_2), 역사(x_3), 수학(x_4), 물리(x_5), 화학(x_6) 여섯 과목에 대한 자료를 분석하기 위하여 200명에 대한 성적을 조사하고, 다음과 같은 **공분산행렬**을 얻었다(다만 각 변수의 분산이 5가 되도록 성적을 표준화하였다). 이제 국어(x_1), 영어(x_2), 역사(x_3)는 "언어능력"과 상관이 있고, 수학(x_4), 물리(x_5), 화학(x_6)은 "수리능력"과 상관이 있다고 할 수 있는지 확인하고, **언어능력과 수리능력 사이에 연관성이 있는지** 알아보자.

	X1	X2	X3	X4	X5	X6
X1	5.000	.	.	.	.	.
X2	3.439	5.000	.	.	.	.
X3	3.410	3.351	5.000	.	.	.
X4	1.288	1.354	1.164	5.000	.	.
X5	1.329	1.320	1.190	3.595	5.000	.
X6	1.248	1.329	1.181	3.470	3.464	5.000

ξ_1은 언어능력을, ξ_2는 수리능력을 나타내는 잠재적 변수라고 할 때 다음과 같은 모형을 가정할 수 있다.

$$X_1 = \lambda_1 \xi_1 + \delta_1,\ X_2 = \lambda_2 \xi_1 + \delta_2,\ X_3 = \lambda_3 \xi_1 + \delta_3,$$

$$X_4 = \lambda_4 \xi_2 + \delta_4,\ X_5 = \lambda_5 \xi_2 + \delta_5,\ X_6 = \lambda_6 \xi_2 + \delta_6$$

$$\mathrm{Corr}(\xi_1, \xi_2) = \rho$$

여기서 해석의 편의를 위하여 $\lambda_1 = 1$, $\lambda_4 = 1$을 가정하고, $\mathrm{Var}(\xi_1) \equiv \phi_1$ 과 $\mathrm{Var}(\xi_2) \equiv \phi_2$에는 제약을 두지 않기로 한다. 다른 한 방법은 λ_1과 λ_4에 대한 제약조건을 푸는 대신 $\mathrm{Var}(\xi_1) \equiv 1$ 과 $\mathrm{Var}(\xi_2) \equiv 1$ 이라고 가정하는 방법도 동등한 방법이다.

SAS에서 LISREL에 상응하는 절차는 CALIS(Covariance Analysis of Linear Structural equations)이다. 다음은 이 예제를 풀기 위한 SAS 프로그램이다.

```
/* CALIS1.SAS  언어능력과 수리능력의 연관성 분석 */
DATA A (TYPE=COV);
    _TYPE_='COV';
    INPUT _NAME_ $ X1-X6;
    DATALINES;
X1    5.000   .      .      .      .      .
X2    3.439  5.000   .      .      .      .
X3    3.410  3.351  5.000   .      .      .
X4    1.288  1.354  1.164  5.000   .      .
X5    1.329  1.320  1.190  3.595  5.000   .
X6    1.248  1.329  1.181  3.470  3.464  5.000
;
PROC CALIS DATA=A COV EDF=199;        ①
    LINEQS                            ②
           X1 =     F1 + E1,
           X2 = LX2 F1 + E2,
           X3 = LX3 F1 + E3,
           X4 =     F2 + E4,
           X5 = LX5 F2 + E5,
           X6 = LX6 F2 + E6;
    STD
           E1-E6 = EE1-EE6,
           F1    = FF1,
           F2    = FF2;
    COV
           F1 F2 = FF12;
    RUN;  QUIT;
```

프로그램 및 출력결과 설명

① 200개의 유효관측값이 있으므로 EDF의 값은 199이다.

② 내생변수와 외생변수를 [그림 16-3](a)와 같이 지정한다. 선형방정식의 초기 추정값은 (b)와 같다.

Variables in the Model		
Endogenous	Manifest	X1 X2 X3 X4 X5 X6
	Latent	
Exogenous	Manifest	
	Latent	F1 F2
	Error	E1 E2 E3 E4 E5 E6
Number of Endogenous Variables = 6 Number of Exogenous Variables = 8		

(a) 모형의 변수들

Initial Estimates for Linear Equations							
X1	=	1.0000		F1	+	1.0000	E1
X2	=	.	*	F1	+	1.0000	E2
				LX2			
X3	=	.	*	F1	+	1.0000	E3
				LX3			
X4	=	1.0000		F2	+	1.0000	E4
X5	=	.	*	F2	+	1.0000	E5
				LX5			
X6	=	.	*	F2	+	1.0000	E6
				LX6			

(b) 선형방정식의 초깃값

[그림 16-3] 내생변수와 외생변수

선형방정식에서 X1과 X4에 대한 F1, F2의 계수가 1인 것은 $\lambda_1^x = \lambda_4^y = 1$임을 의미한다. 또한 식의 우변에서 F로 시작하는 변수는 잠재변수, E로 시작하는 변수는 오차변수임을 뜻한다.

추정된 2-인자 모형에 대한 적합도 지수 및 적합도검정 결과는 [그림 16-4]와 같다. GFI=0.999, AGFI=0.9973으로서 적합도는 매우 양호하다. 모형 적합도의 χ^2-검정에서도 p-값이 0.9997로서 모형은 적합하다고 판단한다.

Fit Summary		
Modeling Info	N Observations	200
	N Variables	6
	N Moments	21
	N Parameters	13
	N Active Constraints	0
	Baseline Model Function Value	3.0794
	Baseline Model Chi-Square	612.8061
	Baseline Model Chi-Square DF	15
	Pr > Baseline Model Chi-Square	<.0001
Absolute Index	Fit Function	0.0031
	Chi-Square	0.6206
	Chi-Square DF	8
	Pr > Chi-Square	0.9997
	Z-Test of Wilson & Hilferty	-3.2744
	Hoelter Critical N	4973
	Root Mean Square Residual (RMSR)	0.0396
	Standardized RMSR (SRMSR)	0.0079
	Goodness of Fit Index (GFI)	0.9990

Parsimony Index	Adjusted GFI (AGFI)	0.9973
	Parsimonious GFI	0.5328
	RMSEA Estimate	0.0000
	RMSEA Lower 90% Confidence Limit	0.0000
	RMSEA Upper 90% Confidence Limit	0.0000
	Probability of Close Fit	1.0000
	ECVI Estimate	0.1385
	ECVI Lower 90% Confidence Limit	0.1771
	ECVI Upper 90% Confidence Limit	0.1771
	Akaike Information Criterion	26.6206
	Bozdogan CAIC	82.4987
	Schwarz Bayesian Criterion	69.4987
	McDonald Centrality	1.0186
Incremental Index	Bentler Comparative Fit Index	1.0000
	Bentler-Bonett NFI	0.9990
	Bentler-Bonett Non-normed Index	1.0231
	Bollen Normed Index Rho1	0.9981
	Bollen Non-normed Index Delta2	1.0122
	James et al. Parsimonious NFI	0.5328

[그림 16-4] 적합도검정 결과

추정된 2-인자 모형은 [그림 16-5]와 같다. 계수(LX2, LX3, … 등)의 값은 다음과 같다.

$$\lambda_2^x = 0.9857\ ;\ \lambda_3^x = 0.9713\ ;\ \lambda_5^x = 0.9989\ ;\ \lambda_6^x = 0.9647$$

표준화된 추정값은 각 변수 X들의 분산이 1이 되도록 표준화한 것이다.

Linear Equations							
X1	=	1.0000		F1	+	1.0000	E1
X2	=	0.9857	*	F1	+	1.0000	E2
Std Err		0.0806		LX2			
t Value		12.2232					
X3	=	0.9713	*	F1	+	1.0000	E3
Std Err		0.0803		LX3			
t Value		12.0946					
X4	=	1.0000		F2	+	1.0000	E4
X5	=	0.9989	*	F2	+	1.0000	E5
Std Err		0.0758		LX5			
t Value		13.1775					
X6	=	0.9647	*	F2	+	1.0000	E6
Std Err		0.0753		LX6			
t Value		12.8051					

(a) 추정된 선형식

Standardized Results for Linear Equations							
X1	=	0.8366		F1	+	1.0000	E1
Std Err		0.0317					
t Value		26.4164					
X2	=	0.8247	*	F1	+	1.0000	E2
Std Err		0.0324		LX2			
t Value		25.4291					
X3	=	0.8126	*	F1	+	1.0000	E3
Std Err		0.0332		LX3			
t Value		24.4533					
X4	=	0.8482		F2	+	1.0000	E4
Std Err		0.0293					
t Value		28.9519					
X5	=	0.8473	*	F2	+	1.0000	E5
Std Err		0.0294		LX5			
t Value		28.8617					
X6	=	0.8182	*	F2	+	1.0000	E6
Std Err		0.0314		LX6			
t Value		26.0757					

(b) 표준화된 선형식

[그림 16-5] 추정된 모형

언어능력과 수리능력의 연관성 검정 결과는 [그림 16-6]과 같다. ρ의 추정값은 0.367이며, t-값이 5.097로서 매우 유의하다. 즉, 강한 연관성이 있다.

Standardized Results for Covariances Among Exogenous Variables					
Var1	Var2	Parameter	Estimate	Standard Error	t Value
F1	F2	FF12	0.36699	0.07200	5.09704

[그림 16-6] 추정된 상관계수와 t-값

예제 16.2

다음은 300개의 관측 자료에서 얻은 y_1, y_2, y_3, y_4, y_5, y_6, x_1, x_2, x_3에 대한 상관행렬이다. 이를 〈예 16.2〉의 모형으로 적합시키고 결과를 분석해 보자.

	Y1	Y2	Y3	Y4	Y5	Y6	X1	X2	X3
Y1	1.000	.	.	.	.	.	.	.	.
Y2	0.625	1.000	.	.	.	.	.	.	.
Y3	0.327	0.364	1.000	.	.	.	.	.	.
Y4	0.421	0.328	0.640	1.000	.	.	.	.	.
Y5	0.214	0.274	0.112	0.084	1.000	.	.	.	.
Y6	0.411	0.404	0.290	0.260	0.184	1.000	.	.	.
X1	0.324	0.405	0.305	0.279	0.049	0.222	1.000	.	.
X2	0.293	0.241	0.411	0.361	0.019	0.186	0.271	1.000	.
X3	0.299	0.286	0.519	0.501	0.078	0.336	0.230	0.295	1.000

CALIS를 이용한 SAS 프로그램은 다음과 같다.

```
/* CALIS2.SAS  구조모형과 측정모형이 있는 LISREL 모형 */
DATA A (TYPE=CORR);
    _TYPE_='CORR';
    INPUT _NAME_ $ Y1-Y6 X1-X3;
    DATALINES;
Y1  1.000     .       .       .       .       .       .       .       .
Y2  0.625   1.000     .       .       .       .       .       .       .
Y3  0.327   0.364   1.000     .       .       .       .       .       .
Y4  0.421   0.328   0.640   1.000     .       .       .       .       .
Y5  0.214   0.274   0.112   0.084   1.000     .       .       .       .
Y6  0.411   0.404   0.290   0.260   0.184   1.000     .       .       .
X1  0.324   0.405   0.305   0.279   0.049   0.222  1.000      .       .
X2  0.293   0.241   0.411   0.361   0.019   0.186   0.271   1.000     .
X3  0.299   0.286   0.519   0.501   0.078   0.336   0.230   0.295   1.000
;
PROC CALIS DATA=A CORR EDF=299 METHOD=ML ;          ①
    LINEQS                                          ②
        Y1      =      F1               + EY1,
        Y2      = LY2 F1                + EY2,
        Y3      = LY3 F1                + EY3,
        Y4      =      F2               + EY4,
        Y5      = LY4 F2                + EY5,
        Y6      = LY5 F2                + EY6,
        X1      =      F3               + EX1,
        X2      = LX2 F3                + EX2,
        X3      = LX3 F3                + EX3,
        F1      = GAM1  F3              + D1,       ③
        F2      = GAM2  F3 + BETA F1    + D2;
    STD
        EY1-EY6 = EEY1-EEY6,
        EX1-EX3 = EEX1-EEX3,
        D1-D2 = DD1-DD2,
        F3     = FF3;
    RUN;  QUIT;
```

프로그램 및 출력결과 설명

위의 프로그램에서, η_1 (=F1)에 대한 측정모형에서 λ_1^y를 1로, η_2 (=F2)에 대한 모형에서 λ_4^y를 1로 고정시켰다. 마찬가지로 ξ_1 (=F3)에 대한 모형에서도 λ_1^x을 1로 고정시켰다. 잠재적 구성과 첫 번째 측정변수의 척도를 일치시키기 위해서이다.

① 추정된 모형에 대한 적합도지수 및 적합도검정 결과는 [그림 16-7]과 같다(일부만 수록). GFI=0.8853, AGFI=0.7849로서 적합도가 충분히 크지는 않지만 양호

한 편이다. 그러나 모형적합의 χ^2 -검정 결과는 모형이 충분치 않음을 보인다.

Absolute Index	Fit Function	0.5182
	Chi-Square	154.9543
	Chi-Square DF	24
	Pr > Chi-Square	<.0001
	Z-Test of Wilson & Hilferty	9.0552
	Hoelter Critical N	71
	Root Mean Square Residual (RMSR)	0.0742
	Standardized RMSR (SRMSR)	0.0742
	Goodness of Fit Index (GFI)	0.8853
Parsimony Index	Adjusted GFI (AGFI)	0.7849
	Parsimonious GFI	0.5902

[그림 16-7] 적합도검정 결과(일부)

② 추정된 측정모형은 [그림 16-8]과 같다.

Linear Equations													
Y1	=		1.0000		F1	+	1.0000		EY1				
Y2	=		0.9567	*	F1	+	1.0000		EY2				
					LY2								
Y3	=		1.1779	*	F1	+	1.0000		EY3				
					LY3								
Y4	=		1.0000		F2	+	1.0000		EY4				
Y5	=		0.3018	*	F2	+	1.0000		EY5				
					LY4								
Y6	=		0.6970	*	F2	+	1.0000		EY6				
					LY5								
X1	=		1.0000		F3	+	1.0000		EX1				
X2	=		1.0691	*	F3	+	1.0000		EX2				
					LX2								
X3	=		1.3587	*	F3	+	1.0000		EX3				
					LX3								
F1	=		1.3368	*	F3	+	1.0000		D1				
					GAM1								
F2	=		-48.8841	*	F3	+	37.7298	*	F1	+	1.0000		D2
					GAM2				BETA				

[그림 16-8] 추정된 측정모형과 구조모형

③ [그림 16-8]의 아래쪽에 있는 추정된 구조모형에서 다음과 같은 결과를 확인할 수 있다.

- F3가 F2에 미치는 직접효과 : -48.8841
- F3가 F2에 미치는 간접효과 : 1.3368*37.7298=50.4372
- F3가 F2에 미치는 총효과 : -48.8841 + 50.4372 = 1.5531

제17장

설문조사와 통계처리

17.1 설문조사의 특징

17.1.1 서론

통계학의 응용분야는 자연과학, 공학, 의학, 농학 등의 이학분야뿐만 아니라 사회과학, 가정학, 교육학 등의 인문 사회학 분야로도 급속히 확산되고 있다. 특히 인문 사회학 분야에서는 추정하고자 하는 주제가 개념적인 것이 많다. 예를 들어 전통적인 혼례에 대한 주부들의 의식구조라든가, 가정교육이 아동의 인격형성에 미치는 영향, 직업의 만족도와 생활만족도, 특정 정치현안에 대한 주민의 지지도 등은 모두 개념적인 것이다. 이와 같이 개념적인 주제나 사건의 성질을 나타내는 주제는 수량화되어야만 비로소 통계처리가 가능하며, 수량화에 가장 많이 쓰이는 방법이 설문조사이다.

설문조사를 통하여 특정 사안의 개념이나 성질을 수량화하는 과정에서 설문지가 잘못 작성되면, 그 결과로 얻어진 수치들은 많은 **오차**(error) 또는 **편의**(bias, 편향)를 갖게 된다. 따라서 이를 기초로 해서는 아무리 좋은 통계기법을 적용시킨다 해도 오도된 결론이나 잘못된 추정 결과를 제공할 가능성이 큰 것이다. 따라서 설문지들은 의도된 개념 또는 성질들이 잘 표출될 수 있도록 작성되어야 한다.

17.1.2 조사의 종류

설문조사를 실시하는 주요 방법으로는 면접조사, 전화조사, 우편조사 등이 있다. 특히 전화조사는 사회조사기관에서 비용과 시간의 절약을 위해 많이 사용하는 기법이지만, 편리한 대신 오류의 가능성도 많으므로 주의를 필요로 한다.

이들의 특성과 장단점을 간단히 요약해 보자.

(1) 면접조사

면접조사는 조사원이 응답자를 직접 대면하여 조사하는 방법이다. 따라서 조사원에 대한 인건비가 다른 방법에 비하여 월등하게 높은 단점이 있다. 그러나 다른 방법보다 응답률(또는 회수율)이 높고 비표본오차가 적은 장점이 있다.

(2) 전화조사

전화조사는 조사원과 응답자가 전화를 통하여 서로 질문과 응답을 주고받는 방법이다. 면접조사에 비하여 비용이 아주 적게 드는 장점이 있으나 여러 가지 비표본오차로 인하여 편의가 심각하게 커지는 경우가 많다. 특히 정치적 문제나 개인의 사생활과 관련된 문제 등에서는 솔직한 답변을 얻기 어려운 경우가 많다.

예를 들어 "선생님은 이번 선거에서 투표를 하실 예정입니까?" 라는 질문을 전화로 물어 본다면 투표율의 예측값은 과대 추정될 것임에 틀림없다. 투표를 안 하고 놀러가겠다고 솔직히 대답하기 어렵기 때문이다. 이런 문제점은 면접조사나 우편조사에서도 나타나지만 전화조사에서 특히 심각하게 일어난다.

한 실례를 들어보자. 1996년 4월 11일 시행된 15대 총선을 6일 앞두고 「공명선거실천 시민운동 협의회」에서 서울지역 유권자 564명을 대상으로 조사한 결과에 의하면 86.7%가 투표하겠다는 응답을 한 것으로 나타났으나, 실제로 서울지역의 투표율은 60.5%이었다. 또한 공보처에서는 제주도를 제외한 전국에서 1천명을 대상으로 조사한 결과 응답자의 88.5%가 투표하겠다고 응답했으나 실제 전국의 투표율은 63.9%이었다. 모두가 실제값보다 오차의 한계를 훨씬 넘어서는 과대추정을 한 셈이다.

전화조사에서는 다음과 같은 점을 특히 유의해야 한다.

① 질문은 간략하고 짧아야 한다.
② 시간대에 따라서 응답자의 구성비가 심각하게 다를 수 있다.
③ 성별, 연령별 인구 구성비가 적절해야 한다.
④ 전화 보급률이 낮은 지역에서는 편의가 심각할 수 있다.

(3) 우편조사

우편조사는 질문지를 우편으로 우송한 후에 반송용 봉투를 이용하여 응답을 받는 방법이다. 우편조사는 최소의 비용과 노력으로 광범위한 지역과 대상을 표본으로 삼을 수 있는 장점이 있는 반면에 회수율(또는 응답률)이 심각하게 낮은 단점이 있다. 예를 들어 회수율이 20% 이하인 경우도 흔히 있다. 회수율이 낮은 경우에 표본수를 늘리는 것으로 문제점이 보완되는 것은 아니기 때문에 심각한 단점이 된다. 즉, 무응답자들에 일정한 경향이 있는 경우에 자발적 응답자에 기초한 추정에는 심각한 편의가 발생할 수 있다. 예를 들어 어떤 정치 현안에 대한 찬반을 묻는 질문에는 적극적으로 반대하는 사람들이 찬성하는 사람들보다 능동적으로 응답하는 성향이 있을 수 있다. 현안의 성격에 따라서는 반대의 성향이 나타날 수도 있다. 이런 경우에는 무응답자에 대한 사후 조사에 의한 추적이 꼭 필요하다.

설문조사에서 회수율도 높이고 성실한 답변을 얻기 위한 첫 번째 조건은 설문지의 문항수가 많지 않아야 하는 것이다. 문항수가 30 ~ 50개를 넘으면 일반적으로 성실한 답변을 얻기 힘들고 회수율도 급격히 떨어지게 된다. 양질의 조사 결과를 얻는 두 번째 방법은 응답자에게 소요시간에 대한 보상을 하는 것이다. 질문의 내용을 이해하여 응답을 하는 데 걸리는 시간을 산출하여 이에 상응한 사례금 또는 기념품을 증정할 경우에 회수율도 높이고 성실한 답변도 얻을 수 있다.

17.1.3 오차의 개념

모집단을 전수조사하는 대신에 일부만을 조사하여 모집단에 대한 정보를 얻는 과정에서 일어나는 오차를 **표본오차**(sampling error, 표집오차)라고 한다. 이에 대하여 표본오차 이외의 모든 오차를 **비표본오차**(nonsampling error, 비표집오차)라고 한다.

표본조사에서 오차는 표본오차와 비표본오차가 합해진 형태로 나타나기 때문에, 이 두 오차에 대한 관리가 필요하다. 표본오차는 표본크기를 증가시킴으로써 줄일 수 있으나, 비표본오차는 표본크기와는 무관하게 나타나기 때문에 지나치게 많은 표본을 사용할 경우에는 비표본오차가 커져서 전체의 오차가 증가할 수도 있으므로 유의해야 한다.

(1) 표본오차

표본오차는 흔히 **표준오차**(standard error)에 의해서 나타낸다. 예를 들어, 무한모집단에서 단순임의표본을 사용하는 경우에 모평균을 표본평균으로 추정하면 표준오차는

$$\widehat{\mathrm{SE}}(\overline{X}) = S/\sqrt{n} \qquad (S\ :\ \text{표본표준편차})$$

로 추정되며, 모비율을 표본비율로 추정하면 표준오차는

$$\widehat{\mathrm{SE}}(\hat{p}) = \sqrt{\hat{p}(1-\hat{p})/n}$$

로 추정된다. 따라서 95% 신뢰수준에서 오차한계는 다음과 같다.

$$z_{\alpha/2} \cdot \widehat{\mathrm{SE}}(\hat{p}) = 1.96\sqrt{\hat{p}(1-\hat{p})/n}$$

한편 $p(1-p)$의 최댓값은 $p=0.5$일 때 $\frac{1}{4}$이므로, 예를 들어 $n=1{,}000$개의 표본을 사용할 경우에 오차한계는

$$1.96\,\widehat{\mathrm{SE}}(\hat{p}) = 1.96\sqrt{(0.5)(0.5)/1000} = 0.031$$

이다. 이 경우에 '95% 신뢰수준에서 오차한계는 $\pm 3.1\%$'라고 표현한다.

(2) 비표본오차

비표본오차가 발생하는 요인은 무수히 많으나, 그 중에서 대표적인 요인을 나열하면 다음과 같다.

① **대상모집단과 추출모집단의 차이**
연구의 대상인 대상모집단에서 골고루 표본을 추출하는 것이 실제로는 어려운 경우가 많으므로 실제 표본을 추출하는 추출모집단은 아주 좁은 범위로 한정하는 경우가 많다. 예를 들어 '우리나라 유권자'를 대상으로 하는 조사에서 유선전화조사를 실시할 경우에는 '전화번호부에 등재된 가구'를 추출모집단으로 정의하므로 두 모집단이 심각하게 다를 수도 있음에 유의해야 한다.

② **설문의 결함**
설문지의 질문 내용이 원래 의도된 내용을 추정하지 못하거나, 특정 대답을 유도하는 식의 질문은 모두 왜곡된 결과를 줄 수 있다.

③ **무응답 오차**
응답을 거부하는 경우에 이들은 어떤 특별한 경향을 띠고 있는 경우가 많다. 따라서 무응답을 고려하지 않은 분석은 많은 편의를 유발할 수 있다.

④ **기타 요인**
조사원의 미숙이나 불성실한 조사, 조사 단위의 누락, 자료의 처리 과정에서의 오류 등도 비표본오차의 요인들이다.

17.1.4 임의표본과 편의

설문조사를 통하여 통계적 분석을 시행할 경우에 가장 흔히 범하는 오류는 실제 자료의 수집 방법과 통계 이론에서 요구하는 가정 사이에 큰 차이가 있는 것이다. 예

를 들어 표본평균 $\overline{X}$와 표본비율 $\hat{p}$ 는 모두 표본이 '랜덤표본' 또는 '임의표본'이라는 가정하에 모평균 μ와 모비율 p 의 불편추정량이 된다. 즉, 임의표본이 아닐 때는 추정량의 편의가 심각하게 커져서 참값과는 거리가 먼 추정을 할 수도 있음에 유의해야 한다.

임의표본이 되지 못하는 이유로는 대상모집단과 추출모집단의 차이 때문인 경우도 있으며, 실제 표본추출법에 문제가 있는 경우도 있다. 예를 들어 '18세 이상의 유권자'를 모집단으로 하는 조사에서 실제로는 특정 대학의 학생들만 조사했다면 우리나라 전체 유권자에 대한 임의표본은 아닌 셈이다. 다른 예로서 우리나라 유치원생들에 대한 사회조사를 실시하기 위하여 서울의 강남에 있는 3개 유치원을 택하고, 이 유치원생들에 대한 조사를 할 경우에, 이들 표본에서 얻은 결론은 우리나라 전체의 참 모습과는 많이 다를 수도 있다.

실제로 '우리나라 전체 유권자' 또는 '우리나라 전체 유치원생'을 모집단으로 하여 임의표본을 추출하고 이들에 설문조사를 실시한다면 표본설계비용과 조사비용이 예산의 한도를 훨씬 초과하는 경우가 대부분일 것이다. 따라서 비용 절감을 위하여 추출모집단을 극히 제한적으로 사용하거나 임의표본이 아닌 유의표본을 추출하여 조사하는 경우가 많다. 이와 같은 경우에도 추출된 표본이 모집단의 참 모습을 잘 반영할 수 있도록 추출모집단을 선택하고, 가능하면 전문가의 조언을 받아 표본을 추출하는 것이 바람직하다.

좀 더 구체적으로 한 실례를 생각해 보자. 「우리나라 주부들의 제사모시기에 대한 연령 세대별 의식구조 조사」를 제목으로 하는 석사논문을 쓴다고 하자. 석사학위 논문을 쓰기 위한 자료를 수집하기 위하여 우리나라 전체 주부들을 대상으로 표본설계를 한다면 비용이 감당할 수 없을 정도로 많이 들게 된다. 따라서 고등학교에 재직중인 세 교사에게 부탁하여 학생들의 어머니에게 설문지를 보내서 자료를 수집하였다고 하자. 이와 같은 방법을 동원하면 300~500개 정도의 응답을 얻는 데 많은 비용이 들지는 않을 것이다. 그러나 이들 자료를 기초로 분석을 한다면 많은 어려움이 있을 것으로 예상된다. 첫째는, 연령 세대별로 의식 구조가 변하는 모습을 알아보고 싶은데 원하는 결과를 얻기가 쉽지 않을 것이다. 즉, 고등학생을 자녀로 둔 주부라면 20대는 물론이고 30대도 적을 것이다. 또한 60대 이상의 주부도 거의 없을 것이므로 처음에 예정했던 '연령 세대별' 조사는 많은 어려움이 예상된다. 둘째는, 세 교사에게 부탁했으므로 표본은 세 고등학교에서만 얻어지는 것이며, 이 세 학교가 특정 지역에 몰려 있다면 처음에 의도한 '우리나라 주부들'의 의식 구조는 아닐 수 있다. 따라서 이들 표본에 기초한 조사와 분석 결과에는 심각한 편의가 발생하여 예상치 못한 오류가 발생할 수 있다.

일반적으로 설문조사에서는 표본이 모집단의 모습을 가능한 한 잘 반영하도록 응답자를 선택하는 것이 제일 중요하다. 이 단계에서 잘못되면 이후에 아무리 우수한 통계적 기법을 적용한다 해도 의미가 없기 때문이다.

17.2 설문지의 작성과 검증

17.2.1 설문지의 구성

설문지는 흔히 응답자의 인적 사항을 묻는 부분과 주제에 대한 응답자의 의견을 묻는 본조사 부분으로 나눌 수 있다.

인적 사항에서는 예를 들어 성별, 나이, 학력, 직업, 소득수준 등을 묻게 된다. 통계분석에서는 본조사의 내용이 성별에 따라 차이가 있는가, 학력과 관계는 있는가 등을 알아보게 된다. 인적 사항을 물을 때는 개인의 사생활이 침해되지 않도록 주의해야 하며, 분석에서 사용하지 않을 내용까지 포함해서 많은 항목을 묻는 것은 불성실한 대답을 유도하는 주요 요인이 되므로 특히 주의해야 한다.

본조사에서는 조사를 원하는 주제에 대하여 설문조사의 형식으로 응답자의 의견을 수집한다. 이때에 질문 방법으로 선택형 또는 5점척도 (또는 4점척도) 형식을 주로 사용한다. 다음은 선택형 설문의 한 예이다.

> 현재 우리나라가 당면한 문제 중 가장 시급히 해결해야 할 문제는 무엇이라고 생각하십니까? (　)
>
> ① 물가안정　② 정치안정　③ 교통문제　④ 주택문제　⑤ 지역감정해소　⑥ 기타

사회조사 등에서 조사를 원하는 주제는 흔히 개인적인 것이 많다. 예를 들어 정부의 어떤 특정 정책에 대하여 어느 정도 지지하고 있는지를 알기 위하여 5점척도 형식의 질문을 사용할 수 있다. 예를 들어보자.

> 현 정부의 대 북한 정책에 대하여 어느 정도 찬성하십니까? (　)
>
> ① 대단히 찬성한다.　② 찬성한다.　③ 그저 그렇다.　④ 반대한다.
>
> ⑤ 대단히 반대한다.

또한 같은 개념이나 성향을 수량화하기 위하여, 여러 항목의 문항을 개발하고 각 문항을 5점척도(또는 4점척도)로 구성하여 이들 문항의 점수의 합으로 특정 개념에

대한 관측값으로 사용하는 경우가 많다. 이 경우에는 각 문항들이 동일한 개념을 묻는 질문들이 되도록 설문을 선택해야 한다.

17.2.2 문항의 신뢰성 분석

많은 사회조사에서 관념적이거나 개념적인 내용을 수량화하기 위하여 4점척도 또는 5점척도 등을 사용하여 질문을 만든다. 예를 들어 현 정부의 정책에 대한 지지도를 측정하기 위해 정책을 나타내는 여러 개의 문항을 만들고, 각 문항에서 '대단히 반대한다', '반대한다', '잘 모르겠다', '찬성한다', '대단히 찬성한다'와 같은 응답을 하게 하고, 각 응답을 1점~5점으로 환산하여 수량화한다[이와 같은 척도를 **리커트**(Likert) 척도라고 한다]. 지지도를 측정하는 문항이 10개 있다면, 이들의 점수의 합을 지지도에 대한 관측값으로 간주한다. 이때에 10개의 문항들이 모두 같은 개념을 묻는 문항들이라면 **신뢰성**(reliability)이 높다고 하며, 각 문항들이 묻는 개념이 분명치 않을수록 문항의 신뢰성은 떨어진다고 한다.

이와 같은 신뢰성을 나타내는 한 측도를 생각해 보자. 예를 들어 5점척도를 사용하는 n개 문항의 점수의 합을 X로 나타내면, X는 참값 T와 오차항 e의 합인

$$X = T + e \qquad \text{(다만, } T\text{와 } e\text{는 독립)}$$

로 나타낼 수 있다. 이제 이 X와 동일한 문항의 점수합 X'이 있다면 X'은

$$X' = T + e' \qquad \text{(다만, } e'\text{은 } T \text{ 및 } e\text{와 독립)}$$

으로 나타낼 수 있다.

이제 X와 X'의 상관계수는 등분산성과 등공분산성의 가정에 의해

$$\begin{aligned}\rho = \mathrm{Corr}(X, X') &= \mathrm{Corr}(X_1 + \cdots + X_n,\ X_1' + \cdots + X_n') \\ &= \frac{\mathrm{Cov}(X_1 + \cdots + X_n,\ X_1' + \cdots + X_n')}{\mathrm{Var}(X_1 + \cdots + X_n)} \\ &= \frac{\frac{n}{n-1}[\mathrm{Var}(X_1 + \cdots + X_n) - \sum \mathrm{Var}(X_i)]}{\mathrm{Var}(X_1 + \cdots + X_n)} \\ &= \frac{n}{n-1}\left[1 - \frac{\sum \mathrm{Var}(X_i)}{\mathrm{Var}(\sum X_i)}\right]\end{aligned}$$

로 나타낼 수 있다. 이때에 ρ를 X의 **신뢰계수**(reliability coefficient)라고 한다. 위 식에서 세 번째 등식은 다음의 등식에서 얻을 수 있다.

$$\mathrm{Cov}(X_1+\cdots+X_n,\ X_1'+\cdots+X_n')=\sum_i\sum_j \mathrm{Cov}(X_i,X_j')=\ n^2\sigma_{12}$$

$$\mathrm{Var}(X_1+\cdots+X_n)-\sum \mathrm{Var}(X_i)=\ \sum_{i\neq j}\mathrm{Cov}(X_i,X_j)=\ n(n-1)\sigma_{12}$$

실제 관측값에서 ρ를 추정하는 방법은 여러 가지 있으며, 대표적 방법으로 **크론바흐의 계수 알파**(Cronbach's coefficient alpha) 또는 간단히 **크론바흐의 알파**(α, 또는 **크론바하의 알파**)라고 부르는 것으로서 다음과 같이 계산된다.

$$\alpha=\frac{n}{(n-1)}\left[1-\frac{\sum S_i^2}{S_T^2}\right]$$

다만,

n : 문항수

S_i^2 : 각 문항의 표본분산

S_T^2 : 전체 문항 합의 표본분산

α의 값은 $\alpha \le 1$ 의 성질을 있으며, α의 값이 1에 가까울수록 신뢰성이 높은 문항들임을 뜻한다.

이제 SAS에서 크론바흐의 α를 이용하여 문항분석을 하는 방법을 알아보자. SAS에서는 CORR 절차에서 ALPHA라는 옵션을 주어 문항분석을 시행한다. 예를 들어

```
PROC CORR ALPHA;
VAR A1-A10;
```

에 의하면, 변수 A1~A10에 대하여 상관분석을 실시하고, 크론바흐의 α에 의한 문항분석을 시행한다. 문항분석은 원자료를 그대로 이용한 RAW 변수의 결과와 표준화된 자료를 이용한 STANDARDIZED 변수의 결과가 모두 출력된다. α 값은 전체 문항에 대한 α값과, 각 문항을 제외한 경우의 α 값이 출력된다. 따라서 한 문항을 제외한 경우에 전체보다 α값이 증가하면 그 문항은 분석에서 제외시키는 것이 오히려 신뢰도를 높일 수 있다는 뜻이다.

α의 값은 문항수가 증가할수록 1에 가까워지며, α값의 크기에 대한 일반적인 기준은 세울 수 없다. 그러나 흔히 60~70% 이상이면 무난한 것으로 판단하기도 한다.

17.2.3 설문조사 사례 연구

이 절에서는 사회조사의 한 사례를 통하여 문항분석을 살펴보기로 한다(서울대학교 통계연구소 통계상담사례집 6).

「아동의 기질과 사회적응의 관계」를 조사하기 위하여 서울 시내에 있는 유치원에서 랜덤하게 뽑은 유아원생 113명에 대하여 아동의 교사와 어머니에게 설문조사를 하였다. 교사로부터는 아동의 사회적응도를 측정하기 위하여

① 친사회성 ② 또래간의 적응성 ③ 일과 적응성

에 대한 문항들을 만들었으며, 어머니로부터는 아동의 기질을 측정하기 위하여

① 적응성 ② 활동성 ③ 반응성

을 측정하는 문항들을 만들었다.

다음은 설문지 문항의 내용, 자료파일에 코딩된 형태, 자료파일, 문항분석을 위한 SAS 프로그램 및 상관분석 결과들이다.

(1) 설문지의 내용

설문지에서 측정하는 내용과 설문번호는 다음과 같다.

교사용 설문지		어머니용 설문지 (아동의 기질)	
내용	문항번호	내용	문항번호
친사회성	1-5	적응성	1-10
또래간의 적응성	6-11	활동성	11-18
일과 적응성	12-18	반응성	19-24

설문지의 내용은 다음과 같다.

아동의 기질과 사회적응의 관계

교사용 질문지

바쁘신 중에도 본 연구를 위해 협조해주신 선생님께 우선 깊은 감사의 인사를 드립니다. 본 연구에서는 아동의 기질과 사회적응의 관계를 조사하기 위하여 각 아동에 대하여 그동안 경험하신 다양한 내용을 알아보고자 합니다. 각 아동에 대하여 생각하시는 내용을 솔직히 대답해 주시면 됩니다. 대답해 주신 모든 내용은 연구논문의 귀중한 자료가 되며 학술적 목적 이외에는 사용되지 않을 것입니다.

아동의 이름 ________________ (남, 여) 기관명: ____________________ 유치원

다음의 질문은 유아가 교실 내에서 어떻게 행동하는가를 알아보기 위한 것입니다. 각 질문의 내용이 해당 아동의 행동과 일치하는 정도에 따라 해당되는 번호에 ○표해 주십시오.

전혀 그렇지 않다	그렇지 않은 편이다	그런 편이다	항상 그렇다
1	2	3	4

1. 친구나 어른들의 도움에 잘 응한다.	1	2	3	4
2. 친구들과 공동의 주제를 갖고 함께 일한다.	1	2	3	4
3. 장난감 등을 친구들과 잘 나누어 갖는다.	1	2	3	4
4. 차례를 지킨다.	1	2	3	4
5. 다른 사람들이 고통스러워 할 때 관심을 보인다.	1	2	3	4
6. 함께 놀이를 할 친구들을 적극적으로 찾는다.	1	2	3	4
7. 친구들과 같이 놀기를 좋아한다.	1	2	3	4
8. 다른 친구들에게 인기가 있는 아이이다.	1	2	3	4
9. 다른 아이들이 작업중인 놀이에도 쉽게 어울린다.	1	2	3	4
10. 친구들과의 갈등을 긍정적인 방법으로 해결한다.	1	2	3	4
11. 일반적으로 다른 친구들과 잘 어울려 논다.	1	2	3	4
12. 하루 일과를 잘 이해하여 적응한다.	1	2	3	4
13. 대체로 교사에게 협조적이다.	1	2	3	4
14. 그룹활동시간에 교사의 이야기를 주의 깊게 듣는다.	1	2	3	4
15. 교사의 지시나 요구에 잘 따른다.	1	2	3	4
16. 활동의 변화에 쉽게 적응한다.	1	2	3	4
17. 자유선택활동에 쉽게 자신의 활동을 선택하여 참여한다.	1	2	3	4
18. 적절한 시기에 어른들의 도움을 요청한다.	1	2	3	4

어머니용 질문지

바쁘신 중에도 본 연구를 위해 협조해주신 어머님께 우선 깊은 감사의 인사를 드립니다. 본 연구에서는 아동의 기질과 사회적응의 관계를 조사하기 위하여 각 아동에 대하여 그동안 경험하신 다양한 내용을 알아보고자 합니다. 각 아동에 대하여 생각하시는 내용을 솔직히 대답해 주시면 됩니다. 대답해 주신 모든 내용은 연구논문의 귀중한 자료가 되며 학술적 목적 이외에는 사용되지 않을 것입니다.

아동의 이름 ________________ (남, 여)　기관명: ____________________ 유치원

다음의 질문은 자녀가 일상생활에서 어떻게 행동하는가를 알아보기 위한 것입니다. 각 질문의 내용이 자녀의 행동과 일치하는 정도에 따라 해당되는 번호에 ○표해 주십시오.

	전혀 그렇지 않다	그렇지 않은 편이다	그런 편이다	항상 그렇다
	1	2	3	4
1. 다른 곳을 한두 번 방문하면 그곳 사람들과 쉽게 어울린다.	1	2	3	4
2. 낯선 어른에 대한 긴장이나 수줍음을 빨리(10분 이내) 극복한다.	1	2	3	4
3. 매일의 일과에 변화가 생길 때 쉽게 새 일과에 적응한다.	1	2	3	4
4. 낯선 곳(견학지, 소풍지 등)에서도 10분 이내에 잘 적응한다.	1	2	3	4
5. 잠자는 장소가 바뀌어도 1-2일 정도만 지나면 곧 익숙해진다.	1	2	3	4
6. 공원 등에서 낯선 아동에게 접근하여 그들과 함께 논다.	1	2	3	4
7. 캠프에 가서도 새로운 환경에 대한 긴장을 쉽게 푼다.	1	2	3	4
8. 집을 방문한 낯선 어른에게 접근하며 쉽게 친해진다.	1	2	3	4
9. 낯선 곳에 처음 가더라도 불안해하지 않는다.	1	2	3	4
10. 싫어하는 일(손톱깍기 등)이라도 즐겁게 해주면 쉽게 응한다.	1	2	3	4
11. 물놀이 할 때 물을 튀기며 활발히 논다.	1	2	3	4
12. 놀이터에서 뛰고 미끄럼틀에 기어오르는 등 끊임없이 움직인다.	1	2	3	4
13. 날씨가 나빠서 집에 있어야 할 때 답답해하며 실내를 돌아다닌다.	1	2	3	4
14. 팔과 다리 등을 많이 움직이는 활동적인 놀이를 더 즐긴다.	1	2	3	4
15. 한 놀이감을 갖고 놀다가 다른 놀이감을 찾거나 다른 행동을 한다.	1	2	3	4
16. 음식을 먹는 동안 발을 차는 등 몸을 많이 움직인다.	1	2	3	4
17. 만들기나 그림책보기와 같은 조용한 활동을 더 많이 한다.	1	2	3	4
18. 차를 탔을 때 거의 움직이지 않고 있다.	1	2	3	4
19. 이상한 냄새를 빨리 맡으며 이에 대해서 표현한다.	1	2	3	4
20. 색깔에 대해서 좋고 싫음을 민감하게 반응한다.	1	2	3	4
21. 어머니가 새 옷을 입어 모습이 달라지면 그 변화에 반응을 보인다.	1	2	3	4
22. 새 놀이감을 보면 큰소리를 내며 좋고 싫음의 표현을 강하게 한다.	1	2	3	4
23. 간식을 먹을 때 특별히 좋다거나 싫다는 표현을 하지 않는다.	1	2	3	4
24. 음식의 맛이 이제까지 먹던 것과 다르면 금방 차이를 알아챈다.	1	2	3	4

(2) 자료 파일의 형태

설문지에 대한 응답 내용을 자료 파일로 만들고, 자료들이 올바르게 입력되었는지를 확인한 후에, 이들을 SAS 프로그램으로 읽어 원하는 분석을 시행할 예정이다. 자료를 입력할 때에는 확인이 용이하도록 적당한 빈칸을 넣는 것도 좋다.

자료가 코딩된 정보는 다음과 같다.

내용		변수명	입력열 (열수)
일련번호		ID	1 - 3 (3)
아동의 성별		SEX*	4 (1)
(빈칸)			5 (1)
교사가 본 아동의 적응도	친사회성 또래간의 적응성 일과 적응성	A1 - A5 A6 - A11 A12 - A18	6 - 10 (5*1) 11 - 16 (6*1) 17 - 23 (7*1)
(빈칸)			24 (1)
어머니가 본 아동의 기질	적응성 활동성 반응성	B1 - B10 B11 - B18 B19 - B24	25 - 34 (10*1) 35 - 43 (9*1) 44 - 49 (6*1)

* 성별에서 SEX=0 는 남아, SEX=1 은 여아임.

(3) 자료 파일

앞에서 설명한 방법으로 코딩된 파일은 〈표 17.1〉과 같다. 자료에 결측치가 많은 것으로 보아 자료 수집 과정에서 성실한 응답을 얻지 못한 것으로 짐작된다. 이와 같은 경우에는 통계적 분석에 어려움이 있을 수 있으므로 특히 유의해야 한다. 또한 자료들 가운데 장난스럽게 응답한 내용은 분석에서 제외시키는 것이 좋다. 예를 들어 1번이나 끝번만 답하는 것은 성실한 응답으로 간주하기 어렵다.

(4) 문항 분석

설문 조사에서 조사하고자 하는 내용과 실제 설문내용이 일치하는지를 확인하기 위하여 크론바흐의 알파를 이용한 분석을 하였다. 이를 위한 SAS 프로그램은 다음과 같다.(INFILE 문에서 지정된 SURVEY.DAT 자료의 저장장소는 알맞게 수정해 주어야 한다.)

〈표 17.1〉 설문조사의 결과

0010	333333333333333333	4344433333343433333333333
0020	233222243233323233	2233223244243334443322232
0030	333333333333333333	3333332233433332232333333
0040	334432323333333331	2233333333331231223313233
0050	333333323333323333	3333333223333334333222433
0060	433432412221234124	311131211.44442233441334
0070	433332222233333333	2333232212333313224443233
0080	312331313232333222	1232222211333221333211322
0091	333333333333333333	2232222223333223223333333
0101	322232322223222333	3233323333233223313334322
0111	333432323333444333	33333232333333332224333321
0121	3221232243.3223321	2223323432323222333223233
0130	333333223333333343	3223423323233332223323322
0140	333332223222332322	3333323333233232322233323
0150	333333333333333334	3333333333323323433232322
0160	333322323333343333	3233333133343433333323233
0171	422431211124444444	3111113224333424223333233
0181	433132323133333333	2242333334332323233333222
0191	221332433212322132	3322143313433331343324233
0200	333332323333333322	3233322232222322323223233
0211	333322322223333322	3333222333232232223423333
0221	333433333333323333	3333322233333233333322233
0231	444443344344444334	2233223223231222224442233
0251	323413223432432323	3223234131232133333232122
0260	334334444443344443	3333333333333343223344144
0270	333433322433444333	4111333233233332323433233
0280	333332323233323323	3233323233332312233333233
0301	333333333233333333	2323333233332322223322333
0310	214232313242343221	3321114232323123323231422
0320	332223322233222233	3222311323333343323432333
0330	333332322223333322	2233322223232323232222222
0340	332223323332212231	2222233322333323224323222
0350	333333322333333332	2233323232343332223223233
0361	333332323333333222	2223333232222222222333332
0370	443334433444433331	4433333333334443444332341
0380	322343221423222433	2221121143322213332222433
0391	322243221432244332	2322323413323322323432244
0431	223243232213223432	3333213113322223412143233
0411	24122223214332422.	3223314332432112322333411
0421	221323223323224323	4322243411321232333323233
0431	433333344333344443	3333133333334333443343233
0441	333332323233333323	3323123333233323224433233
0451	444443333334444444	3332333333443333224442344
0461	443332333333423223	2333333223333333334343222
0470	333232322232323323	3333333233232322233322233
0480	333332323333333332	2233323233232322233223233
0490	333343333334433443	3333333333434323333333322
0500	333332323233323323	3333233233323333323323233
0511	322322222223333232	3233223233323323222233333
0520	333233323233333333	3323322223333332233333233
0530	322142323323232334	1212323414322223323242222
0540	322142321133222211	2332123422322423332222311
0550	333323212222333232	2222333123333323222233233
0560	333332323233323223	2232222223323322333324333
0570	333332323333333333	3333323233332323223233333
0581	322322312212333232	2233312123432232222222222
0591	322232212223222333	3233333221343323333333333
0600	433322222223444433	2222222223222322234332233
0611	333333323333333333	2233323233343333333333333
0621	333333323333333323	3333323233333333322223223
0630	322322211212223222	2222222112222222233321132
0640	222322322222233322	2222222232221222332222322
0651	333332333333333333	2233323233332323222333333
0661	323242213143224212	1212232133241122232324111
0670	332332322333333332	2233323233333323333222222
0690	322143232423243232	3234324133323332322323411
0701	332333333233433334	2333233333333332323443233
0711	332233323233323333	3333433333344434443342333
0720	333332222322333322	2233323233232223332222233
0730	332233323332223323	3333333343343433333333333
0741	223132231413322422	4322123243333333324232333
0751	322142322223221434	3233223444223332341132311
0761	322333322232222223	3222223222234433333333333
0771	443333322333444443	1123322233332212224443433
0781	323223221422214241	4322321411321434123143322
0790	322322121122221111	1122222221211122332211333
0801	333343333343333343	3333333333334333334443333
0811	333332323333333333	2233322233222322223333433
0820	333234433232222333	3333333233344434324443333
0831	333332333333333333	3333333223332323223332233
0840	322432322223323224	1333312222333323224423311
0851	332333323233333333	223232322323333333332232.
1031	433333323433323322	.233...2.333222143223232
1040	444443333333232323	.233.3323423223233333233
1051	444442334442332323	2233...3342222322334423
1061	333332323332333222	.2333..2.32322223223332
1070	2323323232234343..	3233...2333333233223223
1081	323332222433343322	.233...1231222321222323
1091	43343444433...3333	3334..33.4332222233343
1101	43333232332...3333	32332..2243322222323222
1111	33333443333...23..	.3333...3.3322322333322
1121	33333343433......3	4344..34.44444332444244
1130	33232332333.....32	2233..33233323323222232
1140	43333333333.....2.	.344..34.43322223333343
1510	33343232333.......	2133..22.33323223322223
1520	23122122212.......	2123...3224444234433344
1530	33333343333.......	.344..33.34444224321232
1541	32343222122.......	.333...2.33323333.23333
1551	34333343323322....	.333...2.33323333.23333
1560	41113132212.......	333...23243332.33233334
1571	32333233223.......	1122...1.32322322223312
1580	33333232333.......	3344...3334444224423332
1591	34223333312.......	3344...3334444224423332
1601	33243333323.......	3233...3334433233323433
1611	33443333333.......	2233...2323322222224422
1621	33343333223.......	1122...1133323222323422
1631	33223332223.......	.333...3.43333334424433
1641	33333332223.......	2233...2233322233324433
1651	33223232322.......	2232...2242333333324433
1661	33243232223.......	2233...2333323323334432
1670	32333232121.......	1111...1132322232224323
1680	33333333333.......	3333...3343323223324422
1691	43343132222.......	1122.1.11432122222244233

```
/* SURVEY.SAS */
OPTION NODATE;
DATA SURVEY;
  INFILE 'A:SURVEY.DAT';
  INPUT ID $ 1-3 SEX $ 4 +1 (A1-A18) (1.) +1 (B1-B24) (1.);
run;
PROC CORR ALPHA NOMISS NOSIMPLE NOCORR;   VAR A1-A5;     ①
PROC CORR ALPHA NOMISS NOSIMPLE NOCORR;   VAR A6-A11;    ②
PROC CORR ALPHA NOMISS NOSIMPLE NOCORR;   VAR A12-A18;   ③
PROC CORR ALPHA NOMISS NOSIMPLE NOCORR;   VAR B1-B10;    ④
PROC CORR ALPHA NOMISS NOSIMPLE NOCORR;   VAR B11-B18;   ⑤
PROC CORR ALPHA NOMISS NOSIMPLE NOCORR;   VAR B19-B24;   ⑥
PROC CORR ALPHA NOMISS NOSIMPLE NOCORR;   VAR A1-A4;               ①
PROC CORR ALPHA NOMISS NOSIMPLE NOCORR;   VAR A6-A9 A11;           ②
PROC CORR ALPHA NOMISS NOSIMPLE NOCORR;   VAR A12-A17;             ③
PROC CORR ALPHA NOMISS NOSIMPLE NOCORR;   VAR B1-B4 B6 B7 B9;      ④
PROC CORR ALPHA NOMISS NOSIMPLE NOCORR;   VAR B11-B14 B17-B18;     ⑤
PROC CORR ALPHA NOMISS NOSIMPLE NOCORR;   VAR B19-B22 B24;         ⑥
RUN;
```

프로그램 및 출력결과 설명

① 문항 A1-A5는 아동의 기질로서 '친사회성'을 측정하는 문항들이다. 이 자료에 대하여 크론바흐의 α를 구한 결과가 [그림 17-1]과 같다.
[그림 17-1]에서 원래변수(raw variable)에 대한 결과를 살펴보면 전체의 α값은 0.638인 반면에 A5를 제외할 경우에 α값은 0.674이다. 즉, A5를 제외함으로써 α값이 증가하며, 이는 A5의 문항이 '친사회성'을 측정하는 데 도움이 되지 않음을 뜻한다. 표준화된 변수에 의한 결과도 비슷하다.

5 개의 변수:	A1 A2 A3 A4 A5

크론바흐의 α계수	
변수	α계수
원데이터	0.637926
표준화	0.642800

변수를 제외했을 때의 크론바흐의 α계수				
	데이터 변수		표준화된 변수	
제외한 변수	합계에 대한 상관계수	α계수	합계에 대한 상관계수	α계수
A1	0.446379	0.569701	0.450247	0.563032
A2	0.445470	0.557856	0.437951	0.569157
A3	0.563541	0.491522	0.555214	0.508875
A4	0.374040	0.604545	0.362843	0.605593
A5	0.174280	0.673905	0.194776	0.681263

(a) 원래 변수에 대한 크론바흐의 α값

4 개의 변수:	A1 A2 A3 A4

크론바흐의 α계수	
변수	α계수
원데이터	0.673905
표준화	0.681263

변수를 제외했을 때의 크론바흐의 α계수				
	데이터 변수		표준화된 변수	
제외한 변수	합계에 대한 상관계수	α계수	합계에 대한 상관계수	α계수
A1	0.409110	0.642343	0.413131	0.647792
A2	0.468882	0.599310	0.473373	0.609133
A3	0.522058	0.561774	0.518664	0.579022
A4	0.455276	0.620707	0.449598	0.624579

(b) A5를 제외한 크론바흐의 α값

[그림 17-1] 크론바흐의 α값

② 문항 A6-A11은 '또래간의 적응성'을 측정하는 문항들이다. 이 자료에 대하여 크론바흐의 α를 구한 결과는 [그림 17-2]와 같다.
[그림 17-2]에서는 A10 문항을 제외한 경우에 Alpha 값이 증가하므로 A10 문항이 도움이 되지 않음을 뜻한다.

6 개의 변수:	A6 A7 A8 A9 A10 A11

크론바흐의 α계수	
변수	α계수
원데이터	0.763161
표준화	0.767581

변수를 제외했을 때의 크론바흐의 α계수				
	데이터 변수		표준화된 변수	
제외한 변수	합계에 대한 상관계수	α계수	합계에 대한 상관계수	α계수
A6	0.567641	0.712814	0.563442	0.719548
A7	0.451870	0.742533	0.456003	0.747367
A8	0.543297	0.718469	0.544301	0.724608
A9	0.615311	0.697166	0.628559	0.701997
A10	0.376283	0.768679	0.372240	0.768096
A11	0.508979	0.727530	0.507919	0.734100

(a) 원래 변수에 대한 크론바흐의 α값

5 개의 변수:	A6 A7 A8 A9 A11

크론바흐의 α계수	
변수	α계수
원데이터	0.768679
표준화	0.768096

변수를 제외했을 때의 크론바흐의 α계수				
	데이터 변수		표준화된 변수	
제외한 변수	합계에 대한 상관계수	α계수	합계에 대한 상관계수	α계수
A6	0.499673	0.739861	0.500613	0.738800
A7	0.502039	0.740152	0.498327	0.739577
A8	0.537333	0.727217	0.534793	0.727068
A9	0.645845	0.685933	0.649575	0.686093
A11	0.518007	0.733938	0.510886	0.735296

(b) A10을 제외한 크론바흐의 α값

[그림 17-2] 크론바흐의 α값

③ A18이 도움이 되지 않음을 알 수 있다. (그림 생략)

④ 문항 B1-B10은 아동의 기질로서 '적응성'을 측정하는 문항들이다. 출력 결과에서 보면 B8과 B10이 잘못된 문항임을 알 수 있다. 실제로 나머지 문항들에 대하여 크론바흐 α 값을 다시 구해 보면 B5도 도움이 안 되는 문항임을 알 수 있다.(그림 생략)

⑤ B15, B16을 분석에서 제외시키는 것이 좋음을 알 수 있다.(그림 생략)

⑥ [그림 17-3]의 결과를 보면 B23은 특히 전체와 음(-)의 상관관계를 갖고 있으므로 부정적인 방법으로 잘못 질문한 내용임을 알 수 있다. 따라서 B23을 (5 - B23)으로 바꾸어 놓고 분석하는 것도 검토할 수 있다.

6 개의 변수:	B19 B20 B21 B22 B23 B24

크론바흐의 α계수	
변수	α계수
원데이터	0.458609
표준화	0.452139

변수를 제외했을 때의 크론바흐의 α계수				
	데이터 변수		표준화된 변수	
제외한 변수	합계에 대한 상관계수	α계수	합계에 대한 상관계수	α계수
B19	0.288186	0.381710	0.292200	0.366384
B20	0.496318	0.235338	0.490680	0.239742
B21	0.229823	0.413438	0.221327	0.407858
B22	0.219772	0.417721	0.217142	0.410248
B23	-.037418	0.545221	-.038218	0.544177
B24	0.202835	0.426648	0.199785	0.420089

(a) 원래 변수에 대한 크론바흐의 α값

5 개의 변수:	B19 B20 B21 B22 B24

크론바흐의 α계수	
변수	α계수
원데이터	0.545221
표준화	0.544177

변수를 제외했을 때의 크론바흐의 α계수				
	데이터 변수		표준화된 변수	
제외한 변수	합계에 대한 상관계수	α계수	합계에 대한 상관계수	α계수
B19	0.299945	0.494720	0.306256	0.488865
B20	0.500513	0.359276	0.496190	0.367633
B21	0.262612	0.522694	0.253983	0.519635
B22	0.246402	0.523076	0.246466	0.523971
B24	0.247938	0.523543	0.247999	0.523088

(b) B23을 제외한 크론바흐의 α값

[그림 17-3] 크론바흐의 α값

(5) 상관 분석

아동의 기질과 사회적응의 관계를 살펴보기 위하여, 기질을 나타내는 세 항목(적응성, 활동성, 반응성)과 사회적응도를 나타내는 세 항목(친사회성, 또래간의 적응성, 일과 적응성) 사이의 상관관계를 분석하였다. 각 항목에 대한 관측값은 각 항목의 문항별 점수의 평균으로 수량화하였다. 분석을 위한 SAS 프로그램 및 출력결과는 다음과 같다.

```
/* SURVEY 프로그램 계속 */
DATA AVERAGE;
  SET SURVEY;
  AVGA1=MEAN(OF A1-A4);
  AVGA2=MEAN(OF A6-A9 A11);
  AVGA3=MEAN(OF A12-A17);
  AVGB1=MEAN(OF B1-B4 B6 B7 B9);
  AVGB2=MEAN(OF B11-B14 B17-B18);
  AVGB3=MEAN(OF B19-B22 B24);
RUN;
PROC CORR NOSIMPLE; VAR AVGA1-AVGA3;  WITH AVGB1-AVGB3;
RUN; QUIT;
```

3 개의 With 변수:	AVGB1 AVGB2 AVGB3
3 개의 변수:	AVGA1 AVGA2 AVGA3

피어슨 상관 계수 H0: Rho=0 가정하에서 Prob > |r| 관측치 개수			
	AVGA1	AVGA2	AVGA3
AVGB1	0.13735	0.54293	0.16117
	0.1469	<.0001	0.1207
	113	113	94
AVGB2	-0.05551	0.27523	0.09200
	0.5592	0.0032	0.3778
	113	113	94
AVGB3	0.35407	0.35842	0.37092
	0.0001	<.0001	0.0002
	113	113	94

[그림 17-4] 상관분석 결과

상관분석의 결과를 나타내는 [그림 17-4]에 의하면, 아동의 기질로서 적응성(AVG B1)과 활동성(AVG B2)은 적응도에서 또래간 적응성(AVG A2)과의 상관관계에 유의성이 있으며, 기질로서 반응성(AVG B3)은 적응도의 세 항목과 모두 유의성이 있는 것으로 나타났다.

참고문헌

박태성·이승연 공역 (1998), 범주형자료분석개론, 자유아카데미, 서울

송문섭·조신섭 (2014), Excel에 기초한 통계학 입문, 자유아카데미, 서울

통계상담사례집 6 (1996), 서울대학교 통계연구소

허명회 (1999), 사회과학을 위한 다변량자료분석, 자유아카데미, 서울

Belsley, D.A., Kuh, E., and Welsch, R.E. (1980), *Regression Diagnostics*, New York: John Wiley & Sons, Inc.

Breiman, L., Friedman, J.H., Olshen, R.A., and Stone, C.J. (1984), *Classification and Regression Trees*, New York: Chapman and Hall

Brownlee, K.A. (1965) *Statistical Theory and Methodology in Science and Engineering, 2nd editon,* New York: John Wiley & Sons, Inc.

Chatfield, C. and Collins, A.J. (1980) *Introduction to Multivariate Analysis*, London, Chapman and Hall

Cox, D.R. (1970) *Analysis of Binary Data*, London, Methuen

Dalal, S.R., Fowlkes, E.B., and Hoadley, B. (1989) Risk Analysis of the Space Shuttle: Pre-Challenger Prediction of Failure, *Journal of the American Statistical Association*, Vol. 84, 945-957.

Daniel, C. and Wood, F. (1980) *Fitting Equations to Data, Revised Edition*, New York: John Wiley & Sons, Inc.

Draper, N.R. and Smith, H. (1998) *Applied Regression Analysis, 3rd edition*, New York: John Wiley & Sons, Inc.

Durbin, J. and Watson, G.S. (1951) Testing for Serial Correlation in Least Squares Regression, *Biometrika*, 37, 409–428

Gabriel, K.R. (1971) The biplot graphics display of multivariate matrices with applications to principal component analysis, *Biometrika*, 58, 453–467

Hald, A. (1952) *Statistical Theory with Engineering Applications*, New York: Wiley

Johnson, R.A. and Wichern, D.W. (2007) *Applied Multivariate Statistical Analysis,* 6th edition, New Jersey, Prentice Hall, Englewood Cliffs

Koopmans, L. H. (1981) *An Introduction to Contemporary Statistics*, Boston: Duxbury Press

Kruskal, J.B. (1964) Multidimensional Scaling by Optimizing Goodness of Fit to a Non–metric Hypothesis, *Psychometrika*, 29, 1–27

Lawless, J.F. and Singhal, K. (1978) Efficient Screening of Nonnormal Regression Models, *Biometrics*, 34, 318–327

Quinlan, J.R. (1993) *C4.5: Programs for Machine Learning*, San Mateo, CA: Morgan Kaufmann

SAS/도움말 (2012) Version 9.3, Cary, N.C., Sas Institute Inc.

Timm, N.H. (2002) *Applied Multivariate Analysis*, Springer, New York

Wakeley, P. C. (1954) Planting the southern pines, *U.S. Dept. Agr. Forest Serv. Agr. Monogr.*, 18, 1–233

White, H. (1980) A Heteroskedasticity–Consistent Covariance Matrix Estimator and a Direct Test for Heteroskedasticity, *Econometrika*, 48, 817–838

찾아보기

| 저자 소개 |

송문섭

서울대학교 사범대학 수학과(학사)
웨인주립대학교 대학원 수학과(석사)
웨인주립대학교 대학원 수학과 통계학전공(박사)
워터루대학교 대학원 컴퓨터과(석사)
현 : 서울대학교 통계학과 명예교수

조신섭

서울대학교 공과대학 응용수학과(학사)
서울대학교 대학원 계산통계학과(석사)
위스콘신대학교 대학원 통계학과(박사)
현 : 서울대학교 통계학과 교수

SAS/Enterprise Guide를 이용한
통계자료분석 -제3판-

| 저　　자 송문섭·조신섭
| 발 행 인 주정희
| 발 행 처 자유아카데미
| 주　　소 경기도 파주시 회동길 37-42
파주출판도시
| 전　　화 031-955-1321
| 팩　　스 031-955-1322
| 홈페이지 www.freeaca.com
| 전자우편 main@freeaca.com(대표)
editor@freeaca.com(편집)
crm@freeaca.com(영업)
| 등　　록 제406-2003-017호, 1980. 7. 12
| 제3판1쇄 2015년 2월 20일 발행
| 제3판2쇄 2016년 7월 15일 발행
| 정　　가 27,000원

저자와의
협의하에
인지생략

ISBN 978-89-7338-208-8 93310